DIE GUTE SAAT
2024

Christliche Schriftenverbreitung
An der Schloßfabrik 30 • 42499 Hückeswagen

© by Christliche Schriftenverbreitung, Hückeswagen

Umschlag & Layout: Brockhaus in Dillenburg
Satz: Christliche Schriftenverbreitung
Redaktionelle Verantwortung: Hartmut Mohncke, Gunther Werner
Druck und Verarbeitung: BasseDruck, 58121 Hagen
Printed in Germany
www.csv-verlag.de

DIE GUTE SAAT

SAAT

2024

An unsere Leserinnen und Leser

Während wir in unseren Büros diesen Kalender vorbereiteten, graste hinter unserem Gebäude eine kleine Schafherde, bestehend aus Widder, Mutterschafen und Lämmern. Da schauten wir gern hin – ein schönes und beruhigendes Bild. Den Schafen ging es erkennbar gut, was nicht zuletzt daran lag, dass ihr Besitzer sich regelmäßig um sie kümmerte. Da Schafe keinen guten Orientierungssinn haben, musste der Besitzer geeignete Maßnahmen treffen, um sie zusammenzuhalten. Es sollte ja keins verloren gehen. Einmal musste ein Mutterschaf für ein paar Tage nach Hause geholt werden, weil es krank geworden war. So wurde für alles gesorgt.

Schafe kommen in der Bibel vielfach vor. Beispielsweise sagt der Prophet Jesaja: „Wir alle irrten umher wie Schafe, wir wandten uns jeder auf seinen Weg" (Kap. 53,6). Dieser wenig schmeichelhafte Vergleich verdeutlicht: Ohne einen Hirten, der sich um uns kümmert, sind wir ähnlich schutzlos und orientierungslos wie Schafe.

Doch die Bibel spricht auch vom Hirten, zum Beispiel in dem bekannten Bibelvers: „Der HERR ist mein Hirte, mir wird nichts mangeln" (Psalm 23,1).

Wer würde sich nicht nach einem Hirten sehnen, bei dem uns nichts mangelt? Und genau darum geht es in unseren täglichen Andachten: dass Sie den guten Hirten Jesus Christus (besser) kennenlernen und zugleich erfahren, wie Er sich um Sie kümmert. Er will uns Leben geben, sogar Leben in Überfluss.

Mit den besten Segenswünschen für das Jahr 2024

Die Mitarbeiter

Lesen Sie die Bibel online: **www.csv-bibel.de**

Hinweise: Die Bibelstellen werden nach der „Elberfelder Übersetzung" (Edition CSV Hückeswagen) angeführt. Für einen leichteren Zugriff auf bestimmte Themen oder Bibelstellen finden Sie am Ende dieser Ausgabe ein Themenverzeichnis und ein Verzeichnis der Tagesverse. Wenn Sie noch keine Bibel besitzen, können Sie gerne kostenlos und unverbindlich ein Neues Testament (zweiter Teil der Bibel) anfordern. Eine Bestellkarte finden Sie im Innenteil. Auf den letzten Seiten informieren wir über weitere Kalender und Zeitschriften.

Januar	Februar	März
1 Mo Neujahr	1 Do	1 Fr
2 Di	2 Fr	2 Sa
3 Mi	3 Sa	3 So
4 Do	4 So	4 Mo
5 Fr	5 Mo	5 Di
6 Sa	6 Di	6 Mi
7 So	7 Mi	7 Do
8 Mo	8 Do	8 Fr
9 Di	9 Fr	9 Sa
10 Mi	10 Sa	10 So
11 Do	11 So	11 Mo
12 Fr	12 Mo	12 Di
13 Sa	13 Di	13 Mi
14 So	14 Mi	14 Do
15 Mo	15 Do	15 Fr
16 Di	16 Fr	16 Sa
17 Mi	17 Sa	17 So
18 Do	18 So	18 Mo
19 Fr	19 Mo	19 Di
20 Sa	20 Di	20 Mi
21 So	21 Mi	21 Do
22 Mo	22 Do	22 Fr
23 Di	23 Fr	23 Sa
24 Mi	24 Sa	24 So
25 Do	25 So	25 Mo
26 Fr	26 Mo	26 Di
27 Sa	27 Di	27 Mi
28 So	28 Mi	28 Do
29 Mo	29 Do	29 Fr Karfreitag
30 Di		30 Sa
31 Mi		31 So Ostern

April	Mai	Juni	2024
1 Mo Ostermontag	1 Mi Tag d. Arbeit	1 Sa	
2 Di	2 Do	2 So	
3 Mi	3 Fr	3 Mo	
4 Do	4 Sa	4 Di	
5 Fr	5 So	5 Mi	
6 Sa	6 Mo	6 Do	
7 So	7 Di	7 Fr	
8 Mo	8 Mi	8 Sa	
9 Di	9 Do Himmelfahrt	9 So	
10 Mi	10 Fr	10 Mo	
11 Do	11 Sa	11 Di	
12 Fr	12 So	12 Mi	
13 Sa	13 Mo	13 Do	
14 So	14 Di	14 Fr	
15 Mo	15 Mi	15 Sa	
16 Di	16 Do	16 So	
17 Mi	17 Fr	17 Mo	
18 Do	18 Sa	18 Di	
19 Fr	19 So Pfingsten	19 Mi	
20 Sa	20 Mo Pfingstmontag	20 Do	
21 So	21 Di	21 Fr	
22 Mo	22 Mi	22 Sa	
23 Di	23 Do	23 So	
24 Mi	24 Fr	24 Mo	
25 Do	25 Sa	25 Di	
26 Fr	26 So	26 Mi	
27 Sa	27 Mo	27 Do	
28 So	28 Di	28 Fr	
29 Mo	29 Mi	29 Sa	
30 Di	30 Do	30 So	
	31 Fr		

Juli	August	September
1 Mo	1 Do	1 So
2 Di	2 Fr	2 Mo
3 Mi	3 Sa	3 Di
4 Do	4 So	4 Mi
5 Fr	5 Mo	5 Do
6 Sa	6 Di	6 Fr
7 So	7 Mi	7 Sa
8 Mo	8 Do	8 So
9 Di	9 Fr	9 Mo
10 Mi	10 Sa	10 Di
11 Do	11 So	11 Mi
12 Fr	12 Mo	12 Do
13 Sa	13 Di	13 Fr
14 So	14 Mi	14 Sa
15 Mo	15 Do	15 So
16 Di	16 Fr	16 Mo
17 Mi	17 Sa	17 Di
18 Do	18 So	18 Mi
19 Fr	19 Mo	19 Do
20 Sa	20 Di	20 Fr
21 So	21 Mi	21 Sa
22 Mo	22 Do	22 So
23 Di	23 Fr	23 Mo
24 Mi	24 Sa	24 Di
25 Do	25 So	25 Mi
26 Fr	26 Mo	26 Do
27 Sa	27 Di	27 Fr
28 So	28 Mi	28 Sa
29 Mo	29 Do	29 So
30 Di	30 Fr	30 Mo
31 Mi	31 Sa	

Oktober	November	Dezember	2024
1 Di	1 Fr	1 So	
2 Mi	2 Sa	2 Mo	
3 Do T. d. Dt. Einheit	3 So	3 Di	
4 Fr	4 Mo	4 Mi	
5 Sa	5 Di	5 Do	
6 So	6 Mi	6 Fr	
7 Mo	7 Do	7 Sa	
8 Di	8 Fr	8 So	
9 Mi	9 Sa	9 Mo	
10 Do	10 So	10 Di	
11 Fr	11 Mo	11 Mi	
12 Sa	12 Di	12 Do	
13 So	13 Mi	13 Fr	
14 Mo	14 Do	14 Sa	
15 Di	15 Fr	15 So	
16 Mi	16 Sa	16 Mo	
17 Do	17 So	17 Di	
18 Fr	18 Mo	18 Mi	
19 Sa	19 Di	19 Do	
20 So	20 Mi	20 Fr	
21 Mo	21 Do	21 Sa	
22 Di	22 Fr	22 So	
23 Mi	23 Sa	23 Mo	
24 Do	24 So	24 Di	
25 Fr	25 Mo	25 Mi 1.Weihnachten	
26 Sa	26 Di	26 Do 2 Weihnachten	
27 So	27 Mi	27 Fr	
28 Mo	28 Do	28 Sa	
29 Di	29 Fr	29 So	
30 Mi	30 Sa	30 Mo	
31 Do		31 Di	

Montag

Januar
Neujahr

SA 08:24 · SU 16:25
MA 22:13 · MU 11:26

Ich aber, ich habe auf dich vertraut, HERR;
ich sprach: Du bist mein Gott! In deiner Hand
sind meine Zeiten.

Psalm 31,15.16

Wie ein aufgeschlagenes Buch

Stellen wir uns vor, das Schaltjahr 2024 wäre ein Buch mit 366 Blättern. Heute, am ersten Tag des neuen Jahres, haben wir angefangen, es zu lesen. Dieses Buch beschreibt wie eine Art Tagebuch alle unsere Erlebnisse des Jahres, doch nicht im Rückblick wie ein Tagebuch, sondern im Voraus. Aber im Unterschied zu einem normalen Buch können wir jeden Tag nur eine einzige Seite lesen und erst am nächsten Tag zur nächsten umblättern. Das fällt uns natürlich nicht leicht. Wir wollen ja wissen, wie es weitergeht.

Wir wüssten gern, was uns erwartet – in unserem Land, in der Familie, am Arbeitsplatz ...

Doch unser „Lebensbuch" lässt sich nur Seite für Seite, Tag für Tag, umblättern. Stellen wir uns nun weiter vor, wir hätten einen guten Freund, der das Buch bereits vollständig gelesen hätte. Würde es uns nicht etwas ruhiger machen, dass dieser Freund die Zukunft kennt?

Dieser schwache Vergleich soll zeigen: Der große Gott im Himmel kennt unser ganzes Leben im Voraus. Deshalb hat Er unser ganzes Vertrauen verdient. Hinzu kommt, dass Er das allergrößte Interesse an jedem Einzelnen von uns hat. In diesem Bewusstsein schrieb König David: „In deiner Hand sind meine Zeiten." Wer weiß, dass Gott im Regiment sitzt und Ihm nichts aus dem Ruder läuft, kann innerlich ruhig werden. Aber es fordert tatsächlich unser Vertrauen heraus.

Heute liegt das Jahr 2024 noch wie ein aufgeschlagenes Buch vor uns. Wie gut zu wissen: Gott kennt jetzt schon jede Seite. Ihn trifft nichts unvorbereitet. Und Er ist gern bereit, uns mit Rat und Tat zur Seite zu stehen – an jedem Tag.

2 Dienstag
Januar

*Niemand hat Gott jemals gesehen;
der eingeborene Sohn, der im Schoß
des Vaters ist, der hat ihn kundgemacht.*

Johannes 1,18

Wer war Jesus?

Gott ist ein Geist und niemand kann Ihn sehen. Um sich den Menschen zu zeigen, ist Er in der Person seines Sohnes Jesus Christus Mensch geworden.

Jesus war ein Mensch wie du und ich. Er kannte Hunger und Durst, Freude und Trauer, Er arbeitete und wurde müde, und Er hatte ein intensives Empfinden sowohl für körperliche als auch für seelische Schmerzen. Aber in einem Punkt war Er vollkommen anders als wir: Er führte ein perfektes Leben. In Ihm war keinerlei Sünde (1. Petrus 2,22).

Jesus Christus kam auf die Erde, um zu zeigen, wie sehr Gott uns liebt. Er lebte nicht für sich selbst, sondern für andere. Unermüdlich kümmerte Er sich um Kranke und Notleidende sowie um die Verachteten und Ausgegrenzten der Gesellschaft. Seine Liebe wandte sich an alle ohne Unterschied. Er half jedem, der nach Ihm rief, und Er half auch Menschen, die nicht nach Ihm riefen. Sein Hauptanliegen war dabei immer, die Menschen zu Gott zu führen. Deswegen nahm Er kein Blatt vor den Mund, wenn es darum ging, Böses aufzudecken. Denn gerade darin zeigte sich seine Liebe, dass Er sich bemühte, die Menschen zur Einsicht und Umkehr zu bringen. Dadurch zog Er sich allerdings den Hass der Führungsschicht seines Volkes zu.

Doch sein perfektes und hingebungsvolles Leben reichte nicht aus, um uns zu erretten. Dafür musste Er sterben. Dafür musste Er stellvertretend Gottes Strafe empfangen – für Sünden, die Er nicht getan hatte! Das war die größte Tat seiner Liebe!

Wenn Sie diesen wunderbaren Erlöser noch nicht kennen, kommen Sie zu Ihm und lernen Sie Ihn kennen! Dann können auch Sie sagen: „Christus hat mich geliebt und sich selbst für mich hingegeben" (Galater 2,20).

Tägliche Bibellese 4. Mose 1,22-37 · Matthäus 1,18-25

3 Mittwoch
Januar

Wenn ich rufe, antworte mir, Gott meiner Gerechtigkeit! In Bedrängnis hast du mir Raum gemacht; sei mir gnädig und höre mein Gebet!

Psalm 4,2

Raum in Bedrängnis

Psalm 4 stammt von König David. Wir kennen die genauen Umstände nicht, die ihn dazu führten, diesen Psalm zu schreiben. In seinem Leben hatte er oft große „Bedrängnis", große Not. Obwohl David durch den Propheten Samuel bereits zum König gesalbt worden war, musste er vor dem amtierenden König Saul fliehen, weil dieser ihm nach dem Leben trachtete. Manchmal schien es, als wäre David von seinen Feinden umzingelt. Die Schlinge um seinen Hals zog sich immer weiter zu. Was für ein Druck!

Was geschieht, wenn ein Gegenstand unter Druck gerät? Er schrumpft oder zieht sich zusammen. Das lehrt uns die Physik. Aber dieses Prinzip galt offenbar nicht bei David. Menschlich gesehen hätte er sich darüber beschweren können, dass seine Situation ungerecht war: Obwohl er der wahre König war, musste er von Höhle zu Höhle fliehen. Bisweilen stellten seine eigenen Anhänger ihn infrage und seine Feinde überzogen ihn mit falschen Anschuldigungen, ohne dass er sich wehren konnte. Wie oft muss er sich hilflos und ausgeliefert gefühlt haben!

Was tut David? Er betet zu Gott und drückt dabei aus, dass Gott ihm in der Bedrängnis „Raum gemacht" hat! Ist das nicht erstaunlich?

So dürfen auch gläubige Menschen heute wissen, dass Bedrängnisse die Seele auf die Zukunft ausrichten, nämlich einmal im Himmel bei Jesus Christus zu sein – frei von allem Leid (vgl. Römer 5,3.4).

Zugleich können sie sich wie David jederzeit im Gebet an Gott wenden. Dann werden sie neue Kraft im Glauben und neue Zuversicht gewinnen. Denn Jesus selbst hat gesagt: „In der Welt habt ihr Bedrängnis; aber seid guten Mutes, ich habe die Welt überwunden" (Johannes 16,33).

4 Donnerstag
Januar

SA 08:24 · SU 16:28
MA 00:31 · MU 11:58

Als es aber Abend geworden war, brachten sie viele Besessene zu ihm; und er trieb die Geister aus mit einem Wort und er heilte alle Leidenden, damit erfüllt würde, was durch den Propheten Jesaja geredet ist, der spricht: „Er selbst nahm unsere Schwachheiten und trug unsere Krankheiten."

Matthäus 8,16.17

Etwas mehr Mitgefühl!

Ich komme gerade vom Arzt. Meiner ist gut und geschätzt, denn er ist dafür bekannt, dass er seinen Patienten zuhört. Ich habe ihn schon oft aufgesucht und er kennt mich wirklich gut. Doch heute bin ich enttäuscht. Er schien mir kaum zuzuhören, als ich ihm erzählte, dass chronische Schmerzen mir das Leben schwermachen. Ich hatte mir etwas mehr Einfühlungsvermögen erhofft. Als ich die Praxis verlasse, kann ich mir den

Gedanken nicht verkneifen: „Er ist ja nicht derjenige, der leidet!"

Ein guter Arzt versucht oft schon, seinen Patienten durch Zuhören zu helfen und sie zu ermutigen. Dennoch ist sein Mitgefühl zwangsläufig begrenzt. Wie soll er sich in jeden seiner Patienten vollständig hineinversetzen können?

Als Jesus Christus auf der Erde war, wandte Er sich den Leidenden zu und heilte die Kranken. Dabei versetzte Er sich vollkommen in die Lage jedes Einzelnen, wie der oben zitierte Vers aus dem Matthäusevangelium betont. Jesus war der Einzige, der jeden seiner Mitmenschen wirklich verstand. Während unsere Fähigkeit zum Mitfühlen begrenzt ist, besitzt Er vollkommenes Mitgefühl. Als wahrer Mensch und wahrer Gott in einer Person ist Er jetzt im Himmel, aber noch immer in der Lage, jedes Leid mitzuempfinden.

Hast du niemand, der deinen Kummer wirklich versteht und deinen Schmerz teilt? Dann lass dir sagen: Jesus versteht dich und hört dir zu. Sag Ihm alles – dein ganzes Leid! Er fühlt so tief mit dir wie kein anderer!

5 Freitag
Januar

Gnade und Friede sei euch vermehrt!

1. Petrus 1,2

Barmherzigkeit und Friede und Liebe sei euch vermehrt!

Judas 2

Die „guten Wünsche" Gottes

Geht es Ihnen auch so? Immer wenn ein neues Jahr anbricht, erhalte ich zahlreiche Briefe, E-Mails oder WhatsApp-Nachrichten mit „guten Wünschen". Natürlich sind sie alle freundlich gemeint – aber wissen denn die Absender, was wirklich gut für mich ist? Trotzdem freut man sich natürlich darüber, denn gerade zu Beginn eines neuen Jahres ist man sich bewusst, dass die Zukunft ungewiss ist.

Auch die obigen Bibeltexte enthalten „gute Wünsche". Sie stehen in Verbindung mit Gott selbst. Deshalb sind sie im wahrsten Sinn des Wortes „gute Wünsche". Sie sind tiefgründig und umfassen ein breites Spektrum: Gnade, Barmherzigkeit, Friede, Liebe.

Je nachdem, was Menschen uns wünschen, ist es fraglich, ob ihr Wunsch in Erfüllung geht. Aber die Wünsche, die dem Willen Gottes für unser Leben entsprechen, sind eine Zusicherung! Sie treffen gewiss ein – es sei denn, wir verweigern uns ihnen.

Zum Beispiel verspricht Gott seine Gnade jedem Menschen, der sich als Sünder erkennt und Ihn um Erbarmen bittet – denn Er ist barmherzig! Dann nimmt Gott ihn an und gibt ihm das Recht, sein Kind zu sein. So findet der Glaubende Frieden und kommt innerlich zur Ruhe.

Haben Sie schon diese „Wunschliste" in Anspruch genommen? Haben Sie schon diesen tiefen Frieden in Gott? Wenn ja, dann können Sie in allen Lebenslagen seine Barmherzigkeit und Hilfe erfahren, und für jeden Tag des neuen Jahres gilt Ihnen die liebende Zuwendung Gottes!

6 Samstag
Januar

Ich bin über die Maßen gebeugt; HERR, belebe mich nach deinem Wort!

Psalm 119,107

Gottes Wort ist lebendig

Zehn Tage vor seiner Entlassung aus dem Gefängnis ist sich Ben sehr wohl der Gefahren bewusst, die draußen auf ihn warten. Während seiner Haft hat er zu Gott gefunden und Jesus als seinen Retter angenommen. Er weiß, dass er nun besonders Gottes Schutz und Hilfe brauchen wird.

Bei seinem letzten Bibeltreffen mit anderen Häftlingen, die ebenfalls zu Jesus gefunden haben, bittet Ben um passende Bibelstellen für seine Situation. Und tatsächlich kann jeder einige Verse beisteuern, die ihm in letzter Zeit wichtig geworden sind. Leon erinnert sich an Psalm 136,1: „Preist den HERRN, denn er ist gut, denn seine Güte währt ewig!"

Einem anderen fällt Nahum 1,7 ein: „Der HERR ist gütig, er ist eine Festung am Tag der Drangsal; und er kennt die, die zu ihm Zuflucht nehmen." Bens Augen strahlen. Das gibt ihm Mut! Dann schlägt Mark vor, Psalm 139 zu lesen. Einige Verse daraus liest er zweimal: „*Du* kennst mein Sitzen und mein Aufstehen, du verstehst meine Gedanken von fern. ... Erforsche mich, Gott, und erkenne mein Herz; prüfe mich ... und leite mich auf ewigem Weg!" (Verse 2, 23 und 24). Das sind genau die Bibelworte, die Ben braucht. Er nimmt einen Stift und unterstreicht sie sich in seiner Bibel.

Zuletzt liest Bob noch einen Vers aus dem Römerbrief vor: „Christus ist es, der gestorben, ja noch mehr, der auch auferweckt worden, der auch zur Rechten Gottes ist, der sich auch für uns verwendet" (Römer 8,34). Ben freut sich, als er das hört: Christus ist im Himmel und setzt sich für ihn ein! Das ist der beste Schutz für ihn in seinem „neuen" Leben.

Die vorgelesenen Verse stärken Ben und ermutigen ihn. Ja, Gottes Wort ist lebendig und spricht direkt in unsere Lebensumstände hinein!

7 **Sonntag** Januar

SA 08:23 · SU 16:32
MA 04:13 · MU 12:44

Und sie kamen an das jenseitige Ufer des Sees in das Land der Gadarener. Und als er aus dem Schiff gestiegen war, kam ihm sogleich aus den Grüften ein Mensch mit einem unreinen Geist entgegen, der seine Wohnung in den Grabstätten hatte; und selbst mit Ketten konnte ihn niemand mehr binden, da er oft mit Fußfesseln und mit Ketten gebunden gewesen war und die Ketten von ihm in Stücke zerrissen und die Fußfesseln zerrieben worden waren; und niemand vermochte ihn zu bändigen. Und allezeit, Nacht und Tag, war er in den Grabstätten und auf den Bergen und schrie und zerschlug sich mit Steinen.

Markus 5,1-5

Gedanken zum Markus-Evangelium

Der Evangelist Markus berichtet am Ende des vierten Kapitels, dass Jesus und seine Jünger in einen heftigen Sturm gerieten, als sie den See Genezareth überquerten. Für die Jünger sah die Situation zunächst hoffnungslos aus, weil das Schiff zu kentern drohte. Doch „im letzten Moment" entfaltete der Sohn Gottes seine Macht: Er befahl den Naturgewalten, worauf der See sich sofort beruhigte und alle gerettet wurden.

Was erwartet Jesus und seine Jünger nun auf der anderen Seite des Sees – Entspannung und Ruhe? Nein, sie begegnen gleich der nächsten Herausforderung: der Macht des Teufels. Sie treffen einen Menschen an, in dessen Leben es nicht chaotischer aussehen könnte. Dieser Mann leidet nicht etwa an einer psychischen Krankheit, sondern wird von Dämonen geplagt. Die Auswirkungen sind beängstigend, ja verheerend. Unter dämonischem Einfluss entfaltet der Mann unbändige Kräfte, dabei fehlt ihm jegliche Selbstkontrolle. So zerstört er seinen eigenen Körper, und niemand kann ihm helfen – außer dem Sohn Gottes.

Eine zwanghafte satanische Besessenheit kann dann zustande kommen, wenn man sich bewusst okkulten Praktiken öffnet. Davor kann man nur warnen. In einem anderen Sinn stehen jedoch alle Menschen unter dem Einfluss des Teufels – jeder braucht Rettung!

Tägliche Bibellese 4. Mose 4,1-20 · Matthäus 4,1-11

Ich wünsche, dass es dir in allem wohl geht und du gesund bist, wie es deiner Seele wohl geht.

3. Johannes 2

Das wahre Leben

Neulich kam ich an einem Möbelgeschäft vorbei. Da fiel mein Blick auf ein Schild im Schaufenster, auf dem in leuchtenden Buchstaben stand: „Das wahre Leben beginnt im Inneren." Dieser Werbeslogan sollte wohl darauf aufmerksam machen, wie wichtig es ist, sich in den eigenen vier Wänden wohlzufühlen.

Doch dieser lapidare Satz brachte mich zum Nachdenken. Wie sieht es in meinem „Inneren" aus? Ja, wie geht es meiner Seele? Wenn wir einen Freund oder Nachbarn treffen, stellen wir oft die banale Frage: „Wie geht's?", und denken dabei meistens an die körperliche Gesundheit. Aber sollten wir nicht auch Interesse daran haben, wie es dem anderen innerlich geht? Ist das am Ende nicht viel wichtiger – auch wenn wir das körperliche vom seelischen Wohlbefinden nicht ganz trennen können? Welche Antwort würden wir dann bekommen? Oder welche Antwort würden wir selbst auf diese Frage geben? Lebe ich in Sorge oder in Frieden? Ist da Entmutigung oder Hoffnung? Unzufriedenheit oder Dankbarkeit? Bitterkeit oder Zuversicht? Groll oder Vergebungsbereitschaft?

Es kann sehr heilsam sein, einmal zur Ruhe zu kommen und sich von Gott fragen zu lassen: „Wie geht es deiner Seele?" Er hat Interesse an uns und will uns weiterhelfen. „Das wahre Leben beginnt im Inneren." Dieses „wahre Leben", das Leben unserer Seele, besteht weder in ausgelassenen Feiern oder ständigem Aktionismus noch in Meditation oder Askese. Es beginnt im geordneten Verhältnis zu Gott. Nur wenn ich mit Gott im Reinen bin, nur wenn ich ganz sicher weiß, dass meine Sünden vergeben sind, kann es „meiner Seele wohl gehen", wie unser Tagesvers sagt. Dieses innere Wohlbefinden wird sich dann auch nach außen hin zeigen.

9 Dienstag
Januar

SA 08:22 · SU 16:34
MA 06:54 · MU 13:53

Wie lieblich sind auf den Bergen die Füße dessen, der frohe Botschaft bringt, der Frieden verkündigt, der Botschaft des Guten bringt, der Rettung verkündigt.

Jesaja 52,7

Gnade für alle Menschen

Jesus Christus, der Sohn Gottes, lebte und wirkte vor 2000 Jahren in Israel. Er brachte den Menschen eine gute Botschaft:

- Wer seine Schuld vor Gott und seine Verlorenheit erkannte, dem stellte Er sich als Retter vor: „Der Sohn des Menschen ist gekommen, zu suchen und zu erretten, was verloren ist" (Lukas 19,10).

- Wer unter der Macht der Sünde seufzte und sich nach Befreiung von dieser Gebundenheit sehnte, dem versprach Er: „Wenn der Sohn euch frei macht, werdet ihr wirklich frei sein" (Johannes 8,36).

- Wer vergeblich nach echter Lebenserfüllung suchte, dem erklärte Er: „Jeden, der von diesem Wasser trinkt, wird wieder dürsten; wer irgend aber von dem Wasser trinkt, das ich ihm geben werde, den wird nicht dürsten in Ewigkeit" (Johannes 4,13.14).

Im Alter von ungefähr 33 Jahren starb Jesus Christus am Kreuz. Er opferte sein heiliges Leben, damit Verlorene gerettet, Gebundene befreit und Enttäuschte glücklich werden können.

Seit Jesus Christus als Auferstandener im Himmel lebt, verkündigen und verbreiten seine Jünger die gute Botschaft der Gnade Gottes. Sie gilt allen Menschen auf der ganzen Welt. Wer sie annimmt und an den Erlöser glaubt, findet Frieden mit Gott, Vergebung der Sünden, Befreiung aus der Macht der Sünde und ewiges Leben. Gott verspricht: „Jeder, der irgend den Namen des Herrn anruft, wird errettet werden" (Römer 10,13).

Bis in euer Greisenalter bin ich derselbe, und bis zu eurem grauen Haar werde ich euch tragen; ich habe es getan, und ich werde heben, und ich werde tragen und erretten.

Jesaja 46,4

Einsamkeit (nicht nur) im Alter

Eine Zeitungsreporterin wollte am eigenen Leib erfahren, wie es ist, alt zu sein. Die Maskenbildnerin und die Kostümgestalterin eines Theaters halfen dabei, sie entsprechend zu verwandeln. „Da gehe ich nun", schreibt sie später, „eine anonyme Rentnerin, in leicht gebückter Haltung, auf den Stock gestützt. Weder gebrechlich noch forsch …"

Und ihre Erfahrungen? Sie läuft durch die Straßen. Da sie Großstädterin ist, hat sie keine besonderen Erwartungen. Aber was dann kommt, übertrifft alle ihre Befürchtungen: „Es ist, als ob es mich gar nicht gäbe. Man schaut durch mich hindurch, als wäre ich Luft." Mit Mühe gelingt es der Frau, einen Platz im vollbesetzten Café zu finden, um menschliche Nähe zu erleben. Aber niemand schenkt ihr auch nur einen Augenblick Aufmerksamkeit. Der Satz eines Dichters fällt ihr ein: „Das Alter ist nicht trübe, weil darin unsere Freuden, sondern weil darin unsere Hoffnungen aufhören." Die Reporterin hat große Mühe, ihr Experiment zu Ende zu bringen.

Und doch gilt für jeden Menschen, ob alt oder jung: Niemand muss allein oder verlassen sein. Selbst wenn es für dich auf der ganzen Welt niemand mehr gäbe, dann bleibt doch der große und barmherzige Gott, der ganz nah bei dir sein will. Er will dich erretten und tragen. Er will bei dir sein in der Einsamkeit.

Viele alt gewordene Christen, aber auch jüngere Alleinstehende können bezeugen, dass Gott ihnen tatsächlich nahe ist und sie trägt. Der Weg zu Gott führt allerdings nur über Jesus Christus. Ohne Ihn ist man von Gott getrennt, hoffnungslos und – einsam. Aus dieser aussichtslosen Lage will Jesus Christus den Menschen herausführen: Hoffnung für Hoffnungslose!

11 Donnerstag
Januar

SA 08:21 · SU 16:37
MA 09:00 · MU 16:09

Glückselig der, dessen Übertretung vergeben, dessen Sünde zugedeckt ist! Psalm 32,1

Glückselig der Mensch, dessen Stärke in Gott ist, in deren Herzen gebahnte Wege sind! Psalm 84,6

Dem Glück nachjagen?

Wahres Glück ist abhängig von unserer Beziehung zu Gott. Sein Wort, die Bibel, sagt uns, wie wir es erlangen können:

- Um glücklich zu sein, müssen wir wissen, dass unsere Schuld vergeben ist: „Wenn wir unsere Sünden bekennen, so ist er treu und gerecht, dass er uns die Sünden vergibt" (1. Johannes 1,9). Dann sind wir mit Gott versöhnt und haben Frieden mit Ihm. Er erklärt uns für gerecht und macht uns zu seinen Kindern.
- Um glücklich zu sein, müssen wir auch von der Angst vor dem Tod befreit sein, die

letztendlich die Angst vor dem „Danach" ist: Wo werde ich nach meinem Tod sein? Auch dazu hat die Bibel eine Antwort. Wer an Jesus Christus glaubt, hat „ewiges Leben". Ewiges Leben ist mehr als ewige Existenz – die hat jeder Mensch, egal ob er Freidenker ist oder einer Religion anhängt. Nein, „ewiges Leben" ist ein Leben von höchster Qualität. Es versetzt einen Menschen in eine glückliche Beziehung zu Gott – und das für ewig!

• Glücklich sein bedeutet andererseits nicht, dass im Leben alles glattgeht. Wer sein Glück in Jesus Christus gefunden hat, weiß, dass Jesus immer bei ihm ist – auch und gerade in den täglichen Problemen.

Wenn unsere Beziehung zu Gott geklärt ist, wenn wir wissen, dass unsere Sünden durch den Glauben an Jesus Christus vergeben sind, und wir somit Frieden haben, dann haben wir Gott auf unserer Seite und können getrost unser Heute und Morgen ganz in seine Hand legen. Die Zustimmung Gottes für unser Leben zu haben, bedeutet wirklich glücklich oder „glückselig" zu sein, wie unsere Tagesverse sagen.

Tägliche Bibellese 4. Mose 7,1-29 · Matthäus 5,21-32

12 Freitag
Januar

Und wenn er nach Hause kommt, ruft er die Freunde und die Nachbarn zusammen und spricht zu ihnen: Freut euch mit mir, denn ich habe mein Schaf gefunden, das verloren war.

Lukas 15,6

Verlaufen und verloren

Die zweijährige Janet hatte nicht vor, sich zu verlaufen. Sie war einfach ihren Geschwistern in den Wald gefolgt. Doch ihre Beine waren noch nicht so schnell und so blieb sie zurück. Schließlich konnte sie die anderen nicht mehr sehen.

Bald wurde die Stille nur noch durch gelegentliche Vogelrufe in den Bäumen unterbrochen. Langsam wurde es dunkel – doch die Kleine stapfte weiter, den anderen hinterher, wie sie meinte.

Zu Hause herrschte Panik, als die Geschwister ankamen und Janet nicht bei ihnen war. Die Eltern suchten die Nachbarschaft ab, Freunde schlossen sich ihnen an, die Polizei wurde benachrichtigt, ein Hubschrauber angefordert. Überall hörte man Rufe: „Janet, Janet!" Doch Janet blieb verschwunden. Stunden vergingen, einige brachen die Suche ab. Andere konnten nicht aufhören, weil sie an ihre eigenen Kinder dachten, die zu Hause sicher und warm im Bett lagen. Einmal fing der Strahl einer Taschenlampe einen Fuchs ein. Endlich fiel das Licht auf eine kleine Gestalt, die an einen Baum geschmiegt schlief: Janet!

Sie konnte sich selbst nicht retten, hätte allein nie den Weg nach Hause zurückgefunden. Andere mussten sie suchen und finden.

Vielleicht finden Sie sich in Janet wieder. Sie wollen „nach Hause", haben sich an diversen Mitmenschen orientiert, kommen aber nicht am ersehnten Ziel an. Vielleicht sind Sie bereits erschöpft „zu Boden" gesunken. Doch verzweifeln Sie nicht: Einer ist da, der Sie sucht und der Sie „nach Hause" bringen möchte. Was Sie dazu tun müssen? Beten Sie zu Ihm. Wenn möglich lesen Sie das 15. Kapitel im Lukasevangelium. Sie können sicher sein, dass Er sich Ihnen zeigen wird!

13 Samstag
Januar

SA 08:20 · SU 16:40
MA 10:05 · MU 19:12

Er selbst aber, unser Herr Jesus Christus, und Gott, unser Vater, der uns geliebt und uns ewigen Trost und gute Hoffnung gegeben hat durch die Gnade, tröste eure Herzen.

2. Thessalonicher 2,16.17

Die sichere Hoffnung

Gott hatte einem christlichen Missionarsehepaar in Neuguinea vier Kinder geschenkt. Die drei älteren Kinder lebten aus bestimmten Gründen in Europa, aber das jüngste Kind war bei seinen Eltern. Doch im Alter von einem Jahr starb es ganz plötzlich. Der Schmerz der Eltern war groß!

Schweren Herzens machte sich der Vater daran, einen kleinen Sarg zu zimmern.

Ein einheimischer Nachbar gesellte sich zu ihm und sagte mitfühlend: „Du musst sehr traurig sein."

„Ja", erwiderte der Vater, „aber es war Gottes Wille."

Der Nachbar schwieg. Dann fragte er leise: „Wirst du uns jetzt verlassen und nach Europa zurückkehren?"

„Nein, ich bleibe bei euch!"

„Aber du hast doch jetzt hier kein Kind mehr. Willst du nicht zu deinen anderen Kindern?"

„Doch, aber hier gibt es noch viel Arbeit für mich und meine Frau. Unsere Kinder sind in der guten Hand unseres Gottes. Ich bin sicher, dass Er sie bewahren wird."

Verwundert schüttelte der Mann den Kopf und meinte: „Ihr Christen seid wirklich besondere Menschen. Ihr könnt über den Horizont hinaus sehen!"

Bei dieser Bemerkung ging ein Leuchten über das Gesicht des Missionars. Er hatte schon lange darüber nachgedacht, wie man den Einheimischen den biblischen Begriff „sichere Hoffnung" erklären könnte. Die lokale Sprache besaß kein Wort dafür. „Über den Horizont hinaus sehen" – das ist die christliche Hoffnung. Mit den Augen kann man nur bis zum Horizont blicken. Aber der gläubige Christ kann über das Sichtbare hinaus schauen. Er darf fest darauf „hoffen", dass Gottes Zusagen eintreffen.

14

Sonntag
Januar

Als er (der Mensch mit dem unreinen Geist) Jesus von weitem sah, lief er und warf sich vor ihm nieder; und mit lauter Stimme schreiend, sagt er: Was habe ich mit dir zu schaffen, Jesus, Sohn Gottes, des Höchsten? Ich beschwöre dich bei Gott, quäle mich nicht! Denn er sagte zu ihm: Fahre aus, du unreiner Geist, aus dem Menschen. Und er fragte ihn: Was ist dein Name? Und er spricht zu ihm: Legion ist mein Name, denn wir sind viele.

Markus 5,6-9

Gedanken zum Markus-Evangelium

Ein Mensch mit einem unreinen Geist, der sich überwiegend in den Grabstätten aufhält, läuft Jesus und seinen zwölf Jüngern entgegen. Da prallen Finsternis und Licht aufeinander – Gegensätze, die größer nicht sein könnten.

Es fällt auf, dass der Besessene vor dem Sohn Gottes niederfällt und von Ihm als dem Höchsten spricht. Er weiß also genau, wen er vor sich hat – im Gegensatz zu vielen Menschen damals und heute, die Jesus Christus verkennen. Hierin zeigt sich, dass „auch die Dämonen glauben und zittern" (Jakobus 2,19). Doch obwohl sie die Autorität Gottes in der Person Jesu anerkennen und sich vor Ihm beugen, sprechen sie Ihn nie mit „Herr" an.

Bemerkenswert ist auch, dass der böse Geist Jesus „bei Gott" beschwört – und nicht etwa „beim Teufel". Er weiß um die Allmacht Gottes, um seine Oberhoheit. Und zugleich weiß er, dass sein eigener Dienstherr, der Teufel, immer schon ein Lügner gewesen ist (Johannes 8,44). Nur bei Gott ist die ewige Wahrheit zu finden.

„Quäle mich nicht", bittet der unreine Geist, weil er das unausweichliche Endgericht fürchtet. Aber solange die Zeit dafür noch nicht gekommen ist, will er möglichst von Jesus in Ruhe gelassen werden.

Eine ganze Legion böser Geister hat von dem Menschen Besitz ergriffen. Die Identifikation geht so weit, dass nicht immer klar zu unterscheiden ist, wer hier redet – der Mensch oder der böse Geist. Hier kann nur der „Sohn des Höchsten" helfen.

15 Montag
Januar

Alle Athener aber und die Fremden, die sich da aufhielten, brachten ihre Zeit mit nichts anderem zu, als etwas Neues zu sagen und zu hören.

Apostelgeschichte 17,21

Eine Flut von Neuigkeiten

Vor einigen Jahren erschien ein *Handbuch des nutzlosen Wissens*. Einige Kostproben daraus: Ein Skorpion kann in einem Eisblock eingefroren bis zu drei Wochen überleben. – Rhabarber war im Mittelalter eines der höchstbezahlten Ausfuhrgüter Chinas in den Westen. – Der kürzeste burmesische Familienname ist „H".

Noch viele andere Kuriositäten werden aufgezählt. Anscheinend gibt es genügend Leute, die ihren Kopf mit unnötigem Wissen anfüllen, ganz so wie damals in Athen. Fragen wir uns einmal: Wie gehen wir mit der Informationsflut um, die täglich auf uns eindringt? Sind wir uns im Klaren darüber, dass wir nur ein begrenztes Fassungsvermögen haben und dass unsere Lebenszeit begrenzt ist?

Für die meisten Athener war Paulus, der Bote Gottes, nur eine willkommene Abwechslung, und das, was er predigte, war allenfalls eine interessante Neuigkeit. Seine Worte gingen in der Flut von Neuigkeiten unter. Deshalb drang er nicht zu ihnen durch.

Wie lautete die ewig gültige Botschaft, die Paulus brachte? Alle Menschen sollen Buße tun, sollen zu Gott umkehren, denn Gott wird die Welt durch den Mann richten, den Er dazu bestimmt hat. Den Beweis davon hat Er dadurch gegeben, dass Er Ihn aus den Toten auferweckt hat (V. 30.31). Vielleicht sagen jetzt einige: Das gibt's doch nicht! Aber gehen wir nicht zu schnell darüber hinweg. Dieser Mann ist nämlich Jesus Christus, der Sohn Gottes, und seine Auferstehung ist eine vielfach und glaubwürdig bezeugte Tatsache.

Einige Griechen wurden nach der Ansprache des Apostels doch nachdenklich und glaubten. Und auch in unserer Zeit gibt es Menschen, die bereit sind, sich mit dieser Botschaft auseinanderzusetzen.

16 Dienstag
Januar

SA 08:17 · SU 16:44
MA 10:55 · MU 23:34

Jesus befreite alle die, die durch Todesfurcht das ganze Leben hindurch der Knechtschaft unterworfen waren. Hebräer 2,15

Daher, wenn jemand in Christus ist, da ist eine neue Schöpfung; das Alte ist vergangen, siehe, Neues ist geworden.

2. Korinther 5,17

Die Angst vor dem Tod

Als ich 10 Jahre alt war, wurde mir auf einmal bewusst, dass das Leben ein Ende hat. Das war bei dem Tod meines Großvaters. Neben großer Traurigkeit befiel mich eine unendliche Leere, die mich nicht wieder losließ. In meiner Verzweiflung versuchte ich später, sie durch Rauchen, Drogen und Alkohol auszufüllen. Ich war unglücklich, einsam und hatte furchtbare Angst vor dem Tod.

In einem Ferienlager hörte ich von Jesus Christus. Ich sagte mir: „Das ist die Person, die mich von meinen Ängsten und der inneren Leere befreien kann!" Da ich aber meine Drogen nicht aufgeben wollte, verdrängte ich diesen Gedanken bald.

Mit 23 Jahren landete ich wegen Drogenhandels im Gefängnis. Da fing ich wieder an zu beten. Auch las ich in der Bibel, ohne aber viel zu verstehen. Nach meiner Entlassung führte Gott es, dass mich jemand in eine christliche Gemeinde einlud. Was ich dort aus der Bibel hörte, traf mein Gewissen. Augenblicklich wurde mir klar, dass ich ein Sünder war und ewige Strafe verdient hatte. Aber dann erfuhr ich auch, wie ich aus dieser schrecklichen Situation befreit werden konnte: Ich brauchte nur an Jesus Christus zu glauben und Ihm zu vertrauen, dass Er meine Schuld am Kreuz bezahlt hat! Und das tat ich!

Von da an wurde mein ganzes Leben anders. Ich gab meinen Alkohol- und Drogenmissbrauch auf und nahm eine anständige Arbeit an. Auch bat ich diejenigen um Vergebung, denen ich Böses angetan hatte. Heute nenne ich Gott meinen Vater. Ich weiß, dass meine Sünden vergeben sind. Mein Leben hat einen Sinn bekommen, und vor dem Tod habe ich keine Angst mehr. Guillaume B.

Tägliche Bibellese 4. Mose 9,15–10,10 · Matthäus 7,1-12

17 Mittwoch
Januar

SA 08:16 · SU 16:46
MA 11:09 · MU –:–

Dies ist das Zeugnis (Gottes): dass Gott uns ewiges Leben gegeben hat, und dieses Leben ist in seinem Sohn. Wer den Sohn hat, hat das Leben; wer den Sohn Gottes nicht hat, hat das Leben nicht.

1. Johannes 5,11.12

Die Lebensversicherung

Es gibt viele Arten von Versicherungen – aber können sie halten, was ihr Name verspricht? Die Haftpflichtversicherung ersetzt in bestimmten Grenzen materiellen Schaden. Ähnlich steht es mit einer Diebstahlversicherung, obwohl sie das Gestohlene nicht zurückbringen kann. Aber noch deutlicher wird das „Missverhältnis" bei der Krankenversicherung: Sie übernimmt zwar die Kosten für Behandlungen und Medikamente, kann aber nicht vor dem Krankwerden schützen.

Und dann die Lebensversicherung – verdient sie überhaupt diesen Namen? Sie kann den Tod des Versicherten ja nicht verhindern und nützt lediglich den Hinterbliebenen.

Wäre es nicht wunderbar, wenn es eine Versicherung gäbe gegen das Sterbenmüssen oder, besser noch, gegen das, was nach dem Sterben kommt? Da beginnt ja das große „Rätselraten", das wohl jeden Menschen im Lauf seines Lebens irgendwann einmal beschäftigt.

Und wirklich: Es gibt solch eine „Versicherung", die dem Menschen Sicherheit für seine Seele über den Tod hinaus garantiert! Der sie anbietet, ist Jesus Christus. Er hat den Preis für den, der Ihm seine Lebensschuld bekennt, längst selbst bezahlt durch sein Leiden und Sterben am Kreuz. Jetzt stellt Gott allen, die an Jesus Christus glauben, sozusagen die „Versicherungspolice" aus: „Wer an den Sohn glaubt, hat ewiges Leben" (Johannes 3,36). Dieses ewige Leben besitzt der Gläubige schon jetzt in diesem Leben und über seinen Tod hinaus – bis in Ewigkeit.

18 Donnerstag
Januar

SA 08:16 · SU 16:48
MA 11:23 · MU 00:57

Wohlan, bauen wir uns eine Stadt und einen Turm ... und machen wir uns einen Namen.

1. Mose 11,4

Ich will deinen Namen groß machen; und du sollst ein Segen sein!

1. Mose 12,2

Sich einen Namen machen

Mit dem Turmbau zu Babel wollten die Menschen sich einen Namen machen. Gott wurde nicht einbezogen. Ist das bei heutigen Projekten anders? Wohl kaum. Dabei sieht Gott heute wie damals das Tun und die Motive der Menschen. Er sieht auch ihren Stolz und ihre Überheblichkeit. Damals griff Gott mit der Sprachverwirrung ein und als Folge kam der Bau zum Erliegen. Menschen, die nicht auf Gott hörten, verstanden ihre Mitmenschen plötzlich nicht mehr! Wer nicht auf Gott hören will, versteht auch den Nächsten nicht mehr; wer sich von Gott löst, verliert auch die Bindung an den Mitmenschen. Gilt das nicht bis heute?

Doch Gott will den Menschen nicht in dieser Verwirrung lassen. Das wird offenkundig, als Er Abraham aus Ur in Chaldäa ruft und ins Land Kanaan führt (1. Mose 12). Es scheint, als würde Abraham nun alle Bindungen und Sicherheiten verlieren, aber in Wirklichkeit führt Gott ihn in ein Land, wo es eine herrliche Zukunft für ihn gibt.

Gottes Zusage, Abrahams Namen groß zu machen, bedeutet konkret: Er will ihn zum Stammvater vieler Völker machen und – über ihn und seine Nachkommen – den Segen Gottes auf alle Menschen kommen lassen. Die größte Erfüllung dieser göttlichen Zusage ist das Kommen Jesu Christi, der geradezu der Nachkomme Abrahams ist. Durch Jesus Christus ruft Gott heute noch aus der Verwirrung der Sprach- und Ratlosigkeit heraus in seine Gemeinschaft. Die Frage ist: Wollen wir uns selbst einen Namen machen oder sind wir bereit, uns durch den Glauben an Christus einen Namen geben zu lassen, nämlich „Kinder Gottes" zu heißen (Johannes 1,12)? So wie Gott damals Abraham in ein fernes Land rief, so ruft Gott uns heute auf, dem Herrn Jesus nachzufolgen.

Tägliche Bibellese 4. Mose 11,1-9 · Matthäus 7,24-29

19 **Freitag**
Januar

SA 08:15 · SU 16:49
MA 11:40 · MU 02:20

*Gott ist einer, und einer ist Mittler zwischen
Gott und Menschen, der Mensch Christus
Jesus, der sich selbst gab als Lösegeld für alle.*

1. Timotheus 2,5

Ein Telefonat über Glaubensfragen

Da telefonierte jemand mit mir über Glaubensfragen; zum Schluss fragte er: „Sind Sie Fundamentalist?"

„Was meinen Sie damit?", fragte ich zurück.

„Na, glauben Sie, dass die Bibel wörtlich von Gott eingegeben ist?", ergänzte er. Und dann berichtete er: „Ich bin schon bei allen möglichen Kirchen und christlichen Gruppierungen gewesen und habe festgestellt, dass alle etwas anderes glauben. Das hat mich zu dem Schluss geführt, dass der Glaube an Gott nur auf rein persönlichen Erfahrungen beruht. Was die Bibel sagt, ist mir nicht so wichtig. Ich glaube an Gott, das ist die Hauptsache. Jesus Christus sagt mir nichts."

Ähnliche Erfahrungen und Gedanken wie dieser Mann haben sicher nicht wenige. Das Problem ist: Ein solcher Glaube hat ein sehr brüchiges Fundament. Erfahrungen mit Gott können wir nur machen, wenn wir Ihm dort begegnen, wo Er sich selbst den Menschen offenbart hat. Bloße Meinungen über Gott sind völlig wertlos. Wenn jeder sich seinen eigenen Gott basteln könnte, würde dieser Gott die Bezeichnung „Gott" gar nicht verdienen; er würde ja nur in der Fantasie existieren.

Die große, völlig vertrauenswürdige Informationsquelle über Gott ist die Bibel. Sie ist Gottes Wort. Das wird jeder ernsthaft Suchende bestätigt finden. Wer sich auf dieses Fundament stützt, wird sehr bald erkennen, was es mit Jesus Christus auf sich hat. Er ist nämlich der „Mittler zwischen Gott und Menschen". Diesen Vermittler brauchen wir, weil wir alle Sünder sind. Und ohne Ihn kann niemand zu Gott kommen (1. Timotheus 2,5).

20 Samstag
Januar

SA 08:14 · SU 16:51
MA 12:02 · MU 03:43

Jesus spricht: Kommt her zu mir, alle ihr Mühseligen und Beladenen, und ich werde euch Ruhe geben.

Matthäus 11,28

Mein Leben war ein Suchen

*Mein Leben war ein Suchen,
ein Stöbern nach dem Ziel,
ein Hetzen, Laufen, Jagen –
so wie es mir gefiel.*

*Bis Jesus mir begegnet',
in Lieb' mich überwand
und mir die Schuld genommen,
so dass ich Frieden fand.*

Er ist mein guter Hirte,
bei Ihm komm ich zur Ruh',
und wenn ich zu Ihm bete,
hört Er geduldig zu.

Er kennt mich ja mit Namen,
Er stützt, gibt Kraft im Lauf,
und wenn ich hingefallen,
hebt Er mich wieder auf.

So darf ich Ihm vertrauen,
denn seine Treu' ist groß.
Er wird mich ewig fassen,
niemals lässt Er mich los.

G.W.

Tägliche Bibellese 4. Mose 11,24-35 · Matthäus 8,14-22

21 Sonntag
Januar

SA 08:13 · SU 16:52
MA 12:32 · MU 05:03

Und er (der böse Geist) bat ihn (Jesus) sehr, sie nicht aus der Gegend fortzuschicken. Es war aber dort an dem Berg eine große Schweineherde, die weidete. Und sie baten ihn und sprachen: Schicke uns in die Schweine, dass wir in sie fahren. Und er erlaubte es ihnen. Und die unreinen Geister fuhren aus und fuhren in die Schweine, und die Herde stürzte sich den Abhang hinab in den See (etwa zweitausend), und sie ertranken in dem See.

Markus 5,10-13

Gedanken zum Markus-Evangelium

Auf der Ostseite des Sees Genezareth hat eine Legion böser Geister von einem Menschen Besitz ergriffen – mit schrecklichen Folgen. Jetzt treffen sie auf Jesus, den sie „Sohn Gottes, des Höchsten", nennen. Sie wissen genau, dass sie Ihm unterlegen sind und ihr Bestimmungsort das ewige Feuer ist.

Der Anführer dieser unreinen Geister bittet den Herrn eindringlich darum, sie nicht fortzuschicken. Offensichtlich fühlen sie sich in dieser Umgebung wohl, die stark von der heidnischen Kultur beeinflusst ist. Hier wollen sie weiterhin ihr zerstörerisches Werk betreiben.

Da die Dämonen aus dem Menschen ausfahren müssen – wie der Sohn Gottes es befohlen hat –, bitten sie darum, in eine Schweineherde fahren zu dürfen. Doch was verbirgt sich hinter dieser eigenartigen Bitte? Sie bestätigt, dass der Satan und seine Engel letztlich nur ein Ziel haben, nämlich zu zerstören. Dass der Herr das Vorhaben der bösen Geister nicht verhindert, sondern erlaubt, braucht uns nicht zu verwundern. Denn damit wird für alle in der Umgebung klar, dass der Mensch in den Grabstätten besessen war. Es wäre also töricht, wenn jemand die Tatsache leugnen würde, dass Dämonen in Menschen wohnen können.

Zweitausend ertrunkene Schweine! Sie demonstrieren zum einen, dass dämonische Mächte ihr Unwesen getrieben haben, zum anderen, dass selbst diese Mächte gehorchen müssen, wenn Jesus Christus ihnen gebietet.

Tägliche Bibellese 4. Mose 12,1-16 · Matthäus 8,23-34

22 Montag
Januar

SA 08:12 · SU 16:54
MA 13:12 · MU 06:15

*Gott hat Jesus von Nazareth mit Heiligem
Geist und mit Kraft gesalbt.*

Apostelgeschichte 10,38

Wer ist Jesus von Nazareth? (1)

Hören wir einer Rede zu, die der Apostel Petrus
im 1. Jahrhundert n. Chr. hält. In Cäsarea, einer
römischen Garnisonsstadt, spricht Petrus über
Jesus von Nazareth. Dabei knüpft er an das an,
was seine nichtjüdischen Zuhörer bereits von
Jesus gehört haben.

Kein Zweifel, Jesus Christus hat gelebt und ist in
dem kleinen Städtchen Nazareth im Norden Israels aufgewachsen, weit entfernt von Jerusalem,
der Hauptstadt und dem religiösen Zentrum. So
war es Gottes Plan, obwohl seine Gegner Jesus
etwas abfällig den „Nazarener" nannten.

Als Jesus im Alter von ungefähr 30 Jahren
seinen öffentlichen Dienst begann, ließ Er sich

zunächst von Johannes dem Täufer im Jordan taufen. Bei dieser Gelegenheit bekannte Gott sich zu Ihm: Der Heilige Geist kam auf Jesus und blieb auf Ihm. Und Gott selbst bezeugte vom Himmel her, dass Jesus sein geliebter Sohn ist (Matthäus 3,13-17). Damit wurde Er dem Volk Israel als sein Messias oder Christus bekannt gemacht: Jesus ist der Sohn Gottes; Er ist der Erlöser, der im Alten Testament in so vielen Einzelheiten angekündigt wurde. Die vielen Voraussagen dort beziehen sich erkennbar auf Jesus – so genau, wie nur ein Schlüssel zum Schloss passt.

In den ungefähr drei Jahren seines Lebens auf der Erde konnten seine Zeitgenossen an den vielen Wundern, die Er tat, deutlich erkennen, dass Gottes Kraft in Ihm wirkte.

Dieser „Nazarener", den die Menschen so gering achteten, ist der von Gott beglaubigte Messias für Israel und zugleich der Retter der Welt.

23

Dienstag
Januar

Jesus von Nazareth ... ging umher, wohltuend und alle heilend, die von dem Teufel überwältigt waren; denn Gott war mit ihm. Und wir sind Zeugen alles dessen, was er sowohl im Land der Juden als auch in Jerusalem getan hat.

Apostelgeschichte 10,38.39

Wer ist Jesus von Nazareth? (2)

Der Apostel Petrus predigt über Jesus vor dem römischen Hauptmann Kornelius. Petrus hatte Jesus bei seinen Wanderungen durch das Land begleitet und dabei erlebt, wie viel Gutes Er überall getan hatte. Er hatte beobachtet, wie große Mengen herbeiströmten, um Jesus zuzuhören und seine Machttaten zu sehen. Immer wieder hatte Jesus sich Einzelnen und ihren Nöten zugewandt, um jedem zu helfen, der Ihm vertraute.

Kornelius hatte schon von Jesus und seinen Wundern gehört, jetzt aber bekam er Informationen aus erster Hand. Petrus hatte oft selbst gesehen, wie der Sohn Gottes Kranke heilte und sogar dämonisch Besessene von den Zwängen des Teufels befreite.

Ja, „Gott war mit Ihm". Das hatten nicht nur die Jünger erkannt, die Jesus begleiteten; das mussten sogar die Pharisäer und Obersten des Volkes zugeben, obwohl die meisten von ihnen Ihn beneideten und ablehnten (vgl. Johannes 3,2).

Damals war auch der Teufel, der Ursprung alles Bösen, auf dem Plan. Es wäre kurzsichtig, den Teufel nicht zur Kenntnis zu nehmen. Damals wie heute stehen viele Menschen unter der direkten Macht dieses Feindes Gottes. Aber Jesus Christus ist stärker. Er kann Menschen vollständig befreien, die „von dem Teufel überwältigt waren".

Jesus hat bewiesen: Er ist der Herr! Selbst der Teufel muss der Macht des Sohnes Gottes weichen!

24 Mittwoch Januar

SA 08:09 · SU 16:57
MA 15:11 · MU 08:03

Sie haben Jesus von Nazareth auch umgebracht, indem sie ihn an ein Holz hängten.

Apostelgeschichte 10,39

Wer ist Jesus von Nazareth? (3)

So lautet die knappe Mitteilung des Apostels Petrus über den Tod Jesu: ans Holz gehängt und umgebracht! Das also war das Ende von Jesus, der den Leuten aus dem Volk nur Gutes getan hatte, aber von den Verantwortlichen gemieden und gehasst worden war.

Schließlich hatte auch die große Volksmenge vor dem römischen Statthalter Pilatus den Tod Jesu gefordert. So wurde das Volk insgesamt an der Ermordung des Sohnes Gottes schuldig. Und damit nicht genug: Der gemeinste und quälendste Tod durch die Hinrichtung am Kreuz, so meinten sie, sei gerade gut genug für Ihn.

Auch die übrigen Völker sind nicht schuldlos an der Hinrichtung Jesu. Pilatus hatte die oberste Gerichtsgewalt in Palästina und machte schlimmen Gebrauch davon. Ihm ging es um seine Karriere, die er in Gefahr sah. Dagegen galt ein Menschenleben nichts, wie so oft in dieser Welt.

Hier aber handelte es sich um den Herrn der Herrlichkeit, um den Sohn Gottes. Eine Ahnung muss ihn beschlichen haben, dass hier jemand von außergewöhnlichem Rang vor ihm stand, der zu Unrecht angeklagt worden war. Doch Pilatus beugte sich dem allgemeinen Druck und – wurde schuldig. Schuldig waren aber auch die römischen Soldaten, die das Urteil vollstreckten, schuldig jedermann, der sich von diesem Verbrechen nicht distanzierte.

Das Kreuz von Golgatha ragt bis in unsere Zeit hinein. Man hat den Eindruck, dass die Welt seit fast 2000 Jahren einfach nicht zur Ruhe kommen kann. Andererseits wenden sich bis heute Menschen mit ihrer Lebensschuld zu dem Gekreuzigten, um Vergebung zu empfangen.

Das Kreuz nimmt in der Weltgeschichte einen zentralen Platz ein. – Was denken Sie darüber?

Tägliche Bibellese 4. Mose 14,11-25 · Matthäus 9,27-38

25 Donnerstag
Januar

SA 08:08 · SU 16:59
MA 16:23 · MU 08:36

Gott hat Jesus von Nazareth am dritten Tag auferweckt und ihn sichtbar werden lassen, nicht dem ganzen Volk, sondern den von Gott zuvor erwählten Zeugen.

Apostelgeschichte 10,40.41

Wer ist Jesus von Nazareth? (4)

Petrus fährt in seiner Rede fort und stellt fest, dass Jesus Christus auferstanden ist. – Im Raum steht ja die Frage: Wie konnte Gott erlauben, dass sein geliebter Sohn brutal zu Tode gebracht wurde?

Oder war Jesus etwa nur ein Fantast, ein Verführer? Wenn Gott Ihn nicht auferweckt hätte, könnte man dem äußeren Anschein nach so urteilen. Dann wäre das Leben dieses Mannes nur eine Episode gewesen unter vielen, seine Worte nur Schall und Rauch. Doch Petrus und viele andere Augenzeugen haben den auferstandenen

Herrn gesehen. Deshalb sagt der Apostel Paulus ganz ausdrücklich: „Nun aber ist Christus aus den Toten auferweckt!" (1. Korinther 15,4-8.20).

Damals hatten auch die Prominenten in Jerusalem keinen Zweifel daran, dass Jesus von den Toten auferstanden war. Und den vielen Zweiflern stellt Gott mehr als 500 Augenzeugen entgegen (1. Korinther 15,6). Die Auferstehung dieses Jesus von Nazareth ist das am besten und sichersten bezeugte Ereignis der Weltgeschichte. Ja, Jesus Christus hat überzeugend bewiesen, dass Er der Sohn Gottes ist: zum einen dadurch, dass Er Tote wieder lebendig machte. Zum anderen hatte nur Er als Sohn Gottes die Macht, selbst von den Toten aufzuerstehen (s. Römer 1,4).

Die vielen Zeugen damals schwiegen nicht von den Ereignissen. Das Ergebnis davon war die schnelle Ausbreitung des Christentums im ganzen Römischen Reich. Und heute noch bezeugen gläubige Christen der verlorenen Welt die Auferstehung des Sohnes Gottes. Sie haben die Liebe des Gekreuzigten und die Kraft des auferstandenen Herrn in ihrem Leben erfahren.

26 Freitag
Januar

SA 08:07 · SU 17:01
MA 17:37 · MU 09:00

Jesus von Nazareth ... hat uns befohlen, ... ernstlich zu bezeugen, dass er der von Gott bestimmte Richter der Lebenden und der Toten ist.

Apostelgeschichte 10,42

Wer ist Jesus von Nazareth? (5)

In der Predigt von Petrus geht es nun um eine Tatsache, die möglicherweise überrascht: Jesus ist „der von Gott bestimmte Richter der Lebenden und der Toten".

Vielleicht hätten wir an dieser Stelle erwartet, dass der auferstandene Herr den Menschen Heil und Vergebung anbietet. Und tatsächlich wird Petrus gleich darauf zu sprechen kommen. Doch zuerst stellt er fest, dass nach dem Willen Gottes Jesus von Nazareth der Richter ist. Er, der Sohn Gottes, wurde von den Menschen zwar abgelehnt und ans Kreuz gebracht, aber von Gott auferweckt und in den Himmel erhöht. Dort hat Er einen Ehrenplatz bekommen.

Alle, die Ihn ablehnen, haben einmal sein gerechtes Strafgericht zu erwarten. Das gilt sowohl den „Lebenden", denen, die auf der Erde leben, wenn Christus wiederkommt, als auch den „Toten", denen, die längst gestorben sind, die aber zum Gericht wieder auferstehen müssen (Matthäus 25,31-46; Offenbarung 20,11-15).

Dann wird Jesus Christus als gerechter Richter das Leben jedes Einzelnen anhand seiner Gedanken, Worte und Taten beurteilen. Alles, was Gott beleidigt hat, wird ans Licht kommen. Jesus wird nicht ruhen, bis Er Recht und Gericht „zum Sieg geführt hat" (vgl. Matthäus 12,20).

Das ist keine Freudenbotschaft für den sündigen Menschen. Doch Jesus will, dass diese Botschaft eindringlich bezeugt wird. Niemand soll darüber im Unklaren bleiben, was ihn im Jenseits erwartet, wenn er nicht zu Lebzeiten Gottes Vergebung in Anspruch nimmt. Petrus fügt allerdings sogleich hinzu, dass jeder, der an Jesus glaubt, „Vergebung der Sünden empfängt".

Das ist die gute Botschaft, das Evangelium! Damit wollen wir uns morgen beschäftigen.

27 Samstag
Januar

SA 08:06 · SU 17:02
MA 18:50 · MU 09:18

Alle Propheten geben Zeugnis, dass jeder, der an Jesus von Nazareth glaubt, Vergebung der Sünden empfängt durch seinen Namen.

Apostelgeschichte 10,43

Wer ist Jesus von Nazareth? (6)

Heute beschäftigt uns der Schlusspunkt in der Rede des Apostels Petrus vor dem römischen Offizier Kornelius. Schon die Propheten im Alten Testament hatten angekündigt, dass der Messias Heil und Vergebung bringen würde – nicht nur für Israel, sondern für Menschen aus allen Völkern.

Jetzt war der verheißene Erlöser gekommen: Jesus von Nazareth hatte am Kreuz sein Leben als Sühnopfer für die Sünden gegeben. Nun konnte die Botschaft von der Vergebung Menschen aus aller Welt frei verkündigt werden.

Petrus erläutert, dass die Vergebung von zwei Bedingungen abhängt. Erstens: Vergebung der Sünden gibt es nur „durch seinen Namen" – durch den Namen Jesu. Der „Name" steht hier für alles, was Jesus Christus in seiner Person ist und durch sein Erlösungswerk bewirkt hat.

Gottes Gerechtigkeit fordert, dass die Sünden gesühnt werden. Deshalb können Sünden nur vergeben werden, weil Jesus Christus als Sühnopfer sein Leben am Kreuz gelassen hat. Diese erste Bedingung für die Vergebung und Rettung hat Gott also bereits selbst erfüllt, als Er aus Liebe zu uns seinen Sohn gegeben hat.

Die zweite Bedingung ist der Glaube an Jesus. Die Sühnung durch seinen Tod kommt den Menschen nicht automatisch zugute. Niemand wird die Vergebung aufgezwungen. Gott erwartet von uns, dass wir Ihm ganz vertrauen und das Sühnopfer seines Sohnes im Glauben für uns in Anspruch nehmen.

Vergebung ist möglich, völlige Vergebung! Sie wird uns frei angeboten. – Aber wir müssen sie auch annehmen.

28 Sonntag
Januar

*Und ihre Hüter flohen und verkündeten es in
der Stadt und auf dem Land; und sie kamen,
um zu sehen, was geschehen war. Und sie
kommen zu Jesus und sehen den Besessenen
dasitzen, bekleidet und vernünftig, den, der
die Legion gehabt hatte; und sie fürchteten
sich. Und die es gesehen hatten, erzählten
ihnen, wie dem Besessenen geschehen
war, und das von den Schweinen. Und sie
fingen an, ihm zuzureden, aus ihrem Gebiet
wegzugehen.*

Markus 5,14-17

Gedanken zum Markus-Evangelium

Jesus hat einen Menschen aus der Gewalt von
Dämonen befreit. Dadurch hat Er erneut gezeigt,
dass Er der Sohn Gottes ist. Er hat alle Macht –
auch über den Teufel und seine Dämonen.

   Dieses Wunder hat Aufsehen erregt: Zweitausend Schweine sind umgekommen, weil die

bösen Geister in eine ganze Herde gefahren sind. Als die Bewohner der Stadt kommen, um der Sache auf den Grund zu gehen, werden sie gleich mit dem Beweis der Gnade und der Macht des Herrn Jesus konfrontiert. Denn der Mensch, der lange Zeit die Gegend unsicher gemacht hat, ist nicht wiederzuerkennen: Anstatt sich wie ein Irrsinniger zu verhalten, sitzt er jetzt bekleidet und vernünftig bei Jesus, seinem Retter.

Dieses Ereignis illustriert die Bekehrung eines Menschen. Ist er einmal von der „Gewalt der Finsternis" befreit, kommt er innerlich zur Ruhe und wird „mit Kleidern des Heils bekleidet" (Kolosser 1,13; Jesaja 61,10). Wer solch eine Umkehr erlebt hat, kann davon berichten, wie sich auch seine Lebensziele und Interessen komplett geändert haben. Während man früher ohne Gott gelebt und vergeblich nach bleibendem Glück gejagt hat, führt man heute sein Leben mit Gott und findet darin Erfüllung und unvergängliche Freude.

Wie traurig ist das Verhalten der Gadarener: Sie wollen den Sohn Gottes loswerden. Offensichtlich fürchten sie sich mehr vor Ihm und seinem gnädigen Handeln als vor den bösen Geistern.

Tägliche Bibellese 4. Mose 16,1-24 · Matthäus 11,1-9

29

Wir wissen aber, dass denen, die Gott lieben, alle Dinge zum Guten mitwirken, denen, die nach Vorsatz berufen sind.

Römer 8,28

Nicht Strafe, sondern Liebe

Harold Hestekind (1916–1998) war als Missionar in China. Eines Tages fuhren er und seine Frau mit den Fahrrädern in Shanghai eine viel befahrene Straße entlang. Plötzlich schrie seine Frau. Als er sich umdrehte, sah er, dass sie gestürzt und unter einen Bus geraten war. Er konnte nur noch beten: „O Gott, halte den Bus an!" Der Bus kam zum Stehen – die Hinterräder direkt hinter seiner Frau.

Die Polizei nahm den Unfall auf und seine Frau kam ins Krankenhaus, wo man eine schwere, aber nicht lebensbedrohliche Kopfverletzung feststellte. Hestekind durfte sie begleiten, sollte sich danach aber auf der Polizeiwache melden.

Auf dem Weg dorthin dachte er über den oben zitierten Bibelvers nach. Er fragte sich, was aus diesem Unfall Gutes herauskommen könnte.

Auf der Wache saß der übermüdete chinesische Busfahrer. Ein Polizist sagte zu Hestekind: „Der Fahrer ist für den Unfall verantwortlich. Wenn Sie das hier unterschreiben, wird er bestraft werden." Der Missionar blickte in das blasse Gesicht des jungen Fahrers. Es war in der Tat sein Fehler – doch Hestekind dachte an Jesus Christus, seinen Meister, und sagte: „Nein, er soll nicht bestraft werden. Lassen Sie ihn frei gehen. Und sorgen Sie bitte dafür, dass er seine Arbeit nicht verliert." Einen Moment starrte der Busfahrer ihn an. Dann sprang er auf und rief: „Jetzt begreife ich es. Alle meine Angehörigen sind Christen. Doch bis jetzt sah ich nichts Anziehendes im Christentum. Jetzt weiß ich es: Es ist die Liebe! Noch heute will ich Christ werden."

Alle sahen Hestekind an, der nun auf einer Polizeistation in China von Jesus Christus zeugen konnte. Eine einzigartige Gelegenheit!

30 Dienstag
Januar

SA 08:02 · SU 17:08
MA 22:17 · MU 09:54

In Jesus Christus haben wir die Erlösung durch sein Blut, die Vergebung der Vergehungen, nach dem Reichtum seiner Gnade.

Epheser 1,7

Der Erlöser Jesus Christus

Die Stadt Rio de Janeiro mit ihren fast sieben Millionen Einwohnern wird von der gigantischen Statue *Cristo Redentor* (*Christus*, der *Erlöser*) beherrscht. Die Statue ist 30 Meter hoch, steht auf einem 8 Meter hohen Sockel und wiegt 1145 Tonnen. Sie ist eines der Wahrzeichen der Stadt. Wie die Kreuze, die in einigen Teilen des Landes an Straßenkreuzungen errichtet wurden, ist sie Teil der Landschaft geworden. Doch wer von den Einwohnern der Stadt, die sie jeden Tag sehen, oder wer von den Tausenden von Menschen, die das Denkmal besuchen und fotografieren, weiß, warum *Christus* der *Erlöser* ist?

Das Wort „Erlöser" bedeutet: „Jemand, der zurückkauft". Die Bibel erklärt, warum dies auf Christus zutrifft: Gott hatte Ihn auserwählt, angekündigt und gesandt. Jesus, der Sohn Gottes, wurde Mensch und lebte auf der Erde, ohne zu sündigen. Er tat nur Gutes, indem Er tröstete, heilte und Tote auferweckte. Wie endete sein hingebungsvolles Leben? Mit seiner Kreuzigung.

Der Apostel Petrus erinnert sich nach der Auferstehung Jesu, „dass Gott ihn sowohl zum Herrn als auch zum Christus gemacht hat, diesen Jesus", der gekreuzigt worden ist (Apostelgeschichte 2,36). Am Kreuz hat Jesus stellvertretend die Strafe für Sünder auf sich genommen. Dort hat Er das Lösegeld bezahlt und den unendlich wertvollen Satz „Es ist vollbracht!" gesagt (Johannes 19,30). Wer nun im Glauben das von Christus gezahlte Lösegeld annimmt, ist freigekauft, ist erlöst.

Das „Wort vom Kreuz", die Botschaft von Christus, dem Erlöser, ist heute immer noch aktuell. Es ist Gottes Kraft, die erleuchtet, befreit und errettet (1. Korinther 1,18).

Jesus spricht zu ihnen: Glaubt ihr, dass ich dies tun kann? .... Ja, Herr. ... Euch geschehe nach eurem Glauben.

Matthäus 9,28.29

Bitte nicht bewegen!

Marc wollte errettet werden. Er wusste, dass er vor Gott nicht gut dastand, zumindest nicht gut genug. Deshalb bemühte er sich, aufrichtig zu beten und gut zu leben: Er wurde aufmerksamer und verständnisvoller und half, wo er nur konnte. Doch trotz aller Anstrengungen fühlte er sich weder anders noch besser, wie er seinem Freund erklärte.

Dieser hörte ihm zu und fragte dann: „Marc, hast du dich schon einmal auf dem Wasser treiben lassen?" – „Ja, das habe ich", war die überraschte Antwort. – „Und, fiel es dir leicht?" – „Am Anfang nicht", bekannte Marc, „denn ich wollte mich immer bewegen. Ich konnte nicht glauben, dass das Wasser mich auch ohne eigene Anstrengung tragen würde. So fing ich an zu strampeln und ging dann natürlich unter." – „Warum kannst du es jetzt?", fragte sein Freund. Marc antwortete: „Ich habe gelernt, dass ich aufhören muss zu strampeln. Jetzt ist es ganz einfach: Ich lege mich zurück, bewege mich nicht und vertraue darauf, dass das Wasser mich trägt."

Sein Freund nickte: „Marc, genau das ist es. Gott erwartet nicht von dir, dass du betest oder dich anstrengst, um errettet zu werden. Er sagt dir auch nicht, dass du auf ein besseres Gefühl warten sollst. Nein, Er fordert dich auf, seinem Wort zu glauben. Er möchte, dass du annimmst, was Er dir schenken will – ohne jede Bemühung auf deiner Seite. Er fragt dich: Glaubst du, dass ich das tun kann? Und wenn du glaubst, geschieht es."

Was muss ein Mensch, der sich verloren weiß, also tun, um errettet zu werden? Er muss an den Retter Jesus Christus glauben. Dann wird er durch Glauben gerechtfertigt, das heißt „für gerecht erklärt" – ohne jede eigene Anstrengung (Apostelgeschichte 16,30.31; Römer 3,28).

1 Donnerstag
Februar

SA 07:59 · SU 17:11
MA –:– · MU 10:16

Es war aber ein gewisser Mensch dort, der achtunddreißig Jahre mit seiner Krankheit behaftet war. Als Jesus diesen daliegen sah ..., spricht er zu ihm: Willst du gesund werden? Der Kranke antwortete ihm: Herr, ich habe keinen Menschen.

Johannes 5,5-7

Sag Ihm, was du hast!

Da liegt dieser behinderte Mann zwischen Dutzenden Kranken. Wie viele hat er in 38 Jahren schon kommen und gehen sehen – gebildete Leute, mitfühlende Leute, religiöse Leute. Doch niemand konnte ihm helfen. Hat er die Hoffnung längst aufgegeben? Dann fragt Jesus diesen Mann, der keine Perspektive hat: „Willst du gesund werden?" Was für eine Frage! Weiß Jesus das denn nicht? Doch, natürlich. Aber Er will den Mann dazu bringen, seine ganze Verzweiflung vor Ihm auszusprechen. Und so sagt der Kranke:

„Herr, ich habe keinen Menschen!" Mit anderen Worten: „Niemand interessiert sich für mich. Ich bin allein."

Wie schwer fällt es uns oft, unsere Not in Worte zu fassen! Ängste – Verbitterung – vielleicht auch Zorn? Oder das Gefühl, vom Leben überfordert zu sein? Doch wenn wir unser Herz vor dem allwissenden Gott ausschütten, wird uns klarer, was unseren Kummer ausmacht. Zugleich öffnen wir eine Tür zur Hoffnung. Denn wir gehen ja mit unserer Not zu Gott, der nicht nur allwissend, sondern auch allmächtig ist. Zugleich ist Er barmherzig, freundlich und immer bereit, uns zu vergeben und zu helfen.

Hast du eine schwere Last zu tragen? Dann sage sie Gott im Gebet. Er ist da. Er wartet darauf, dass du Ihm sagst, was dich bedrückt. Sprich zu Ihm mit schlichten Worten und vertraue darauf, dass Er dir zuhört. Er versteht dich und weiß genau, was dir zu schaffen macht. Schon das Bewusstsein, dass Er dich sieht, dich hört und mit dir fühlt, wird dich trösten. Seine Antwort wird nicht ausbleiben. Womöglich ändert sich zunächst wenig an deiner Situation. Aber mit Gott an deiner Seite wird es dir leichter fallen, sie zu ertragen.

Tägliche Bibellese 4. Mose 18,20-32 · Matthäus 12,15-21

Siehe, Gott handelt erhaben in seiner Macht ...
Wer hat ihm seinen Weg vorgeschrieben, und
wer dürfte sagen: Du hast unrecht getan?
Den Elenden errettet er in seinem Elend, und
in der Drangsal öffnet er ihnen das Ohr.

Hiob 36,15.22.23

Aus dem Elend errettet

Gott hat viele Möglichkeiten, zu uns Menschen zu reden. Als Jesus Christus auf der Erde war, hat Gott durch seinen Sohn geredet. Heute redet Er natürlich in erster Linie durch sein Wort, die Bibel. Er kann aber auch durch Lebensumstände oder Probleme zu uns „reden", damit wir wieder an Ihn erinnert werden.

Denn: Je besser es uns geht, desto leichter vergessen wir Gott. Wir meinen, Gott nicht zu brauchen, weil scheinbar alles gut läuft. Und wenn Schwierigkeiten auftauchen, sagen wir manchmal anklagend: „Wie kann Gott das zulassen?" Doch niemand hat das Recht, Gott zur Rechenschaft zu ziehen. Er ist so erhaben, so göttlich groß, dass wir sein Handeln oft nicht verstehen können.

Statt Gott anzuklagen, sollten wir Ihn lieber fragen, was Er uns durch Schwierigkeiten sagen möchte. Denn oft benutzt Er Probleme und Schwierigkeiten in unserem Leben, um unsere Ohren für sein Reden zu öffnen. Wer Gott aufrichtig fragt, wird Antwort erhalten: Gott wird ihn trösten, ihm aus seinem Elend heraushelfen oder ihm in seiner Situation zur Seite stehen.

Uns ins Elend zu stürzen und uns dort umkommen zu lassen – das ist nie sein Ziel. Er möchte unser Ohr öffnen für sein Reden und uns aus dem Elend herausziehen, wenn wir auf Ihn hören. Vielleicht nutzt Gott deine notvolle Situation, damit du erstmals ernsthaft nach Gott fragst, der dich so sehr liebt, dass Er dich vor dem ewigen Verderben bewahren will.

Wie viel mehr wird das Blut des Christus, der durch den ewigen Geist sich selbst ohne Flecken Gott geopfert hat, euer Gewissen reinigen von toten Werken, um dem lebendigen Gott zu dienen!

Hebräer 9,14

Gott dienen

Gott zu dienen – das ist der Wunsch vieler aufrichtiger Menschen. Der Tagesvers nennt die Voraussetzungen dafür, dass Menschen Gott so dienen können, wie Er es will.

Die Grundlage dafür, dass schwache Geschöpfe dem ewigen Gott nahen können, hat Jesus Christus gelegt. Sein Opfertod ist die Grundlage dafür, dass wir Gott so dienen können, wie es Ihm gefällt. Zuerst muss nämlich unser „Gewissen gereinigt" sein. Für unsere eigenwilligen Vorstellungen, Worte und Handlungen ist Christus gestorben. Erst dann, wenn wir den Opfertod Jesu für uns persönlich angenommen haben und daraufhin unser Gewissen durch sein Blut gereinigt ist, sind die Voraussetzungen erfüllt, damit wir Gott „richtig" dienen können.

Unmöglich kann jemand, der Jesus, den Sohn Gottes, ablehnt, Gott dienen – und mögen seine Werke noch so ehrbar sein. Aus unserer menschlichen Sicht mögen sie sogar als „gute Werke" bezeichnet werden, aber Gott bezeichnet sie als „tote Werke"; Er kann sie nicht annehmen.

Schauen wir zum Anfang der Menschheitsgeschichte: Kain diente Gott, wie *er* sich das vorstellte: Sein Opfer bestand aus den Früchten seines Ackerbaus. Sein Bruder Abel dagegen stellte sich die Frage, wie *Gott* es haben wollte. Er wusste, dass Gott selbst ein Tier geschlachtet hatte, damit seine Eltern bekleidet werden konnten; so wurden sie bei Gott angenommen. Deshalb nahm er eins von seinen besten Tieren und brachte es samt dem Fett Gott dar. Und das Ergebnis? Gott nahm das Opfer Abels an, „aber auf Kain und seine Opfergabe blickte er nicht" (1. Mose 4,5).

Wer das Blut des Christus für sich in Anspruch nimmt und mit einem gereinigten Gewissen Gott verehrt, gehört zu den „wahrhaftigen Anbetern" (Johannes 4,23).

Tägliche Bibellese 4. Mose 19,11-22 · Matthäus 12,38-45

4 **Sonntag**
Februar

SA 07:54 · SU 17:16
MA 03:10 · MU 11:08

Und als Jesus in das Schiff stieg, bat ihn der Besessene, dass er bei ihm sein dürfe. Und er ließ es ihm nicht zu, sondern spricht zu ihm: Geh hin in dein Haus zu den Deinen und verkünde ihnen, wie viel der Herr an dir getan und wie er sich deiner erbarmt hat. Und er ging hin und fing an, in der Dekapolis bekannt zu machen, wie viel Jesus an ihm getan hatte; und alle verwunderten sich.

Markus 5,18-20

Gedanken zum Markus-Evangelium

Die Gadarener, die östlich vom See Genezareth wohnen, haben sich davon überzeugen können, dass Jesus einen besessenen Mann vollständig „geheilt" hat, denn er ist wie umgewandelt. Doch anstatt sich mitzufreuen, bitten die Leute den Herrn, ihre Gegend zu verlassen. Ist es der Verlust von zweitausend Schweinen, der sie dazu veranlasst, oder fühlen sie sich bei den Dämonen wohler als in der Nähe Jesu?

Der Sohn Gottes drängt sich niemand auf. Deshalb steigt Er ins Schiff, um mit seinen Jüngern auf die andere Seite des Sees zurückzufahren. Doch da möchte noch jemand mitfahren. Der befreite Mann ist seinem Retter unendlich dankbar und fühlt sich zu Ihm hingezogen. Er möchte so gern bei Ihm bleiben. – Was für ein krasser Gegensatz zu seinen Mitmenschen, die Jesus loswerden wollen!

Diese beiden Reaktionen auf die Person Jesu gibt es bis heute: Die einen haben den Wunsch, bei Ihm zu sein; die anderen wollen nichts von Ihm hören und sehen. Nach dem Tod wird jeder Mensch das bekommen, was er sich gewünscht hat: Die Gläubigen werden für ewig bei Christus im Himmel sein; diejenigen, die Ihn ablehnen, werden „Strafe erleiden, ewiges Verderben weg vom Angesicht des Herrn" (2. Thessalonicher 1,9).

Zwischenzeitlich haben die Gläubigen den Auftrag, von ihrem Retter und Herrn weiterzuerzählen. Jeder, der von seiner früheren Knechtschaft der Sünde befreit worden ist, weiß davon zu berichten, wie groß das Erbarmen Jesu ist.

Tägliche Bibellese 4. Mose 20,1-13 · Matthäus 12,46-50

5 Montag
Februar

SA 07:53 · SU 17:18
MA 04:29 · MU 11:41

Jesus spricht: Dies habe ich zu euch geredet, damit ihr in mir Frieden habt. In der Welt habt ihr Bedrängnis; aber seid guten Mutes, ich habe die Welt überwunden.

Johannes 16,33

Der christliche Glaube

Manche Menschen glauben, wenn sie Christ werden,

- würden sie von da an von allen Belastungen verschont,
- wären sie von allen Problemen und Schwierigkeiten ein für alle Mal befreit
- und würden nie wieder von Krankheiten, Arbeitslosigkeit oder Unfällen betroffen werden.

Doch Jesus Christus ist *keine Unfallversicherung, keine Jobgarantie und keine Krankenversicherung.* Auch Christen erleiden Unfälle, werden arbeitslos oder krank, sterben an Krebs oder einem Herzinfarkt.

Wenn Jesus Christus seinen Jüngern sagt: „In der Welt habt ihr Bedrängnis", dann will Er damit sagen: In der Welt gibt es Sorgen, Ängste und dunkle Stunden. Auch für euch. Doch ihr könnt „guten Mutes" sein, denn „ich habe die Welt überwunden", ich bin mit ihr fertig geworden. Deshalb kann ich eure Ängste verstehen und helfe euch, mit ihnen recht umzugehen.

Der Glaube an Jesus Christus betrifft zuerst uns als sündige Menschen. Wir sind für ewig verloren, wenn wir nicht an Ihn als unseren Retter glauben. Darüber hinaus bedeutet der Glaube, Jesus zu vertrauen, dass Er an unserer Seite ist und wir mit Ihm als Überwinder das Leben meistern können. Unfälle, Krankheiten und Arbeitslosigkeit sowie Sorgen, Ängste und Befürchtungen werden nicht beseitigt – sind mit Ihm aber besser zu (er-)tragen. Denn Er selbst ist besorgt um uns. Er tröstet und trägt mit, hilft und heilt, sucht und führt zurück, verbindet und stärkt (1. Petrus 5,7; Hesekiel 34,16).

Dabei hat Er besonders unsere Seele im Blick: damit wir in einer Welt voller Bedrängnis *Frieden* haben. Und das Beste kommt für die Glaubenden nach dem Tod: für immer bei Christus im Himmel sein.

Tägliche Bibellese 4. Mose 20,14-29 · Matthäus 13,1-9

6

Dienstag
Februar

SA 07:51 · SU 17:20
MA 05:44 · MU 12:29

Jeder, der noch Milch genießt, ist unerfahren im Wort der Gerechtigkeit, denn er ist ein Unmündiger; die feste Speise aber ist für Erwachsene, die infolge der Gewöhnung geübte Sinne haben zur Unterscheidung des Guten sowohl als auch des Bösen.

Hebräer 5,13.14

Milch für Kinder – feste Speise für Erwachsene

Ein Neugeborenes verträgt keine feste Speise, es braucht Milch. Gibt man sie ihm zu trinken, so kann man zusehen, wie es zunimmt und wächst. Doch wenn das Kind größer geworden ist, braucht es feste und abwechslungsreiche Nahrung. Gleichzeitig fängt es jetzt auch an, selbständig essen zu lernen. Würde es jetzt weiter nur Milch trinken, würde es sich nicht so entwickeln, wie es seinem Alter angemessen ist.

Milch ist also für Babys – und feste Speise ist für Erwachsene. Das ist im Glauben nicht anders.

Deshalb brauchen Christen, die noch nicht lange gläubig sind, auch eine besondere Betreuung: Reifere Christen werden ihr Glaubensleben begleiten, indem sie mit ihnen beten, die Bibel lesen und ihnen die ersten Zusammenhänge erklären. So werden sie in ihrem jungen und noch ungefestigten Leben als Christ unterstützt und gestärkt.

Dann aber kommt eine Zeit, wo sie mehr und mehr mit fester geistlicher Speise versorgt werden müssen. Das geschieht zum einen durch Gottesdienste und Gemeindestunden, in denen die Bibel im Mittelpunkt steht – doch das darf nicht alles sein.

Wer geistlich wachsen und gesund bleiben will, muss anfangen, selbstständig „feste Speise" zu sich zu nehmen. Das Gebet und das Bibellesen bleiben natürlich, aber es wird intensiver und geht tiefer. Man wird gute Bibelauslegungen zur Hand nehmen, um die Gedanken Gottes umfassender verstehen zu lernen. Nur so kann aus einem *neugeborenen* Christen ein *erwachsener* Christ werden! Nur so kann er im Glauben wachsen, kann hinzugewinnen, Erfahrungen sammeln und Übung bekommen, Gutes vom Schlechten zu unterscheiden.

Tägliche Bibellese 4. Mose 21,1-15 · Matthäus 13,10-17

7 Mittwoch
Februar

SA 07:49 · SU 17:22
MA 06:45 · MU 13:37

Du hast Freude in mein Herz gegeben, mehr als zur Zeit, als es viel Korn und Most gab.

Psalm 4,8

Jesus spricht: Dies habe ich zu euch geredet, damit meine Freude in euch sei und eure Freude völlig werde.

Johannes 15,11

Glücklich sein

Viele Menschen sind unglücklich – auch solche, die es „zu etwas gebracht haben". Wenn sie offen und ehrlich sind, geben sie dies auch zu.

Goethe soll beispielsweise gesagt haben, dass er, wenn er alle glücklichen Momente seines Lebens zusammenzählen würde, nicht einmal auf einen einzigen glücklichen Tag käme! Und dabei dichtete er doch:

Willst du immer weiterschweifen?
Sieh, das Gute liegt so nah.
Lerne nur das Glück ergreifen,
denn das Glück ist immer da!

Das Glück ist immer da! Entspricht das unserer Beobachtung? Ist es möglich, jederzeit glücklich zu sein – ohne sich das einzubilden?

Der Apostel Paulus war tatsächlich jederzeit glücklich – aber nicht, weil er sich auf der Sonnenseite des Lebens bewegte. Als er in Rom im Gefängnis saß, schrieb er mehrere Briefe, aus denen hervorgeht, dass er auch traurig war. Aber bei aller Traurigkeit konnte er sich freuen. Man kann vielleicht sogar sagen, dass man, wenn alle seine Augenblicke der Freudlosigkeit zusammengezählt würden, nicht einmal auf einen einzigen unglücklichen Tag käme. Als Gefangener schrieb er: „Freut euch im Herrn allezeit! Wiederum will ich sagen: Freut euch!" (Philipper 4,4).

Der gläubige Christ kennt die Quelle des Glücks, die ununterbrochen sprudelt: Jesus Christus, seinen Herrn. Wer sich an dem Segen erfreut, der von Ihm ausgeht, den kann man nur beglückwünschen.

Tägliche Bibellese 4. Mose 21,16-35 · Matthäus 13,18-23

8 Donnerstag
Februar

Ihr kennt die Gnade unseres Herrn Jesus Christus, dass er, da er reich war, um euretwillen arm wurde, damit ihr durch seine Armut reich würdet.

2. Korinther 8,9

Ihm gehört alles – und Er besaß nichts

Jesus ist der Schöpfer und als solcher gehört Ihm die ganze Welt: „Durch ihn sind alle Dinge geschaffen worden ...: Alle Dinge sind durch ihn und für ihn geschaffen" (Kolosser 1,16). Doch indem Er Mensch wurde, machte Er sich selbst zu nichts. Er wurde arm. Auch äußerlich.

- Er wurde in eine arme Familie hineingeboren. Sein erstes Bett war eine Futterkrippe, in die seine Mutter Ihn legte, weil in der Herberge kein Platz für Ihn war (Lukas 2,7).
- Als Erwachsener predigte Er am See und lieh sich von einem Fischer ein Boot, um es als eine Art Kanzel zu benutzen, damit eine

große Volksmenge am Seeufer Ihn gut hören konnte (Lukas 5,1-3).

- Umgeben von einer hungrigen Menschenmenge nahm Er das „Lunchpaket" eines kleinen Jungen an, um anschließend alle damit zu sättigen (Johannes 6,9-11).
- Um die Tempelsteuer zu bezahlen, musste Ihm ein gefangener Fisch die Silbermünze liefern. Er selbst besaß kein Geld (Matthäus 17,24-27).
- Als Er in Jerusalem als König auftrat, ritt Er auf einem Esel, der jemand anderem gehörte (Markus 11,1-10).
- Als Er kurz vor seinem Tod mit seinen Jüngern das Passah feierte und das Abendmahl einsetzte, benutzte Er einen Raum, den Ihm ein Freund zur Verfügung gestellt hatte (Matthäus 26,17-19).

Armut zog sich durch sein ganzes Leben hindurch. Dieser arme und bescheidene Jesus hatte mit Menschen aller Gesellschaftsschichten Umgang: mit armen, reichen, einfachen und gebildeten Menschen. Viele verachteten Ihn deshalb, aber Er verachtete niemand. Schließlich gab Er sein Leben am Kreuz, um Menschen zu erlösen – und sie dadurch unendlich „reich" zu machen!

Tägliche Bibellese 4. Mose 22,1-21 · Matthäus 13,24-30

9 Freitag
Februar

Weil die, die in Jerusalem wohnen, und ihre Obersten Jesus Christus nicht erkannten, haben sie auch die Stimmen der Propheten erfüllt, die jeden Sabbat gelesen werden, indem sie ihn verurteilten.

Apostelgeschichte 13,27

Jesus Christus in der Bibel kennenlernen

Die frommen Juden in Jerusalem kannten die Schriften des Alten Testaments sehr gut und lasen sie regelmäßig in ihren Synagogen. Mit Ernst wollten sie das Gesetz halten und meinten, dadurch Gottes Wohlwollen zu haben. Doch es nutzte ihnen nichts – weder dass sie das Wort Gottes gut kannten, noch dass sie versuchten, das Gesetz zu halten. Ihr großes Problem: Sie anerkannten Jesus von Nazareth nicht als den Sohn Gottes und ihren Messias. Und das, obwohl seine Worte und seine Werke eine klare Sprache sprachen und sie Ihn hätten erkennen können. Indem sie Ihn ablehnten und anfeindeten, taten sie genau das, was die Schrift über Jesus vorausgesagt hatte. In ihrem blinden Hass erfüllten sie die Voraussagen bis in die Einzelheiten hinein. Damit zogen sie sich nicht etwa Gottes Wohlwollen, sondern im Gegenteil Gottes Zorn zu.

Und wir heute? Von der Frage, wer Jesus für mich persönlich ist, hängt auch für mich alles ab. Er ist der Weg zu Gott. Er ist die Rettung, die Gott gegeben hat. Kein Weg führt an Jesus Christus vorbei. Da nützt es auch nichts, wenn ich es noch so gut meine und mich bemühe, ein gutes Leben zu führen. Rettung gibt es nur bei Jesus Christus!

Wir müssen die Bibel lesen, um Jesus Christus kennenzulernen und Vertrauen zu Ihm zu fassen.

Der Evangelist Johannes erklärt:

Auch viele andere Zeichen hat nun zwar Jesus vor seinen Jüngern getan, die nicht in diesem Buch geschrieben sind. Diese (Zeichen) aber sind geschrieben, damit ihr glaubt, dass Jesus der Christus ist, der Sohn Gottes, und damit ihr glaubend Leben habt in seinem Namen" (Johannes 20,30.31).

10

Samstag
Februar

SA 07:44 · SU 17:27
MA 08:27 · MU 18:10

*Gott der HERR bildete den Menschen, Staub
vom Erdboden, und hauchte in seine Nase den
Odem des Lebens; und der Mensch wurde eine
lebendige Seele.*

1. Mose 2,7

Was ist unser Leben wert?

Die Frage nach dem Wert unseres Lebens ist
sicher berechtigt, gerade heute, wo viele Menschen sich als Zufallsprodukt der Natur und als
eine bloße Zusammenballung von Atomen betrachten. Und wenn sich diese Atome irgendwann auflösen, ist ihrer Meinung nach alles zu
Ende – das Leben als Durchgangsstadium ins
Nichts. Diese populäre Weltanschauung wirkt
sich jedoch sehr negativ aus.

Erstens im Hinblick auf den Menschen selbst:
Dem Leben wird letztlich der Sinn geraubt und
deshalb frisst sich Unzufriedenheit in die Seele

hinein. Denn was bedeutet es schon, ein Staubkörnchen am Rand des Universums zu sein?

Zweitens im Hinblick auf die Mitmenschen: Wer in dem anderen nur einen Haufen Materie sieht, dessen Hemmschwelle sinkt, ihn zu manipulieren, ihm zu schaden oder ihn gar zu beseitigen. Ja, wer in seiner Weltanschauung Gott ausklammert, klammert auch den Menschen aus. Da, wo Gott nichts gilt, gilt auch der Mensch nichts. Wo es keinen Schöpfer gibt, gibt es auch nicht die Würde des Geschöpfs.

Die Bibel erklärt ganz deutlich: Jeder Mensch ist eine einmalige Persönlichkeit, die nicht an der Grenze des Todes zerschellt. Er ist von Gott und zu Ihm hin erschaffen. Wer das erkennt, hat eine klare Lebensausrichtung gefunden und wird auch das Wohl seines Nächsten suchen. Allein eine Beziehung zu Gott macht unser Leben lebenswert und gibt ihm ein tragfähiges Fundament, das auch in der Ewigkeit besteht.

„Ich preise dich dafür, dass ich auf eine erstaunliche, ausgezeichnete Weise gemacht bin. Wunderbar sind deine Werke, und meine Seele weiß es sehr wohl" (Psalm 139,14).

11

Sonntag
Januar

*Und als Jesus in dem Schiff wieder an
das jenseitige Ufer hinübergefahren war,
versammelte sich eine große Volksmenge um
ihn; und er war am See. Und es kommt einer
der Synagogenvorsteher, mit Namen Jairus,
und als er ihn sieht, fällt er ihm zu Füßen; und
er bat ihn sehr und sprach: Mein Töchterchen
liegt im Sterben; komm doch und lege ihr
die Hände auf, damit sie gerettet werde und
lebe. Und er ging mit ihm. Und eine große
Volksmenge folgte ihm, und sie umdrängte ihn.*

Markus 5,21-24

Gedanken zum Markus-Evangelium

Kaum hat der Sohn Gottes das Ufer auf der
Westseite des Sees Genezareth erreicht, da ver-
sammelt sich eine große Volksmenge um Ihn.
Unermüdlich ist Jesus im Einsatz, um Menschen
mit dem Wort Gottes vertraut zu machen und
Kranke zu heilen. Dieses Mal ist es ein Vorsteher

der örtlichen Synagoge, der mit einem Anliegen zum Herrn kommt. Drei Dinge fallen bei dieser Begegnung auf:

1. Jairus bringt Jesus großes Vertrauen entgegen. Von den meisten anderen Personen, die beim Volk hohes Ansehen genießen, ist Er angefeindet worden.

2. Jairus ist mutig. Zwar glaubten auch andere Oberste der Juden an Jesus, „doch wegen der Pharisäer bekannten sie ihn nicht, um nicht aus der Synagoge ausgeschlossen zu werden" (Johannes 12,42).

3. Jairus fällt Jesus zu Füßen. Damit macht er deutlich, dass er Ihm die Ehre gibt.

Mit kurzen Worten legt Jairus seine Not vor den Herrn. Er weiß, dass Jesus die Macht hat, seine kleine Tochter zu heilen. Darüber hinaus meint er zu wissen, wie Jesus es tun soll: Er soll ihr die Hände auflegen. Doch der Sohn Gottes braucht von uns keine Handlungsanweisungen. Er selbst weiß, was Er tun will.

Wie dankbar wird Jairus sein, dass Jesus mit ihm geht. So ist der Herr: „voll innigen Mitgefühls und barmherzig" – auch dann, wenn Er anders handelt, als wir erwartet haben (Jakobus 5,11).

Tägliche Bibellese 4. Mose 23,13-30 · Matthäus 13,44-50

12 Montag
Februar

*Doch in einer Weise redet Gott und in zweien,
ohne dass man es beachtet.*

Hiob 33,14

Sicherheitsanweisungen

Max ist zusammen mit vielen anderen Ski gefahren. Sie haben gutes Wetter und viel Spaß zusammen gehabt. Nun geht es mit dem Flugzeug zurück nach Hause. Sie legen die Sicherheitsgurte an und die Stewardess beginnt mit den Sicherheitsanweisungen. Alle lachen, keiner sieht und hört hin – nur Max nimmt die Hinweise ernst.

Kommt Ihnen das bekannt vor? Vielleicht haben Sie schon oft das Evangelium gehört und erklärt bekommen und hören schon gar nicht mehr hin, weil es Ihnen lästig ist. Doch Gott redet zu Ihnen: einmal, zweimal. Er warnt Sie, weil jeder Mensch einmal sterben wird und dann das Gericht folgt (Hebräer 9,27).

Ich mag Vielflieger sein und die Sicherheitsanweisungen auswendig kennen. Doch ich darf sie nicht ignorieren. Denn es kann sein, dass ich sie beim nächsten Flug nötig habe.

Das Flugzeug startet mit Max an Bord und alle sind fröhlich. Dann durchqueren sie eine Gewitterfront, geraten in Turbulenzen – und plötzlich hört Max den Piloten sagen, dass sie sich auf eine Notlandung vorbereiten müssten. Das Lachen in der Kabine verwandelt sich in Schreien. Wenig später erfolgt die Notlandung, dabei splittert Glas, und Rauch versperrt die Sicht. Doch Max hat die Sicherheitsanweisungen befolgt und befindet sich plötzlich außerhalb des Flugzeugs. Er rennt vom brennenden Flugzeug weg. Er ist der Einzige, der überlebt hat.

Es muss keine Flugzeugkatastrophe sein, es kann auch ein kleines Virus sein. „Nur ein Schritt ist zwischen mir und dem Tod" (1. Samuel 20,3). Bei jedem von uns. Doch noch immer will Gott Menschen retten. In der Bibel finden Sie seine „Sicherheitsanweisungen" – bitte beachten Sie diese Rettungshinweise!

Tägliche Bibellese 4. Mose 24,1-13 · Matthäus 13,51-58

13 Dienstag
Februar

SA 07:39 · SU 17:32
MA 09:14 · MU 22:38

Heilige Menschen Gottes redeten, getrieben vom Heiligen Geist.

2. Petrus 1,21

Die Bibel – ein kompositorisches Wunderwerk!

Dieses Buch ...

- wurde über einen Zeitraum von 1600 Jahren geschrieben (von ca. 1500 v. Chr. bis ca. 100 n. Chr.).
- besteht aus 66 verschiedenen Büchern, davon 39 im Alten und 27 im Neuen Testament.
- haben über 40 verschiedene Verfasser geschrieben. Zu ihnen gehören unter anderem ein ehemaliger Pharao in spe (Mose), ein General (Josua), ein Hirte (Amos), ein Mundschenk (Nehemia), ein Schriftgelehrter (Esra), ein Beamter (Daniel), ein Arzt (Lukas), ein studierter Pharisäer (Paulus), der Inhaber eines mittelständischen Fischereibetriebes (Petrus), zwei Könige (David, Salomo), ein

Zollbeamter (Matthäus), zwei Halbbrüder von Jesus Christus (Jakobus und Judas).

- wurde auf drei Kontinenten geschrieben (Asien, Afrika und Europa).
- wurde in drei Sprachen verfasst (in Hebräisch, Aramäisch und Griechisch).
- wurde an den unterschiedlichsten Orten geschrieben: in der Wüste, im Königspalast, im Gefängnis, auf Reisen, in der Verbannung.
- enthält sowohl nüchterne Geschlechtsverzeichnisse als auch aufregende Kriminalfälle, Volksgeschichte und Einzelschicksale, Poesie und Prosa, Berichte, Briefe, Kommentare.

Und obwohl dieses Buch hunderte von Themen behandelt, ist es doch ein zusammenhängendes, stimmiges und harmonisches Ganzes und damit einzig und einzigartig. Immer geht es um die Fragen: Wer ist Gott? Wer ist der Mensch? Woher komme ich? Wohin gehe ich? Was ist der Sinn des Lebens? Alles das und noch viel mehr beantwortet die Bibel ohne inhaltliche Brüche oder Widersprüche. Menschen haben die Bibel zwar geschrieben, aber sie sich nicht ausgedacht – Urheber und Autor des Buches ist Gott!

Lesen Sie die Bibel! > www.csv-bibel.de

Tägliche Bibellese 4. Mose 24,14-25 · Matthäus 14,1-13

14 Mittwoch
Februar

SA 07:37 · SU 17:34
MA 09:28 · MU −:−

Bringt nun der Buße würdige Frucht.

Matthäus 3,8

König Vaval

Wenn an Karneval „König Vaval" regiert, bricht auf der Karibikinsel Martinique das Geschäftsleben zusammen. Die ganze Bevölkerung flippt aus und hat nur noch einen Gedanken: Karneval. Umzüge schlängeln sich durch die Straßen, die Massen folgen singend und tanzend der überlebensgroßen Figur dieses Königs, und die Sünde feiert schaurige Triumphe.

Am vierten Tag geht es dem Symbol dieses überbordenden Festes an den Kragen. Man stellt den „König" am Strand auf, liest ihm seine Missetaten vor – beispielsweise Anstiftung zu übermäßigem Rumkonsum oder ehelicher Untreue – und verurteilt ihn umgehend zum Flammentod. Die

Zuschauermenge bricht in gespielte Weinkrämpfe aus, greift zum Taschentuch und jammert laut.

Der angeblich Schuldige verbrennt – und das Leben geht weiter.

Geht es wirklich einfach so weiter nach all den Verfehlungen in dem ausgelassenen Treiben? Bleibt die moralische Befleckung nicht haften? Das Schauspiel der Puppenverbrennung beweist, dass ein gewisses Empfinden für Sünde und Schuld vorhanden ist. Aber klar ist auch, dass man das Problem auf diese Weise nicht aus der Welt schaffen kann, schon gar nicht vor dem gerechten Gott.

Weder ein oberflächliches Bekenntnis noch gespielte Tränen lösen das Schuldproblem, sondern nur ein tiefgreifender Sinneswandel. Das nennt die Bibel *Buße*. Eine Kehrtwendung um 180 Grad ist nötig. Dazu gehört, dass man aufrichtige Reue über das vergangene Leben ohne Gott empfindet. Das Ergebnis wird dann nicht auf sich warten lassen: Ein neues Denken und ein neuer Lebenswandel, ja eine ganz neue Haltung zu Gott, dem Herrn, werden folgen. *Das ist der Buße würdige Frucht!*

15 Donnerstag
Februar

Er hat den Schall der Posaune gehört und hat sich nicht warnen lassen: Sein Blut wird auf ihm sein (d. h., er hat seinen Tod selbst verschuldet); denn hätte er sich warnen lassen, so würde er seine Seele errettet haben.

Hesekiel 33,5

Eine ernst zu nehmende Warnung

Das Jahr 1962 beginnt damit, dass immer wieder stürmische Westwinde die deutsche Küste heimsuchen. Dann, am 15. Februar, wird eine Sturmwarnung ausgesprochen, doch Hamburg fühlt sich sicher. Wie lautet die Nachricht, die über das Radio verbreitet wird? „Für die gesamte Nordseeküste besteht die Gefahr einer sehr schweren Sturmflut. Das Nachthochwasser wird etwa drei Meter höher als das mittlere Hochwasser eintreten. Das nachfolgende Mittagshochwasser wird nicht mehr so hoch eintreten." Da kann man ja beruhigt sein – oder?

Doch dann brechen die Deiche in Cuxhaven und die Flutwelle schiebt sich die Elbe hinauf. Im Fernsehen läuft eine Familienserie, die man nicht für eine Warnung unterbrechen will. Dann bricht das Stromnetz zusammen, kurz darauf das Telefonnetz. Das verbleibende Warnsystem stammt aus dem 18. Jahrhundert. Kurz nach Mitternacht erreicht die Sturmflut die Hansestadt, Deiche brechen und 315 Menschen verlieren ihr Leben. Eine Zeitung schreibt: „Eine moderne Weltstadt zeigte sich gegen ein 100 Kilometer entferntes Randmeer des Ozeans so anfällig wie ein Pfahldorf. Ohne Strom, Gas und Telefon wurde Hamburg dunkel und schlapp. Die Sintflut, seit Anbeginn Schreckensvision der Menschen, schien angebrochen."

Man wusste es, aber man warnte nicht – und als man warnte, verstand keiner den Ernst der Lage.

Auch die Bibel warnt klar und deutlich. Sie spricht von Sünde und Schuld und von Gericht und Hölle. Warum? Weil Gott möchte, dass Er verstanden wird. Denn Er möchte Menschen retten, möchte, dass sie sich Ihm zuwenden und ewig bei Ihm sind.

Tägliche Bibellese 4. Mose 26,1-34 · Matthäus 14,22-36

16 Freitag Februar

Ich bin gekommen, damit sie Leben haben und es in Überfluss haben.

Johannes 10,10

Leben im Überfluss

Chandra, ein Hindu aus Nepal, war vom Baum gefallen und hatte sich die Wirbelsäule gebrochen. Damit war klar, dass er für den Rest seines Lebens gelähmt sein würde. Nun lag er im Missionskrankenhaus und um ihn herum wurde es immer einsamer: Die Dorfbewohner „vergaßen" ihn, seine Familie mied ihn – und er selbst zog sich immer mehr in sich zurück. Er fiel in eine tiefe Depression.

Eines Tages griff er, ob aus Frust oder Langeweile, nach einem Neuen Testament. Er las ... legte das Buch weg ... dachte über das Gelesene nach ... las weiter. Schließlich, ein Jahr nach seinem Unfall, nahm er Jesus Christus als seinen Retter und Herrn an.

Nein, er wurde nicht wieder gesund. Aber sein Leben änderte sich grundlegend. Er machte sich im Krankenhaus nützlich, übernahm schriftliche Arbeiten, kümmerte sich um Kranke und Besucher, betete mit Mitarbeitern und predigte in der Krankenhauskapelle – und das alles vom Rollstuhl aus. Seine hinduistischen Nachbarn kamen aus dem Staunen nicht mehr heraus. Dass ein Mensch, der nicht einmal mehr stehen konnte, nach seinem Unfall noch so viele Jahre lebte, nützlich und angesehen war und sogar predigte – das konnten sie nicht fassen.

Vielleicht haben auch Sie eine Krankheit, hatten einen Unfall, sind einsam und vergessen, sind niedergeschlagen. Chandras Weg kann auch Ihr Weg werden. Lesen Sie das Neue Testament. Fangen Sie mit dem Lukas- oder dem Johannesevangelium an, lesen Sie anschließend die Apostelgeschichte. Bitten Sie Gott, dass Sie das Gelesene verstehen, denken Sie darüber nach. Auf Sie wartet ein Leben, das Jesus schon so vielen Menschen gegeben hat und das Er auch Ihnen geben möchte: ein Leben im Überfluss.

17 Samstag
Februar

Wir aber gingen voraus auf das Schiff und fuhren ab nach Assos, wo wir Paulus aufnehmen wollten; denn so hatte er es angeordnet, da er selbst zu Fuß gehen wollte.

Apostelgeschichte 20,13

Paulus zu Fuß

Während seine Reisebegleiter per Schiff von Troas nach Assos (in der heutigen Westtürkei) reisen wollen, beschließt der Apostel und Missionar Paulus, die Wegstrecke von 30 Kilometer zu Fuß und offenbar allein zurückzulegen. Warum? Will er eine Zeit allein sein, um über Vergangenes und Zukünftiges nachzudenken? Paulus hat jedenfalls den festen Entschluss gefasst, nach Jerusalem zu gehen, obwohl der Heilige Geist ihm immer wieder bezeugt, dass ihn in Jerusalem riesige Probleme und sogar seine Inhaftierung erwarten. Sucht er deshalb besonders die Stille mit Gott?

Diese ablenkungsfreie „stille Zeit" mit Gott ist für das Leben jedes Christen elementar. Wenn schon der Apostel damals die Stille mit Gott suchte, wie viel mehr haben wir sie gerade in der heutigen Zeit nötig, in der wir uns vor Beschallung und Informationsüberflutung kaum retten können.

Jesus sagt: „Wenn du betest, so geh in deine Kammer, und nachdem du deine Tür geschlossen hast, bete zu deinem Vater, der im Verborgenen ist" (Matthäus 6,6).

Christen beziehen Kraft, Mut und Gottvertrauen für die Herausforderungen ihres Alltags, wenn sie regelmäßig die Stille suchen, um die Bibel zu lesen und mit Gott Zwiesprache zu halten. Reicht dazu heute noch eine verschlossene Tür im wörtlichen Sinn? Was ist mit den Mitteilungen, Pop-ups und Werbebannern auf elektronischen Geräten? Was ist mit Smartphone, Stereoanlage oder Soundbar?

Ist da der (elektronikfreie) Gang zu Fuß, den Paulus wählte, nicht eine bedenkenswerte Möglichkeit, um die Nähe Gottes zu suchen und zu finden?

18

Sonntag
Februar

SA 07:30 · SU 17:41
MA 11:10 · MU 04:09

*Und eine Frau, die zwölf Jahre Blutfluss hatte
und von vielen Ärzten vieles erlitten hatte
und ihre ganze Habe verwandt und keinen
Nutzen davon gehabt hatte – es war vielmehr
schlimmer geworden –, kam, als sie von Jesus
gehört hatte, in der Volksmenge von hinten
und rührte sein Gewand an; denn sie sprach:
Wenn ich auch nur seine Kleider anrühre,
werde ich geheilt werden. Und sogleich
versiegte die Quelle ihres Blutes, und sie merkte
am Leib, dass sie von der Plage geheilt war.*

Markus 5,25-29

Gedanken zum Markus-Evangelium

Jesus ist auf dem Weg zum Haus des Jairus. Er
will dessen kleine Tochter heilen, weil sie tod-
krank ist. Doch wegen der vielen Menschen, die
dicht an dicht bei Ihm stehen, kommt Er schlecht
voran. Außerdem hält Ihn noch eine Frau auf, die
Ihn unbedingt anrühren will, weil sie im Glauben

erwartet, dass sie dann von ihrer langjährigen Krankheit geheilt wird.

Sind wir uns bewusst, wie sehr diese arme Frau leidet? Ständig Blut zu verlieren, ist nicht nur unangenehm, sondern auch kräftezehrend. Was darüber hinaus die Ärzte angerichtet haben, die sie im Lauf der vielen Jahre aufgesucht hat, wird mit den Worten „vieles erlitten" und „schlimmer geworden" zusammengefasst. Die ärztlichen Behandlungen haben sie ihren ganzen Besitz gekostet — sie ist arm geworden.

Diese Frau ist also nicht nur *körperlich* krank, sondern sie leidet auch *seelisch*, zumal langes Hoffen und Warten das Herz krank macht. Hinzu kommt, dass sie in einer *religiösen* Notlage ist: Nach dem Gesetz Moses ist eine Person, die an Blutungen leidet, als „unrein" zu betrachten (vgl. Sprüche 13,12; 3. Mose 15,19-24).

Doch jetzt keimt Hoffnung auf: Die Frau glaubt, dass der Sohn Gottes sie aus ihrer misslichen Lage befreien kann. Und so geschieht es.

Echter Glaube und eine bewusste „Begegnung" mit Jesus Christus sind auch heute notwendig, wenn es gut werden soll mit unserem Leben und unserer ewigen Zukunft.

Tägliche Bibellese 4. Mose 28,1-31 · Matthäus 15,21-28

19 Montag
Februar

So hat Gott die Welt geliebt, dass er seinen eingeborenen Sohn gab, damit jeder, der an ihn glaubt, nicht verloren gehe, sondern ewiges Leben habe.

Johannes 3,16

Königin Victoria bekommt Gewissheit

Königin Victoria (1819–1901) von England regierte 64 Jahre über ein riesiges Reich. Eine ganze Epoche ist nach ihr benannt.

Nach einem Gottesdienst in der St. Paul's Cathedral in London fragte die Königin den Prediger, ob man absolut sicher sein könne, dass man ewiges Leben habe. Dieser verneinte und meinte, dass er keinen Weg kenne, um absolut gewiss zu sein.

Als ein einfacher, gläubiger Christ namens John Townsend davon erfuhr, schrieb er seiner Königin folgenden Brief: „An Ihre Majestät, unsere geliebte Königin Victoria, von einem Ihrer geringsten Untertanen: Mit zitternder Hand, aber mit einem Herzen voll Liebe, schreibe ich Ihnen. Ich weiß, dass wir unseres ewigen Lebens in der himmlischen Heimat, die Jesus zubereitet hat, absolut gewiss sein können. Deshalb möchte ich Ihre höchst gnädige Majestät bitten, folgende Schriftabschnitte zu lesen: Johannes 3,16 und Römer 10,9.10. Diese Stellen beweisen, dass es für die, die an den Herrn Jesus Christus glauben und sich auf sein vollbrachtes Werk stützen, eine volle Gewissheit der Errettung gibt."

Ungefähr vierzehn Tage später erhielt er Antwort von der Königin: „An John Townsend. Ihren Brief habe ich erhalten. Als Antwort darauf will ich Ihnen sagen, dass ich die angeführten Schriftstellen sorgfältig und mit Gebet gelesen habe. Ich glaube an das Werk, das Christus für mich vollbracht hat, und vertraue darauf, Sie durch Gottes Gnade in jener Heimat zu treffen, von der Christus gesagt hat: ‚Ich gehe hin, euch eine Stätte zu bereiten.' Victoria Guelph."

20

Nur ein Hauch sind die Menschensöhne ...
Auf der Waagschale steigen sie empor, sie sind
allesamt leichter als ein Hauch.

Psalm 62,10

Du bist auf der Waage gewogen und zu leicht
befunden worden.

Daniel 5,27

Ein „Leichtgewicht"

Hoch hinauf auf der Karriereleiter, rasch viel Geld verdienen und großen Einfluss ausüben und sich danach zur Ruhe setzen und das Leben genießen – diese Ziele hat so mancher in unserer Gesellschaft. Da können andere neben uns schon mal auf der Strecke bleiben oder Schaden nehmen, Hauptsache, ich komme an mein Ziel.

Doch dieses Verhaltensmuster hat sich nicht erst im 21. Jahrhundert gebildet. Vor vielen tausend Jahren machte König David dieselben

Beobachtungen. Die äußeren Umstände waren zwar anders, die Ziele jedoch dieselben.

Gewichtige Persönlichkeiten in Politik, Wirtschaft und Gesellschaft interessieren die Medien und die Öffentlichkeit. Doch Gottes Wort sagt, dass diese „Schwergewichte" „allesamt leichter als ein Hauch" sind. Auf der Waagschale Gottes haben sie überhaupt kein Gewicht, wenn sie keine Beziehung zu Gott haben.

So ist es mit allen Menschen ohne Gott. Sie mögen über sich denken, was sie wollen. Es wird ein Tag kommen, an dem Gott jeden „wiegen" wird. Und wer von Ihm „auf der Waage gewogen und für zu leicht befunden wurde", geht ewig verloren.

Gott ist barmherzig. Er lässt uns wissen, wie wir ein entsprechendes Gegengewicht anlegen können, um am zukünftigen Tag nicht „zu leicht befunden" zu werden. Nein, es sind nicht unsere guten Taten, durch die wir das nötige Gewicht erreichen. Das Entscheidende ist der Glaube an den Herrn Jesus, der für uns starb und auferstand. Wenn wir Ihn an unserer Seite haben, wenn wir unsere Identität in Ihm finden, werden wir bei Gott niemals für „zu leicht befunden" werden.

Tägliche Bibellese 4. Mose 30,1-17 · Matthäus 16,1-12

21

Mittwoch
Februar

Jesus spricht zu ihm: Ich bin der Weg und die Wahrheit und das Leben. Niemand kommt zum Vater als nur durch mich.

Johannes 14,6

Der freundliche Anrufer

Telefon! – Ein sehr freundlicher junger Mann stellt sich vor und präsentiert mir sein großartiges Angebot: eine Lotterieteilnahme.

„Daran habe ich kein Interesse", sage ich freundlich, aber entschieden. Der Mann lässt nicht locker und versucht weiter, mich von den Vorzügen seines Angebots zu überzeugen. Als er merkt, dass ich darauf nicht eingehe, fragt er: „Woran haben Sie denn Interesse?"

Meine Antwort: „An Jesus Christus und an dem Weg zum Himmel. Das ist das Wichtigste für mich."

„Ja", sagte er, „einen Platz im Himmel wünsche ich mir auch. Und ich mache mir sicher nicht unberechtigte Hoffnungen. Ich bin sechs Jahre lang Kirchendiener gewesen."

Vage Hoffnung auf den Himmel? Aussichten wie bei einem Lotteriespiel? Ein kleiner Einsatz auf der Erde mit Chancen auf einen großen Gewinn im Himmel? Nein, so beschreibt Christus den Weg zum Himmel nicht! Der Weg zu Gott erfordert viel mehr als nur einen „kleinen Einsatz": dass wir nämlich unser ganzes Leben vertrauensvoll an den Sohn Gottes übergeben – dass wir Jesus Christus und durch Ihn die Gnade Gottes im Glauben annehmen.

Dem jungen Mann am Telefon gebe ich noch die Frage mit: „Wenn Sie einen Platz im Himmel haben möchten, warum gehen Sie dann nicht den Weg, den Jesus Christus selbst aufgezeigt hat? Er sagt: ‚Ich bin der Weg und die Wahrheit und das Leben.' Wer an Ihn glaubt, hat ewiges Leben, der ist auf dem Weg zum Himmel. Wenn Sie also dorthin kommen wollen, dann gehen Sie doch diesen Weg!" Mit einigen freundlichen Worten verabschieden wir uns.

22 Donnerstag
Februar

SA 07:22 · SU 17:48
MA 15:25 · MU 07:06

Als Jesus auf den Weg hinausging, lief einer herzu, fiel vor ihm auf die Knie und fragte ihn: Guter Lehrer, was soll ich tun, um ewiges Leben zu erben? Jesus aber sprach zu ihm: ...
Die Gebote kennst du ...
Er aber sprach zu ihm: Lehrer, dies alles habe ich beachtet von meiner Jugend an.
Jesus aber blickte ihn an, liebte ihn und sprach zu ihm: Eins fehlt dir: Geh hin, verkaufe, was du hast, und gib es den Armen ... Er aber wurde traurig über das Wort und ging betrübt weg, denn er hatte viele Besitztümer.

Markus 10,17.19-22

Wenn das Entscheidende fehlt

Auf dem Weg nach Jerusalem kam ein Mann zu Jesus, der in vieler Hinsicht vorbildlich war. Er war ...

- entschlossen, denn er lief (schnurstracks) zu Jesus hin.
- ehrerbietig, denn er fiel vor Ihm auf die Knie.
- bescheiden, denn er scheute sich nicht, eine Frage zu stellen.
- höflich, denn er redete Jesus mit „Guter Lehrer" an.
- ewigkeitsorientiert, denn er wollte ewiges Leben haben.
- bibelfest, denn Jesus Christus sagte zu ihm: „Die Gebote kennst du."
- pflichtbewusst, denn er hatte die Gebote von Jugend an beachtet.
- liebenswert, denn Jesus blickte ihn mit Liebe an.

Doch eins fehlte ihm: die Liebe zu dem Herrn Jesus Christus! Er war deshalb nicht bereit, sein geliebtes Geld zu lassen und Jesus nachzufolgen. Er diente dem Mammon und nicht Gott. Das Letzte, was wir von ihm lesen, ist, dass er traurig von Jesus wegging.

Ein Mensch mag tausend Vorzüge haben – wenn er Jesus Christus nicht hat, fehlt ihm das Entscheidende für diese Zeit und für die Ewigkeit!

Tägliche Bibellese 4. Mose 31,25-54 · Matthäus 16,21-28

23 Freitag
Februar

Vom Himmel fiel ein großer Stern, brennend wie eine Fackel, und er fiel auf den dritten Teil der Ströme und auf die Wasserquellen. ... Und viele der Menschen starben von den Wassern, weil sie bitter gemacht waren.

Offenbarung 8,10.11

Tödliches Trinkwasser

Das Gemälde schockiert: Man sieht einen Straßenbrunnen, eine Wasserpumpe für Trinkwasser, davor Kinder und Erwachsene, die das herausströmende Wasser trinken oder in Krüge und Eimer abfüllen ... und am Pumpenschwengel steht ein Skelett, ein Bild des Todes.

Genau das ist im Jahr 1854 grausame Wirklichkeit, als in London die Cholera durch verseuchtes, tödliches Trinkwasser Einzug hält. Im Wasser enthaltene Erreger führen zu Übelkeit, Durchfall und massivem Flüssigkeitsverlust – und in vielen Fällen zum Tod. Als die Krankheit 1892 Hamburg erreicht, erkranken dort 17.000 Menschen, von denen mehr als die Hälfte sterben. Selbst heute, im Jahr 2024, ist die Versorgung mit sauberem Trinkwasser nicht immer und überall vorhanden. Man denke nur daran, als die Hochwasserkatastrophe vom Juli 2021 viele Gebiete in Deutschland überflutete und auch Wasserleitungen zerstörte.

Wasser, das doch eigentlich Erfrischung und Leben verspricht, kann den Tod bringen. Das gilt im übertragenen Sinn ebenso für ungesunde Einflüsse in den Medien, die Leben und den richtigen Kick versprechen, aber am Ende den (geistlichen) Tod bringen. Jesus Christus dagegen spricht von „lebendigem Wasser", das in jedem, der es trinkt, „eine Quelle Wassers wird, das ins ewige Leben quillt" (Johannes 4,14). Was für ein Gegensatz!

Was Jesus uns durch seine Worte, sein Leben und seinen Tod anbietet – und das ist in der Bibel dokumentiert –, ist gesundes, heilendes und erfrischendes Wasser, das das Leben und das Miteinander der Menschen gesunden lässt. Dieses Wasser steht auch heute noch jedem zur Verfügung. Doch nur der, der es trinkt, erfährt seine lebensverändernde Wirkung.

24 Samstag
Februar

SA 07:18 · SU 17:52
MA 17:49 · MU 07:40

Gepriesen sei der HERR, der Gott meines Herrn Abraham, der von seiner Güte und seiner Wahrheit nicht abgelassen hat gegen meinen Herrn! Mich hat der HERR auf den Weg zum Haus der Brüder meines Herrn geleitet.

1. Mose 24,27

Kein Zufall

Der das hier sagt, ist überzeugt, dass es *kein Zufall* ist, wo er angekommen ist. Nein, Gott hat ihn geführt.

Als Europa noch durch den eisernen Vorhang in Ost und West getrennt war (1961–1989), reiste ein Christ mit Bibeln nach Russland. Da bat ihn eine Frau um eine *rumänische* Bibel. Sie zog umher und erzählte den Sinti und Roma von Jesus Christus, hatte selbst aber keine *rumänische* Bibel. Der Christ beteuerte, nur Bibeln in *russischer* Sprache eingepackt zu haben. Doch die Frau ließ nicht locker: „Das kann ich nicht glauben. Es ist doch so wichtig für mich. Haben Sie nicht wenigstens eine einzige *rumänische* Bibel dabei?" Dabei nahm sie einzelne Bibeln, die der Christ im Kofferraum seines Wagens liegen hatte, in die Hand. Plötzlich stutzte sie – dann rief sie: „Aber hier ist doch eine *rumänische* Bibel. Gott hat an mich gedacht. Er wusste, wie dringend ich sie brauche."

Der Christ war sprachlos, denn er hatte die Bibeln selbst zusammengestellt und verladen – und hatte dabei wohl unabsichtlich eine einzelne Bibel in *rumänischer* Sprache eingeladen. Ein Zufall? Nein, Gott selbst hatte dafür gesorgt, dass er sie mitnahm. Weil er jemand begegnen würde, der sie brauchen würde.

Vielleicht glauben Sie auch, dass es *Zufall* war, als Sie eine Bibel in die Hand bekamen ... oder auf einem Plakat einen Bibelvers lasen ... oder eine Predigt hörten ... oder diesen Kalender geschenkt bekamen oder dass Sie nur *zufällig* den heutigen Text lesen. Sie dürfen sicher sein: *Es ist kein Zufall: Gott redet zu Ihnen – ganz persönlich und gerade jetzt!*

Tägliche Bibellese 4. Mose 33,1-37 · Matthäus 17,9-13

25 Sonntag
Februar

SA 07:16 · SU 17:53
MA 18:59 · MU 07:52

Und sogleich erkannte Jesus in sich selbst die Kraft, die von ihm ausgegangen war, wandte sich um in der Volksmenge und sprach: Wer hat meine Kleider angerührt? Und seine Jünger sprachen zu ihm: Du siehst, dass die Volksmenge dich umdrängt, und du sprichst: Wer hat mich angerührt? Und er blickte umher, um die zu sehen, die dies getan hatte. Die Frau aber, voll Furcht und Zittern, da sie wusste, was ihr geschehen war, kam und fiel vor ihm nieder und sagte ihm die ganze Wahrheit. Er aber sprach zu ihr: Tochter, dein Glaube hat dich geheilt; geh hin in Frieden und sei gesund von deiner Plage.

Markus 5,30-34

Gedanken zum Markus-Evangelium

Eine Frau, die seit zwölf Jahren an krankhaften Blutungen leidet, hat sich einen Weg durch das Menschengedränge zu Jesus gebahnt. Nachdem sie seine Kleidung berührt hat, merkt sie sofort, dass sie von ihrer Plage geheilt ist. Das ist ihr genug, deshalb will sie sich wieder zurückziehen.

Wenn Jesus jemanden heilt, ist das kein Automatismus. Immer wendet Er sich bewusst dem Bedürftigen zu. So ist es auch jetzt: Von Ihm ist Kraft ausgegangen, so dass die Frau geheilt worden ist. Natürlich weiß der Herr auch, wer Ihn im Glauben angerührt hat und dass es nicht eine ungeplante Berührung aus der Menschenmenge gewesen ist. Dennoch fragt Er, wer Ihn angerührt habe. So will Er verhindern, dass die Frau sich mit ihrer Heilung davonschleicht. Denn nachdem sie seine *Allmacht* erfahren hat, soll sie jetzt seine *Liebe* erfahren.

Als die Frau merkt, dass sie nicht unentdeckt bleiben kann, kommt sie zitternd zu ihrem Retter und teilt Ihm vor allen Anwesenden mit, was geschehen ist. Genau darin besteht die Absicht des Herrn: Wer mit seinem Herzen glaubt, soll auch mit seinem Mund bekennen (vgl. Römer 10,10).

Wie wohltuend und festigend sind die Worte Jesu: Die verängstigte Frau braucht sich nicht auf ihre Gefühle zu verlassen. Der Herr sichert ihr Heilung und Frieden zu.

Tägliche Bibellese 4. Mose 33,38-56 · Matthäus 17,14-21

26 Montag
Februar

SA 07:14 · SU 17:55
MA 20:07 · MU 08:03

Gibt es unter den nichtigen Götzen der Nationen Regenspender, oder kann der Himmel Regengüsse geben? Bist du es nicht, HERR, unser Gott? Und wir hoffen auf dich; denn du hast dies alles gemacht.

Jeremia 14,22

Resignation oder Hoffnung?

Zur Zeit des Propheten Jeremia (627-586 v. Chr.) gab es eine große Dürre im Land Israel. Die Menschen suchten vergeblich nach Wasser und die Tiere nach Gras (V. 3.4). Jeremia wusste, dass seine Landsleute Gott außer Acht gelassen hatten. Deshalb brauchten sie sich nicht zu wundern, dass auch Gott seinen Segen zurückhielt. Und doch appellierte Jeremia an Gottes Barmherzigkeit. An wen sollte er sich sonst wenden, wenn nicht an Gott, den Schöpfer, der Himmel und Erde gemacht hat?

Die Menschen in Europa haben in den letzten Jahrzehnten kaum äußeren Mangel gelitten.

Aber empfinden wir nicht trotzdem eine gewisse „Dürre"? Viele sind unglücklich, undankbar und leiden unter zwischenmenschlichen Konflikten. Sozialarbeiter und Psychologen haben alle Hände voll zu tun, weil die Seele leidet. Depressionen nehmen zu, Meditationskurse und die Einnahme von Psychopharmaka ebenso ...

Es ist Zeit, dass wir uns endlich auf den Schöpfer-Gott zurückbesinnen! Er, der „dies alles gemacht hat", weiß am besten, was uns Menschen guttut. In der Bibel hat Er uns klar mitgeteilt, was unsere Bestimmung ist und wie wir glücklich und erfüllt leben können.

Doch wir meinen, ohne Gott besser zurechtzukommen. Wir ignorieren die Wurzel aller Probleme – die Sünde – und arbeiten lieber an den Symptomen. Bei allem Respekt vor wissenschaftlichen Erkenntnissen – die ersehnten „Regengüsse" für unsere „Dürre" können wir nur mit der Hilfe Gottes erwarten. Dafür müssen wir uns allerdings nach den biblischen Maßstäben ausrichten. Und dann dürfen wir sagen: Wir hoffen auf dich, Gott! – Davon ist keine Lebenssituation ausgenommen.

27 Dienstag
Februar

Eine Frau ... schrie zu Elisa ...
Elisa sprach zu ihr: Was soll ich für dich tun?

2. Könige 4,1.2

Gott erhört Gebete. Auch heute noch!

Anfang der 1990er Jahre tobte der Jugoslawien-Krieg. Kurz vor Weihnachten sollte ein Hilfstransport stattfinden, den meine Freunde und ich übernehmen wollten. Lkws und Kleintransporter wurden beladen – und zuletzt sollte noch ein Ofen bei einer älteren Frau aus unserem Dorf abgeholt und aufgeladen werden. Ein großer gusseiserner Holzofen, der bleischwer war. Wir hatten Mühe, ihn sicher zu verstauen, und stöhnten über dieses unhandliche Ungetüm, aber die Besitzerin wollte unbedingt, dass wir den Ofen mitnahmen.

Ein paar Tage später startete unsere Fahrt in das Kriegsgebiet, und als wir angekommen waren, verteilten wir unsere Hilfsgüter an viele

Bedürftige. Die Not war groß und umso größer war die Freude über die mitgebrachten Dinge. Nur den Ofen schien niemand zu benötigen, er stand zum Schluss immer noch auf dem Lkw. Offensichtlich hatten wir ihn vergeblich mitgenommen. Doch Gott hatte einen anderen Plan.

Kurz vor unserer Rückfahrt trafen wir auf eine alte Frau, deren Ofen nicht mehr funktionierte. So hatte sie keine Möglichkeit, bei dem frostigen Wetter zu heizen. Das Erstaunliche aber war: „Unser" Ungetüm passte perfekt in ihre Küche, sogar das alte Ofenrohr schien wie vorbereitet zu sein für den Anschluss an den Schornstein! Wir konnten uns zwar nur mit Gesten verständigen, aber wir sahen die Freude in den Augen der Frau und ihre gefalteten Hände. Sie hatte wohl schon viel zu Gott gerufen – und jetzt hatte Er ihr Gebet erhört. Er hatte dafür gesorgt, dass aus Deutschland genau der passende Ofen kam, den sie so dringend benötigte.

Gottes Gedanken waren „höher" gewesen als unsere Gedanken (Jesaja 55,9). Er hat so wunderbare Wege, um seinen Kindern wohlzutun ...

28 Mittwoch
Februar

Er (der jüngere Sohn des Vaters) machte sich auf und ging zu seinem Vater (zurück). Als er aber noch fern war, sah ihn sein Vater und wurde innerlich bewegt und lief hin und fiel ihm um den Hals und küsste ihn sehr. Der Sohn aber sprach zu ihm: Vater, ich habe gesündigt gegen den Himmel und vor dir, ich bin nicht mehr würdig, dein Sohn zu heißen. Der Vater aber sprach zu seinen Knechten: Bringt schnell das beste Gewand her und zieht es ihm an ...; denn dieser mein Sohn war tot und ist wieder lebendig geworden, war verloren und ist gefunden worden.

Lukas 15,20-24

Was wir nicht verdient haben

Der Chinamissionar George Christopher Willis (1887–1973) bat einen chinesischen Künstler, ein Bild zu malen, das die Geschichte vom verlorenen Sohn in einer Szene eindrücklich festhält.

Er bat den Künstler außerdem, vorher gründlich die Geschichte zu lesen, damit ihm das Werk gut gelänge.

Nach einiger Zeit holte Willis das Bild ab – und erschrak. Was war darauf dargestellt? Er sah einen Vater, der seinen Sohn mit einem großen Stock züchtigte, was zur damaligen Zeit und in diesem Kulturkreis durchaus üblich war. „Warum haben Sie das gemacht? Die Geschichte gibt das doch nicht her", beschwerte sich Willis. Der Chinese antwortete trocken: „Mag sein, dass es so ist. Es ist aber das, was der Junge verdient hat!"

Wie dieser Chinese verstehen viele nicht, was Gnade ist.

Gott ist derjenige, der dem verlorenen Sünder seine große Gnade anbietet. Er will ihn zu seinem Kind machen und mit seinen Segnungen überschütten. Wer das Bekenntnis des verlorenen Sohnes aufrichtig vor Gott ausspricht, wird nicht bestraft, auch wenn er es noch so sehr verdient hätte. Das ist das Bild der Gnade Gottes, das der Heilige Geist in der Bibel „gezeichnet" hat!

„Durch die Gnade seid ihr errettet, mittels des Glaubens; und das nicht aus euch, Gottes Gabe ist es" (Epheser 2,8).

Tägliche Bibellese 4. Mose 35,16-34 · Matthäus 18,15-20

29

Ich fürchtete einen Schrecken, und er traf mich, und wovor mir bangte, das kam über mich.

Hiob 3,25

Ich fürchte mich!

Wie gut kann ich das verstehen! Da fürchte ich mich, enttäuscht zu werden (und es trifft ein), nicht beachtet zu werden (und man übersieht mich); da fürchte ich mich vor Krankheit, Arbeitslosigkeit und dem Alter ...

Als David sich auf der Flucht einmal verstecken muss, macht er seinem Herzen Luft und ruft aus: „Ich habe ja niemand, der mich erkennt; verloren ist mir jede Zuflucht, niemand fragt nach meiner Seele", um wenig später Gott zu bitten: „Führe aus dem Gefängnis heraus meine Seele!" David ist frustriert, fühlt sich einsam und allein, ja vergessen von allen, ist innerlich gelähmt und gefangen (Psalm 142,5.8).

Doch in einem anderen Psalm sagt er voll Zuversicht: „Auch wenn ich wanderte im Tal des Todesschattens, fürchte ich nichts Übles, denn du bist bei mir." Hier sagt er, dass er beschützt und sicher ist. Warum? Weil er weiß: „Der Herr ist mein Hirte." Das macht den Unterschied aus!
(Psalm 23,1.4)

Ja, wenn alle mich übersehen und ablehnen, wenn ich „das schwarze Schaf" in der Familie, in der Schule oder am Arbeitsplatz bin – aber Jesus, *mein* Erretter und Herr, ist an *meiner* Seite, denn er ist für *mich* gestorben und hat für *meine* Schuld und Sünden bezahlt: Dann mögen meine Erfahrungen schlimm sein – aber erträglich! Denn Jesus verspricht mir: „Fürchte dich nicht, denn ich habe dich erlöst; ich habe dich bei deinem Namen gerufen, du bist mein. Wenn du durchs Wasser gehst, ich bin bei dir, und durch Ströme, sie werden dich nicht überfluten; wenn du durchs Feuer gehst, wirst du nicht versengt werden ... Weil du teuer, wertvoll bist in meinen Augen und ich dich lieb habe ... Fürchte dich nicht, denn ich bin mit dir" (Jesaja 43,1-5).

1

Freitag
März

SA 07:05 · SU 18:02
MA –:– · MU 08:50

Am dritten Tag war eine Hochzeit in Kana in Galiläa; ... und Jesus offenbarte seine Herrlichkeit; und seine Jünger glaubten an ihn.

Johannes 2,1.11

Guter Wein

Eine Hochzeit! Sicher nur eine von vielen, die damals gefeiert wurden – mit einem Unterschied: Jesus ist mit seinen Jüngern eingeladen worden. Doch erst als im Laufe der Feier ein Problem auftaucht, wird man auf Ihn aufmerksam. (Kommt das bekannt vor?) Der Wein droht auszugehen! Da verwandelt Jesus durch ein Wunder sechs große Krüge voll Wasser in besten Wein. Das Fest geht wie geplant weiter und alle sind glücklich.

Dieses Wunder steht am Anfang des öffentlichen Wirkens von Jesus. Ein seltsamer Anfang? Oder doch nicht? Die Bibel sagt, dass Jesus auf diese Weise seine Herrlichkeit offenbarte und dass seine Jünger an Ihn glaubten. Was lernen wir daraus?

Erstens: Entgegen der landläufigen Meinung ist Jesus Christus gekommen, um Freude zu schenken – nicht, um sie wegzunehmen. Denen, die Ihm vertrauen, schenkt Er eine Freude, die nicht von den äußeren Lebensumständen abhängig ist.

Zweitens: Wenn wir Christus einladen – sei es in unser Leben, unsere Familien oder sogar auf unsere Feiern –, dann schenkt Er uns „neuen Wein", der viel besser ist als das, was wir zuvor genossen haben.

Drittens: Ohne Jesus zu gehorchen, gibt es keinen neuen Wein. Beim Fest wird den Dienern gesagt: „Was irgend er euch sagen mag, tut!" (V. 5). Das heißt: Wir können Christus und seine Freude nur dann kennenlernen, wenn wir Ihn als Herrn über unser Leben anerkennen.

Viertens: Gott wollte damals auf der Hochzeit die Herrlichkeit Jesu sichtbar machen und das will Er bis heute in unserem Leben.

Möchten Sie diesen guten Wein?

2

Elia war ein Mensch von gleichen Empfindungen wie wir; und er betete ernstlich, dass es nicht regnen möge, und es regnete nicht auf der Erde drei Jahre und sechs Monate.

Jakobus 5,17

Der Gott Elias

Der Prophet Elia beeindruckt durch seinen Mut für Gott. Öffentlich stellt er sich gegen den Götzenkult in Israel und kündigt dem bösen König Ahab mutig ein Strafgericht Gottes an: „So wahr der HERR lebt, der Gott Israels, ... wenn es in diesen Jahren Tau und Regen geben wird, es sei denn auf mein Wort!" (1. Könige 17,1).

In der Folge wird Elia zum Gejagten. Auf seiner Flucht erfährt er Gottes wunderbare Versorgung aus der Luft: Gefräßige Raben bringen ihm jeden Morgen und jeden Abend Brot und Fleisch

(1. Könige 17,6). *Der Gott Elias kann dich mit allem versorgen, was du brauchst.*

Die Dürre hält drei Jahre und sechs Monate an und weitet sich zu einer Hungersnot aus. Elia lässt den König alle 850 Götzenpriester am Berg Karmel zusammenrufen. Er fordert sie zu einer Art Gebetswettkampf heraus. Zuerst sind die Götzenpriester an der Reihe. Sie rufen stundenlang zum Himmel und fügen sich selbst Verletzungen zu, um bei ihren Götzen Gehör zu finden – vergeblich. Nun baut Elia den Altar Gottes wieder auf, richtet ein Opfer zu und übergießt es reichlich mit Wasser. Er betet zu seinem Gott. Da fällt Feuer vom Himmel, das Opfer und Altar verzehrt. Das Volk begreift: Der Gott Elias ist der einzig wahre Gott. – *Ist der Gott Elias dein Gott?*

Doch der mutige Prophet ist „ein Mensch von gleichen Empfindungen wie wir". Als er von der gottlosen Königin Isebel mit dem Tod bedroht wird, bekommt er es mit der Angst zu tun: Er rennt weit weg, legt sich unter einen Ginsterstrauch und will sterben. Und Gott? Er kümmert sich liebevoll um Elia und richtet ihn wieder auf. *Der Gott Elias richtet dich wieder auf, wenn du am Boden liegst.*

Tägliche Bibellese 5. Mose 1,19-28 · Matthäus 19,13-22

3 Sonntag
März

SA 07:01 · SU 18:05
MA 02:11 · MU 09:37

Während Jesus noch redete, kommen sie von dem Synagogenvorsteher und sagen: Deine Tochter ist gestorben; was bemühst du den Lehrer noch? Als aber Jesus das Wort hörte, das geredet wurde, spricht er zu dem Synagogenvorsteher: Fürchte dich nicht; glaube nur. Und er erlaubte niemand, ihn zu begleiten, außer Petrus und Jakobus und Johannes, dem Bruder des Jakobus.

Markus 5,35-37

Gedanken zum Markus-Evangelium

Der Synagogenvorsteher Jairus hat Jesus gebeten, seine kleine Tochter zu heilen, da sie ernstlich erkrankt ist. Doch auf dem Weg dorthin ist Jesus durch eine große Menschenmenge aufgehalten worden. Auch eine kranke Frau hat zu der zeitlichen Verzögerung beigetragen, und zwischenzeitlich ist das Mädchen verstorben.

Als Jairus die Nachricht über den Tod seiner Tochter erhält, kommt sein Glaube ins Wanken. In seinem Haus traut man Jesus offenbar zu, dass Er Kranke heilen kann, nicht aber, dass seine Macht über den Tod hinausreicht.

Wie gütig ist der Herr, dass Er den traurigen Vater tröstet und seinen Glauben stärkt. „Ist denn irgendetwas unmöglich für den HERRN?" Jairus wird die Kraft des Herrn erleben! (1. Mose 18,14).

Jesus will das verstorbene Kind nun auferwecken, jedoch ohne großes Aufsehen. Dem Sohn Gottes geht es nicht um Popularität. Deshalb nimmt er nicht einmal alle zwölf Jünger mit zum Trauerhaus. Doch zwei oder drei Männer sollen es in jedem Fall sein, damit die Auferweckung des Mädchens später unwiderlegbar bezeugt werden kann – auch nach der Himmelfahrt Jesu. Petrus, Jakobus und Johannes sind offensichtlich besonders eng mit dem Herrn verbunden.

Jesus Christus handelt völlig anders, als es heute propagiert wird. Er ist von Herzen demütig und „wird nicht schreien und nicht rufen und seine Stimme nicht hören lassen auf der Straße", wie einer der Propheten vorausgesagt hat (Jesaja 42,2).

4 Montag
März

SA 06:59 · SU 18:07
MA 03:27 · MU 10:16

Nachdem Gott vielfältig und auf vielerlei Weise ehemals zu den Vätern geredet hat in den Propheten, hat er am Ende dieser Tage zu uns geredet im Sohn.

Hebräer 1,1.2

Unsere Botschaft: JESUS

Was ist der Unterschied zwischen dem Christentum und den Religionen? Die Religionen legen den Schwerpunkt darauf, Lehren zu befolgen, eine Weltanschauung zu übernehmen und nach bestimmten ethisch-moralischen Maßstäben zu handeln. Das Christentum dagegen hat eine Person zum Inhalt. Hier steht nicht unser Handeln und Tun im Vordergrund, sondern *unser Glaube an Jesus Christus.*

Buddha und Mohammed erlösen nicht vom Bösen, und ihre Botschaft hat nicht die Kraft, unser Leben von Grund auf zu verändern. Der christliche Glaube führt uns zu Christus, der die Macht hat, uns vollkommen zu retten und uns ewiges Leben zu schenken. Jesus bringt uns nicht nur eine Botschaft von Gott, sondern *Er* ist diese Botschaft. Er verkündet nicht einfach die Wahrheit, sondern Er sagt: „*Ich* bin ... die Wahrheit." Er zeigt uns nicht nur einen Weg zu Gott auf, sondern Er bekräftigt: „*Ich* bin der Weg" (Johannes 14,6). Er eröffnet nicht nur neue Perspektiven, sondern Er sagt: „*Ich* bin die Tür" (Johannes 10,9).

Christsein bedeutet nicht nur, einer Lehre zu folgen, bestimmte Rituale zu praktizieren oder Gutes zu tun, sondern Jesus Christus als Retter und Herrn anzunehmen und Ihm zu folgen. Jesus annehmen heißt, sich Ihm anzuvertrauen und Ihm die Tür unseres Lebens und unseres Herzens zu öffnen. Es bedeutet auch, seine Worte anzunehmen, wie sie in der Bibel mitgeteilt werden. Niemand kann behaupten, an Jesus zu glauben, wenn er sich weigert, Ihm zuzuhören. Deshalb ist es notwendig, das Wort Gottes mit dem Gebet zu lesen: „Gott, hilf mir, deinen Sohn Jesus Christus kennenzulernen und an Ihn zu glauben!"

5 Dienstag
März

*Aber ich habe gegen dich, dass du deine erste
Liebe verlassen hast.*

Offenbarung 2,4

„Es ist mir zu kalt geworden!"

Das schreibt der Leiter eines christlichen Werks in
einem Rundbrief. Damit meint er nicht das me-
teorologische Wetter, sondern das geistliche und
soziale Klima. Die Wärme geht verloren. Diese
„Kältefront" hat Jesus bereits vor ca. 2000 Jahren
bemängelt. In der Offenbarung, in dem so genannten Sendschreiben an Ephesus ist davon die
Rede (siehe Tagesvers).

„Von dieser Erkältungswelle wurde auch mein
Herz erfasst", führt der Leiter des christlichen Werks
weiter aus. „In mir gibt es ganz schön viel Frust
und Frost. Angesichts mancher Entwicklungen bin
ich manchmal geneigt, zynisch zu reagieren oder
gleichgültig zu werden, auf jeden Fall keine warme
und echte Liebe mehr in mir zu tragen. Selbst die

liebsten Menschen gehen mir auf die Nerven, Kollegen strapazieren meine Geduld … Und Gott? Ja, auch für Gott hatte ich schon mal mehr Liebe und Leidenschaft. – Kennen Sie das?

Aber bevor der Ofen bei mir ganz aus ist, erinnere ich mich an ein Lied von Paul Gerhardt:

Mein Herz ist kalt, hart und betört
von allem, was zur Welt gehört,
fragt nur nach eitlen Sachen.
Drum, liebster Jesus, bitt' ich dich,
du wollest dies mein Herz und mich
warm, weich und sauber machen.
Lass deine Flamm' und starke Glut
durch all mein Herze, Geist und Mut
mit allen Kräften dringen;
lass deine Lieb' und Freundlichkeit
zur Gegenlieb und Dankbarkeit
mich armen Sünder bringen."

Es ist leider wahr: Auch Christen können unter einem erkalteten Herzen leiden. Aber das muss nicht sein. Wer Frieden mit Gott hat, ist von Gott selbst mit Liebe versorgt worden (vgl. Römer 5,5). Denn dazu sind Christen bestimmt und das soll ihr Kennzeichen sein: Dass sie Gott lieben, einander lieben, allen Menschen in Liebe begegnen.

Tägliche Bibellese 5. Mose 2,14-25 · Matthäus 20,17-28

6

Herr, wenn du willst, kannst du mich reinigen.
Und Jesus streckte die Hand aus, rührte ihn an
und sprach: Ich will; werde gereinigt!

Lukas 5,12.13

Rettende Berührung

Der Aussatz war zur Zeit der Bibel eine besonders gefürchtete Krankheit, die als höchst ansteckend und unheilbar galt. Wer unter den Juden daran erkrankte, wurde nach den Vorschriften des Gesetzes als unrein behandelt. Jeder Körperkontakt mit ihm war untersagt. Er wurde aus der Gemeinschaft ausgeschlossen und durfte nicht mehr am Gottesdienst teilnehmen. Das bedeutete: Der Aussätzige lebte außerhalb der Stadttore. Nur einem aussätzigen König erging es besser: Er erhielt ein abgesondertes Haus (2. Könige 7,3; 15,5). Unheilbar krank, ausgeschlossen, isoliert – was für ein schreckliches Schicksal!

Ein solcher Mensch „voller Aussatz" sieht Jesus in seine Stadt kommen – seine einzige Hoffnung, um aus seinem Elend rauszukommen. Er fällt vor Jesus nieder und bittet ihn: „Herr, wenn du willst, kannst du mich reinigen." Was geschieht? In seiner Liebe streckt Jesus Christus die Hand aus und rührt den Aussätzigen an! Wie lange war der Kranke wohl nicht mehr berührt worden! Und dann hört er die Worte: „Ich will; werde gereinigt!"

Wie der Aussatz die Haut verunreinigt, so verunreinigt die Sünde unser Inneres, unser Herz. Außerdem hat Sünde eine ähnliche Wirkung wie der Aussatz: Sie belastet nicht nur unser Gewissen, sondern zerstört auch zwischenmenschliche Beziehungen. Doch es gibt einen, der sich nicht von uns abwendet. Das ist Jesus Christus. Er wartet darauf, dass wir mit unserer Sünde zu Ihm kommen. Er will und Er kann uns reinigen! Bitten wir Ihn darum! „Das Blut Jesu Christi reinigt uns von aller Sünde" (1. Johannes 1,7). Dann werden wir eine wunderbare Gemeinschaft der Liebe erleben – mit Gott, dem Vater, mit seinem Sohn Jesus Christus und mit allen, die Er rein gewaschen hat in seinem Blut (vgl. Offenbarung 1,5).

7

Donnerstag
März

Schicke dich an ..., deinem Gott zu begegnen!

Amos 4,12

Der Herr ist langmütig euch gegenüber, da er nicht will, dass irgendwelche verloren gehen, sondern dass alle zur Buße kommen.

2. Petrus 3,9

Schicke dich an, deinem Gott zu begegnen!

Klare Botschaften sind heute Mangelware. Man muss oft zwischen den Zeilen lesen, um herauszufinden, was wirklich gemeint ist. Verträge haben Kleingedrucktes, Angebote sind mit einem Sternchen versehen. Und wer nicht aufpasst, hat plötzlich ungewollt ein Abo abgeschlossen. Die Bibel kennt solche Tricks nicht. Ihre Aussagen sind klar und ungeschönt. Der obige Vers des Propheten Amos bringt eine wichtige Sache auf den Punkt: Jeder von uns wird Gott einmal begegnen. Dafür muss sich jeder bereit machen. Was Gott betrifft, so ist Er uns bereits entgegengekommen. Er bietet uns gewissermaßen in seinem Sohn Jesus Christus die Hand an: *„So hat Gott die Welt geliebt, dass er seinen eingeborenen Sohn gab, damit jeder, der an ihn glaubt, nicht verloren gehe, sondern ewiges Leben habe"* (Johannes 3,16).

Da haben wir es wieder: ehrlich und ungeschönt. Dieser Vers weist uns mit vielen anderen Bibelstellen auf die Liebe Gottes hin: Er will, dass alle Menschen errettet werden. Gleichzeitig macht er klar, dass man verloren gehen kann. Vielleicht haben wir uns schon so sehr an „schöne Worte" gewöhnt, dass wir es kaum noch ertragen, mit der Wahrheit konfrontiert zu werden: Entweder wir nehmen die Gnade an – oder wir gehen verloren. Seien wir offen für das, was Gott uns in der Bibel sagt. Es sind ehrliche und klare Aussagen. Sie haben Bestand und treffen ein. Deswegen heißt es heute: Sei bereit, deinem Gott zu begegnen!

8 Freitag
März

SA 06:50 · SU 18:14
MA 06:28 · MU 15:30

(1) Der Vater liebt den Sohn und hat alles in seine Hand gegeben.
(2) Damit die Welt erkenne, dass ich den Vater liebe.
(3) Der Vater selbst hat euch lieb.
(4) Wie der Vater mich geliebt hat, habe auch ich euch geliebt.
(5) Ein neues Gebot gebe ich euch, dass ihr einander liebet.

Johannes 3,35; 14,31; 16,27; 15,9; 13,34

Das Viereck der Liebe

Zeichne ein Viereck, das rechtwinklig ausgerichtet ist. Beginne mit den vier Eckpunkten. Schreibe an die linke obere Ecke „Vater", an die rechte „Sohn", an die beiden unteren jeweils „Christen".

(1) und (2): Verbinde die beiden oberen Punkte mit einer horizontalen Linie. Sie steht für die Liebe zwischen Gott, dem Vater, und Gott, dem Sohn. Mach dir bewusst, wie groß, tief und fest diese Liebe ist!

(3): Zeichne eine vertikale Linie links zwischen „Vater" und „Christen". „Gott erweist seine Liebe zu uns darin, dass Christus, da wir noch Sünder waren, für uns gestorben ist" (Römer 5,8). „Seht, welch eine Liebe uns der Vater gegeben hat, dass wir Kinder Gottes heißen sollen! Und wir sind es" (1. Johannes 3,1). Hast du diese Liebe Gottes schon erfahren, indem du Jesus im Glauben angenommen hast?

(4): Zeichne nun die zweite Vertikale ein. Sie steht für die Liebe des Herrn Jesus zu seinen Jüngern. Jesus liebt seine Jünger ebenso wie der Vater Ihn liebt. Ist das nicht unbegreiflich? Und jeder Jünger darf wissen: „Der Sohn Gottes" hat „mich geliebt und sich selbst für mich hingegeben" (Galater 2,20). Dank Ihm dafür, dass dich nichts und niemand von dieser Liebe trennen kann (Römer 8,35-39)!

(5): Zeichne zuletzt die untere horizontale Linie ein. Wusstest du, dass das Neue Testament die Gläubigen etwa 25-mal auffordert, einander zu lieben? Diese Liebe ist das wichtigste Erkennungsmerkmal von Jüngern des Herrn Jesus Christus (Johannes 13,35). „Lasst uns einander lieben" (1. Johannes 4,7).

9 Samstag
März

SA 06:48 · SU 18:16
MA 06:47 · MU 17:04

Jesus sagt: Ich will euch aber zeigen, wen ihr fürchten sollt: Fürchtet den, der nach dem Töten Gewalt hat, in die Hölle zu werfen; ja, sage ich euch, diesen fürchtet.

Lukas 12,5

„Hölle" in aller Munde

Das Wort *Hölle* begegnet uns im Alltag häufig. Da ist die Rede von der eisigen Hölle Stalingrads, von der grünen Hölle Vietnams und selbst das Mobbing am Arbeitsplatz wird als Hölle auf Erden bezeichnet. Höllenqualen, Höllenangst, Höllenlärm: Die Hölle ist in aller Munde.

Auch in der Bibel finden wir dieses Wort, allerdings wird damit nie ein Zustand auf der Erde beschrieben. So spricht auch der heutige Tagesvers davon, dass Gott Gewalt hat, Menschen nach dem Tod in die Hölle zu werfen.

Was erwartet die Menschen an diesem schrecklichen Ort? Die Bibel lässt uns darüber nicht im Unklaren. Sie zeigt – teilweise in Bildersprache – sehr eindrücklich, was Hölle wirklich bedeutet. Einige Aussagen, die die Heilige Schrift in diesem Zusammenhang macht, wollen wir einmal auf uns einwirken lassen: Die Menschen erleiden in der Hölle „ewige Pein" (Matthäus 25,46); ihre Seele und ihr Leib werden dort „verdorben" (Matthäus 10,28); sie haben „keine Ruhe Tag und Nacht" (Offenbarung 14,11); sie befinden sich in dem „Dunkel der Finsternis in Ewigkeit" (Judas 13); sie werden „mit Feuer und Schwefel gequält" (Offenbarung 14,10); sie sind „fern vom Angesicht des Herrn und von der Herrlichkeit seiner Stärke" (2. Thessalonicher 1,9); sie „weinen und knirschen mit den Zähnen" (Matthäus 24,51).

Das sind ernste Worte, die man nicht gern hört. Manche befürchten, diese Worte wären ein Nährboden für die Vorstellung, dass Gott ein grausamer Tyrann wäre. Aber es ist Gottes Liebe, die so deutlich warnt, weil Er will, dass sich jeder durch Jesus Christus vor der Verdammnis retten lässt. An uns liegt es, dieses Rettungsangebot anzunehmen.

10

Sonntag
März

SA 06:46 · SU 18:17
MA 07:04 · MU 18:36

Und sie kommen in das Haus des Synagogenvorstehers, und er sieht ein Getümmel und wie sie weinten und laut jammerten. Und als er eingetreten war, spricht er zu ihnen: Was lärmt und weint ihr? Das Kind ist nicht gestorben, sondern es schläft. Und sie verlachten ihn.

Markus 5,38-41

Gedanken zum Markus-Evangelium

Der Synagogenvorsteher Jairus erfährt, dass er seine kleine Tochter verloren hat. „Wenn Jesus doch früher gekommen wäre ...!", mag der verzweifelte Vater gedacht haben. Doch wer glaubt, dass Jesus der Sohn Gottes ist, weiß, dass der Tod nicht das letzte Wort hat.

Als Jairus, Jesus und drei seiner Jünger im Trauerhaus ankommen, treffen sie auf eine große Menge klagender Trauergäste. Ist bei ihnen vielleicht mehr Lärm als echtes Mitgefühl vorhanden? Jedenfalls identifiziert der Herr Jesus sich nicht mit dieser Trauerbegleitung, die in Israel zu einem Ritus geworden ist, wie es der Prophet Jeremia beschreibt: „Gebt acht und ruft Klageweiber, dass sie kommen, und schickt zu den weisen Frauen, dass sie kommen und schnell eine Wehklage über uns erheben, damit unsere Augen von Tränen rinnen und unsere Wimpern von Wasser fließen" (Jeremia 9,16.17).

Immer hat der Sohn Gottes in Anbetracht des Todes tiefes Mitgefühl gezeigt, selbst wenn Er beabsichtigte, den Gestorbenen zum Leben zu erwecken (vgl. Lukas 7,13; Johannes 11,33-35). Doch hier tadelt Er den Lärm und das Weinen. Er spürt, dass die Anwesenden Ihm nicht vertrauen. Im Gegenteil – sie verlachen Ihn, als Er sagt, das Kind sei nicht gestorben, sondern schlafe nur.

Natürlich weiß der Herr über Leben und Tod, dass Seele und Geist den Körper des Mädchens verlassen haben. Sie ist also tot. Dennoch spricht Jesus vom Schlaf, wobei Er nicht die Seele meint, sondern den Körper.

Die Seele jedes Menschen ist unsterblich, der „schlafende" Körper jedes Gestorbenen aber wird eines Tages auferweckt – entweder zum ewigen Leben oder zum ewigen Verderben.

Tägliche Bibellese 5. Mose 4,15-28 · Matthäus 21,23-32

11

*Wir alle irrten umher wie Schafe,
wir wandten uns jeder auf seinen Weg.*

Jesaja 53,6

„Ich wollte selbstbestimmt leben"

Der US-Amerikaner David Powlison wurde am 14. Dezember 1949 in Honolulu (Hawaii) geboren. Als Teenager war er der Überzeugung: „Jesus ist ein wirklich guter Mensch, der sich um die Armen kümmert. Deshalb sollten auch wir gute Menschen sein, die sich um Arme kümmern." In seiner Highschool-Zeit beschäftigte er sich mit existenziellen Fragen wie: *Was ist wirklich von Bedeutung? Wer bin ich?*

David berichtet von zwei Erlebnissen, die ihn in seiner Jugendzeit bis ins Mark erschütterten: „Ich war Beifahrer in einem Auto, das einen Mann tötete, als er eine dunkle Landstraße entlangging. Ich kann sein Gesicht noch immer sehen – er drehte sich in den letzten Sekunden ins Licht der

Scheinwerfer, und ich sah ihm in die Augen, bevor wir ihn überfuhren.

Und ich saß am Bett meines Großvaters, der einen schweren Schlaganfall erlitten hatte. Er war auf der Suche nach etwas, das eine Bedeutung hatte, etwas, woran er sich festhalten konnte und wovon er mir sagen konnte, dass es im Leben wichtig war. Aber alles schien vor seinen Augen zu zerbröckeln, während er sprach. Am Ende konnte er nur noch weinen. Nachdem ich mich von ihm verabschiedet hatte, saß ich auf den Stufen des Krankenhauses und weinte ebenfalls."

Als David 20 Jahre alt war, wurde sein bester Freund und Mitbewohner Bob Christ. Die beiden tauschten regelmäßig ihre Argumente für und gegen den Glauben aus. David erinnert sich: „Ich war schrecklich stur. Ich konnte der plausiblen Logik des christlichen Glaubens folgen, aber ich wollte auf niemand angewiesen sein, der mich rettet – geschweige denn auf jemand, der mir sagt, was ich tun soll. Ich wollte selbstbestimmt leben. Heute weiß ich, dass Gott andere Vorstellungen davon hatte, wie ich leben sollte. Er war barmherzig zu mir."

(Fortsetzung morgen)

Tägliche Bibellese 5. Mose 4,29-49 · Matthäus 21,33-46

Ich werde euch ein neues Herz geben und einen neuen Geist in euer Inneres geben.

Hesekiel 36,26

Ich bin am Ziel; ich bin Christ

Eines Sonntagabends, am 31. August 1975, wurde Bob sehr persönlich, als er wieder einmal mit David sprach. Er sagte zu ihm: „David, meine Frau Diane und ich, wir haben dich wirklich lieb. Du weißt, wie sehr ich dich schätze ..., aber so, wie du lebst, zerstörst du dich selbst."

David erzählte, was dann geschah: „Ich wusste, dass er recht hatte. Gott benutzte seine Worte wie eine Granate. Ich wurde schlagartig von meiner Sündhaftigkeit, meiner Unreinheit und meinem Unglauben überführt. Es war ein Moment, in dem mein ganzes Leben vor meinen Augen vorbeizog. Ich spürte das Gewicht meiner Sündenlast. Doch die beiden Sünden, die mich am tiefsten trafen, standen nicht auf der gängigen Liste schlimmer Übertretungen. Als Existenzialist hatte ich geglaubt, das menschliche Leben müsse zwangsläufig in der Verzweiflung statt in der Freude enden. Und als jemand, der selbstbestimmt leben wollte, hatte ich nicht an die Liebe Gottes in Jesus Christus geglaubt, sondern Ihn unerbittlich abgelehnt. – Jetzt erkannte ich, dass ich in beiden Punkten falsch lag.

Einige Minuten später fragte ich: *Wie kann ich Christ werden?* Da forderte Bob mich auf, Gott um Gnade zu bitten. Und ich flehte Gott um Gnade an. Gott war barmherzig. Die jahrhundertealten Verheißungen Gottes bewahrheiteten sich: Gott rettet bereitwillig, vergibt Sünden, schafft neues Leben, schenkt seinen eigenen Geist, verspricht große Hilfe beim Gehorsam. All das tat Er an mir. Er fand mich und führte mich nach Hause. Ich wurde von der Freude und von der Liebe Jesu überrascht. Als ich am nächsten Morgen aufwachte, war ich überglücklich. Die ersten Gedanken, die mir durch den Kopf gingen, waren: *Ich bin zu Hause. Ich bin ein Christ.*"

(Schluss morgen)

Tägliche Bibellese 5. Mose 5,1-21 · Matthäus 22,1-14

13 Mittwoch
März

SA 06:40 · SU 18:22
MA 07:48 · MU 23:06

Dieser Elende rief, und der HERR hörte, und aus allen seinen Bedrängnissen rettete er ihn.

Psalm 34,7

Preise den HERRN, meine Seele, und vergiss nicht alle seine Wohltaten!

Psalm 103,2

Warum nicht ich?

Am 7. Juni 2019 verstarb David Powlison im Alter von 69 Jahren an Krebs. Kurz bevor er zu seinem Retter Jesus Christus nach Hause gehen durfte, hielt er noch wertvolle Gedanken zum Umgang mit Leid fest. Er schrieb:

„Gott kommt in der Person von Jesus Christus in dein Leiden hinein. Er gibt dir keine Ratschläge aus der Ferne, sondern nimmt persönlich Anteil an deinem Leid. Er wird dich begleiten und den ganzen Weg mit dir gehen. Er wird dich auch im Augenblick des Todes tragen.

Dieses Wissen verändert die Fragen, die aus deinem Herzen aufsteigen. Dein nach innen gerichtetes *Warum ich?* wird leiser, du hebst deinen Blick und es entstehen neue, wunderbare Fragen wie: *Herr, warum Du?* Warum hast Du Dich in diese Welt des Bösen begeben? Warum wolltest Du Verlust, Schwäche, Not, Kummer und Tod ertragen? Warum hast Du das ausgerechnet für mich getan? Aber Du *hast* es getan. Du hast es für die Freude getan, die vor Dir lag. Du hast es aus Liebe getan.

Wenn du so fragst, kannst du aus tiefstem Herzen antworten: *Ich danke Dir, mein Herr.* Und schließlich wirst du bereit, so unvorstellbare Fragen zu stellen wie: Warum *nicht* ich? Warum *nicht* dies? Warum *nicht* jetzt? Wenn mein Glaube in gewisser Weise wie ein winziges Glühlämpchen in eine finstere Welt leuchtet? Wenn mein Leiden der Welt etwas von meinem Erlöser zeigen kann? Wenn ich das Vorrecht habe, an den Leiden Christi teilzuhaben? Wenn mein Leben zu einer Quelle der Hoffnung für andere wird? – *Warum nicht ich?*

(Schluss)

14 Donnerstag
März

SA 06:37 · SU 18:24
MA 08:07 · MU −:−

Jeder, der irgend den Namen des Herrn anruft, wird errettet werden.

Apostelgeschichte 2,21

Gottes Rettungsweg: offen für jeden, der will

Gottes Rettungswege waren immer schon einfach:

- Was konnten die Menschen zur Zeit Noahs tun, um dem Verderben durch die Sintflut zu entgehen? Sie mussten einfach in die Arche gehen, solange die Tür offen war (1. Mose 7,13).
- Was konnten die Menschen in Ägypten tun, als Gott angekündigt hatte, das Erstgeborene zu töten? Sie mussten im Inneren des Hauses sein und das Blut des Passahlammes an die Türpfosten gestrichen haben (2. Mose 12,7-13).
- Was konnten die Israeliten in der Wüste tun, um von dem tödlichen Biss der Schlangen geheilt zu werden? Sie mussten einfach zu

der kupfernen Schlange aufschauen – nicht mehr, nicht weniger und nichts anderes (4. Mose 21,9).

Die Beispiele aus dem Alten Testament haben alle gemeinsam, dass sie auf Jesus Christus hinweisen (siehe z. B. Johannes 3,14.15). Sie verdeutlichen aber auch: Die Errettung war für alle möglich! Gottes Minimalanforderungen schließen niemand aus. Jeder konnte in die Arche gehen, jeder konnte in das Haus gehen und das Blut des Lammes an die Pfosten der Tür streichen, und jeder konnte zur kupfernen Schlange schauen. Die Beispiele verdeutlichen noch etwas: Diejenigen, die gerettet werden wollten, mussten akzeptieren, dass es nur einen einzigen Weg gab, um gerettet zu werden. Sie mussten Gottes Anweisung befolgen. Sonst wären sie umgekommen.

Wie viel mehr gilt das für die Frage, wo man die Ewigkeit zubringen wird. Um für immer gerettet zu werden, muss man den göttlichen Weg beschreiten. Er führt über die Umkehr zu Gott, d. h. Buße, und den Glauben an Jesus Christus. Dieser ewige Rettungsweg steht jedem offen, und jeder, der gerettet werden will, kann ihn gehen.

15 Freitag
März

SA 06:35 · SU 18:26
MA 08:32 · MU 00:33

Wisst, dass eure Sünde euch finden wird.

4. Mose 32,23

Eine „gute Arbeit" und ihre Folgen

Ich bin auf einer Farm aufgewachsen, wo jeder mitarbeiten muss. An einem Frühlingsmorgen, der genau richtig zum Fischen war, kam meine Mutter mit einer Schale mit Bohnensamen. Ich sollte sie in gerader Reihe mit ein paar Zentimetern Abstand einpflanzen und sie dann mit Erde bedecken.

Bohnen einpflanzen ist Knochenarbeit: Bücken ... aufstehen ... bücken ... aufstehen. Es war schwer für mich, denn meine Gedanken waren am See, wo die Fische anbissen. Plötzlich trat ich versehentlich gegen die Schale und die Bohnensamen flogen in alle Richtungen. Wie ärgerlich! Doch dann hatte ich eine gute Idee: Ich sammelte die Samen nicht auf, sondern bedeckte sie einfach mit Erde. Wenig später war ich mit meiner Arbeit fertig. Als ich nach Hause kam, fragte meine Mutter mich: „Schon fertig? Hast du deine Arbeit gut gemacht?" Ich sagte: „Ja" – und ging fischen.

Ein paar Tage ging alles gut. Dann begannen die Bohnen zu keimen und aus der Erde hervorzusprießen. Leider nicht nur die, die in einer geraden Reihe standen – auch die anderen. Damit war meine „gute Arbeit" entlarvt. Meine Mutter sah, was passiert war, und weil sie mich lieb hatte, hielt sie es für notwendig, mich für meine Lüge zu bestrafen. Seitdem hieß ich bei meinen Freunden „Mr. Beans" (Herr Bohne).

Die Bibel sagt: „Was irgend ein Mensch sät, das wird er auch ernten." Lügen, auch Notlügen oder halbe Wahrheiten, sind Sünden, die Gott bestrafen wird, denn jeder wird einmal empfangen, „was er in dem Leib getan hat, nach dem er gehandelt hat" – es sei denn, wir haben unsere Sünden bereut und Gott bekannt. Dann wissen wir, dass Jesus, unser Stellvertreter, dafür gestraft worden ist. Der Glaubende kommt definitiv nicht ins Gericht, denn Gott straft Sünde nicht zweimal (Galater 6,7; 2. Korinther 5,10; Jesaja 53,5; Johannes 5,24).

Tägliche Bibellese 5. Mose 6,16–7,6 · Matthäus 22,34-46

16 Samstag
März

Alle haben gesündigt und erreichen nicht die Herrlichkeit Gottes und werden umsonst gerechtfertigt durch seine Gnade, durch die Erlösung, die in Christus Jesus ist.

Römer 3,23.24

Gott kann mehr als der US-Präsident

2017 sollte der Sheriff Joe Arpaio wegen Diskriminierung von Migranten ins Gefängnis kommen. Doch der damalige US-Präsident Donald Trump machte von seinem Recht als Präsident Gebrauch, Menschen zu begnadigen. Somit bewahrte er Arpaio vor einer Haftstrafe. Was sich dadurch jedoch nicht änderte, war die Schuldhaftigkeit des Verurteilten. Arpaio war weiterhin der Gesetzesverstöße schuldig. Die Begnadigung nahm seine Schuld nicht weg!

Christus kann dir weitaus mehr geben als Begnadigung: Die Bibel nennt das *Rechtfertigung*. Doch was bedeutet das?

Rechtfertigung heißt: Ein Mensch wird freigesprochen, weil er vor Gott vollkommen unschuldig und ohne Sünde dasteht. Natürlich hat der Mensch in seinem Leben gesündigt. Aber durch die *Rechtfertigung* durch den Glauben an Jesus Christus erscheint er so vor Gott, als ob er niemals eine Sünde begangen hätte. Wodurch ist das möglich? Dadurch, dass Jesus Christus am Kreuz die Sünden dieses Menschen getragen und dafür bezahlt hat (1. Petrus 2,24). Durch den Glauben wird er nun in einer neuen Position gesehen, und zwar „in Christus" (Römer 8,1). Das heißt: Gott sieht seinen vollkommenen Sohn Jesus Christus, wenn Er einen Gläubigen ansieht.

Eine solche Rechtfertigung begnadigt also nicht, sondern spricht komplett frei, weil keine Sünden mehr vorhanden sind. Das geht weit über das hinaus, was ein US-Präsident tun kann.

Bist du noch ein Ungerechter – oder hat Gott dich bereits gerecht gesprochen? Um komplett sündenfrei und unschuldig vor Gott dazustehen, brauchen wir „die Erlösung, die in Christus Jesus ist."

Als er aber alle hinausgeschickt hatte, nimmt er den Vater des Kindes und die Mutter und die, die bei ihm waren, mit und geht hinein, wo das Kind lag. Und als er das Kind bei der Hand ergriffen hatte, spricht er zu ihm: Talitha kumi!, das ist übersetzt: Mädchen, ich sage dir, steh auf! Und sogleich stand das Mädchen auf und ging umher, denn es war zwölf Jahre alt. Und sie erstaunten mit großem Erstaunen. Und er gebot ihnen dringend, dass niemand dies erfahren solle, und sagte, man möge ihr zu essen geben.

Markus 5,40-43

Gedanken zum Markus-Evangelium

Viele Trauergäste sind erschienen, um mit Jairus und seiner Frau den Verlust ihrer kleinen Tochter zu beweinen. Jesus ist ebenfalls gekommen. Er will das Kind aus dem Tod auferwecken. Vor diesem Hintergrund ist seine Aussage zu verstehen, das Kind sei nicht gestorben, sondern es schlafe. Doch die Trauergäste haben Ihn dafür ausgelacht. Wie muss Ihn das verletzt haben!

Wer den Worten Jesu nicht glaubt, wird „auch nicht überzeugt werden, wenn jemand aus den Toten aufersteht" (Lukas 16,31). Deshalb schickt der Herr alle hinaus, bevor Er zu dem leblosen Körper geht.

Jetzt fasst der Herr das Mädchen bei der Hand und sagt: „Mädchen, ich sage dir, steh auf!" Ein schlichtes Wort genügt und schon entfaltet sich eine außerordentlich große Kraft, über die kein gewöhnlicher Mensch verfügt. Jesus erweist sich hier eindeutig als der Sohn Gottes (vgl. Römer 1,4).

Das Mädchen steht sofort auf und geht umher. Ihre Wiederherstellung ist nicht nur unmittelbar, sondern auch vollständig. Die Eltern sollen ihr zu essen geben – ein zusätzlicher Beweis, dass ihre Tochter wirklich ins Leben zurückgekehrt ist.

Wenden wir zum Schluss das Ereignis auf uns heute an: Was für ein Wunder, wenn Menschen, die in ihren Sünden geistlich tot sind, die Stimme des Sohnes Gottes hören und zum Leben erweckt werden (vgl. Epheser 2,1.4)!

18 Montag
März

SA 06:28 · SU 18:31
MA 10:51 · MU 04:03

Das Heer des Himmels kann nicht gezählt werden.

Jeremia 33,22

Sidereus Nuncius (1)

Sidereus Nuncius, „Nachricht der Sterne", so nannte Galileo Galilei (1564–1642) die Schrift, die er 1610 verfasste. Nachdem 1608 das Fernrohr entwickelt worden war, konnte er nun mehr als 30.000 Sterne sehen – zehnmal mehr Sterne, als mit bloßem Auge in einer Hemisphäre (Himmelshalbkugel) erkennbar sind. Und heute? Nehmen wir uns einmal die Milchstraße vor. In sehr klaren, dunklen Nächten können wir sie deutlich sehen: als helles, wolkiges Band, das sich über den gesamten Himmel zieht. Es ist ein Teil unserer eigenen Galaxie. Nach heutigen Erkenntnissen wissen wir, dass die Milchstraße aus 300 Milliarden Sternen besteht. Nicht nur die Anzahl der Sterne dieses Sternbandes ist unvorstellbar, sondern auch ihre Ausdehnung von 100.000

Lichtjahren. Ein Lichtjahr ist die Entfernung, die das Licht bei einer Geschwindigkeit von 300.000 Kilometer pro Sekunde (!) in einem Jahr zurücklegt. Das wären demnach ca. 9,46 Billionen Kilometer multipliziert mit 100.000 – eine unvorstellbare Entfernung.

Die Gesamtzahl der Galaxien und Sterne lässt sich nicht genau definieren, weil man sich nur auf den uns bekannten Bereich des Kosmos beziehen kann. Wir müssen davon ausgehen, dass der Mensch in der Zukunft kontinuierlich weitere Entdeckungen machen und immer weiter in den Kosmos eindringen wird. Somit wird sich auch die Anzahl der bekannten Sterne erhöhen.

Die wirkliche Anzahl der Sterne kennt kein Mensch. Das steht schon in unserem heutigen Tagesvers aus dem Buch des Propheten Jeremia. Bedenken wir, dass Jeremia im 7. Jahrhundert vor Christus lebte, als man nur die Zahl der Sterne kannte, die mit bloßen Augen zu erkennen sind! Beeindruckt halten wir fest:

1. Die Bibel ist Gottes Wort und wir können ihr absolut vertrauen.
2. Die unzählbare Zahl der Sterne zeigt uns die Macht und Größe des Schöpfers.

Tägliche Bibellese 5. Mose 9,1-17 · Matthäus 23,23-39

19 **Dienstag**
März

SA 06:26 · SU 18:32
MA 12:00 · MU 04:43

Die Himmel erzählen die Herrlichkeit Gottes.

Psalm 19,2

Sidereus Nuncius (2)

Sidereus Nunicus, „Nachricht der Sterne". Verstehen wir die Sterne? Sie erzählen uns von ihrem und unserem Schöpfer. Er hat sie durch sein Schöpferwort ins Dasein gerufen, sie durchlaufen ihre Bahnen, weil sein Wort sie dort hält. Auch wenn wir ihre genaue Zahl nicht wissen, sondern nur schätzen können – Gott kennt die Zahl der Sterne und „ruft sie alle mit Namen" (Psalm 33,9; Hebräer 1,3; Jesaja 40,26).

König David, damals noch Scharfhirte, hatte die „Nachricht der Sterne" verstanden. Obwohl er nur einen Bruchteil der Sterne sehen konnte, war er beeindruckt von dem Gott, der sie geschaffen hat. Er verstand, dass die Himmel von der Herrlichkeit Gottes erzählen.

Das ist der Gott, mit dem wir es zu tun haben! Wenn wir Ihn als Schöpfer über seiner Schöpfung sehen, dann sehen wir etwas von seiner herrlichen Größe und Macht. Aber das ist noch nicht alles, denn wir dürfen auch sehen, wie Er in seine eigene Schöpfung eintritt, wie Er sich selbst erniedrigt und in der Person seines Sohn Mensch wird (Philipper 2,5-8; Hebräer 2,14). – Wie groß und herrlich ist seine Liebe!

Liebe war es, die Jesus Christus die Herrlichkeit des Himmels verlassen ließ, um zu Menschen zu kommen, die Ihn weder kannten noch wollten. Liebe ließ Ihn über die Erde gehen, indem Er den Menschen wohltat und sie heilte. Und Liebe ließ Ihn den Hass und die Ablehnung seiner Geschöpfe ertragen. Liebe ließ Ihn die Leiden von Golgatha erdulden. Aus Liebe ertrug Er Gottes Zorn, um fremde Schuld zu sühnen, so dass jeder, der in Buße und Glauben zu Ihm kommt, ewiges Leben bekommt.

In Liebe kümmert Er sich noch heute um jeden Gläubigen. Er, der die Zahl der Sterne zählt und sie alle mit Namen nennt, ist auch der, „der da heilt, die zerbrochenen Herzens sind, und ihre Wunden verbindet ... Der Herr hält aufrecht die Elenden" (Psalm 147,3.6).

Tägliche Bibellese 5. Mose 9,18-29 · Matthäus 24,1-14

20

Mittwoch
März

Diese sind es, die auf die gute Erde gesät sind, die das Wort hören und aufnehmen und Frucht bringen: eins dreißig- und eins sechzig- und eins hundertfach.

Markus 4,20

Vier Ackerböden

Das Bild vom Sämann und den vier Ackerböden gehört zu den bekanntesten Gleichnissen, die Jesus erzählt hat. Der Sämann steht für den Herrn Jesus Christus, der das Evangelium, das Wort Gottes, „ausstreut". Nun kommt es darauf an, ob der ausgestreute Same auf guten Herzensboden fällt. Das Gleichnis stellt uns vor die wichtige Frage: Wie ist unser Herz beschaffen? Welchem Ackerboden gleicht es?

Der erste Ackerboden ist ein festgetretener Weg, wo von dem Gesäten gar nichts bleibt. Er symbolisiert Menschen, die sich einfach weigern, der Botschaft der Bibel aufmerksam zuzuhören.

Der zweite Boden ist steinig. Manche haben Freude daran, das Evangelium zu hören, aber es dringt nicht in die Tiefe ein, und sehr schnell verschwindet sein Einfluss wieder.

Der dritte Boden ist von Dornen überwuchert. Die Botschaft von Christus wird zwar zunächst positiv aufgenommen, aber die vielfältigen Aktivitäten des Lebens hindern das Wort Gottes, sein Werk in uns zu tun und uns zum Guten zu verändern.

Nur der vierte Ackerboden ist fruchtbar. Hier ist der „Herzensboden" vorbereitet, damit er die „Saat" aufnehmen kann: Diese Menschen hören Gottes Wort, nehmen es auf und bewahren es im Herzen. So kann der Same des Evangeliums tief eindringen, Wurzeln schlagen und bis zur Reife wachsen.

Die Frage an jeden von uns ist also: Wie nehme ich das Wort Gottes auf? Mit „einem redlichen und guten Herzen"? (Lukas 8,15). Darauf kommt es an! Dann gibt Gott das Wachstum – zu seiner Ehre und zu meiner Freude.

21 Donnerstag
März

SA 06:22 · SU 18:35
MA 14:26 · MU 05:33

Jesus sprach: Wahrlich, ich sage euch, wenn ihr nicht umkehrt und werdet wie die Kinder, so werdet ihr nicht in das Reich der Himmel eingehen.

Matthäus 18,3

Darum sage ich euch: Alles, um was ihr betet und bittet – glaubt, dass ihr es empfangt, und es wird euch werden.

Markus 11,24

Wie Kinder vertrauen

Ein schönes Beispiel für kindliches Gottvertrauen erlebte einmal Abigail Townsend, als sie sich bei Georg Müller, dem Waisenvater von Bristol, aufhielt.

„Ich wünschte, Gott würde meine Gebete so erhören wie deine", seufzte die kleine Abigail.

„Er wird es, Abbie", versprach Müller, „Gott kennt dich ganz genau und gibt dir gerne, was gut für dich ist. Er sagt uns doch zu: ‚Alles, um was ihr betet und bittet – glaubt, dass ihr es empfangt, und es wird euch werden.' – Nun, Abbie", fragte er dann, „was ist dein Wunsch, um den du Gott bitten möchtest?"

„Etwas Wolle", verriet das Kind. Müller faltete ihre kleinen Hände zusammen und sagte: „Sprich mir nach: ‚Bitte, Gott, schick Abbie etwas Wolle.'"

„Bitte, Gott, schick Abbie etwas Wolle", wiederholte das Mädchen und rannte in den Garten, um zu spielen. Sie war ganz sicher, dass die Wolle kommen würde. Da fiel ihr ein, dass sie vergessen hatte, Gott zu sagen, welche Wolle sie gern hätte. Schnell lief sie zurück zu Müller: „Ich möchte noch einmal beten." – „Nicht jetzt, ich bin beschäftigt." – „Aber ich habe vergessen, Gott zu sagen, welche Wolle ich haben möchte." – „Das stimmt", sagte Müller, „dann sag es Gott." – „Bitte, Gott, gib mir bunte Wolle", betete Abigail.

Am nächsten Morgen kam ein Päckchen für Abigail an, das eine Menge bunte Wolle enthielt. Ihre Sonntagsschullehrerin hatte sich erinnert, dass Abigail bald Geburtstag hatte, nur wusste sie das genaue Datum nicht. Weil sie wusste, dass das Kind gern strickte, hatte sie ihr die Wolle geschickt. Es war nicht Abbies Geburtstag – aber für Gott war es der richtige Tag, um ihr zu zeigen, dass Er Gebete hört und erhört.

Tägliche Bibellese 5. Mose 10,12-22 · Matthäus 24,29-36

22 **Freitag**
März

SA 06:20 · SU 18:37
MA 15:38 · MU 05:49

Gott ist einer, und einer ist Mittler zwischen Gott und Menschen, der Mensch Christus Jesus, der sich selbst gab als Lösegeld für alle.

1. Timotheus 2,5.6

Sühnung – Christus hat bezahlt

Wenn Gott Menschen segnen will, dann hat Er alle im Blick. Er ist ein Retter-Gott, „der will, dass alle Menschen errettet werden und zur Erkenntnis der Wahrheit kommen" (1. Timotheus 2,3.4). Deshalb bietet Er allen Menschen seine Gnade an. Das kann Er deshalb tun, weil Jesus die Sühnung für die ganze Welt geworden ist, das heißt, Er hat für alle Menschen das Lösegeld bezahlt. Dafür musste er leiden und sterben, damit Gottes gerechte Ansprüche im Blick auf die Sünde erfüllt wurden.

Doch leider kommen nicht alle Menschen in den Genuss dieses Segens Gottes. Warum nicht?

Weil man dieses Werk persönlich annehmen muss. Dazu ein Beispiel:

Stell dir vor, du bist mit Freunden im Restaurant. Am Ende kommt der Kellner mit der Rechnung. Weil du alle einladen möchtest, sagst du zu ihm: „Ich bezahle für alle", und legst die passende Summe auf den Tisch. Einige deiner Freunde protestieren. Warum auch immer – sie wollen nicht, dass du für sie zahlst. Deshalb bezahlen sie selbst. Andere nehmen deine Einladung an und bedanken sich.

Dieser Vergleich hinkt natürlich, denn wenn es um die Sünde geht, kann kein Mensch Gott irgendetwas zahlen. Doch worauf es uns bei diesem Vergleich ankommt: Dein Geld reicht aus, um für alle die Rechnung zu bezahlen. *Obwohl dein Angebot für alle gilt, nehmen es aber nicht alle an. Tatsächlich kommt es nur denen zugute, die es auch annehmen*. Sie können sagen: „Meine Rechnung ist bezahlt worden."

Ebenso verhält es sich mit dem Sühnetod Jesu am Kreuz von Golgatha: Er kommt nur denen zugute, die ihn persönlich in Anspruch nehmen.

23 Samstag
März

*Der HERR hat alle seine Knechte,
die Propheten, zu euch gesandt, früh sich
aufmachend und sendend; aber ihr habt nicht
gehört und habt eure Ohren nicht geneigt,
um zu hören.*

Jeremia 25,4

Eine ignorierte Warnung

Bereits seit zwei Tagen wütet der Sturm auf der Karibikinsel. Straßen sind blockiert oder überflutet, Dächer abgedeckt, überall liegen Trümmer.

Langsam schiebt sich ein Auto durch den Regen, der fast alle Sicht verdeckt. Es folgt den Rücklichtern eines anderen Autos. Doch als der erste Wagen über eine Brücke fährt, verschwinden die Lichter plötzlich. Der Fahrer des nachfolgenden Wagens stoppt und steigt aus. Entsetzt muss er feststellen, dass der mittlere Teil der Brücke verschwunden ist: Das vorausfahrende Auto ist in den Fluss gestürzt.

Schnell wendet er seinen Wagen und blockiert die Straße. Dann steigt er aus, um zu warnen. Er winkt mit den Armen und schreit – doch zu seinem Entsetzen hält das nächste Fahrzeug nicht an. Offenbar aus Angst vor einem Hinterhalt gibt der Fahrer Gas, umkurvt das Hindernis – und stürzt in den Fluss. Weitere Scheinwerfer kommen auf ihn zu. Wieder versucht er, die Katastrophe zu verhindern. Und wieder muss er mitansehen, wie man seine Warnung ignoriert. Bevor die Behörden die Brücke vollständig sperren können, haben 29 Menschen das Hindernis umfahren und sind in den Tod gestürzt. Eine Katastrophe!

Warum hielten die Autofahrer nicht an? Aus Angst, Eile oder Gleichgültigkeit? ... Warum hörte das Volk Israel nicht, als Gott durch Propheten zu ihnen redete? ... Und wie ist es heute? Gott redet immer noch zu den Menschen, spricht durch Christen, Flyer, Plakate ... Krankheiten und Unfälle. Er warnt, weil Er die Menschen vor dem ewigen Tod retten, sie zurückreißen möchte „vom Rennen ins Geschoss" (Hiob 33,18). Ignoriert man Ihn immer noch – oder hört man auf Ihn?

24 Sonntag
März

SA 06:15 · SU 18:40
MA 17:57 · MU 06:12

Und er ging von dort weg und kommt in seine Vaterstadt, und seine Jünger folgen ihm. Und als es Sabbat geworden war, fing er an, in der Synagoge zu lehren; und viele, die zuhörten, erstaunten und sprachen: Woher hat dieser das alles, und was ist das für eine Weisheit, die diesem gegeben ist, und solche Wunderwerke geschehen durch seine Hände? Ist dieser nicht der Zimmermann, der Sohn der Maria und ein Bruder von Jakobus und Joses und Judas und Simon? Und sind nicht seine Schwestern hier bei uns? Und sie nahmen Anstoß an ihm.

Markus 6,1-3

Gedanken zum Markus-Evangelium

Jesus durchzieht viele Städte und Dörfer, um Menschen von ihren Krankheiten zu heilen, Dämonen auszutreiben – kurz: um ihnen wohlzutun. Doch der wichtigste Bereich seines Dienstes ist die Verkündigung des Wortes Gottes. Denn allein das Wort Gottes kann Herzen verändern und bringt Menschen in Beziehung zu Gott.

Jesus kommt mit seinen Jüngern nach Nazareth und lehrt in der Synagoge. Es ist nicht das erste Mal, dass Er dort predigt. Es ist auch nicht das erste Mal, dass die Zuhörer von seiner Weisheit und seinen übernatürlichen Kräften beeindruckt sind. Doch dieses Mal drücken sie ihr Unverständnis aus: Sie sehen einen unerklärlichen Widerspruch zwischen der Herkunft Jesu und seinen außergewöhnlichen Worten und Taten. Seine Mutter, Brüder, Schwestern – sie alle sind ihnen als „normale" Menschen bekannt. Warum sollte Jesus etwas Besonderes sein?

Wer in Jesus lediglich einen guten Menschen sieht, kommt zu falschen Schlussfolgerungen. Jesus ist mehr: Er ist Gott und Mensch in einer Person. Wer diese Tatsache glaubt, fühlt sich zu Ihm hingezogen; für den lösen sich alle Widersprüche und er hat teil an der Vortrefflichkeit Jesu. Wer sie ablehnt, für den ist Jesus „ein Stein des Anstoßes und ein Fels des Ärgernisses" (1. Petrus 2,7.8).

Tägliche Bibellese 5. Mose 12,1-19 · Matthäus 25,14-30

25 **Montag**
März

SA 06:13 · SU 18:42
MA 19:06 · MU 06:22

Gott spricht: Ich werde dich nicht vergessen.

Jesaja 49,15

Mich aber hast du vergessen, spricht der Herr,
HERR.

Hesekiel 22,12

„Gott hat mich vergessen"

Die älteste Einwohnerin des Ortes feiert ihren 104. Geburtstag. Während einer kleinen Festlichkeit gratuliert auch ein Journalist und fragt, wie sie sich denn ihr hohes Alter erkläre. „Gott hat mich auf der Erde vergessen", antwortet sie.

Ob man das nun amüsant findet oder bitter, die Antwort scheint zu zeigen, dass die alte Dame den allmächtigen Gott, den Schöpfer des Himmels und der Erde, kaum kennt. Sie ist sich nicht darüber im Klaren, dass Er keines seiner Geschöpfe aus den Augen verliert.

In seinem Wort, der Bibel, stellt sich der lebendige Gott nämlich als der Allwissende vor, der alles sieht und dem jeder verantwortlich ist: „Der HERR blickt von den Himmeln herab, er sieht alle Menschenkinder. Von der Stätte seiner Wohnung schaut er auf alle Bewohner der Erde, er, der ihrer aller Herz bildet, der auf alle ihre Werke achtet" (Psalm 33,13-15). Gott ist es auch, der den Zeitpunkt festlegt, wann ihr Leben auf der Erde zu Ende gehen soll.

Aber die eigentliche Frage für uns lautet: Sind wir es etwa, die Gott vergessen? Er fordert uns auf, an unseren Schöpfer zu denken, und zwar von Jugend an, weil wir Ihm einmal über unser ganzes Leben Rechenschaft geben müssen (Prediger 11,9; 12,1; Römer 14,12). Doch zugleich bietet Er uns seine Gnade an, damit wir keine Strafe zu fürchten brauchen. Er hat seinen Sohn Jesus Christus gegeben, um uns davon zu befreien.

Nein, Gott vergisst uns nicht. – Aber wir, vielleicht haben wir Ihn vergessen!

26

Dienstag
März

SA 06:11 · SU 18:44
MA 20:16 · MU 06:32

*Weil ich dir dies tun will, so schicke dich an,
deinem Gott zu begegnen!*

Amos 4,12

Im Angesicht des Todes

Als amerikanischer Soldat war ich in Vietnam und
sah dort oft dem Tod ins Auge. Einmal lag ich mit
zwei weiteren Soldaten in einem Bunker. Dort
gab es ein Feldbett, ein Maschinengewehr und
ein Telefon – aber keine Tür, sondern nur eine
Öffnung auf der Rückseite.

Der für die Wache zuständige Offizier durfte
den Bunker nur betreten, wenn er uns vorher an-
rief. Eines Nachts – es war stockfinster – hörten
wir draußen Schritte. Jemand war hinter unserem
Bunker. Das konnte nur der Feind sein, der sich
angeschlichen hatte. Ich wusste: Wenn ich jetzt
nicht schnell war, war ich ein toter Mann. Ich riss
mein Gewehr herum, um zu schießen – doch es

hatte Ladehemmung. Wer dann den Bunker betrat, war der Offizier. Er war gekommen, um unseren Wachposten zu überprüfen, aber er hatte vergessen, uns vorher anzurufen.

Zwei Bibelverse kommen mir immer in den Sinn, wenn ich an diese Nacht zurückdenke. Die eine betrifft den Offizier, dessen Nachlässigkeit ihn fast das Leben gekostet hätte: „Wie werden wir entfliehen, wenn wir eine so große Errettung vernachlässigen?" (Hebräer 2,3). Wenn Menschen heute die Errettung unbeachtet lassen, die ihnen durch Jesus Christus angeboten wird, dann kostet es sie ihre Seele.

Die andere Bibelstelle betrifft mich. Es ist der heutige Bibelvers: „Schicke dich an, deinem Gott zu begegnen!" Wenn die Schritte damals dem Feind gehört hätten, dann könnte ich das heute nicht schreiben, dann wäre ich tot. Aber dann wäre ich auch ewig verloren, denn damals war ich noch weit weg von Gott. Doch – Gott sei Dank – heute ist Jesus Christus mein Erretter, und ich freue mich, Ihm einmal zu begegnen und Ihn zu sehen, wie Er ist (1. Johannes 3,2).

27 Mittwoch
März

SA 06:08 · SU 18:45
MA 21:29 · MU 06:43

Jesus spricht zu ihm: Die Füchse haben Höhlen und die Vögel des Himmels Nester, aber der Sohn des Menschen hat nicht, wo er das Haupt hinlege.

Matthäus 8,20

Erwartungen an Jesus

Die große Volksmenge, von der Jesus sich gerade löst, um mit dem Boot ans andere Ufer des Sees überzusetzen, hat nur ein oberflächliches Interesse an Ihm. Aber dann kommt ein Schriftgelehrter, der zu Ihm sagt: „Lehrer, ich will dir nachfolgen, wohin irgend du gehst" (V.19). – Das klingt gut, oder? Und vielleicht erwarten wir eine positive Antwort des Herrn. Doch die Antwort Jesu fordert den Schriftgelehrten zum Nachdenken auf. Ist er vielleicht mit ganz verkehrten Erwartungen zu Jesus gekommen? Der Herr sagt ihm gleichsam: Wenn du mir überallhin folgen willst, dann bedenke zuvor, was ich dir hier auf der Erde zu bieten habe.

Christus verspricht seinen Jüngern keinen Wohlstand und kein Ansehen in dieser Welt. Er selbst würde ja von seinem eigenen Volk verworfen werden und ans Kreuz gehen. Und dann würde Er in den Himmel zurückkehren.

Was hatte der Schriftgelehrte erwartet? Hatte er erkannt, dass Jesus der verheißene Messias war? Strebte er einen hervorragenden Platz in dessen Reich an? Doch die Herrschaft Jesu in Macht war noch nicht angebrochen. Sein Reich war „nicht von dieser Welt" (Johannes 18,36). – Wollte dieser Mann dem Herrn nun immer noch folgen? Offenbar nicht; wir lesen nichts mehr von ihm. Anscheinend war er nicht bereit, seine Erwartungen und Lebenspläne für Jesus aufzugeben.

Noch immer verheißt Jesus Christus uns keine glänzenden Aussichten in dieser Welt. Doch was Er uns anbietet, ist so wertvoll, dass jeder Ihm folgen sollte. Er ruft uns mit den Worten: „Kommt her zu mir, alle ihr Mühseligen und Beladenen, und ich werde euch Ruhe geben." Und Er will uns in allen Umständen des Lebens nahe sein und uns helfen (Matthäus 11,28; 28,20). Hinzu kommt die glänzende Aussicht auf das Jenseits: in Gottes ewiger Herrlichkeit zu sein.

Tägliche Bibellese 5. Mose 14,1-21 · Matthäus 26,17-30

28 Donnerstag
März

SA 06:06 · SU 18:47
MA 22:43 · MU 06:57

So wird mein Wort sein, das aus meinem Mund hervorgeht: Es wird nicht leer zu mir zurückkehren, sondern es wird ausrichten, was mir gefällt, und durchführen, wozu ich es gesandt habe.

Jesaja 55,11

Es war keine Brieftasche!

Bei einer Evangelisation erzählten verschiedene Anwesende, was Christus in ihrem Leben getan hatte. Einer von ihnen zog ein Neues Testament aus der Tasche und gab folgenden, sicher nicht alltäglichen Bericht:

„Ich war ein Taschendieb. In meinem Umfeld rühmte man meine Fingerfertigkeit. Eines Tages fiel mir die Hosentasche eines Mannes auf, der vor mir herging: Sie erschien mir ungewöhnlich prall. Ich witterte ein gutes Geschäft: eine dicke Brieftasche. Im Handumdrehen hatte ich sie entwendet. Zu Hause fand ich dann zu meiner großen Enttäuschung, dass die vermeintliche Brieftasche ein Buch war. Verärgert warf ich es in eine Ecke. Einige Zeit später aber kam es mir beim Aufräumen wieder unter die Augen. Aus Neugier begann ich, darin zu lesen. Mein Interesse nahm von Tag zu Tag zu, und bald lernte ich durch dieses Neue Testament den Erretter Jesus Christus kennen."

Wie erstaunlich ist doch Gottes Führung, und welche Kraft liegt in seinem Wort! Wenn man alle Berichte über außergewöhnliche Bekehrungserlebnisse zusammenstellen wollte, würde es eine Sammlung von echten Abenteuergeschichten werden. Manche Begebenheiten, manche radikalen Wandlungen wollen uns nüchternen Menschen übertrieben erscheinen. Aber wer es erlebt hat, weiß es besser!

„Wie du nicht weißt, welches der Weg des Windes ist ..., ebenso weißt du das Werk Gottes nicht, der alles wirkt" (Prediger 11,5).

29

Freitag
März
Karfreitag

SA 06:04 · SU 18:48
MA 00:00 · MU 07:14

Christus hat einmal für Sünden gelitten, der Gerechte für die Ungerechten, damit er uns zu Gott führe.

1. Petrus 3,18

Jesus Christus, der Gerechte

Der Apostel Petrus schreibt, dass Jesus „keine Sünde tat": Weder in dem, was Er dachte, noch in dem, was Er tat, sündigte Er. – Der Apostel Paulus schreibt, dass Jesus „Sünde nicht kannte": Er hatte keinerlei Neigung zur Sünde. – Und der Apostel Johannes schreibt: „Sünde ist nicht in ihm": Jesus beging nicht nur keine Sünde, noch berührte Ihn eine Sünde; nein, Er war in sich selbst ohne die geringste Sünde. (1. Petrus 2,22; 2. Korinther 5,21; 1. Johannes 3,5).

Zu welchem Urteil kamen nun Menschen, die nicht seine Freunde waren?

• Der Verbrecher, der neben Ihm gekreuzigt war, stellte fest: „Wir empfangen, was unsere

Taten wert sind; dieser aber hat nichts Ungeziemendes getan" (Lukas 23,41).

- Judas verriet und verkaufte seinen Herrn und Meister. Später räumte er ein: „Ich habe gesündigt, indem ich schuldloses Blut überliefert habe" (Matthäus 27,4).
- Pilatus, der römische Statthalter und Richter, bekräftigte mehrmals die Unschuld Jesu: „Ich finde keine Schuld an diesem Menschen", „Ich habe an diesem Menschen keine Schuld gefunden in den Dingen, derer ihr ihn anklagt", „Nichts Todeswürdiges ist von ihm getan worden" und „Ich habe keine Todesschuld an ihm gefunden" (Lukas 23,4.14.15.22).
- Und der Hauptmann, der die Kreuzigung vollstreckte, bekannte: „Wahrhaftig, dieser Mensch war gerecht" (Lukas 23,47).

Alle diese Männer wussten genau zu unterscheiden zwischen Schuld und Unschuld, zwischen Recht und Unrecht – und sie bestätigten, dass der Verurteilte gerecht war. Jesus Christus, der Gerechte, starb für Ungerechte, für Schuldig-gewordene, starb für Sie und mich. Weil Er uns zu Gott führen wollte.

30 Samstag
März

Jesus hat Frieden gemacht durch das Blut seines Kreuzes.

Kolosser 1,20

Er ist unser Friede.

Epheser 2,14

Da wir nun gerechtfertigt worden sind aus Glauben, so haben wir Frieden mit Gott durch unseren Herrn Jesus Christus.

Römer 5,1

Frieden gemacht

Diese Verse bringen uns rund 2.000 Jahre zurück. Der geöffnete Vorhang gibt den Blick auf einen Schauplatz frei, der vor Emotionen nur so kocht: eine Kreuzigung. Hass ist zum Greifen nah, Spott, verachtendes Gelächter, eine aufgewiegelte Menge. Der Richter hatte mehrfach die Unschuld des hier Gekreuzigten betont und damit die grölende Masse nur noch weiter

aufgewiegelt. Aufgefordert durch ein ohrenbe-
täubendes „Kreuzige ihn!" hatte er den Angeklagten schlussendlich doch zum Tod verurteilt. Und
nun hing Jesus am Kreuz, verleugnet, verraten,
verurteilt. Das Ende eines kurzen Lebens.

Wirklich? Gott sei Dank nicht. Mit Blick auf diesen furchtbaren Schauplatz wird die Menschheit
gleichzeitig Zeuge der größten Friedensbewe-
gung, die jemals stattgefunden hat. Denn ER –
Jesus Christus – hat Frieden gemacht durch das
Blut seines Kreuzes. An anderer Stelle macht die
Bibel deutlich: „Die Strafe zu unserem Frieden lag
auf ihm, und durch seine Striemen ist uns Heilung geworden" (Jesaja 53,5).

Das Ende eines kurzen Lebens? Auf gar keinen
Fall, ganz im Gegenteil! Es ist der Anfang. Der
notwendige Anfang für jeden, der endlich Frieden
haben möchte, Frieden mit Gott. Genau hier, am
Kreuz von Jesus Christus, gibt es für jeden, der
seine Sünden Gott bekennt, einen neuen Anfang.
Heute ist ein guter Tag für einen Neubeginn.

31 Sonntag
März
Ostern

SA 07:00 · SU 19:52
MA 02:15 · MU 09:13

Christus ist für unsere Sünden gestorben,
wurde begraben und ist auferweckt worden
am dritten Tag nach den Schriften.

1. Korinther 15,3.4

Jesus ist auferstanden!

In der Morgendämmerung eines Sonntags vor fast 2000 Jahren fand ein großartiges Ereignis statt. Was war geschehen? Zwei Tage zuvor hatte man den völlig schuldlosen Jesus von Nazareth an einem Kreuz hingerichtet. Noch am Abend desselben Tages hatten Ihn zwei seiner Jünger in einer Felsengruft beerdigt, bevor der Sabbat begann, der Ruhetag der Juden und unser heutiger Samstag. Mehrere römische Soldaten bewachten das Grab.

Sonntagfrüh, kurz nach Mitternacht, geschah es dann: Jesus Christus stand aus den Toten auf! Als ersten Beweis davon bewirkte Gott ein großes Erdbeben. Dann sandte Er einen Engel, der den schweren Stein vor der Gruft wegwälzte. So konnte jeder sehen, dass das Grab leer war! Die Soldaten zitterten vor Angst und waren völlig machtlos. Die Auferstehung des Herrn Jesus konnten sie nicht verhindern – aber sie waren Zeugen davon.

Ein neuer Tag für die Menschheit brach an – der Ausgangspunkt für das Evangelium der Gnade Gottes. Jesus hatte es vorausgesagt: „Ich bin die Auferstehung und das Leben; wer an mich glaubt, wird leben, auch wenn er stirbt" (Johannes 11,25). Dieser rettende Glaube an Ihn besteht nicht nur darin, daran zu glauben, dass sein Leben auf der Erde vollkommen und sündlos war. Er umfasst auch mehr, als an sein Sterben am Kreuz zu glauben. Zum rettenden Glauben gehört der Glaube an seine Auferstehung. Wäre Jesus nicht auferstanden, wäre der Glaube sinnlos. Er wäre ebenso nutzlos wie der Glaube an irgendeinen Religionsstifter. Keiner von ihnen kann uns helfen, da sie alle tot sind. Aber Jesus lebt – Er hat den Tod besiegt und gibt denen, die an Ihn glauben, das ewige Leben!

1

Montag
April

Ostermontag

SA 06:57 · SU 19:53
MA 03:23 · MU 10:02

Ich fahre auf zu meinem Vater und eurem Vater und meinem Gott und eurem Gott.

Johannes 20,17

Gott hat den Geist seines Sohnes in unsere Herzen gesandt, der da ruft: Abba, Vater!

Galater 4,6

Eine einmalige Beziehung

Jesus Christus stirbt am Kreuz, wird in ein Grab gelegt und steht am dritten Tag wieder aus den Toten auf. Als Maria Magdalene, „von der er sieben Dämonen ausgetrieben hatte", frühmorgens zur Gruft kommt, sieht sie den Stein weggewälzt. Sie weint, weil sie meint, jemand habe ihren Herrn weggenommen. Da erscheint Jesus ihr und gibt ihr den Auftrag: „Geh hin zu meinen Brüdern und sprich zu ihnen: Ich fahre auf zu meinem Vater und eurem Vater und meinem Gott und eurem Gott" (Johannes 20,1-17; Markus 16,9).

GUTSCHEIN

Die Bibel sagt von sich selbst, dass sie das Wort Gottes ist. Das macht sie zu einem einmaligen Buch. Sie zeigt uns den Ursprung und das Ziel der Schöpfung und wie Gott uns Menschen sieht. **Das Zentrum ihrer Botschaft ist Jesus Christus, in dem Gott allen Menschen Erlösung und ewiges Leben anbietet.** Darüber hinaus enthält die Bibel alles, was wir brauchen, um ein sinnerfülltes Leben zu führen.

Wenn Sie das Wort Gottes noch nicht persönlich besitzen, schicken wir Ihnen gern **kostenlos** den zweiten Teil der Bibel, das Neue Testament, zu. Senden Sie uns dazu bitte die ausgefüllte Postkarte zu oder schicken Sie eine Mail mit Ihrer vollständigen Anschrift an:

bibelgratis@csv-verlag.de

**Christliche
Schriftenverbreitung**

An der Schloßfabrik 30

42499 Hückeswagen

Deutschland

Adresse des Bestellers
(Bitte gut lesbar in Druckschrift ausfüllen)

Vorname, Name

Straße, Haus-Nr.

PLZ, Ort

Kunden-Nr. (wenn vorhanden)

Unterschrift

Die Juden kannten Gott als Vater, als Schöpfer und Beschützer, als Ursprung von allem. Doch kein Jude sprach von Ihm als „seinem Vater". Ein Christ, der Jesus Christus angenommen und so das Recht erworben hat, Kind Gottes zu werden, darf den großen Schöpfer-Gott als Vater anreden. Er darf wissen, dass der Vater des Herrn Jesus jetzt auch sein Vater ist, darf durch den Heiligen Geist nun „Abba, Vater" sagen.

Eine so enge Beziehung zwischen Gott und Mensch ist einmalig in der Welt: Im Islam ist Allah letztlich ein unnahbarer, ferner Gott. Und im Hinduismus und Buddhismus kennt man noch nicht einmal einen persönlichen Gott.

Doch nur derjenige darf Gott seinen Vater nennen, der durch Jesus Christus eine persönliche Beziehung zu Ihm hat; der weiß, dass Gott nicht nur ein Vater, sondern sein Vater ist. Dieser himmlische Vater liebt seine Kinder mit der gleichen Liebe, mit der Er auch seinen Sohn Jesus Christus liebt. Unvorstellbar – aber wahr! (1. Johannes 1,3; Johannes 16,27; 17,26)

2 Dienstag
April

SA 06:55 · SU 19:55
MA 04:18 · MU 11:08

Jesus aber sprach zu ihnen: Werft das Netz auf der rechten Seite des Schiffes aus, und ihr werdet finden.

Johannes 21,6

Gott ist allmächtig

Einige Jünger des Herrn Jesus sind auf den See Genezareth hinausgefahren und haben gefischt. Eine ganze Nacht lang. Doch sie haben nichts gefangen. Als sie müde und enttäuscht zurückfahren, steht ein Unbekannter am Ufer. Er gibt ihnen den ungewöhnlichen Rat: „Werft das Netz auf der rechten Seite des Schiffes aus." Doch damit nicht genug. Er verspricht ihnen, dass sie auf diese Weise Erfolg haben werden. Ohne Zweifel eine starke Zumutung für die Fachleute!

Sie folgen der merkwürdigen Aufforderung des Fremden und machen damit den Fischzug ihres Lebens! Das ist natürlich keine nette

Legende – die Bibel erzählt keine unverbindlichen Geschichten –, sondern eine ganz besondere Erfahrung mit Gott. Plötzlich erfassen die Jünger die Situation: Der Mann am Ufer kann nur ihr auferstandener Herr sein!

Sie – und damit auch wir – lernen aus dieser Begebenheit: Jesus Christus ist nicht nur ein gestorbener und wieder auferstandener Mensch, Er ist auch Gott, der Allmächtige. Und weil Er allmächtig ist, steht der, der glaubt, immer auf der Seite des Siegers. Mit dem Sohn Gottes ist der Christ stets „in der Übermacht". Und weil Gott allmächtig ist, können die, die sich Ihm anvertrauen, auch heute nie zu viel von Ihm erwarten.

Ja, Gott ist allmächtig. Darum hat der, der glaubt, einen mächtigen Trost. Denn Christus hat die Kraft, ihm in jeder Situation des Lebens beizustehen. In seiner Liebe wird Er genau das auch tun. Er verheißt: „Ich will dich *nicht* versäumen und dich *nicht* verlassen." Deshalb kann der Glaubende voller Zuversicht sagen: „Der Herr ist mein Helfer, und ich will mich nicht fürchten; was wird mir ein Mensch tun?" (Hebräer 13,5.6).

3 Mittwoch
April

Treu ist er, der euch ruft; er wird es auch tun.

1. Thessalonicher 5,24

Zielgarantie

Der Flughafen Frankfurt-Hahn galt eine Zeit lang als der am schnellsten wachsende Flughafen in Deutschland. Große Mengen von Luftfracht und mehrere Millionen Fluggäste, vor allem von Billig-Airlines, wurden hier abgefertigt.

Der ehemalige US-Militärflughafen liegt in Rheinland-Pfalz etwa 120 Kilometer westlich von Frankfurt am Main. Dieser Umstand wird sicher manchen Passagier unangenehm überrascht haben: Er hatte seine Reise mit dem Ziel Frankfurt-Hahn angetreten und musste dann bei der Ankunft feststellen: Ich befinde mich gar nicht in der Nähe der Weltstadt, sondern im „Niemandsland", auf einer Hochfläche im Mittelgebirge. Nicht einmal eine Bahn-Anbindung ist vorhanden; für den Transit nach Frankfurt werden Fernbusse eingesetzt. Es müssen clevere Manager gewesen sein, die dem Flughafen den Namen „Frankfurt-Hahn" gegeben haben. Doch das Konzept hat sich auf Dauer nicht durchgesetzt. Im Oktober 2021 meldete die Betreibergesellschaft des Flughafens Insolvenz an.

Wie gut, dass Gott uns in seinem Wort niemals auf eine falsche Fährte lockt. Er will, dass wir auf unserer Lebensreise das wunderbare Ziel erreichen. Gemeint ist der Himmel, der Wohnort Gottes. Jeder, der durch den lebendigen Glauben an Jesus Christus gerettet ist, hat eine Zielgarantie: Er wird einmal dort sein, wo Jesus Christus jetzt schon ist.

Christus, der Sohn Gottes, ist vom Tod auferstanden und in den Himmel zurückgekehrt. Das garantiert allen, die ihr Vertrauen auf Ihn setzen, ebenfalls die sichere Ankunft am Ziel, in der Herrlichkeit Gottes. Ja, wer Ihm vertraut und dieses Ziel ansteuert, wird nicht im Niemandsland ankommen!

4 **Donnerstag**
April

Ein gewisser Gläubiger hatte zwei Schuldner; der eine schuldete fünfhundert Denare, der andere aber fünfzig; da sie aber nichts hatten, um zu bezahlen, schenkte er es beiden. Wer nun von ihnen wird ihn am meisten lieben?

Lukas 7,41.42

Zwei Schuldner

Jesus ist bei dem Pharisäer Simon zum Abendessen eingeladen. Dieser ahnt nicht, dass er den Sohn Gottes zu Gast hat! Der Pharisäer ist zwar ein religiöser Mann, aber in seinen Augen ist Jesus nur ein Wanderprediger auf der Durchreise. So erweist er ihm nicht einmal die üblichen Höflichkeiten. Dass Jesus ein Prophet sein könnte, schließt Simon rasch aus, als er sieht, wie Jesus sich gegenüber einer Frau mit schlechtem Ruf verhält.

Was tut diese Frau? Als sie hört, dass Jesus bei Simon zu Gast sei, tritt sie ebenfalls ins Haus ein.

Sie erkennt in Jesus den Retter der Sünder und drückt ihren Glauben durch eine bewegende Handlung aus: Sie weint über den Füßen Jesu, trocknet sie mit ihrem langen Haar, küsst sie und salbt sie zum Schluss.

Wie reagiert Jesus darauf? Er erkennt, dass Simon in seinem Herzen die Frau verachtet – ja, Jesus kennt unsere Gedanken! –, und sagt zu ihm: „Simon, ich habe dir etwas zu sagen." Dann erzählt Jesus das Gleichnis eines Gläubigers, der zwei Schuldner hat. Der eine schuldet ihm 500 Denare, der andere 50. Beiden wird die Schuld erlassen. „Wer nun von ihnen wird den Gläubiger am meisten lieben?", fragt Jesus ihn. Simon antwortet richtig: „Ich meine, der, dem er das meiste geschenkt hat" (V. 43).

Damit deckt Jesus das Übel des Pharisäers auf: Er fühlt sich besser als die „Sünderin", wie er die Frau bezeichnet, und ist sich selbst keiner Schuld bewusst. Die Frau dagegen hat ihre Schuld eingestanden, bereut sie tief und sieht in Jesus den Erlöser. Zu Ihm fühlt sie sich ganz hingezogen.

Der Herr versichert der Frau seine Gnade: „Deine Sünden sind vergeben ... Dein Glaube hat dich gerettet."

5 Freitag April

Der Sohn Gottes trägt alle Dinge durch das Wort seiner Macht.

Nach Hebräer 1,3

Er trägt alle Dinge

„Das ist schwer wie Blei! Das klebt ja förmlich am Boden!" – Wenn wir schwere Gegenstände tragen oder heben müssen, kommen wir leicht an unsere Grenzen und benötigen Hilfsmittel. Das fängt beim Lifter oder Wagenheber an und hört beim Spezialkran für tonnenschwere Lasten auf. Vielleicht haben wir schon einmal gesehen, wie ein Containerschiff entladen wird, und über die riesigen Verladekrane im Hafen gestaunt. – Was haben Menschen schon alles erfunden, um Lasten zu tragen!

Weitaus bewundernswerter ist, dass der Sohn Gottes „alle Dinge durch das Wort seiner Macht trägt". Die Bibel stellt Gott nicht nur als Schöpfergott vor, sondern auch als den Erhalter der ganzen

Schöpfung. Gott hat die Naturgesetze geschaffen und sorgt ununterbrochen dafür, dass „alle Dinge" erhalten bleiben: „Alle Dinge bestehen durch ihn" (Kolosser 1,17).

Bei dieser göttlichen Erhaltermacht denken wir an die Bewegungen der Himmelskörper im Weltall. Der Schöpfer hat sie so perfekt aufeinander abgestimmt, dass wir auf unserem Planeten leben können. Doch die göttliche Erhaltung umfasst noch viel mehr. Auch unser Leben selbst ist ein fortwährender Beweis dafür, dass Gott uns trägt und erhält. Jeder Vorgang in unserem Organismus ist auf die erhaltende Kraft Gottes angewiesen – ob wir uns dessen bewusst sind oder nicht.

Was für ein mächtiger Erhalter ist unser Gott im Himmel! Und wie gut zu wissen, dass ich nicht auf meine kleine Kraft vertrauen muss, sondern auf die unendliche Stärke und Macht Gottes vertrauen kann.

Befiehl du deine Wege und was dein Herze kränkt
der allertreusten Pflege des, der den Himmel lenkt.
Der Wolken, Luft und Winden gibt Wege, Lauf und Bahn,
der wird auch Wege finden, da dein Fuß gehen kann.

Paul Gerhardt (1607–1676)

6 Samstag
April

SA 06:46 · SU 20:01
MA 06:07 · MU 17:00

Wenn du mit deinem Mund Jesus als Herrn bekennst und in deinem Herzen glaubst, dass Gott ihn aus den Toten auferweckt hat, wirst du errettet werden.

Römer 10,9

Wissen reicht nicht

- Noah baute die Arche. Er kannte ihre geniale Konstruktion und bewunderte ihre gewaltige Größe. Aber das rettete ihn nicht vor den Wasserfluten, die über die Erde kamen. Dazu musste er in das Schiff steigen.
- Einem Kranken nützt es nichts, alle Anschriften von Krankenhäusern aus dem Telefonbuch abzuschreiben; davon wird er nicht gesund. Er muss in die Klinik.
- Ein Hungriger wird nicht satt, wenn er über gesunde Ernährung und tierfreundliche Haltungsformen philosophiert. Er braucht etwas zwischen die Zähne.

Etwas zu kennen, bedeutet also noch lange nicht, dass es zum Nutzen ist. Das ist ein ganz einfaches Prinzip. Doch viele weichen leider davon ab, wenn es um Jesus Christus geht. Man begnügt sich damit, anzuerkennen, dass Er gewaltige Reden führte, große Werke tat, am Kreuz starb, am dritten Tag auferstand und einmal wiederkommen wird – die Rettung vor dem Gericht Gottes erlangt man jedoch so nicht. Dazu muss man mit seiner Lebensschuld zu Jesus Christus kommen und Ihn persönlich als Retter annehmen. Das ist eine ganz bewusste, konkrete Entscheidung und keine Sache, in die man langsam hineinwächst.

Die Geschichte des Gefängnisdirektors von Philippi in Apostelgeschichte 16 illustriert das sehr deutlich. Als er den Apostel Paulus und Silas in seiner Seelennot ängstlich fragt: „Ihr Herren, was muss ich tun, um errettet zu werden?", antworten sie nicht, dass er die Lehren des Christentums studieren müsse, um sich irgendwann Christ nennen zu dürfen, sondern sie sagen: „Glaube an den Herrn Jesus, und du wirst errettet werden" (Apostelgeschichte 16,30.31). Tatsächlich ergriff dieser Mann sogleich im Glauben Jesus Christus als seinen Retter – und war gerettet!

Tägliche Bibellese 5. Mose 21,1-9 · Matthäus 28,11-20

7 Sonntag
April

Und Jesus sprach zu ihnen: Ein Prophet ist nicht ohne Ehre, außer in seiner Vaterstadt und unter seinen Verwandten und in seinem Haus. Und er konnte dort kein Wunderwerk tun, außer dass er einigen Schwachen die Hände auflegte und sie heilte. Und er verwunderte sich über ihren Unglauben. Und er zog durch die Dörfer ringsum und lehrte. Markus 6,4-6

Gedanken zum Markus-Evangelium

Die Einwohner von Nazareth haben erlebt, wie Jesus mit Weisheit und Vollmacht lehrt. Auch seine Wunderwerke können sie nicht leugnen. Dennoch lehnen sie Ihn ab und werden unwillig über Ihn, weil sie in Ihm nicht den Sohn Gottes erkennen. Für sie ist Jesus lediglich ein gewöhnlicher Mensch, so wie seine Mutter, Brüder und Schwestern auch.

Jesus Christus ist der Prophet, den bereits Mose angekündigt hat; daran besteht kein Zweifel (vgl. 5. Mose 18,15). Doch gerade diejenigen, die in der unmittelbaren Umgebung dieses einmaligen Propheten leben, halten nichts von Ihm. So erfährt der Sohn Gottes dasselbe, was die Propheten vor Ihm erlebt haben, obwohl sein Leben in jeder Hinsicht tadellos ist.

Ein Prophetenwort berührt das Gewissen der Menschen. Das ist nie angenehm, aber ein Fremder wird so ein Wort eher annehmen als jemand, der den „Prediger" gut kennt.

Der Herr ist immer bereit gewesen, den Menschen zu helfen und sie zu heilen. Wenn man Ihn allerdings ablehnt, so wie die Menschen hier, kann Er kein Wunder wirken – denn das würde nur die Sensationslust der Menschen befriedigen, sie aber nicht im Glauben weiterbringen.

Jesus verwundert sich über den Unglauben in Nazareth. Das wäre heute leider nicht anders, weil viele den Sohn Gottes ablehnen und Ihn lediglich für den „Sohn der Maria" halten. Ganz anders als in Kapernaum, wo Jesus sich über den großen Glauben eines römischen Hauptmanns wundert (Matthäus 8,5-10). Worüber würde Er sich bei uns wundern?

8 Montag
April

Nicht jeder, der zu mir sagt: „Herr, Herr!", wird in das Reich der Himmel eingehen, sondern wer den Willen meines Vaters tut, der in den Himmeln ist.

Matthäus 7,21

Eine Schülerin von Liszt

Der Komponist Franz Liszt glänzte als Klaviervirtuose in den Salons der Vornehmen. Damals wurde es in diesen Kreisen Mode, sich „Schüler oder Schülerin von Liszt" zu nennen – und nicht immer geschah das zu Recht.

Auch eine junge Pianistin, die ein Konzert in Jena gab, bezeichnete sich leichtfertig als „Schülerin von Liszt", um mehr Publikum anzulocken. Am Tag des Konzerts aber erfuhr sie zu ihrer Bestürzung, dass Liszt gerade nach Jena gekommen war.

Klopfenden Herzens eilte die Künstlerin zu dem Meister und gestand ihm ihre Lüge. Liszt vergab ihr und forderte sie auf, sich ans Klavier zu setzen und ihm das Programm des Abends vorzuspielen. Zwei volle Stunden lang korrigierte er alles, was es zu verbessern gab. Und am Schluss meinte er: „So, Kindchen, jetzt können Sie sagen, dass Sie eine Liszt-Schülerin sind."

Wer sich „Christ" nennt, drückt damit aus, dass er Christus als seinen Herrn und Meister anerkennt und sein „Schüler" oder „Jünger" ist. Vielleicht sind viele sich gar nicht über diese tiefe Bedeutung im Klaren. Wie bestürzend wäre es, wenn der Herr ihnen eines Tages sagen müsste: „Ich habe euch niemals gekannt!"

Es genügt also nicht, nur die Bezeichnung „Christ" zu tragen. Die persönliche Begegnung mit Jesus Christus ist die erste Voraussetzung. Dann aber wird man die, die Jesus Christus nachfolgen, auch daran erkennen, dass sie „den Willen ihres Vaters tun". – Noch ist Gelegenheit, von einem „Namenschristen" zu einem „echten" Christen zu werden und die Vergebung des Herrn zu empfangen.

9 Dienstag
April

Trachtet aber zuerst nach dem Reich Gottes und nach seiner Gerechtigkeit, und dies alles wird euch hinzugefügt werden.

Matthäus 6,33

Gottes Raben fliegen noch!

Pfarrer Wilhelm Busch (1897–1966) durchlebte viele schwierige Zeiten. Gerade die Weimarer Republik war eine Zeit großer Entsagung und Armut für den jungen, frisch verheirateten Pfarrer. Das lag vor allem an der rasenden Inflation. Arbeitnehmer wie Busch, die zu Beginn eines Monats ihr Gehalt bezogen, hatten darunter besonders zu leiden. Nach der Hälfte des ersten Tages war ihr Geld praktisch nichts mehr wert. Damals stiegen die Preise derart schnell, dass sogar Arbeiter, die ihren Lohn täglich bekamen, so schnell wie möglich mit ihrer Lohntüte losrennen mussten, um wenigstens etwas damit anfangen zu können.

Ein Laib Brot konnte schließlich bis zu 6 Milliarden Mark kosten.

Noch vor dieser Zeit hatte Busch gegenüber einem kritischen Verwandten zuversichtlich auf Elia hingewiesen, der von Gott durch die Raben sowohl mit Brot als auch mit Fleisch versorgt worden war (1. Könige 17). Doch nun hatten sich die Zeiten geändert und sie hatten nichts als wertloses Geld in den Händen. – Flogen Gottes Raben noch? Ja, das taten sie. Sie waren zwar weder schwarz noch kamen sie geflogen. Aber Gott benutzte die Frauen der Minenarbeiter, um die junge Familie Busch zu versorgen. Da ihre Männer täglich entlohnt wurden, hatte ihr Geld wenigstens noch etwas Kaufkraft; ganz im Gegensatz zum monatlich gezahlten Gehalt des Pastors. Dazu hatten viele dieser Arbeiterfamilien Gärten, in denen sie allerlei Gemüse anpflanzen konnten.

Interessant ist auch, wie Gott gerade diese schwierigen Umstände dazu benutzte, das Verhältnis der Bevölkerung, die der Kirche kritisch gegenüberstand, zu Pfarrer Busch zu verbessern. So konnte er eine segensreiche Arbeit beginnen.

Ja, Gottes Raben flogen damals und sie fliegen heute noch!

Tägliche Bibellese 5. Mose 23,1-26 · Galater 2,1-10

10 Mittwoch
April

SA 06:38 · SU 20:08
MA 07:08 · MU 23:02

Wenn Gott für uns ist, wer gegen uns? ...
Wer wird gegen Gottes Auserwählte Anklage
erheben? Gott ist es, der rechtfertigt; wer ist,
der verdamme?

Römer 8,31.33-34

Der Stallbursche und der König

Als der englische König Georg III. einmal die königlichen Pferdeställe besuchte, erregte einer der Stallburschen seine Aufmerksamkeit. Irgendetwas an dem Jungen gefiel dem König und er behandelte ihn sehr freundlich. Bei seinem nächsten Besuch bemerkte der König, dass der Stallbursche nicht mehr da war. Er fragte den Aufseher, was aus dem Jungen geworden sei. „Ich habe ihn entlassen", antwortete dieser. „Warum?", fragte der König. – „Er wurde erwischt, als er Hafer aus den königlichen Vorräten stahl."

Der König hatte Mitleid mit dem Jungen und befahl, ihn zu holen. Da stand nun der Stallbursche als überführter Dieb vor dem König von

England. „Junge", fragte seine Majestät, „ist das wahr, was ich über dich gehört habe?" Der Junge wagte nicht, aufzublicken. Die einzige Antwort war eine Flut von Tränen. Es gab ja nichts, womit er sich entschuldigen konnte. Der König sah, dass dem Jungen seine Sünde ernsthaft leidtat, und sagte: „Es ist schlimm, was du da getan hast. Du hast nicht nur gestohlen, sondern auch unser Vertrauen missbraucht. Aber ich vergebe dir." Dann wandte er sich an den Aufseher mit den Worten: „Stellen Sie ihn wieder ein."

Wie erleichtert war der Stallbursche, als er hörte, dass er, statt im Gefängnis zu landen, sogar seine Stelle wiederbekam. Kurz bevor seine Majestät den Hof verließ, schaute er dem Jungen noch einmal fest in die Augen und sagte für alle hörbar: „Wenn noch einer ein Wort über den Hafer verliert, dann sag es mir." Damit war die Sache nicht nur vergeben, sondern sollte auch nie mehr erwähnt werden.

So vergibt auch Gott in seiner unendlichen Gnade jedem, der in echter Reue über seine Sünde zu Ihm kommt. Und nicht nur das: Er wird nie mehr an unsere Sünden und Gesetzlosigkeiten denken (Hebräer 10,17).

Tägliche Bibellese 5. Mose 24,1-22 · Galater 2,11-21

11 Donnerstag
April

Wer sparsam sät, wird auch sparsam ernten, und wer segensreich (freigebig) sät, wird auch segensreich ernten. Ein jeder, wie er es sich im Herzen vorgenommen hat: nicht mit Verdruss oder aus Zwang, denn einen fröhlichen Geber liebt Gott.

2. Korinther 9,6.7

Geben für Gott

Erstaunlich, was in Jerusalem vor knapp 2000 Jahren geschieht, als in kurzer Zeit viele zum Glauben an Jesus Christus kommen: „Sie verkauften die Besitztümer und die Habe und verteilten sie an alle, je nachdem einer irgend Bedarf hatte" (Apostelgeschichte 2,45). Für die ersten Christen geht es nicht mehr um Rendite und Vermögensaufbau. Sie verkaufen ihr Hab und Gut und verteilen den Erlös an Bedürftige. Das tun sie freiwillig für Gott.

Geben für Gott – darüber schreibt auch der Apostel Paulus gut zwei Jahrzehnte später in seinem zweiten Brief an die Gläubigen in Korinth. Hier liest man nichts mehr davon, dass sie ihre Besitztümer verkauften. Dennoch werden die Gläubigen animiert, von ihrem Überfluss den Bedürftigen zu geben: „In der jetzigen Zeit diene euer Überfluss für deren Mangel, damit auch deren Überfluss für euren Mangel diene, damit Gleichheit werde" (Kap. 8,14). Dieses „Gleichheitsprinzip" gilt bis heute.

Nun kommt es Gott nicht nur darauf an, dass wir geben, sondern auch darauf, *wie* wir geben. Unser Tagesvers nennt dazu drei Punkte:

1. *„Saat und Ernte"*: Wer reichlich gibt, darf mit einer „segensreichen" Ernte rechnen.
2. *„Jeder, wie er sich vornimmt"*: Im Alten Testament verpflichtete Gott die Israeliten, den „Zehnten" zu geben. Für Christen heute gilt: „Jeder, wie er sich im Herzen vorgenommen hat".
3. *„Freiwilligkeit"*: Christen sollen nicht „mit Verdruss" geben oder „aus Zwang".

12

*Wendet euch zu mir und werdet gerettet,
alle ihr Enden der Erde! Denn ich bin Gott und
keiner sonst.*

Jesaja 45,22

*Gott hat doch seinen eigenen Sohn nicht
verschont, sondern ihn für uns alle
hingegeben – wie wird er uns mit ihm nicht
auch alles schenken?*

Römer 8,32

Ich dachte, es gibt keinen Gott

Vor 12 Jahren war ich noch Atheist. Ich dachte,
es gibt keinen Gott. Ich war gewillt, hart zu arbeiten, um alle Ziele zu erreichen, die ich mir ge-
steckt hatte: Ich wollte einen guten Arbeitsplatz
und ein komfortables Haus. Mit 30 Jahren hatte
ich das alles erreicht. Aber ich fühlte mich nicht
befriedigt, das Leben ödete mich an.

Um diese Zeit lernte ich erstmals Freunde kennen, die anders waren. Sie hatten einen inneren
Frieden und eine Freude, wie ich es nicht kannte.

Das regte mich auf. Und als sie mir sagten, das käme von Gott, ärgerte ich mich noch mehr. Ich hatte den Glauben an einen Gott, der in unser Leben eingreift, immer als Torheit von mir gewiesen. Aber der Unterschied zwischen dem Leben meiner Freunde und meinem eigenen war zu groß, und so schwand meine frühere Sicherheit. Zudem bemerkte ich bei meiner Frau einen erstaunlichen Wandel: Ihre Bitterkeit und Unruhe waren einem Frieden und einer Zuversicht gewichen, wie ich sie auch bei meinen Freunden sah. Schließlich hatte sie den Mut, mir zu sagen, dass sie Jesus Christus als Erretter angenommen hatte. Da erschienen mir meine früheren Gedanken mit einem Mal hohl und falsch. Das wurde zum Anlass, dass auch ich mein Leben dem Herrn Jesus Christus übergab.

Jetzt weiß ich, dass es einen Gott gibt. Er hat sich in der Bibel offenbart, an die ich nie glauben wollte, und im Leben meiner Freunde und durch den Wechsel, den ich bei meiner Frau beobachtet habe. Das war der Schlüssel zu meinem Herzen.

C. J. W.

13 Samstag
April

Harre auf den HERRN! Sei stark, und dein Herz fasse Mut, und harre auf den HERRN!

Psalm 27,14

Harre meine Seele, harre des Herrn!

Johann Friedrich Räder (1815–1872) war ein Wuppertaler Kaufmann, der mit dem Liedtext „Harre meine Seele!" bekannt wurde. „Sei unverzagt, bald der Morgen tagt" – diese Worte flossen Räder aus dem Herzen in die Feder.

Der junge Kaufmann dichtete sie in einer schlaflosen Nacht des Jahres 1845. Räder, gerade erst 30 Jahre alt, hatte sich auf ein riskantes Warengeschäft eingelassen und nun drohte ihm der Geschäftsverlust. Er hatte sein ganzes Kapital in westindischen Indigo investiert. Diesen Farbstoff brauchte man in den Färbereien in Wuppertal. Allerdings war der Transport unsicher, außerdem schwankten die Preise. Es war ein

Warentermingeschäft des frühen industriellen Zeitalters – mit katastrophalen Folgen für alle, die sich verspekuliert hatten.

So brachte der junge gläubige Kaufmann in jener Nacht seine Not im Gebet vor Gott und schrieb sich zugleich seinen Kummer vom Herzen. Später durfte er Gottes Hilfe erfahren: Seine Spekulation wurde ihm als Kaufmann nicht negativ angerechnet. Er genoss bis zum Ende seiner Berufstätigkeit das Vertrauen seiner Arbeitgeber und war als Kassierer und Korrespondent in größeren Fabrikgeschäften angestellt. Möglicherweise wussten die Fabrikanten: Dieser Mann weiß, wie leicht man sich verspekulieren kann, und setzt nun auf sichere Werte.

Sein Lied, das Johann Friedrich Räder in jener dunklen Nacht gedichtet hat, wird seit fast 180 Jahren für viele zum Trostlied:

Harre, meine Seele, harre des Herrn!
Alles Ihm befehle, hilft Er doch so gern.
Wenn alles bricht, Gott verlässt uns nicht,
größer als der Helfer ist die Not ja nicht.

Tägliche Bibellese 5. Mose 26,1-19 · Galater 3,21-29

*Und Jesus ruft die Zwölf herzu; und er fing
an, sie zu zwei und zwei auszusenden, und
gab ihnen Gewalt über die unreinen Geister.
Und er gebot ihnen, nichts mitzunehmen auf
den Weg als nur einen Stab; kein Brot, keine
Tasche, kein Geld in den Gürtel, sondern
Sandalen untergebunden; und zieht nicht
zwei Unterkleider an.*

Markus 6,7-9

Gedanken zum Markus-Evangelium

Zwölf Männer hat der Herr Jesus ausgewählt,
„damit sie bei ihm seien und damit er sie aussende zu predigen und Gewalt zu haben, die
Dämonen auszutreiben" (Kap. 3,14.15). Diese Zwölf
haben Ihn einige Zeit begleitet und von Ihm gelernt. Jetzt ist die Vorbereitungszeit vorbei, jetzt
werden sie ausgesendet – und zwar jeweils zu
zweit. So können sie sich gegenseitig helfen

und ermutigen. Denn wo in einem Fall der eine schwach ist, kann der andere stark sein. Jesus, der sie aussendet, weiß genau, wie Er sie am besten zusammenstellen kann.

Jesus gibt seinen Jüngern Gewalt über die unreinen Geister. Damit erweist Er sich als der Sohn Gottes, denn niemand anders verfügt über eine solche Vollmacht. Zum anderen werden die Jünger dadurch besonders als seine Gesandten legitimiert.

Bekanntlich sind die unreinen Geister „Vasallen" Satans. Wer sich als stärker erwies als Satan, war ein Zeuge der Macht und des Reiches Gottes, das in Jesus seinen Mittelpunkt hat: „Wenn ich aber durch den Geist Gottes die Dämonen austreibe, so ist also das Reich Gottes zu euch gekommen" (Matthäus 12,28).

Der Herr erlegt seinen Jüngern hier einen Verzicht auf, der in erster Linie für die Zeit galt, während Er hier auf der Erde lebte. Später hebt Er diese Einschränkung wieder auf (vgl. Lukas 22,35-38). Dennoch lernen alle, die dem Herrn dienen wollen, hier etwas Wichtiges: Wir sollen ganz auf Ihn vertrauen und nicht auf menschliche Hilfsmittel!

15 Montag
April

SA 06:27 · SU 20:16
MA 10:46 · MU 03:42

Die Prophetin Hulda zu Josia: Weil dein Herz weich geworden ist und du dich vor Gott gedemütigt hast ... und du dich vor mir gedemütigt und deine Kleider zerrissen und vor mir geweint hast, so habe ich es auch gehört, spricht der HERR.

2. Chronika 34,27

Jammern – aber richtig!

Jammern, meckern, nörgeln – „Warum die Deutschen Meister im Jammern sind" – so titelte eine bekannte Zeitung im Internet.

Wenn jemand ständig meckert, sagen wir vielleicht: „Jammern hilft nicht!" Damit wollen wir ausdrücken: „Hör auf, dich über Dinge zu beklagen, die du nicht ändern kannst; packe lieber das an, was du ändern kannst." In der Tat können Jammern und Selbstmitleid zu einer Sackgasse werden, aus der wir nur schwerlich selbst herauskommen. Dazu kommt, dass wir die Ursachen unserer Verstimmung oft nur in unserer Umgebung und bei den anderen suchen, statt uns zu fragen, inwieweit wir selbst an der Situation mitschuldig sind.

Haben wir nicht schon alle beobachtet, dass die Personen, die es am schwersten haben, sich am wenigsten beklagen? Meistens findet das Jammern auf hohem Niveau statt – statt dass man dankbar für das Gute ist, was einem geschenkt ist.

Für die, die gern jammern und sich beklagen, hat Gottes Wort eine hilfreiche Botschaft: „Was beklagt sich der lebende Mensch? Über seine Sünden beklage sich der Mann! Prüfen und erforschen wir unsere Wege, und lasst uns zu dem HERRN umkehren!" (Klagelieder 3,39.40).

Gott will uns zur Selbsterkenntnis führen: Denn das, was es wirklich zu bejammern und zu beklagen gilt, sind unsere Verfehlungen. Wobei hier allerdings kein untätiges Klagen gemeint ist, sondern eine aktive Umkehr und Hinwendung zu Gott. Ihm sollen wir unsere Sünden bekennen – dann will Er sie uns vollständig vergeben. So will Er uns von der größten Traurigkeit unseres Lebens zu großer Dankbarkeit und Zufriedenheit befreien.

16 Dienstag April

SA 06:25 · SU 20:18
MA 11:59 · MU 04:15

Gott schuf den Menschen in seinem Bild, im Bild Gottes schuf er ihn; Mann und Frau schuf er sie.

1. Mose 1,27

Die Krone der Schöpfung

Wer den biblischen Schöpfungsbericht liest, erkennt, dass Gott dem Menschen eine besondere Stellung innerhalb der Schöpfung zugedacht hat. Es beginnt mit einer wunderbaren Beratung innerhalb der Gottheit: „Gott sprach: Lasst uns Menschen machen" – so hatte Gott bei der Erschaffung der Pflanzen und Tiere nicht gesprochen. Außerdem sagt Gott, dass der Mensch „in unserem Bild, nach unserem Gleichnis" gemacht werden soll (V. 26). Auch das finden wir bei keinem anderen Geschöpf. Der Mensch ist dazu bestimmt, Gott auf dieser Erde zu repräsentieren, an seiner Stelle aufzutreten, und soll in seinem

Wesen ähnlich sein wie Gott. Außerdem besteht der Mensch aus einer Dreieinheit: Geist, Seele und Leib. Er war als reines, unschuldiges Wesen ohne Sünde geschaffen worden (vgl. 1. Thessalonicher 5,23; Prediger 7,29). Schließlich übertrug Gott den Menschen die Autorität über alle Tiere – sie sollten sich die Erde untertan machen. Wirklich: Der Mensch ist die Krone der Schöpfung!

Leider hat sich der Mensch durch den Sündenfall dieser Sonderstellung als völlig unwürdig erwiesen. Doch Gott gibt seinen Plan nicht auf. Er erfüllt ihn letztlich in Jesus Christus, seinem Sohn, der Mensch geworden ist. Christus ist das Bild Gottes, der Abdruck seines Wesens und die Ausstrahlung seiner Herrlichkeit. Wenn Er bald wiederkommt, um hier sein Reich für 1000 Jahre aufzurichten, wird Er vollkommen über die Schöpfung herrschen (Kolosser 1,15; Psalm 8,6-9; Epheser 1,10; Philipper 3,21; Offenbarung 20,4).

Wunderbar, dass Gott bei allem, was Er tut, an Jesus Christus denkt! – Jeder, der sagen kann: „Christus lebt in mir" (Galater 2,20), hat seine wahre Bestimmung als Mensch wiedergefunden. Was für eine Freude!

17 Mittwoch April

Stephanus war ein Mann voll Glaubens und Heiligen Geistes ..., voll Gnade und Kraft.

Apostelgeschichte 6,5.8

Als das Blut deines Zeugen Stephanus vergossen wurde, stand auch ich (Paulus) dabei und willigte mit ein und verwahrte die Kleider derer, die ihn umbrachten.

Apostelgeschichte 22,20

Stephanus, der erste christliche Märtyrer

Stephanus gehört zu den ersten Christen. Er tut Wunder und große Zeichen unter den Juden. Doch damit stößt er bei vielen auf Ablehnung und Kritik. So streiten sie mit ihm, schaffen es aber nicht, „der Weisheit und dem Geist, womit er redete" etwas entgegenzusetzen. Falsche Zeugen klagen ihn vor dem Hohen Rat der Juden, dem Synedrium, an: „Dieser Mensch hört nicht auf, Worte zu reden gegen diese heilige Stätte und das Gesetz" (Apostelgeschichte 6,10.13). Daraufhin fordert der Hohepriester den Angeklagten auf, sich zu verantworten.

Stephanus nutzt die Gelegenheit, die Geschichte Israels von Abraham bis zum Auftreten des verheißenen Messias in kurzen Worten zusammenzufassen. Man spürt ihm ab, wie das Wort Gottes sein Leben prägt. Am Ende seiner Rede wirft er seinen Zuhörern vor, dass sie „den Gerechten" verraten und ermordet haben. Als Stephanus schließlich seine Augen zum Himmel richtet und erwähnt, dass er die Herrlichkeit Gottes sowie Jesus zur Rechten Gottes sitzen sehe, läuft das Fass über: Sie stoßen ihn aus der Stadt hinaus und steinigen ihn. Zwei seiner Aussprüche erinnern an Worte, die Jesus bei seiner Kreuzigung ausrief: Zum einen betet er für die, die ihn steinigen: „Herr, rechne ihnen diese Sünde nicht zu!" – und als er stirbt, ruft er aus: „Herr Jesus, nimm meinen Geist auf!" (Kap. 7,60.59; vgl. Lukas 23,34.46).

Stephanus gehört zu denen, die „die Prüfung erduldet" haben und dafür einmal reichlich belohnt und die „Krone des Lebens" empfangen werden (Jakobus 1,12; Offenbarung 2,10).

Tägliche Bibellese 5. Mose 28,33-69 · Galater 5,1-10

18 Donnerstag
April

SA 06:21 · SU 20:21
MA 14:26 · MU 04:56

Heute, wenn ihr seine Stimme hört, verhärtet eure Herzen nicht.   Hebräer 4,7

Jetzt ist der Tag des Heils.   2. Korinther 6,2

Heute – nicht morgen!

Alex, der Sohn eines Bekannten, ist 23 Jahre alt und der hoffnungsvolle Erbe eines 80 Hektar großen Besitzes. Er ist freundlich und nett und sein Hobby sind schnelle Autos. Für die gute Botschaft von Jesus Christus zeigt er nur wenig Interesse.

Wieder einmal spreche ich ihn darauf an: „Alex, du musst dich zum Herrn Jesus bekehren! Wenn du mit deinen Sünden in die Ewigkeit gehst, bist du verloren." Er versucht, mich zu beruhigen: „Ich bin doch jung, ich habe noch viel Zeit." Auch meinen Vorschlag, doch einmal in der Bibel zu lesen, lehnt er freundlich lächelnd ab: „Das brauche ich jetzt noch nicht." Noch einmal versuche ich es: „Auch junge Menschen können plötzlich sterben. Dann ist es für immer entschieden – für ewig zu spät." Hier beenden wir das Gespräch und verabschieden uns.

Wir haben uns nie mehr wiedergesehen. Kurze Zeit später kam der Anruf seines fassungslosen Vaters: „Alex ist mit dem Auto verunglückt ... in einer vereisten Kurve ... Frontalzusammenstoß ... Er war sofort tot."

„Ich habe noch viel Zeit" – die Worte des jungen Mannes gehen mir immer wieder durch den Kopf. Wie viel Zeit hat der Mensch? Bestenfalls gehört ihm der heutige Tag. Darum sagt Gott in seinem Wort: „Heute, wenn ihr seine Stimme hört, verhärtet eure Herzen nicht", und: „Jetzt ist der Tag des Heils." Ob wir morgen noch die Gelegenheit haben, dem Ruf Gottes zu folgen, wissen wir nicht. Deshalb „bitten wir an Christi statt: Lasst euch versöhnen mit Gott!" (2. Korinther 5,20)

19 Freitag
April

SA 06:19 · SU 20:22
MA 15:37 · MU 05:10

Jesus antwortete und sprach zu ihr: Jeden, der von diesem Wasser trinkt, wird wieder dürsten; wer irgend aber von dem Wasser trinkt, das ich ihm geben werde, den wird nicht dürsten in Ewigkeit.

Johannes 4,13.14

Die Sehn-Sucht hinter der Sucht

Ein Marathonläufer, der zum Glauben an Christus gekommen war, sagte einmal: „Der Sport war für mich wie eine Sucht. Jedes erreichte Ziel war der Ansporn zu einem noch höheren Ziel."

Diese Erfahrung kann man nicht nur im Sport machen. Man kann sich auch in der Arbeit und anderen Dingen verlieren und nie genug bekommen. Unser ganzes Gesellschaftssystem baut darauf auf: Immer weiter, immer höher, immer besser. Nie hat man genug – und nie ist man zufrieden.

Doch was steckt hinter dieser Sucht nach mehr? Welche Sehn-Sucht treibt uns an? – Gott hat uns Menschen auf Ihn, unseren Schöpfer, hin erschaffen. Deshalb sind wir erst dann wirklich glücklich und erfahren tiefe Zufriedenheit, wenn wir eine intakte Beziehung zu Gott haben. Zu Ihm müssen wir also zurückfinden. Jesus Christus sagt: „Niemand kommt zum Vater als nur durch mich" (Kap. 14,6). Eine lebendige Beziehung zu Gott – so wie sie ein Kind zum Vater erlebt – können wir aber nur bekommen, wenn wir eine Beziehung zu dem Sohn Gottes als unserem Retter haben.

Beim christlichen Glauben geht es also nicht bloß um eine Lehre – das würde unsere Sehnsucht nicht zufriedenstellen. Nein, beim christlichen Glauben geht es um eine Person: um Jesus Christus. Wer durch den Glauben an Ihn in eine persönliche Beziehung zu Gott gekommen ist, „den wird nicht dürsten in Ewigkeit". So hat es der Sohn Gottes gesagt und so haben es viele Menschen schon erlebt. „Nicht dürsten": Das ist die Alternative zu jeder Sucht. „In Ewigkeit": Das ist die Antwort auf alle Sehnsucht!

20 Samstag
April

SA 06:17 · SU 20:24
MA 16:46 · MU 05:21

Da mir nun der Beistand von Gott zuteilwurde, stehe ich bis zu diesem Tag da.

Apostelgeschichte 26,22

Bei meiner ersten Verantwortung stand mir niemand bei, sondern alle verließen mich; es werde ihnen nicht zugerechnet. Der Herr aber stand mir bei und stärkte mich.

2. Timotheus 4,16.17

Dein Beistand

*Dein Beistand, Er heißt Jesus,
dein Retter und dein Herr.
Er kennt all deine Ängste
und deiner Sorgen Heer.*

Dein Beistand ist dein Heiland,
dein Hirte und dein Gott.
Ihm musst du nichts erklären,
Er sieht die ganze Not.

Dein Beistand ist dein Helfer,
dein Fels, dein Schutz, dein Halt.
Er handelt stets aus Liebe
in seiner Allgewalt.

Dein Beistand Jesus Christus,
dein Tröster und dein Licht,
Er wird dir Frieden schenken
und neue Zuversicht.

G.W.

Tägliche Bibellese 5. Mose 30,1-14 · Galater 6,1-10

Und Jesus sprach zu ihnen: Wo irgend ihr in ein Haus eintretet, dort bleibt, bis ihr von dort weggeht. Und welcher Ort irgend euch nicht aufnimmt und wo sie euch nicht hören, von dort geht hinaus und schüttelt den Staub ab, der unter euren Füßen ist, ihnen zum Zeugnis. Und sie gingen aus und predigten, dass sie Buße tun sollten; und sie trieben viele Dämonen aus und salbten viele Schwache mit Öl und heilten sie.

Markus 6,10-13

Gedanken zum Markus-Evangelium

Der Herr sendet seine Jünger aus: In seinem Namen und seiner Kraft sollen sie das Evangelium predigen, Kranke heilen und Dämonen austreiben. Diese Kraft haben sie nicht in sich selbst, deshalb stattet Er sie mit der entsprechenden „Gewalt" aus.

Bevor die Jünger losziehen, gibt der Herr ihnen einige Anweisungen mit auf den Weg, um ihnen bewusst zu machen, dass sie ganz auf Ihn und seine Fürsorge angewiesen sind: Außer Sandalen und einem Stab sollen sie nichts mitnehmen: kein Brot, keine Tasche, kein Geld ... Sie werden teilweise auf freundliche Menschen und offene Türen treffen. Und so sollen sie sich mit dem ersten gastfreien Haus zufriedengeben und nicht nach etwas Besserem suchen. Jede Art von Eigennützigkeit wäre für einen Botschafter Christi unpassend.

Manche Menschen stehen der Botschaft Gottes allerdings ablehnend gegenüber. In diesem Fall sollen die Jünger den Staub von ihren Füßen abschütteln – ein Zeichen des Gerichts. Denn wer die Botschafter Christi ablehnt, lehnt letztlich Christus selbst ab.

Die Aussendung der Jünger damals weist manche Parallelen zu den Missionaren heutiger Zeit auf. Doch bleiben die Unterschiede klar erkennbar: Heute ist Christus im Himmel und lässt durch seine Diener „das Evangelium der Gnade Gottes bezeugen" (Apostelgeschichte 20,24). „Wunderkräfte und Gnadengaben der Heilungen" kommen erst dann wieder zum Vorschein, wenn Christus als König erscheint (1. Korinther 12,28; Hebräer 6,5).

22 Montag
April

SA 06:13 · SU 20:27
MA 19:04 · MU 05:41

Jeder, der irgend den Namen des Herrn anruft, wird errettet werden.

Römer 10,13

Der Name war ihre Rettung

Die Entdeckung des Impfstoffs gegen die Tollwut im Jahr 1885 macht den französischen Mediziner Louis Pasteur (1822–1895) in ganz Europa berühmt. Aus aller Welt strömen Menschen, die von vermeintlich tollwütigen Tieren gebissen worden sind, nach Paris. Auch 19 Russen, die von einem tollwütigen Wolf gebissen worden sind, hören von dem Serum, das sie heilen kann. Trotz der schweren Verletzungen, die die meisten von ihnen erlitten haben, machen sie sich auf die mehr als 2500 Kilometer weite Reise von Smolensk nach Paris.

Noch vor Ablauf von zwei Wochen kommen sie in Paris an. Die seltsamen Gestalten mit ihren

Pelzmützen und ihren Verbänden erregen Aufsehen. Da sie kein Französisch sprechen können, wiederholen sie immer nur den Namen: „Pasteur, Pasteur!" Sie werden zu ihm gebracht – und tatsächlich können 16 der 19 russischen Bauern, die dem Tod geweiht schienen, geheilt werden. Bei dreien von ihnen ist die Krankheit allerdings schon zu weit fortgeschritten. Der Zar verleiht Louis Pasteur als Dank für seine Leistungen und seine Hilfe einen Orden und stiftet gleichzeitig eine bedeutende Summe für die Gründung des heutigen Institut Pasteur.

Was für eine bewegende Geschichte! Diese Unglücklichen kannten kein einziges französisches Wort – doch sie kannten den Namen, der sie retten konnte: Pasteur.

In einem anderen Sinn leidet die ganze Menschheit an einer tödlichen Krankheit: an der Sünde. Und auch hier gibt es nur ein Heilmittel und nur einen Namen, der retten kann. Wer diesen Namen im Glauben anruft, empfängt Heilung und Rettung. Es ist der Name des Herrn Jesus, in dem wir Vergebung, Befreiung und Frieden finden. Nur Er schenkt uns ewiges Leben.

23 Dienstag
April

SA 06:11 · SU 20:29
MA 20:16 · MU 05:52

Jesus sprach aber: Ein gewisser Mensch hatte zwei Söhne; und der jüngere von ihnen sprach zu dem Vater: Vater, gib mir den Teil des Vermögens, der mir zufällt. Und er teilte ihnen die Habe. Und nach nicht vielen Tagen brachte der jüngere Sohn alles zusammen und reiste weg in ein fernes Land, und dort vergeudete er sein Vermögen, indem er ausschweifend lebte.

Lukas 15,11-13

Gott wartet – der Weg des Sohnes

Wahrscheinlich ist keins der Gleichnisse der Bibel so bekannt wie das vom „verlorenen Sohn". Es inspirierte Künstler zu Gemälden, Parabeln und Komödien. Mehrere Filmemacher adaptierten das Thema, und eine Rockband verarbeitete es sogar zu einem Song. Doch Jesus hat dieses Gleichnis nicht zum Entertainment erzählt.

Dieses Gleichnis zeigt uns sehr anschaulich, auf welchem Lebenskurs wir uns von Natur aus befinden: weg von Gott. Doch es gibt – Ihm sei Dank! – die Möglichkeit, zurückzukehren.

Nun zum Gleichnis: Der jüngere Sohn eines gutgestellten Mannes fordert seinen Vater auf, ihm seinen Teil des Erbes auszuzahlen. – Hat er überhaupt Anspruch darauf? – Der Vater gibt ihm das Geld. Es dauert nicht lange und der Sohn macht sich auf den Weg, weg vom Vater, in ein fernes Land. Er hat nicht vor, sein Kapital im Sinne seines Vaters zu verwenden. Das, was er geplant hat, kann er nicht in der Nähe seines Vaters tun.

Wir merken gleich, dass wir uns in diesem Sohn wiederfinden. Wir meinen, Ansprüche geltend machen zu dürfen, und lassen uns ungern sagen, was wir zu tun oder zu lassen haben. Am wohlsten fühlen wir uns, wenn wir niemand – und schon gar nicht Gott – Rechenschaft schuldig sind. Die Grundeinstellung: „Ich lebe, wie ich will!", ist sehr verbreitet. Sie zeigt sich in unterschiedlichen Facetten. Bei dem einen ist es ein ausschweifendes Leben, bei dem anderen ist es Unmoral. Doch ein glückliches Leben ist es definitiv nicht.

(Fortsetzung morgen)

Tägliche Bibellese 5. Mose 31,19-29 · Epheser 1,9-14

Als er aber alles verschwendet hatte, kam eine gewaltige Hungersnot über jenes Land, und er selbst fing an, Mangel zu leiden. ... Und er begehrte seinen Bauch zu füllen mit den Futterpflanzen, die die Schweine fraßen; und niemand gab ihm. Als er aber zu sich selbst kam, sprach er: Wie viele Tagelöhner meines Vaters haben Überfluss an Brot, ich aber komme hier um vor Hunger. Ich will mich aufmachen und zu meinem Vater gehen ...

Lukas 15,14-18

Gott wartet – die Seite des Vaters

Der „verlorene Sohn" wollte selbstbestimmt leben und verließ deshalb sein Vaterhaus. Wohin brachte ihn das? Zu den Schweinen, die mehr zu essen hatten als er! Überfluss, Freunde und Spaß – alles war weg. Jetzt gab es nur noch Armut, Elend und Scham. Alles schien vorher so verlockend und schillernd – und hatte sich doch als Illusion erwiesen.

Gesucht hatte er Erfüllung, gefunden nur Leere. So ist es immer mit der Sünde. Sie gaukelt das Glück vor, hält nie, was sie verspricht, nimmt schließlich alles und lässt einen armselig liegen.

Was der Sohn dort bei den Schweinen nicht wusste: Der Vater hielt nach ihm Ausschau und erwartete sehnsüchtig den Tag seiner Umkehr. Der Sohn wusste nicht, dass der Vater ihm entgegenkommen, ihn mit offenen Armen empfangen und ihn liebevoll küssen würde. Er wusste nicht, dass er kommen durfte, wie er war, dass der Vater nichts von ihm verlangte, bevor er ihn empfangen würde. Er wusste auch nicht, wie reich der Vater ihn beschenken und dass er ihn wieder als Sohn in sein Haus aufnehmen würde.

All das hätte der Sohn niemals erfahren, wenn er sich nicht auf den Weg zu seinem Vater gemacht hätte. Er wäre elendig bei den Schweinen verreckt. So ist es mit jedem Menschen, der nicht zu Gott kommt und schließlich „in seinen Sünden stirbt" (Johannes 8,24). Ihn erwartet das ewige Gericht Gottes, das die Bibel Hölle nennt.

Doch – Gott sei Dank! – es gibt einen Weg zurück!

(Schluss morgen)

Tägliche Bibellese 5. Mose 31,30–32,14 · Epheser 1,15–23

25

Donnerstag
April

SA 06:07 · SU 20:32
MA 22:48 · MU 06:21

Und er machte sich auf und ging zu seinem Vater. Als er aber noch fern war, sah ihn sein Vater und wurde innerlich bewegt und lief hin und fiel ihm um den Hals und küsste ihn sehr ... Der Vater aber sprach zu seinen Knechten: Bringt schnell das beste Gewand her und zieht es ihm an und tut einen Ring an seine Hand und Sandalen an seine Füße; und bringt das gemästete Kalb her und schlachtet es und lasst uns essen und fröhlich sein; denn dieser mein Sohn war tot und ist wieder lebendig geworden, war verloren und ist gefunden worden. Und sie fingen an, fröhlich zu sein. Lukas 15,20.22-24

Gott wartet – der Weg zurück

Was musste der verlorene Sohn tun, um den Weg zurück zum Vater zu finden? Zunächst einmal musste er „zu sich selbst kommen" (Vers 17), d.h., ihm musste bewusst werden, dass seine Lage elend und erbärmlich war. Er musste anerkennen, dass er gegen den Himmel und vor seinem Vater gesündigt hatte und deshalb jetzt umkam. Solch einen Sinneswandel – die Bibel nennt das Buße – muss es bei jedem Menschen geben, der zu Gott kommen will.

Es hätte dem Sohn allerdings nichts genutzt, wenn es nur bei seinem Sinneswandel geblieben wäre. Nein, er musste sich tatsächlich auf den Weg zu seinem Vater machen. Er musste umkehren. Buße und Umkehr sind für jeden Menschen auf dem Weg zu Gott auch heute noch zwei Schritte, die untrennbar miteinander verbunden sind. Wenn wir erkennen, dass wir vor Gott Sünder sind, und mit einem Bekenntnis unserer Sünden zu Ihm kommen, dann müssen wir anschließend auch die sündigen Dinge aus unserem Leben entfernen.

Wie weit ein Mensch sich auch von Gott entfernt hat – Gott gibt jedem die Möglichkeit, umzukehren. Gott ist ein Retter-Gott, der nur darauf wartet, dass wir zu Ihm umkehren. Darum: Mach dich auf und komm, wie du bist! Mach dich auf den Weg zurück zu Gott!

Tägliche Bibellese 5. Mose 32,15-33 · Epheser 2,1-10

26 Freitag
April

Da schrien sie zu dem HERRN in ihrer Bedrängnis, und aus ihren Drangsalen rettete er sie.

Psalm 107,13

Der Retter in der Not

Die Bibel bietet eine Fülle von hochinteressanten Büchern für jede Lebenslage. Der Psalter, der aus fünf einzelnen Büchern mit zusammen 150 Psalmen besteht, ist das Lieder- und Gebetbuch der Israeliten. Aber auch für Menschen heute schenken die Psalmen beredte Worte für jede nur erdenkliche Gemütslage und Situation und ermutigen zum Lob Gottes. So auch Psalm 107.

Von Notlagen, Gefahren, Fehlern und Versäumnissen in der Geschichte Israels ist hier die Rede. Oft hatte sich das Volk durch eigene Schuld in Bedrängnis gebracht. Und so kann es Menschen auch heute ergehen. Trotzdem darf man in jeder

Not zu Gott schreien und – ja, das darf richtig laut werden!

Selbstverständlich gibt es aber auch zahlreiche bedrückende Situationen im Leben, an denen wir keine Schuld tragen, was die Not nicht kleiner macht.

In jedem Fall zeigt uns der gelesene Bibelvers eine gute Blickrichtung und eine mächtige Hilfsquelle. Denn all denen, die mutlos, traurig oder verzweifelt sind, will der allmächtige Gott ein liebender Ermutiger und Tröster sowie ein mächtiger Helfer sein. Seine Hilfe können wir jederzeit erfahren. Und dann fordert Psalm 107 auf, Gott zu ehren und Ihm zu danken.

Er führte sie heraus aus der Finsternis und dem Todesschatten und zerriss ihre Fesseln.

Mögen sie den HERRN preisen wegen seiner Güte und wegen seiner Wundertaten an den Menschenkindern!

Psalm 107,14.15

Hiob sprach: Wenn ich sage: Ich will meine Klage vergessen, will mein Angesicht glätten und mich erheitern, so bangt mir vor allen meinen Schmerzen; ich weiß, dass du mich nicht für schuldlos halten wirst.

Hiob 9,27.28

Schmerz – eine Alarmeinrichtung

„Der Schmerz ist der Freund des Patienten": So äußerte sich einmal der bekannte Chirurg Ferdinand Sauerbruch (1875–1951). – Natürlich wünscht sich niemand Schmerzen und auch kein Arzt wünscht sie seinen Patienten. Doch Schmerz ist eine notwendige Alarmeinrichtung des Körpers, denn er zeigt organische Schäden an und schützt vor weiterem Schaden.

Auch für den inneren Menschen hat Gott uns eine Alarmeinrichtung gegeben: das Gewissen. Zwar ist das Gewissen kein absoluter Maßstab, da es von Kultur, Umwelt und Erziehung geformt wird. Doch wenn es noch nicht ganz abgestumpft ist, zeigt es uns, wenn in unserem Leben etwas nicht in Ordnung ist: Uns schlägt dann das Gewissen, wie wir gemeinhin sagen. So sagte David, nachdem er schwer gesündigt hatte: „Als ich schwieg, verzehrten sich meine Gebeine durch mein Gestöhn den ganzen Tag" (Psalm 32,3).

Deshalb ist es gut, wenn wir bei Lügen noch rot werden; wenn wir merken, dass unsere Worte verletzt haben; wenn wir bei Diebstahl oder Ehebruch unruhig werden. Unsere innere Alarmeinrichtung funktioniert dann noch – unsere Sünde tut uns noch weh. Mit diesem Schmerz, dieser Last, dürfen wir zu Jesus Christus kommen. Er hat am Kreuz von Golgatha für unsere Sünden gelitten. Er kann heilen, gesund machen, vergeben.

Geschärft und immer wieder ausgerichtet wird das Gewissen am Wort Gottes. Das ist der absolute Maßstab. Die Klage von Hiob zeigt, dass sein Gewissen hellwach war. Obwohl seine Schmerzen körperlicher Art waren, brachten sie ihn dazu, über sein Verhältnis zu Gott nachzudenken. Und er merkte, dass er nicht schuldlos war.

Tägliche Bibellese 5. Mose 33,1-12 · Epheser 2,17-22

28

Und der König Herodes hörte von Jesus. (Denn sein Name war bekannt geworden; und sie sagten: Johannes der Täufer ist aus den Toten auferstanden, und darum wirken solche Kräfte in ihm. Andere aber sagten: Es ist Elia. Andere aber sagten: Ein Prophet wie sonst einer der Propheten.) Als aber Herodes es hörte, sagte er: Johannes, den ich enthauptet habe, dieser ist auferstanden.

Markus 6,14-16

Gedanken zum Markus-Evangelium

Zwischen die Aussendung und die Rückkehr der zwölf Apostel fügt der Evangelist Markus den Bericht von der grausamen Hinrichtung Johannes' des Täufers ein – ein Ereignis, das zu diesem Zeitpunkt bereits in der Vergangenheit lag. Anlass für diesen Einschub war die Tatsache, dass der König Herodes Nachrichten über Jesus gehört hatte.

Herodes Antipas war ein Sohn von Herodes dem Großen und regierte von 4 v. Chr. bis 39 n. Chr. als sogenannter Vierfürst. Er war von der römischen Weltmacht eingesetzt worden, um über Galiläa und Peräa zu regieren. Als er nun von Jesus hört, regt sich sein schlechtes Gewissen: Für ihn ist klar, dass Johannes, den er getötet hat, aus den Toten auferstanden sein muss. Wie soll er sich sonst die übernatürlichen Kräfte erklären?

Der Name „Jesus" ruft bis heute unterschiedliche Reaktionen hervor. Für die einen ist er eine Bedrohung, für andere ist er mit Glück und Segen verbunden. Wieder andere haben eigene Gedanken und Vorstellungen – ähnlich wie damals im Volk Israel. Jesus als einen Propheten oder als den Elia anzusehen, der im Alten Testament im Buch Maleachi angekündigt wird, mag ehrenhaft erscheinen. Aber letztlich raubt man Ihm damit die Ehre. Denn Jesus ist weitaus mehr: Er ist der Christus, der Sohn des lebendigen Gottes. Man kann nicht hoch genug von Ihm denken.

Wer seine Sache mit Gott in Ordnung gebracht hat, freut sich darüber, wenn der Name und die Person Jesu weithin bekannt werden.

Tägliche Bibellese 5. Mose 33,13-29 · Epheser 3,1-7

29

Montag
April

SA 05:59 · SU 20:39
MA 02:15 · MU 08:59

Eins weiß ich, dass ich blind war und jetzt sehe.

Johannes 9,25

Nur die Wahrheit

Die Predigt war vorbei, die Zuhörer verließen den Raum. Da ging ein Mann auf den Redner zu. Süffisant lächelnd sagte er: „Ich bin überrascht, dass ein Mann wie Sie, ein Mann mit Kultur und Bildung, noch an die Bibel glaubt. Wenn ein kleines Kind es nicht anders weiß, nun gut, oder eine alte Frau, die sonst nichts mehr hat, an das sie glauben kann – aber Sie? Ich selbst habe schon vor langer Zeit den Glauben an die Bibel aufgegeben."

„Ich möchte mich nicht mit Ihnen streiten", sagte der Redner, „ich möchte Ihnen nur vorlesen, was die Bibel dazu sagt. Und er las: ‚Was denn? Wenn einige nicht geglaubt haben, wird etwa ihr Unglaube die Treue Gottes aufheben? Das sei ferne! Gott aber sei wahrhaftig, jeder Mensch aber Lügner.'" Der Mann schnappte nach Luft: „Wollen Sie etwa sagen, dass ich ein Lügner bin? Sie sprechen von Gott, dabei glaube ich gar nicht, dass es einen Gott gibt." – „Das wundert mich nicht", sagte der Redner, denn auch das sagt die Bibel: ‚Der Tor spricht in seinem Herzen: Es ist kein Gott!'" Und er ergänzte: „Hier sagt es jemand nur in seinem Herzen, doch Sie sagen es sogar öffentlich" (Römer 3,3.4; Psalm 14,1).

Verärgert ging der Mann weg. Doch bei jedem Schritt meinte er zu hören: „Du Lügner – du Tor – du Lügner – du Tor."

Am nächsten Tag suchte er schon sehr früh den Redner auf. Der empfing ihn mit den Worten: „Haben Sie endlich vor Gott kapituliert? Ich habe gebetet, dass Er Sie nicht loslässt." Der Mann antwortete: „Ich konnte die ganze Nacht nicht schlafen, ich musste immer wieder an die Bibelworte denken."

Später knieten beide Männer nieder – und der Himmel freute sich über einen Sünder, der Buße tat (Lukas 15,7). Der, der einst blind war, war nun sehend geworden.

Tägliche Bibellese 5. Mose 34,1-12 · Epheser 3,8-13

30 Dienstag
April

Pilatus nahm Wasser, wusch sich die Hände vor der Volksmenge und sprach: Ich bin schuldlos an dem Blut dieses Gerechten.

Matthäus 27,24

„Beruhigung aus dem Wasserhahn"

... so lautet die Überschrift eines wissenschaftlichen Artikels. Untersuchungen hätten nämlich gezeigt, dass Menschen unbewusst dazu neigten, sich die Hände zu waschen, um sich nach schwierigen Entscheidungen oder moralischen Verfehlungen von den letzten Zweifeln oder Schuldgefühlen zu reinigen.

Der römische Statthalter Pilatus hielt Jesus für unschuldig und hätte Ihn gern freigelassen. Doch die religiösen Führer in Jerusalem setzten ihn unter Druck und drohten ihm politische Konsequenzen an, wenn er nicht auf sie hörte (Johannes 19,12). Nun musste Pilatus sich entscheiden: zwischen dem, was er für Recht hielt, und seiner eigenen politischen Zukunft. Am Ende fällte er seine Entscheidung: gegen das Recht und damit gegen Jesus Christus.

In Israel gab es den Brauch, dass man durch Händewaschen seine Unschuld an einer Bluttat bekundete.

Ob Pilatus daran dachte, als er „seine Hände in Unschuld wusch"? Oder wollte er sich von allen Zweifeln und Schuldgefühlen reinwaschen?

Wie dem auch sei: Sich die Hände zu waschen, konnte das Unrecht und seine Schuld vor Gott nicht wegwaschen.

Auch uns heute wird die „Beruhigung aus dem Wasserhahn" wenig helfen. Sich zu reinigen ist zwar richtig – doch nicht die Hände müssen äußerlich sauber sein, sondern das Herz, das Innerste, muss gereinigt werden. Mit symbolischem Händewaschen mag man Schuldgefühle für eine Zeit beschwichtigen können, wirkliche Reinigung aber gibt es nur durch den Glauben an Christus und an die sühnende Kraft seines Blutes. Nur „das Blut Jesu Christi, seines Sohnes, reinigt uns von aller Sünde" (Römer 3,25; 1. Johannes 1,7).

Tägliche Bibellese 1. Samuel 1,1-11 · Epheser 3,14-21

1 **Mittwoch**
Mai
Tag der Arbeit

Gott der HERR nahm den Menschen und setzte ihn in den Garten Eden, ihn zu bebauen und ihn zu bewahren.

1. Mose 2,15

Was irgend ihr tut, arbeitet von Herzen als dem Herrn und nicht den Menschen.

Kolosser 3,23

Tag der Arbeit

Wer hat eigentlich das Arbeiten erfunden? Tatsächlich, das war Gott. Gott war machtvoll und kreativ tätig, als Er das Universum schuf. Irgendwo hinein setzte Er die relativ kleine Erde, die Er wundervoll und lebensfreundlich für seine Geschöpfe, die vielen Tiere und seine geliebten Menschen, ausstattete. Und dann nahm sich Gott einen ganzen Tag Zeit, um sich in Ruhe an seiner Schöpfung zu freuen. Alles war sehr gut.

Von Anfang an gehörte die Arbeit zum Lebensprogramm des Menschen. Er sollte den Garten in Eden „bebauen", durfte in gewisser Weise Gottes kreative

Arbeit fortführen, sollte den Garten aber auch „bewahren". Und das unter idealen klimatischen Bedingungen: Es gab keine Schädlinge, kein Unkraut – also Gartengestaltung de luxe. Welchem Gartenfreund geht bei diesem Gedanken nicht das Herz auf?

Erst als die ersten Menschen sich im Misstrauen von Gott abwandten und das Paradies verlassen mussten, verschlechterten sich auch die Arbeitsbedingungen. Seitdem trägt die Erde neben nach wie vor reichen Früchten auch Dornen, Disteln und Unkraut. Das Arbeitsleben besteht seitdem zu einem gewissen Teil aus Mühe und Schweiß, gefühlter Sinnlosigkeit, auch Ungerechtigkeit und Ausbeutung. Längst nicht jeder darf den Job machen, den er am meisten liebt, ganz zu schweigen von denen, die keine Arbeit haben oder mit ihrer Arbeit nicht das Nötigste zum Leben verdienen.

Bietet die Arbeit für nur wenige Privilegierte Freude und Sinnerfüllung und für alle anderen Mühe und Last? Gott sei Dank – nein! Gott zeigt uns in der Bibel einen anderen Weg: Wir dürfen durch den Glauben in die Gemeinschaft mit Ihm zurückkehren und dann jede Arbeit – auch die weniger attraktive – jeden Tag für Ihn tun. Gott wird das segnen und uns dafür Zufriedenheit schenken!

Tägliche Bibellese 1. Samuel 1,12-28 · Epheser 4,1-10

Das Gras ist verdorrt, die Blume ist abgefallen; aber das Wort unseres Gottes besteht in Ewigkeit.

Jesaja 40,8

Und die Welt vergeht und ihre Lust; wer aber den Willen Gottes tut, bleibt in Ewigkeit.

1. Johannes 2,17

Alles vergänglich?

Es ist Frühling. Nach und nach verwandelt sich das vorher noch triste und graue Kleid der Natur in ein herrliches und prachtvolles Gewand. Groß und Klein erfreuen sich an zierlichen Blumen, an Farben und Licht. Rapsfelder erstrahlen in prächtigem Gelb, Blumen blühen von weiß bis violett, alles wächst und gedeiht.

Doch was im Frühjahr und Sommer einem Fest aus Farben und blühendem Leben gleicht und im Herbst noch einmal seinen Glanz zeigt, verliert mit Eintritt des Winters immer mehr an Farbe, Schönheit und Bestand. Blätter und Gras verwelken. Die einstige Farbenpracht und das Leben der Pflanzenwelt weichen Verfall, Trostlosigkeit und Tod.

Der Jahreszyklus der Natur gleicht dem Lebenszyklus des Menschen. Stehen wir in der Jugend noch in der Blüte unseres Lebens, lernen hinzu und eilen von Erfolg zu Erfolg – so verfällt unser Körper im Laufe der Jahre zunehmend, wir hören und sehen schlechter, das Laufen fällt uns schwerer und wir werden schneller müde. Energie und Kraft weichen Gebrechen und Krankheiten. Und wir lernen, dass unser Leben wie die gesamte Schöpfung endlich ist. Jesus Christus sagt, dass Himmel und Erde vergehen werden. Gibt es denn gar nichts, das Bestand hat? Doch, sagt die Bibel, das Wort Gottes bleibt in Ewigkeit, es ist unvergänglich. Dasselbe gilt für die Gläubigen: „Wer den Willen Gottes tut, bleibt in Ewigkeit."

Manchmal werden fromme Menschen bemitleidet, weil sie angeblich das Leben in dieser Welt nicht richtig genießen. Dabei vermissen sie die „Welt und ihre Lust" gar nicht. Sie kennen eine bessere Welt, für die sie heute schon leben: die Herrlichkeit bei Gott. Bei Ihm werden sie die Ewigkeit verbringen.

3 Freitag
Mai

SA 05:52 · SU 20:45
MA 04:13 · MU 14:33

Gott der HERR rief den Menschen und sprach zu ihm: Wo bist du?

1. Mose 3,9

Als aber Jesus in Bethlehem in Judäa geboren war ..., da kamen orientalische Sternkundige vom Morgenland nach Jerusalem und sprachen: Wo ist der König der Juden, der geboren worden ist?

Matthäus 2,1.2

Zwei wichtige Fragen

Die erste Frage des Alten Testaments lautet: *„Wo bist du?"* Diese Worte richtet Gott an den Menschen, nachdem dieser gesündigt und sich deshalb vor seinem Schöpfer versteckt hat. Durch die Sünde ist eine Entfernung und Entfremdung zu Gott eingetreten, doch Gott sucht den verlorenen, schuldigen Menschen, um die Gemeinschaft wieder aufzunehmen. Die Sünde hat den

Menschen nicht nur zu einem verlorenen Sünder gemacht, sondern sie hat Gott auch zu einem suchenden Gott gemacht.

Die erste Frage des Neuen Testaments lautet: *„Wo ist der König der Juden, der geboren worden ist?"* Hier fragen die Gelehrten aus dem Morgenland die Schriftgelehrten in Jerusalem, wo sie den König finden können, dessen Stern sie gesehen haben. Es ist Jesus, den Gott als Erretter gesandt hat und der in Bethlehem geboren ist. Wir müssen uns alle aufmachen und Ihn „suchen" – Ihm im Glauben begegnen. Alles hängt von dieser Begegnung ab.

Gott fragt: „Wo bist du?" Und wenn wir Menschen nun mit unserem Versteckspiel aufhören und hinter den Bäumen unseres Eigenwillens hervorkommen und ehrlich antworten: „Gott, wo bist du, wie kann alles wieder gut werden?", dann wird Versöhnung zustande kommen. Gott liebt den Sünder und darum hat Er Jesus als Retter gesandt. – Hast du schon dein Verlorensein erkannt und dich von Gott finden lassen, so dass du Ihm begegnen und Gemeinschaft mit Ihm haben kannst?

Tägliche Bibellese 1. Samuel 2,12-26 · Epheser 4,17-24

Stehe und betrachte die Wunder Gottes!
... Verstehst du dich auf das Schweben der
Wolke, auf die Wundertaten des an Wissen
Vollkommenen?

Hiob 37,14.16

Wunderbar sind deine Werke, und meine Seele
weiß es sehr wohl.

Psalm 139,14

Naturbeobachtungen – die Libelle

Unter den zahllosen Insekten zeichnet sich die
Libelle durch ihre Eleganz, ihre Farbenpracht und
ihre Beweglichkeit aus. Mit wunderbarer Leichtig-
keit gleitet sie dahin und ist dabei in der Lage, ihre
Flugmanöver blitzschnell in jede Richtung zu ändern. Ihre Nahrung fängt sie stets im Flug. Zudem
kann sie in der Luft an einer Stelle verharren oder
aber ganz plötzlich ihre Flugrichtung ändern. Das
tut sie meistens, wenn sie die hinter ihr fliegenden

Mücken fangen will. Für den Menschen ist die Libelle übrigens völlig ungefährlich: Weder Gift noch Stachel, weder Saugnäpfe noch bedrohliche Krallen stellen eine Gefahr für ihn dar.

Die Libelle ist fast den ganzen Tag lang nur in der Luft unterwegs. Selbst oberhalb der Baumkronen sieht man sie fliegen.

Die Organe der Libelle sind in einer Art flüssigem Puffer eingebettet. Dieser macht es ihr möglich, ihre Flugbahn bei höchster Geschwindigkeit ganz abrupt zu ändern, ohne dass dieses Manöver ihren Organismus beschädigen würde.

Die Bibel lädt uns ein, die Natur zu betrachten. Jesus sagt: „Betrachtet die Lilien des Feldes, wie sie wachsen: Sie mühen sich nicht, auch spinnen sie nicht." Er fordert uns dazu auf, Gott, unserem Schöpfer, zu vertrauen: „So seid nun nicht besorgt für den morgigen Tag" (Matthäus 6,28.34).

Spüren wir die Ehrfurcht vor der Schönheit und dem perfekten Einklang jedes noch so kleinen lebenden Organismus, der von Gott geschaffen und nicht durch Zufall entstanden ist? Diese Betrachtung der Schöpfung ist wertvoll für uns, wenn wir Gott bitten: „Und du belehre mich" (Hiob 42,4).

5 Sonntag
Mai

Er, Herodes, hatte nämlich hingesandt und Johannes greifen und ihn im Gefängnis binden lassen wegen Herodias, der Frau seines Bruders Philippus, weil er sie geheiratet hatte. Denn Johannes hatte Herodes gesagt: Es ist dir nicht erlaubt, die Frau deines Bruders zu haben. Herodias aber trug es ihm nach und wollte ihn töten, und sie konnte nicht; denn Herodes fürchtete Johannes, da er wusste, dass er ein gerechter und heiliger Mann war, und er verwahrte ihn; und wenn er ihn gehört hatte, so tat er vieles, und er hörte ihn gern.

Markus 6,17-20

Gedanken zum Markus-Evangelium

Herodes Antipas hat von Jesus und dessen Wunderwerken gehört. Da er Ihn aber nicht weiter kennt, vermutet er, Johannes der Täufer, den er hat umbringen lassen, wäre auferstanden. Jetzt hören wir die Geschichte seiner Sünde:

Herodes hatte Herodias, die Frau seines Bruders Philippus, geheiratet. Dafür hatten sie sich von ihren vorigen Ehepartnern scheiden lassen, wie der jüdische Historiker Josephus berichtet. Doch das war und ist in Gottes Augen Ehebruch. Wegen dieser Sünde hatte Johannes der Täufer den König klar und deutlich zurechtgewiesen.

Herodias war über den Tadel des Johannes mehr erbost als Herodes selbst. Sie wollte Johannes gleich umbringen lassen, doch Herodes ließ ihn erst einmal gefangen nehmen. Sein Gewissen zeigte noch positive Regungen, denn er hatte großen Respekt vor Johannes. Er war davon überzeugt, dass Johannes „ein gerechter und heiliger Mann war". Deshalb hörte er ihm gern zu und ließ gute Taten folgen.

Doch dann zeigte sich sein wahrer Charakter: Er gehörte zu den Doppelherzigen. Zum einen konnte er nicht von der Frau lassen, zum anderen wollte er auch gern Johannes dem Täufer gefallen. So hinkte er „auf beiden Seiten", wie der Prophet Elia es einmal dem Volk Israel vorwerfen musste (1. Könige 18,21). Dieser Zerreißprobe hält auf Dauer niemand stand, auch nicht Herodes, wie uns der weitere Verlauf der Geschichte zeigt.

Tägliche Bibellese 1. Samuel 3,1-21 · Epheser 5,1-7

6 Montag
Mai

So viele ihn aber aufnahmen, denen gab er das Recht, Kinder Gottes zu werden, denen, die an seinen Namen glauben.

Johannes 1,12

Nicht Fußschemel, sondern Kind Gottes!

Meine Mutter kam in Deutschland zur Welt. Sie wurde christlich erzogen und wusste, dass sie eine Sünderin war. Oft betete sie ein Gebet, das man ihr als Kind beigebracht hatte: „Herr, bring mich in den Himmel – und wenn es nur als Fußschemel ist –, aber wirf mich nicht in die Hölle!" Sie sehnte sich nach Frieden, fand ihn aber nicht. Ein Schulfreund lud sie ein, nach Amerika zu kommen. Sie fand Arbeit auf einem Ozeandampfer, kam nach Boston, heiratete, zog nach Kalifornien. Doch all das veränderte sie nicht. Noch immer betete sie: „Herr, bring mich in den Himmel – und wenn es nur als Fußschemel ist!"

Gleichzeitig hatte sie Angst, dass Gott sie einmal abweisen würde.

Eines Tages hängte Mutter Wäsche auf und sang dabei ein Lied auf Deutsch. Eine überraschte Nachbarin antwortete ihr ebenfalls auf Deutsch. Eine herzliche Freundschaft begann und wenig später lud die Nachbarin meine Mutter zu einer Bibelstunde in ihr Haus ein. Bald wurde diese Zeit ein wichtiger Teil ihres Lebens. Doch eines Tages klappte sie frustriert die Bibel zu und sagte: „Es hat keinen Sinn, weiterzumachen. Ich bin zu schlecht!" Die Nachbarin antwortete: „Wunderbar!" Meine Mutter erwiderte: „Wie kannst du so etwas sagen! Du weißt ja gar nicht, wie ich leide." Da konnte die Nachbarin meiner Mutter von dem erzählen, der sie liebt und alles für sie getan hat.

Meine Mutter brachte ihr Leben vor Gott in Ordnung. Damit war auch ihre Suche beendet. Nun wünschte sie sich nicht mehr, nur ein *Fußschemel* im Himmel zu sein – jetzt wusste sie, dass sie ein *Kind Gottes* war und dass sie einmal im Haus des Vaters zu Hause sein würde.

7 Dienstag
Mai

SA 05:45 · SU 20:51
MA 05:11 · MU 20:27

Dann kommen Pharisäer und Schriftgelehrte von Jerusalem zu Jesus und sagen: Warum übertreten deine Jünger die Überlieferung der Ältesten? Denn sie waschen ihre Hände nicht, wenn sie Brot essen. Er aber antwortete und sprach zu ihnen: Und warum übertretet ihr das Gebot Gottes um eurer Überlieferung willen? Denn Gott hat geboten und gesagt: „Ehre den Vater und die Mutter!", und: „Wer Vater oder Mutter schmäht, soll des Todes sterben." Ihr aber sagt: Wer irgend zum Vater oder zur Mutter spricht: Eine Opfergabe sei das, was irgend dir von mir zunutze kommen könnte – der wird keineswegs seinen Vater oder seine Mutter ehren. Und so habt ihr das Gebot Gottes ungültig gemacht um eurer Überlieferung willen.

Matthäus 15,1-6

Gottes Wort oder Tradition?

Hier werden wir Zeugen eines interessanten Gesprächs über den Wert und die Verbindlichkeit von

Traditionen im Verhältnis zur Bibel. Die geistlichen Führer Israels beanstanden hier, dass Jesus und seine Jünger die „Überlieferungen der Ältesten" missachten.

Die Theologie der jüdischen Schriftgelehrten und Pharisäer ruhte auf zwei Säulen: der Gesetzessammlung (Thora), die Gott seinem Volk gegeben hat, und den überlieferten Traditionen, den „Überlieferungen der Ältesten". Beide Sammlungen genossen zur Zeit Jesu fast dieselbe Autorität.

Das kann Jesus Christus, der Sohn Gottes, nicht unwidersprochen hinnehmen: Er macht den jüdischen Theologen klar, dass allein das inspirierte Wort Gottes absolute Autorität hat und verbindlich ist, jedoch niemals menschliche Auslegung und Tradition. Besonders gilt das dort, wo die Überlieferungen in direktem Gegensatz zur Bibel stehen, wie in dem Beispiel, das Jesus anführt.

Aber wie kann man denn unterscheiden, was Gottes Wort ist und was Traditionen sind, die Gottes Gedanken für den Menschen verfälschen? Da hilft ein Leben mit der Bibel. Die aufmerksame Lektüre dieses wunderbaren alten Buchs lehrt uns, Gottes guten und heilsamen Willen zu verstehen und – den Weg zum ewigen Heil zu finden!

Tägliche Bibellese 1. Samuel 4,12-22 · Epheser 5,22-33

8 Mittwoch
Mai

SA 05:44 · SU 20:53
MA 05:31 · MU 21:58

Alle Schrift ist von Gott eingegeben und nützlich zur Lehre, zur Überführung, zur Zurechtweisung, zur Unterweisung in der Gerechtigkeit.

2. Timotheus 3,16

Das ganze Wort Gottes

Kurz vor seiner Gefangennahme und Kreuzigung erklärt Jesus seinen Jüngern in seinen Abschiedsworten, dass der Heilige Geist auf die Erde kommen und sie an alles erinnern würde, was Er selbst ihnen gesagt hat. Und dass der Geist sie in die ganze Wahrheit leiten und ihnen auch Mitteilungen über die Zukunft machen würde (Johannes 15,26.27; 16,13.14)

So, wie der Herr es ankündigte, entstanden dann unter der Leitung des Heiligen Geistes, also durch göttliche Inspiration, die verschiedenen Schriften des Neuen Testaments. Sie besitzen dieselbe göttliche Autorität wie die Bücher des Alten

Testaments und wurden daher von den ersten Christen ebenfalls als Heilige Schrift anerkannt. So führt der Apostel Paulus in einem seiner Briefe schon ein Wort aus dem Lukas-Evangelium an. Und Petrus stellt die Briefe von Paulus ausdrücklich auf dieselbe Ebene wie „die übrigen Schriften" (vgl. 1. Timotheus 5,18 mit Lukas 10,7; 2. Timotheus 3,16; 2. Petrus 1,21; 3,15.16).

Wir müssen nur anfangen, die Heilige Schrift zu lesen, dann erkennen wir, dass es der Geist Gottes war, der die Schreiber erfüllt und geleitet hat. Gott selbst spricht durch die Bibel zu uns und macht sie uns zum sicheren Wegweiser, in dem wir Hilfe, Trost und Rat für unser Leben finden. Wir lernen Ihn selbst kennen und Er zeigt uns, wie Er über uns Menschen und unsere Zukunft denkt. Gottes Heiliger Geist wird uns jederzeit die Schriften aufschließen und erklären, wenn wir Gott darum bitten.

Die Weissagung wurde niemals durch den Willen des Menschen hervorgebracht, sondern heilige Menschen Gottes redeten, getrieben vom Heiligen Geist.

2. Petrus 1,21

Tägliche Bibellese 1. Samuel 5,1-12 · Epheser 6,1-9

9

Donnerstag
Mai
Christi Himmelfahrt

SA 05:42 · SU 20:54
MA 05:57 · MU 23:24

Er führte sie aber hinaus bis nach Bethanien und hob seine Hände auf und segnete sie. Und es geschah, während er sie segnete, dass er von ihnen schied und hinaufgetragen wurde in den Himmel. Und sie warfen sich vor ihm nieder und kehrten nach Jerusalem zurück mit großer Freude.

Lukas 24,50-52

Die Thronbesteigung

Der Essener Jugendpfarrer Wilhelm Busch (1897–1966) hatte eine tiefgläubige und dabei wohl sehr originelle Mutter. Er erinnert sich, wie „Christi Himmelfahrt" in seiner Familie begangen wurde, als er noch ein Junge war. Die Mutter weckte sie fröhlich auf und pflegte zu sagen: „Heute erinnern wir uns daran, dass unser Herr Jesus Christus zu seinem Vater in den Himmel zurückgekehrt ist und jetzt zu seiner Rechten sitzt. Und wenn ein Herrscher seinen Thron besteigt, dürfen sich die Untertanen etwas wünschen. Also, lasst uns fröhlich beten, Kinder!" Wilhelm Busch fügte mit einem Lächeln hinzu: „Ich bezweifle, dass sich das aus der Bibel eins zu eins belegen lässt, aber meine Mutter lehrte uns, ‚Christi Himmelfahrt' als einen überaus frohen und freudigen Tag zu begehen."

Was genau geschah an diesem Tag vor fast 2000 Jahren? Fangen wir vorne an: Jesus Christus war nach seinem grauenvollen und schmachvollen Sterben aus den Toten auferstanden und zuerst den Frauen und später auch den Jüngern erschienen. 40 Tage lang war Er noch einmal mit seinen Freunden zusammen und kümmerte sich dabei um einzelne Jünger wie die Apostel Petrus und Thomas. Aber auch eine große Schar von mehr als 500 Menschen wird ausdrücklich als Zeugen genannt, dass Jesus nach seinem Sterben in Jerusalem lebend gesehen wurde (1. Korinther 15,6). Jesus Christus bereitete seine Jünger darauf vor, dass sie Ihn nicht mehr sehen würden. Aber Er versprach ihnen, dass Er den Heiligen Geist Gottes senden würde. Darum kehrten die Jünger nach der Himmelfahrt des Herrn fröhlich und getrost nach Jerusalem zurück.

Tägliche Bibellese 1. Samuel 6,1-13 · Epheser 6,10-18

*Als ich schwieg, verzehrten sich meine Gebeine
durch mein Gestöhn den ganzen Tag ...
Ich tat dir meine Sünde kund und habe meine
Ungerechtigkeit nicht zugedeckt. Ich sprach:
„Ich will dem HERRN meine Übertretungen
bekennen"; und du hast die Ungerechtigkeit
meiner Sünde vergeben.*

Psalm 32,3.5

Zwei Verunglückte

Zwei Verunglückte teilen sich in einem Krankenhaus das Zimmer und die starken Schmerzen.
Zusammen werden sie in einem der Behand-
lungsräume fachgerecht therapiert. Jeder liegt in
seiner Kabine auf der Liege, nur durch Vorhänge
voneinander getrennt.

Der Therapeut beginnt bei dem ersten Patienten, der sich vor Schmerzen windet und stöhnt.
Er kann es kaum ertragen und ist froh, als die Tor-
tur endlich vorbei ist. Nun geht der Therapeut zu

dem anderen Patienten. Der bleibt ganz ruhig, regungslos und unbeteiligt. Als die Behandlung zu Ende ist, fragt der Erste seinen Bettnachbarn: „Sag mal, tut das bei dir nicht weh? Ich könnte vor Schmerzen die Wände hochgehen!" – „Nein", sagte der andere gelassen, „ich halte dem doch nicht mein krankes Bein hin!"

Auf den ersten Blick mag es clever erscheinen, dass er auf diese Weise die Schmerzen vermeidet, aber es ist natürlich sehr unvernünftig. Wer seine Krankheit nicht therapieren lässt, verbaut sich den Weg zu Hilfe und Heilung.

Ähnlich verhält es sich mit unserem belasteten Gewissen. Wer sich in Schweigen hüllt, wird die Last seiner Schuld weiter mit sich herumschleppen und die ewigen Konsequenzen tragen. Wer dagegen vor Gott aufdeckt, bereut und bekennt, der erlebt eine großartige „Heilung": Er wird gereinigt und wird kein Gewissen von Sünden mehr haben, denn Gott ist reich an Vergebung (vgl. Jesaja 55,7). Dann zieht Frieden und Freude ins Leben ein.

„Glückselig die, deren Gesetzlosigkeiten vergeben und deren Sünden bedeckt sind!" (Römer 4,7).

11 Samstag
Mai

Paulus schreibt an die römischen Christen:
Grüßt Rufus, den Auserwählten im Herrn, und
seine und meine Mutter.   Römer 16,13
Ehre deinen Vater und deine Mutter.

Epheser 6,2

Der Tag der Mütter

Grafton, West Virginia, USA, am zweiten Sonntag im Mai 1908. Vor der Kirche verteilt Anna Marie Jarvis 500 wunderschöne, duftende, weiße und rote Nelken an die Mütter ihres Heimatortes. Schon ihre Mutter Ann Maria Reeves Jarvis hatte sich im Bürgerkrieg zwischen Süd- und Nordstaaten für die leidtragenden Mütter eingesetzt. Im dankbaren Andenken an sie regt Anna Marie an, eine Andacht für alle Mütter zu halten, das Memorial Mothers Day Meeting.

So kam es zu einem offiziellen Muttertag, an dem einmal im Jahr allen Müttern gedankt werden soll. 1909 wurde der Muttertag bereits in 45 US-Bundesstaaten gefeiert. Und seit genau 110

Jahren, seit 1914 ist der Muttertag gesetzlicher Feiertag in den USA, als Zeichen der Liebe und Anerkennung der Mütter. Andere Länder folgten.

Als der Tag in den folgenden Jahren jedoch mehr und mehr kommerzialisiert wurde, wandte sich die Gründerin des Muttertags, Anna Marie Jarvis, enttäuscht von der Bewegung ab.

Was fangen nun wir persönlich mit dem Muttertag an? Die Mutter zu ehren und ihr zu danken, ist zweifellos eine gute Idee für jeden einzelnen Tag, den sie sich für uns bemüht, für uns da ist und für uns sorgt. Ein einziger „Muttertag" im Jahr wird vielleicht schnell zu einer Alibiveranstaltung, ein Ersatz für zig Tage, an denen es an Dank und Aufmerksamkeit fehlt.

Ich erinnere mich an meine alte Nachbarin, die jedes Jahr zu Muttertag mit einem lachenden und einem weinenden Auge einen traumhaften Blumenstrauß, von ihrem fernen Sohn per Blumenboten gesandt, in Empfang nahm. Natürlich ist ein Muttertag im Jahr – der ist übrigens morgen – besser als keiner. Aber es dürfen gern ein paar Tage mehr sein! Tage auch mit einem stillen Dank an Gott, der jedem von uns eine Mutter gegeben hat.

Tägliche Bibellese 1. Samuel 7,2-17 · Psalm 90,1-9

12

Sonntag
Mai

Als ein geeigneter Tag kam, als Herodes an seinem Geburtstag seinen Großen und den Obersten und den Vornehmsten von Galiläa ein Gastmahl gab und ihre, der Herodias, Tochter hereinkam und tanzte, gefiel sie Herodes und denen, die mit zu Tisch lagen. Der König sprach zu dem Mädchen: Erbitte von mir, was irgend du willst, und ich werde es dir geben. Und er schwor ihr: Was irgend du von mir erbittest, werde ich dir geben, bis zur Hälfte meines Reiches. Und sie ging hinaus und sagte ihrer Mutter: Um was soll ich bitten? Diese aber sprach: Um das Haupt Johannes' des Täufers. Und sie ging sogleich mit Eile zu dem König hinein und bat und sagte: Ich will, dass du mir sofort auf einer Schale das Haupt Johannes' des Täufers gibst. Markus 6,21-25

Gedanken zum Markus-Evangelium

Herodes Antipas und Johannes der Täufer – zwei Männer, die unterschiedlicher nicht sein könnten. Der eine ist von den Römern zum Herrscher über Galiläa und Peräa bestimmt worden, der andere ist von Gott als Prophet berufen. Herodes lebt in Ehebruch, Johannes der Täufer dagegen ist ein „gerechter und heiliger Mann" (Vers 20), der in Ehrfurcht vor Gott lebt und den Mut hat, Herodes auf seine Sünde anzusprechen. Herodes ist von Menschenfurcht getrieben – er hat zwar Respekt vor Johannes, will aber zugleich der Herodias gefallen, deshalb lässt er Johannes gefangen nehmen. Auch jetzt, als er seinen Geburtstag feiert und vornehme Gäste anwesend sind, zeigt er sich allen gefällig. Mehr noch: Als die Tochter der Herodias seine Augen in ihren Bann zieht, prahlt er mit seiner Freigebigkeit. Doch dass diese junge Frau den Kopf von Johannes dem Täufer fordert – damit hat Herodes nicht gerechnet.

Kommt uns dieses Verhaltensmuster nicht bekannt vor? Männer neigen oft dazu, schwach zu werden, wenn sie schöne Frauen sehen. Und wenn es darum geht, großzutun, sind sie auch schnell dabei. Andererseits neigen Frauen dazu, nachtragend und manchmal sogar skrupellos zu sein, wenn sie sich verletzt fühlen.

Tägliche Bibellese 1. Samuel 8,1-22 · Psalm 90,10-17

13 Montag
Mai

SA 05:36 · SU 21:00
MA 09:41 · MU 02:14

Ich elender Mensch! Wer wird mich retten?

Römer 7,24

Martin Boos – ein Priester findet die Gnade (1)

Martin Boos (1762–1825) ist der Sohn einer wohlhabenden Bauernfamilie im Allgäu. Von frühester Jugend an hat er ein starkes Sündenbewusstsein. Er hat einen tadellosen Charakter und führt ein rechtschaffenes Leben. Als fleißiger Student schließt er sein Theologiestudium mit Erfolg ab. 1781 wird er zum Priester der römisch-katholischen Kirche geweiht. Seine Aufgaben im Amt nimmt er gewissenhaft wahr. Viele Jahre später erzählt er, welche „gewaltigen Anstrengungen" er auf sich nahm, um ein guter und rechtschaffener Mensch zu werden und das ewige Heil zu erlangen:

„Jahrelang schlief ich sogar im Winter auf dem kalten Boden neben meinem Bett; ich geißelte mich, bis ich blutete; ich fastete und gab mein Brot den Armen; ich verbrachte jede freie Stunde in der Kirche oder auf dem Friedhof; ich betete stundenlang; ich ging fast jede Woche zur Beichte und zur Kommunion; kurz, ich erwarb mir solche Frömmigkeit, dass ich zum Vorsteher einer Glaubensgemeinschaft ernannt wurde. Aber was für ein Leben führte ich! Bei all meiner Heiligkeit versank ich immer mehr in mich selbst, wurde schwermütig, unruhig und wortkarg. In meinem Herzen wusste ich, dass ich ein elender, sündiger Mensch war. Wer konnte mich erlösen? Niemand war da, der mir gesagt hätte, dass wir die Gnade Gottes erhalten durch Jesus Christus, unseren Herrn, oder dass ‚der Gerechte durch Glauben leben wird' (Römer 1,17). Und wenn ich Glauben erlangt hätte, so hätte mir die ganze Welt mit all ihrer Gelehrsamkeit und geistlichen Autorität eingeredet, dass ich Gift geschluckt hätte und alle um mich herum vergiften würde; dass ich es verdiente, gehängt, ertränkt, eingekerkert, verbannt oder verbrannt zu werden."

(Fortsetzung morgen)

Tägliche Bibellese 1. Samuel 9,1-14 · Psalm 91,1-8

14 Dienstag Mai

SA 05:34 · SU 21:02
MA 10:56 · MU 02:41

*Ein Mensch wird durch Glauben gerechtfertigt,
ohne Gesetzeswerke.*

Römer 3,28

Martin Boos – ein Priester findet die Gnade (2)

Etwa sieben Jahre setzt Martin Boos seine Anstrengungen fort, fromm zu werden und sich das Heil zu erwerben, bis Gott ihm auf unerwartete Weise die Augen öffnet.

Er erzählt weiter: „Etwa im Jahr 1788 besuchte ich eine sterbende Bäuerin, die wegen ihrer tiefen Demut und beispielhaften Frömmigkeit sehr angesehen war. Ich sagte zu ihr: ‚Sie werden selig und in Frieden sterben.‘ – ‚Aber warum denn?‘, fragte sie. – ‚Weil Sie so fromm und heilig gelebt haben‘, antwortete ich. Die Kranke lächelte über meine Worte und sagte: ‚Wenn ich im Vertrauen auf meine Frömmigkeit sterben würde, so wüsste ich gewiss, dass ich verdammt würde. Aber im

Vertrauen auf Jesus, meinen Retter, kann ich getrost und in Frieden sterben. Was sind Sie nur für ein Priester! Was für ein Tröster! Was würde aus mir, wenn ich auf Sie hören würde? Wie könnte ich vor Gott bestehen, vor dem jeder einmal Rechenschaft ablegen muss? Welche unserer guten Werke und Eigenschaften würden sich nicht als zu leicht erweisen, wenn sie in die göttliche Waagschale gelegt werden? Nein, wenn Jesus Christus nicht für mich gestorben wäre, dann wäre ich für immer verloren trotz all meiner guten Werke und meiner Frömmigkeit. Jesus ist meine Hoffnung, meine Rettung und mein ewiges Glück.'"

Der junge Priester ist erstaunt. Er ist an das Bett dieser sterbenden Frau gekommen, um sie, wenn möglich, zu trösten, obwohl er selbst nicht weiß, dass wahrer Trost nur in Christus zu finden ist und nicht in religiösen Riten und Zeremonien. Er hat Belehrung gefunden, obwohl er sie nicht gesucht hat, und sein Erstaunen verwandelt sich in Scham, als ihm klar wird, dass er trotz all seiner Gelehrsamkeit nichts von dem weiß, was diese einfache Frau so gut kennt.

(Schluss morgen)

Tägliche Bibellese 1. Samuel 9,15-27 · Psalm 91,9-16

15 Mittwoch
Mai

SA 05:33 · SU 21:03
MA 12:11 · MU 03:01

Durch die Gnade seid ihr errettet, mittels des Glaubens; und das nicht aus euch, Gottes Gabe ist es; nicht aus Werken, damit niemand sich rühme.

Epheser 2,8.9

Martin Boos – ein Priester findet die Gnade (3)

Zu seinem Glück lässt Martin Boos sich von einer einfachen Frau belehren. Das Zeugnis der sterbenden Bäuerin macht einen unauslöschlichen Eindruck auf ihn. Schließlich verwirft er die Lehre, dass wir errettet würden „aus Werken, die, in Gerechtigkeit vollbracht, wir getan hatten". Er vertraut nun ganz auf das, was „Jesus Christus, der Gerechte", durch sein Leiden und Sterben am Kreuz vollbracht hat (Titus 3,5; 1. Johannes 2,1).

Auch wenn der Mensch sich noch so sehr bemüht, das Seelenheil zu erlangen – es ist alles vergeblich! Seine Gerechtigkeit, auf die er sich so viel einbildet, ist nur „wie ein unflätiges Kleid" (schmutzige

Lumpen), und seine Weisheit, mit der er prahlt, ist „Torheit bei Gott" (Jesaja 64,5; 1. Korinther 3,19).

Werke, Gerechtigkeit und Weisheit – all diese Eigenschaften besitzt Martin Boos in großem Maß. Doch am Sterbebett dieser Frau lernt er, all seine guten Werke und Vorzüge, so wie der Apostel Paulus, als „Dreck" anzusehen, damit er einmal vor dem Richterstuhl Gottes bestehen kann (Philipper 3,8). Das Vertrauen auf das Werk Christi und Errettung nicht durch Werke, sondern allein durch Gnade – das wird nun das zentrale Thema seiner Predigten.

Nichts, was du jemals tun könntest, wird dir helfen, die große Rechnung zwischen deiner Seele und Gott zu begleichen. Um errettet zu werden, musst du aufhören, dich auf deine eigenen Werke zu verlassen, und dich allein auf das Werk Christi stützen. Gott nimmt dieses Werk an, und Er nimmt dich nur aufgrund dessen an, was Christus ein für alle Mal vollbracht hat, und nicht aufgrund irgendeines guten Werkes, das du getan hast, gerade tust oder einmal tun wirst. Vertraue im Glauben ganz auf den Erlöser Jesus Christus und sein Werk und du bist errettet und in alle Ewigkeit begnadigt.

Tägliche Bibellese 1. Samuel 10,1-12 · Psalm 92,1-16

Jesus, den Nazaräer, einen Mann, von Gott vor euch bestätigt durch mächtige Taten und Wunder und Zeichen, die Gott durch ihn in eurer Mitte tat, wie ihr selbst wisst.

Apostelgeschichte 2,22

Wunder

Manchmal haben Menschen Mühe mit den Wundern, die Jesus Christus wirkte. Dabei sind seine Wunder ausreichend und zuverlässig bestätigt:

1. Sie wurden *in der Öffentlichkeit* gewirkt und geschahen nicht heimlich und wurden dann weitererzählt. Nein, Petrus sagt hier, dass Gott sie durch Ihn tat „in eurer Mitte, wie ihr selbst wisst". Und bemerkenswerterweise leugneten seine Gegner nie, dass Jesus tatsächlich Wunder vollbrachte.
2. Sie wurden zum Teil *vor Nichtgläubigen* vollbracht, wie z.B. das Wunder der Brotvermehrung (Johannes 6,1-13).

3. Sie wurden *über einen längeren Zeitraum*, d.h. drei Jahre, vollbracht. Dabei beherrschte Jesus Naturgewalten, Krankheiten und Dämonen, besaß übernatürliches Wissen und sogar Macht über den Tod.
4. Sie wurden von den *Geheilten* bestätigt, so z.B. von dem Mann, der blind war: „Eins weiß ich, dass ich blind war und jetzt sehe" (Johannes 9,25).
5. Seine Wunder stehen *in direkter Verbindung* mit seiner Botschaft, seiner Geburt, seinem Tod und seiner Auferstehung.

Vielleicht wenden Sie ein, dass die Schreiber nicht objektiv waren, weil sie selbst gläubig waren. Doch das ist kein Hinderungsgrund. Jedes Gericht im Staat handelt auf der Grundlage verlässlicher Zeugenaussagen. Dabei kommt es auf die Wahrheit an – nicht auf räumliche Nähe oder auf die Beziehung, in der ein Zeuge zu den Ereignissen steht. Sagten die Jünger die Wahrheit? Ihre Augenzeugenberichte wurden dem härtesten Wahrheitstest unterzogen – viele von ihnen bezahlten ihre Aussagen mit dem Tod.

17 **Freitag**
Mai

SA 05:30 · SU 21:06
MA 14:32 · MU 03:29

Aus den Tiefen rufe ich, HERR, zu dir!

Psalm 130,1

Der Blick aus der Tiefe

Es war kurz nach dem Krieg. Vor einem großen Mietshaus spielten Kinder. Da kam die Frage auf, wer wohl am weitesten sehen könne. Der Junge aus dem ersten Stock sagte, er könne die Felder am Rand der Stadt sehen. Das Mädchen aus dem zweiten Stock behauptete, sie könne sogar den Deich sehen. Und der Junge, der im dritten Stock wohnte, trumpfte auf, er könne sogar die Schiffe auf dem Meer hinter dem Deich sehen. Nur die Tochter des Hausmeisters, die im Keller wohnte, schwieg. Schließlich sagte sie leise: „Mein Bett steht ganz nah am Fenster. Und wenn es abends dunkel wird, kann ich die Sterne sehen."

Viele Menschen wollen hoch hinaus, wollen die Größten, Schönsten, Schnellsten, Reichsten oder Berühmtesten sein. Aber wie oft landen sie hart auf dem Boden der Tatsachen, finden sich wieder im „Keller des Lebens" mit Versagen, Unrecht und Schuld. Doch wenn sie jetzt ihren Blick nach oben richten, wenn sie sich aus der Tiefe zu Gott wenden und mit Ihm über ihre Lage, ihre Not und den Schutt ihres Lebens reden – dann werden sie erfahren, dass Gott hört und hilft.

Sie werden erfahren, was der Dichter hier in seinem Lied (Psalm 130) beschreibt: Er ruft aus der Tiefe hinauf zu Gott, er ist sich seiner vielen Ungerechtigkeiten bewusst und er weiß, dass Gott seine Sünden nicht übersehen wird. Dann aber stellt er – fast triumphierend – fest: „Doch bei dir ist Vergebung."

Er erinnert sich: „Bei dem HERRN ist die Güte" und „viel Erlösung ist bei ihm" (Verse 4.7). Wenn das mal nicht befreiende Tatsachen sind! Und die können auch Menschen des 21. Jahrhunderts noch erleben.

„Denn du, Herr, bist gut und zum Vergeben bereit und groß an Güte für alle, die dich anrufen" (Psalm 86,5).

Tägliche Bibellese 1. Samuel 11,1-15 · Psalm 94,1-11

18 Samstag Mai

So viele ihn (Jesus Christus) aber aufnahmen, denen gab er das Recht, Kinder Gottes zu werden, denen, die an seinen Namen glauben, die nicht aus Geblüt noch aus dem Willen des Fleisches noch aus dem Willen des Mannes, sondern aus Gott geboren sind.

Johannes 1,12.13

Seht, welch eine Liebe uns der Vater gegeben hat, dass wir Kinder Gottes heißen sollen! Und wir sind es.

1. Johannes 3,1

Wie wird man ein Kind Gottes?

Um diese Frage zu beantworten, wollen wir zunächst sehen, wie man es nicht wird:

- Nicht aus Geblüt: Ein Kind Gottes wird man nicht durch natürliche Abstammung. Wenn die Eltern Kinder Gottes sind, so ist man deshalb nicht automatisch selbst ein Kind Gottes. Gott hat nur Kinder, keine Enkelkinder.

- Nicht aus dem Willen des Fleisches: Ein Kind Gottes wird man nicht durch Werke und eigene Willensanstrengung. Auch die natürliche Geburt ist ja ohne unseren Willen geschehen.
- Nicht aus dem Willen des Mannes: Ein Kind Gottes wird man nicht durch das Werk eines anderen, so als könnte jemand einen anderen z. B. durch die Taufe zu einem Kind Gottes machen.

Wir werden also nicht durch unsere Eltern zu Kindern Gottes, nicht durch uns selbst und ebenso wenig durch irgendjemand anders. Durch wen dann? Wir werden nur durch Gott zu einem Kind Gottes. Durch Ihn allein. Wir müssen „aus Gott geboren" werden.

Diese Neugeburt zu erklären, ist schwierig, sie zu erleben dagegen einfach: Wer erkennt, dass er ein verlorener Sünder ist, und an Jesus Christus glaubt, der wird von neuem geboren. Dann ist er ein Kind Gottes. Für immer.

19 Sonntag
Mai
Pfingsten

SA 05:27 · SU 21:09
MA 16:50 · MU 03:49

Nachdem ihr geglaubt habt, seid ihr versiegelt worden mit dem Heiligen Geist der Verheißung.

Epheser 1,13

In einem Geist sind wir alle zu einem Leib getauft worden ... und sind alle mit einem Geist getränkt worden.

1. Korinther 12,13

Die Wirkungen des Heiligen Geistes (1)

Christus kehrte nach seiner Auferstehung in den Himmel zurück. Am Pfingsttag ging dann in Erfüllung, was Er verheißen hatte: Der Heilige Geist kam auf die Erde, um von da an in den Gläubigen zu wohnen. Das geschah damals unter besonderen, auffallenden Begleiterscheinungen. Es war die Anfangszeit des Christentums, eine Übergangszeit, die uns in der Apostelgeschichte berichtet wird. Damals „zeugte Gott mit, sowohl durch Zeichen als durch Wunder". Dadurch wurde das neue Werk Gottes beglaubigt, bis die Lehre des Christentums völlig „offenbart" und „das Wort Gottes vollendet" war (Hebräer 2,4; Kolosser 1,25.26).

Wenn heute ein Mensch zum Glauben an Jesus Christus kommt und den Heiligen Geist empfängt, geschieht das nicht mehr unter äußerlich sichtbaren Erscheinungen, sondern innerlich: „Der Heilige Geist selbst bezeugt mit unserem Geist, dass wir Kinder Gottes sind" (Römer 8,16). Der Heilige Geist bewirkt in den Gläubigen das Wissen, dass sie Kinder Gottes sind.

Und dann möchte der Heilige Geist die Gläubigen auf ihrem Lebensweg leiten, damit sie den Willen Gottes erkennen und tun: „So viele durch den Geist Gottes geleitet werden, diese sind Söhne Gottes" (Römer 8,14).

Außerdem hat der Heilige Geist alle Gläubigen zu dem einen geistlichen Leib zusammengefügt, dessen Haupt Christus ist, der verherrlichte Herr im Himmel. Der Heilige Geist wohnt in jedem Gläubigen, darum ist ihr Körper der „Tempel des Heiligen Geistes" (1. Korinther 6,15; 12,13; 6,19).

Tägliche Bibellese 1. Samuel 12,16–13,5 · Psalm 95,1-11

20

Montag
Mai
Pfingstmontag

SA 05:26 · SU 21:10
MA 18:01 · MU 04:00

Jesus sprach: Ich werde den Vater bitten, und er wird euch einen anderen Sachwalter geben, dass er bei euch sei in Ewigkeit, den Geist der Wahrheit, den die Welt nicht empfangen kann, weil sie ihn nicht sieht noch ihn kennt. Ihr kennt ihn, denn er bleibt bei euch und wird in euch sein.

Johannes 14,16.17

Die Wirkungen des Heiligen Geistes (2)

In der Christenheit wird viel vom Heiligen Geist gesprochen. Manche denken dabei an Zeichen und Wunder, die man für Wirkungen des Geistes Gottes hält. Doch die Aufgabe des Heiligen Geistes ist nicht, sich selbst und sein Wirken in den Mittelpunkt zu stellen, sondern die Person des verherrlichten Sohnes Gottes und sein Wirken. Dazu benutzt Er das geschriebene Wort Gottes, und zwar neben dem Alten Testament die vier verschiedenen Teile, die das Neue Testament bilden. Das sind:

1. die Evangelien: „Der Sachwalter aber, der Heilige Geist, den der Vater senden wird in meinem Namen, der wird euch alles lehren und euch an alles erinnern, was ich euch gesagt habe" (Johannes 14,26);
2. die Apostelgeschichte: „Wenn aber der Sachwalter gekommen ist ..., wird er von mir zeugen. Aber auch ihr zeugt, weil ihr von Anfang an bei mir seid" (Johannes 15,26.27);
3. die Lehrbriefe: „Wenn aber jener, der Geist der Wahrheit, gekommen ist, wird er euch in die ganze Wahrheit leiten; denn er wird nicht von sich selbst aus reden, sondern was er hören wird, wird er reden";
4. die Offenbarung: „... und das Kommende wird er euch verkündigen" (Johannes 16,13).

Das Ziel dieser Aufgabe des Heiligen Geistes in der heutigen Zeit wird vom Herrn Jesus Christus selbst wie folgt zusammengefasst: „Er wird mich verherrlichen, denn von dem Meinen wird er empfangen und euch verkündigen" (Johannes 16,14).

Tägliche Bibellese 1. Samuel 13,6-23 · Psalm 96,1-13

21 **Dienstag**
Mai

Gott ist einer, und einer ist Mittler zwischen Gott und Menschen, der Mensch Christus Jesus, der sich selbst gab als Lösegeld für alle.

1. Timotheus 2,5.6

Le Pont d'Avignon

Kaum eine Brücke ist so berühmt wie die Pont Saint-Bénézet in Avignon in Frankreich. Erbaut im Jahr 1355 überspannte sie in 22 Bögen die beiden Flussarme der Rhone. Mit ihren insgesamt 900 Metern war sie damals die längste Brücke Europas. Doch bereits im Jahr 1660 musste sie aufgegeben werden. Übrig geblieben sind 4 Bögen – der Rest wurde durch Krieg und Hochwasser (und vielleicht auch falsche Berechnungen) zerstört. Heute gilt sie als das Wahrzeichen der Stadt Avignon und gehört zum UNESCO-Welterbe. Doch als Brücke, als *Übergang* oder *Verbindung*, hat sie ihren Zweck verfehlt.

Brücken sollen verbinden und sie sollen sicher sein – so wie Gott eine Brücke zu den Menschen geschlagen hat. Für sie hat Er seinen Sohn Jesus Christus gesandt, der am Kreuz das „Lösegeld für alle" bezahlt hat. Nun könnten alle gerettet werden – wenn sie denn wollten ... wenn sie den Preis, der für sie bezahlt worden ist, für sich in Anspruch nehmen würden ... wenn sie ihren Fuß auf das Rettungswerk von Golgatha setzen würden.

Doch viele bauen lieber ihre eigene Brücke, konstruieren sich ihren eigenen Weg zu Gott, und merken erst zu spät, dass sie damit nie ankommen, nie das Ziel erreichen werden. Denn kein Mensch kann auf einem eigenen Weg Gott erreichen. Nur der Weg, den Gott selbst bereitet hat, führt zum Ziel. Deshalb sagt Jesus Christus: *„Ich* bin der Weg und die Wahrheit und das Leben. Niemand kommt zum Vater als nur durch mich"* (Johannes 14,6).

Die Brücke zu Gott ist da: Sie trägt, auf ihr erreicht man das Ziel und sie hat Platz für jeden. Sie muss nur betreten werden. Und zwar von jedem persönlich.

Tägliche Bibellese 1. Samuel 14,1-10 · Psalm 97,1-12

22 Mittwoch Mai

Geh hin zur Ameise, du Fauler, sieh ihre Wege und werde weise. Sie, die keinen Richter, Vorsteher und Gebieter hat, sie bereitet im Sommer ihr Brot, sammelt in der Ernte ihre Nahrung ein.

Sprüche 6,6-8

Naturbeobachtungen – Ameisen und Blattläuse

Die ununterbrochene Aktivität in einem Ameisenhaufen ist beeindruckend. Haben Sie schon einmal die „züchtenden Ameisen", z. B. an einem Rosenstrauch, beobachtet? Sie züchten Läuse, füttern und schützen sie und erhalten im Gegenzug von ihnen Nahrung. Blattläuse ernähren sich von einem zuckerhaltigen Saft. Anschließend sondern sie eine süße, durchsichtige Flüssigkeit ab, den Honigtau, dem die Ameisen nicht widerstehen können.

Ameisen und Blattläuse haben eine Art Abkommen miteinander geschlossen. Die Ameisen gewähren den Läusen Unterschlupf und Schutz, und als Gegenleistung geben die Blattläuse den Ameisen Nahrung. Manchmal bauen die Ameisen aus kleinen Teilen faseriger Pflanzen sogar eine Art Höhle, die den Blattläusen als Unterschlupf dient.

Es ist ein wunderbares Beispiel des Miteinanders, das uns diese Insekten zeigen. Wir können einander nützlich sein, indem wir uns umeinander kümmern. Die Bibel lädt uns dazu ein, durch die Liebe einander zu dienen (Galater 5,13). Zudem ermuntert sie uns dazu, die Ameisen zu beobachten. Die Bibel erwähnt sie lobend als Vorbild für die sorgfältige und behutsame Arbeit. Wir sollen weder faul noch träge sein.

Auch für die Arbeit in Harmonie sind die Ameisen Lehrmeister – der Ameisenhaufen lebt und entwickelt sich weiter. So sollte es auch in der Gemeinde oder Versammlung Gottes sein, deren Haupt Christus im Himmel ist. Wenn sich alle nach Ihm ausrichten und Ihm treu sind, dann gedeiht die Gemeinschaft der Gläubigen.

Tägliche Bibellese 1. Samuel 14,11-23 · Psalm 98,1-9

23 Donnerstag Mai

SA 05:23 · SU 21:14
MA 21:50 · MU 04:46

Wer mich findet, hat das Leben gefunden und Wohlgefallen erlangt von dem HERRN.

Sprüche 8,35

Religiös sein genügt nicht

Vielleicht glauben Sie, dass es einen Gott im Himmel gibt. Vielleicht gehören Sie sogar einer Kirche oder Gemeinde an. Doch ohne Jesus Christus als Ihren Herrn und Erlöser ist das, was Sie glauben und tun, zu nichts nütze.

Ich war auch viele Jahre religiös, dabei aber unglücklich. Doch jetzt kenne ich Jesus als meinen Retter, und da ich Ihn habe, bin ich wirklich glücklich. Kurz nach meiner Bekehrung kam eine Bekannte zu mir, die ich lange nicht gesehen hatte. Als sie mich sah, rief sie aus: „Etwas hat dir zehn Jahre aus dem Gesicht genommen, seit ich dich das letzte Mal gesehen habe!" „Ja", sagte ich, „aber die zehn Jahre in meinem Gesicht sind nichts gegen die Last, die der Herr Jesus von meinem Herzen genommen hat."

Letztes Jahr erschien am Büchertisch eine Frau, die mich mit den Worten begrüßte: „Seit ich letztes Jahr hier einen christlichen Kalender geschenkt bekommen habe, ist etwas passiert: Ich habe mich bekehrt." – Und man sah es ihrem Gesicht an.

Darf ich einmal persönlich werden? Kennen Sie Sünden, die nicht vergeben sind, die Sie niederdrücken?

Und kennen Sie schon den, der auch Ihre „Sünden an seinem Leib auf dem Holz getragen hat" und durch dessen Wunden Sie geheilt werden können (1. Petrus 2,24; Jesaja 53,5)?

Wie auch immer Ihre Vergangenheit aussehen mag, wie viel oder groß die Last auch ist, die Ihnen zu schaffen macht, wie groß Ihre religiösen Bemühungen auch sein mögen – *Sie brauchen keine Religion, sondern eine Person:* Jesus Christus! Wenn Jesus Christus Ihr Erlöser ist, haben Sie den, der Sie in jeder Situation glücklich macht!

24 Freitag
Mai

SA 05:22 · SU 21:15
MA 23:05 · MU 05:15

Gott ist Liebe. Hierin ist die Liebe Gottes zu uns offenbart worden, dass Gott seinen eingeborenen Sohn in die Welt gesandt hat, damit wir durch ihn leben möchten.

1. Johannes 4,8.9

Die Liebe Gottes

Sind Sie sich dessen bewusst, dass Gott Sie bedingungslos liebt? Vielleicht gehören Sie ja zu den Menschen, die sagen: „Das kann ich mir nicht vorstellen. In meinem Leben gibt es so viel, was Gott nicht gutheißen kann. Wie kann Er mich da lieben? Ich würde Ihn ja gern durch gute Taten günstig stimmen – aber kann ich dadurch die schlechten Taten rückgängig machen? Was soll ich nur tun, damit Gott mit mir zufrieden ist?"

Die Antwort ist: Gottes Liebe kann man sich nicht verdienen! Gott liebt uns nicht, weil wir so liebenswert wären, sondern weil Er uns lieben will. Sein Wesen ist „Liebe"! Das bedeutet allerdings nicht, dass Er der „liebe Gott" ist, der großzügig über alle Sünden hinwegsieht. Das kann Er nicht, denn Er ist zugleich heilig und gerecht: „Ist Gott etwa ungerecht, dass er den Zorn auferlegt?" (Römer 3,5).

Nein, weil Gott Liebe ist, bietet Er jedem Menschen an, dass er ohne eigene Anstrengung von allen Sünden befreit werden kann. Wenn Sie Ihm Ihre Sünden aufrichtig bekennen, empfangen Sie augenblicklich Vergebung. Sie dürfen dann für sich in Anspruch nehmen, dass Jesus die Strafe für alle Ihre Sünden bereits empfangen hat.

Aber vielleicht gehören Sie ja zu den Menschen, die meinen, Gottes Liebe durchaus verdient zu haben. Sie sind davon überzeugt, nie etwas Schlimmes getan zu haben. In diesem Fall gilt auch Ihnen: Gott liebt Sie! Und deshalb versucht Er alles, um Sie von Ihrer Selbsttäuschung zu befreien. Er möchte Sie nämlich nicht einmal bestrafen müssen, weil Sie in ihren Sünden gestorben sind. In diesem Fall würde sich seine Liebe für Sie in ein schonungsloses Gericht verwandeln. Das wünsche ich Ihnen nicht!

25 Samstag
Mai

Deine Worte waren vorhanden, und ich habe
sie gegessen, und deine Worte waren mir zur
Wonne und zur Freude meines Herzens.

Jeremia 15,16

Wirkung nur bei ordnungsgemäßem Gebrauch

Ein Missionsarzt in Afrika erzählt:

„Eines Tages kommt ein alter Mann zu mir und jammert über Schmerzen im Rücken, an der Schulter und am Kopf. Er beschreibt sie und ich händige ihm Tabletten aus, die er dreimal täglich einnehmen soll. Um sicher zu sein, dass er mich richtig verstanden hat, erkläre ich es ihm noch einmal: ‚Also, eine Tablette nach Sonnenaufgang, eine mittags und eine vor Sonnenuntergang.' Er wettert: ‚Ich bin doch kein Dummkopf', und geht.

Zwei Wochen später ist er wieder da und beschwert sich, dass die Medizin nicht geholfen habe. ‚Großvater', frage ich ihn, ‚hast du die

Medizin auch so genommen, wie ich es dir erklärt habe?' Da kommt ein verschmitzter Ausdruck in sein Gesicht: ,Sie zu schlucken, würde bedeuten, sie zu verschwenden.' Er lüftet seinen Umhang und weist auf ein Päckchen, das um seinen Hals baumelt. Hier befinden sich seine Tabletten. ,Meine Weisheit sagt mir, was ich tun muss: Wenn ich Schmerzen habe, drücke ich das Päckchen mit den Tabletten gegen die entsprechende Stelle. Aber es hilft nicht!', sagt er und spuckt verächtlich aus. Widerwillig nimmt er dann eine Tablette in meiner Gegenwart. Wie staunt er, dass zwei Stunden später seine Schmerzen wirklich nachlassen!"

Genauso muss die Bibel gelesen und befolgt werden. Sie muss „gegessen", muss persönlich angewendet werden. Nur dann können die lebendigen Worte Gottes ihre Wirkung entfalten, können Vergebung und neues göttliches Leben schenken und geistliches Wachstum, Frieden und Freude bewirken. Dann verwenden wir sie „ordnungsgemäß", nämlich genau so, wie der göttliche Autor es vorgesehen hat.

Tägliche Bibellese 1. Samuel 15,1-16 · Psalm 101,1-8

*Und der König Herodes wurde sehr betrübt;
doch um der Eide und um derer willen, die mit
zu Tisch lagen, wollte er sie nicht zurückweisen.
Und sogleich schickte der König einen
Leibwächter und befahl, sein Haupt zu bringen.
Und der ging hin und enthauptete ihn [Johannes]
im Gefängnis. Und er brachte sein Haupt auf
einer Schale und gab es dem Mädchen, und das
Mädchen gab es seiner Mutter. Und als seine
Jünger es hörten, kamen sie und hoben seinen
Leichnam auf und legten ihn in eine Gruft.*

Markus 6,26-29

Gedanken zum Markus-Evangelium

Zeitungsberichte über Königshäuser werden oftmals mit größtem Interesse gelesen. Man fühlt sich in eine andere Welt versetzt. Denn was bei den Prominenten geschieht, spiegelt oftmals nicht den Alltag des durchschnittlichen Bürgers wider.

Auch Gott berichtet in seinem Wort über Königshäuser dieser Welt. Doch seine Berichte sind ernüchternd: In der gehobenen Gesellschaft herrscht dieselbe Moral wie in allen anderen Gesellschaftsschichten. Überall ist die Sünde anzutreffen: Ehebruch, Intrigen, Rache, Gewalt etc.

Im Haus des Herodes schwelen Rachegedanken. Dass Johannes der Täufer den König wegen seines Ehebruchs mit Herodias zurechtgewiesen hat, will Herodias nicht auf sich sitzen lassen. Als Herodes ihrer Tochter einen Traumwunsch erfüllen will, flüstert Herodias ihr ein, den Kopf des Johannes auf einer Schale zu fordern.

Der König wird sehr traurig, denn eigentlich will er diesen gerechten Mann nicht töten. Hätte er doch nicht im Leichtsinn und Überschwang seiner Gefühle diesen Eid abgelegt! Was soll er nun machen? Den Schwur zurücknehmen? Das wäre das Richtige, denn sonst würde er unschuldiges Blut vergießen. Doch er will sein Gesicht nicht verlieren und erlässt deshalb den Mordbefehl.

Was tun wir alles, um unser Gesicht nicht zu verlieren? Sind wir unbeugsam oder können wir auch zugeben, wenn wir uns verrannt haben?

Tägliche Bibellese 1. Samuel 15,17-35 · Psalm 102,1-11

27 Montag
Mai

Am folgenden Tag sieht er Jesus zu sich kommen und spricht: Siehe, das Lamm Gottes, das die Sünde der Welt wegnimmt.

Johannes 1,29

Szenen aus Johannes – Das Lamm Gottes

Die Menschen sammeln sich jenseits des Jordan-flusses ganz im Süden von Israel, wo Johannes tauft (Johannes 1,19-32). Viele Landsleute sind voller Erwartung. Ihr Land steht unter der Herrschaft der Römer. Und sie warten doch schon so lange auf den Messias, den Retter Israels, den Gott ihnen vor Jahrhunderten versprochen hat.

Die Sehnsucht nach dem Retter Israels ist so groß, dass viele ihre Arbeit und zum Teil auch ihre Familien allein gelassen haben. Sie strömen in Scharen zu Johannes dem Täufer, der sie mit seiner kraftvollen Predigt anzieht.

Es gibt Gerüchte: Johannes sei der von Gott versprochene Retter. Manche sagen auch, er sei der aus dem Himmel zurückgekehrte Prophet Elia ... Die jüdischen Religionswächter aus Jerusalem schicken Boten, um Johannes zu befragen. „Nein", sagt Johannes, „das alles bin ich nicht. Ich bin, wie Jesaja vorhergesagt hat, derjenige, der den Weg für den Retter unseres Volkes freimachen wird." „Und", wollen die Boten wissen, „mit welchem Recht taufst du dann überhaupt?"

Johannes' Taufe ist eine Bußtaufe, das heißt, er tauft Menschen, die ihre Sünden bereuen, im Jordan.

Am nächsten Tag kommt Jesus zum Jordan. Johannes erkennt, wer da vor ihm steht – und er ruft aus, was er weiß: „Das ist der Messias – das Lamm Gottes, das die Sünde der Welt wegnimmt. Er ist der Sohn Gottes."

Lamm Gottes – darüber müssen die Menschen in Israel erst einmal nachdenken. Das Passahlamm ist ihnen ein Begriff, weil sie es jährlich beim sogenannten Passahfest schlachten und sein Fleisch essen. Sie erinnern sich dabei an die damalige Befreiung aus Ägypten. Jesus soll also sterben und dadurch Befreiung schaffen?

Tägliche Bibellese 1. Samuel 16,1-13 · Psalm 102,12-18

28 Dienstag
Mai

SA 05:18 · SU 21:20
MA 01:35 · MU 09:27

Du wirst Größeres als dieses sehen.

Johannes 1,50

Szenen aus Johannes – Erste Jünger

„Der Messias ist da!" Diese Nachricht breitet sich aus, zuerst unter den Jüngern von Johannes dem Täufer (Johannes 1,43-51). „Wir haben ihn gefunden!" Begeisterte Zustimmung bei den einen, Skepsis bei den anderen. „Aus Nazareth? Was soll denn aus dem Nest Gutes kommen?" So fragt Nathanael voller Zweifel Philippus, der schon zu den Nachfolgern Jesu gehört. Philippus überlegt. Was hat ihn selbst überzeugt? Am besten macht sich Nathanael selbst ein Bild. „Komm und sieh", sagt er deshalb einfach. Und der skeptische Nathanael geht mit.

Jesus ist nicht überrascht, als Nathanael zu ihm kommt. „Ein Israelit, in dem kein Falsch ist!", sagt Er, als Er ihn sieht. „Woher kennst du mich?", fragt Nathanael überrascht. „Ich habe dich schon gesehen, bevor Philippus zu dir kam, als du unter dem Feigenbaum gesessen hast." Nathanael ist wie vom Blitz getroffen. Der Feigenbaum – das ist jetzt eine Sache zwischen ihm und Jesus, dem Herrn. Keiner der Umstehenden versteht so richtig, wovon die Rede ist. Aber Nathanael begreift im gleichen Moment: Hier redet ein Größerer mit ihm, jemand der mehr von ihm weiß, als er gedacht hat. Er ist sichtlich beeindruckt.

„Rabbi", sagt er zu Jesus. Rabbi, das war die achtungsvolle Anrede für einen geistlichen Lehrer im Judentum. „Rabbi, du bist der Sohn Gottes, du bist der König Israels." Nathanael versteht auf Anhieb: Jesus ist mehr als nur irgendein Mann aus Nazareth. Nein, Jesus ist tatsächlich der, von dem Philippus berichtet hat: der Messias. Und aus den Psalmen weiß Nathanael, dass der Messias der König ist, von dem Gott sagt: „Du bist mein Sohn" (Psalm 2,7).

„Weil ich sagte, dass ich dich unter dem Feigenbaum sah, glaubst du schon?", fragt Jesus ihn. „Du wirst Größeres als dieses sehen!" – Wer an Jesus glaubt und in Ihm den Sohn Gottes sieht, kommt aus dem Staunen nicht heraus ...

Jesus antwortete und sprach zu ihm:
Wahrlich, wahrlich, ich sage dir:
Wenn jemand nicht von neuem geboren wird,
so kann er das Reich Gottes nicht sehen.

Johannes 3,3

Szenen aus Johannes – Der Lehrer Israels

In der jüdischen Führungsschicht brodelt weiterhin die Frage: Wer ist Jesus? Ein Betrüger, ein Hochstapler, ein Prophet, ein Lehrer oder – Gottes Sohn?

Das ist die Frage der Fragen seit 2000 Jahren, an der sich alles entscheidet. Das weiß damals schon Nikodemus, ein kluger, gelehrter und belesener Jude und ein Pharisäer (Johannes 3,1-18). Er ist ein zweifelnder, skeptischer, vorsichtiger Mann. Deshalb geht er in der Nacht zu Jesus – seine Kollegen müssen ihn nicht unbedingt sehen. „Rabbi" – wieder die achtungsvolle Anrede. „Rabbi, wir wissen, dass du ein Lehrer bist, von Gott gekommen, denn niemand kann diese Zeichen tun, die du tust, wenn Gott nicht mit ihm ist."

Anerkennende Worte von Nikodemus, doch Jesus fällt ihm gleich ins Wort. „Es geht nicht darum, religiöse Standpunkte auszutauschen, Nikodemus. Wenn du in Gottes Reich kommen willst, musst du dir neues Leben aus ihm und von ihm schenken lassen. Um das zu ermöglichen, bin ich gekommen. Ich bin nicht nur ein von Gott gesandter Lehrer, sondern ich bin der Weg zu Gott. Gott hat mich in diese Welt gesandt, damit jeder, der an mich glaubt, nicht verloren gehe, sondern ewiges Leben habe. Nikodemus, du musst von neuem geboren werden – durch den Geist Gottes. Sonst wirst du Gottes Reich nie sehen."

Nikodemus ist überrascht. Er hat auch noch nicht alles verstanden. Aber er denkt darüber nach ... Später, als die Pharisäer und Schriftgelehrten Jesus anfeinden und ihn verhaften lassen wollen, setzt sich Nikodemus, wenn auch noch zaghaft, für ihn ein. Und nach der Kreuzigung Jesu, als alles verloren scheint, da stellt sich Nikodemus ganz klar auf seine Seite. An Ihn glaubt er – egal, was seine Kollegen sagen.

Tägliche Bibellese 1. Samuel 17,1-16 · Psalm 103,1-12

30 Donnerstag Mai

Wer irgend aber von dem Wasser trinkt, das ich ihm geben werde; den wird nicht dürsten in Ewigkeit.

Johannes 4,14

Szenen aus dem Johannesevangelium – In Samaria

In Judäa wird es gefährlich. Die Pharisäer lehnen Jesus entschieden ab (nachzulesen in Johannes 4). Durch die Jünger Jesu lassen sich noch mehr Leute taufen als durch Johannes. Jesus Christus zieht immer größere Menschenmengen an. Das kleine geduldete Feuer scheint zum Waldbrand zu werden. Deshalb beginnen die Pharisäer zu beraten, was zu tun ist.

So weicht der Herr Jesus für die nächste Zeit nach Galiläa aus. Auf dem Weg dorthin reist er durch Samaria. Die Route ist ungewöhnlich, denn die Juden machten eher einen weiten Umweg, als durch den Landstrich der Samariter zu ziehen!

Die Samariter sind ein jüdisches Mischvolk und die Juden wollen mit ihnen und ihrem zusammengemixten Glauben nichts zu tun haben. Doch Jesus „muss" diesen Weg nehmen, denn Er will eine ganz bestimmte Person treffen.

Während die Jünger Essen für den weiteren Weg besorgen, rastet Jesus müde am Brunnen von Sichar. Da kommt eine Frau aus der Stadt. Jesus spricht sie an und es entwickelt sich ein Gespräch, in dem Er der hoffnungslosen Frau den Weg zum Leben zeigt. Ihre Sünde, dass sie unverheiratet mit einem Mann zusammenlebt, spricht Er gleich mit an. Und dann hört sie aus seinem Mund, dass Er der Messias ist.

Die Frau lässt alles stehen und liegen und informiert die Bewohner Sichars. Viele von ihnen strömen zum Brunnen und verstehen und glauben, dass Jesus tatsächlich „der Retter der Welt" ist. Dabei berufen sie sich nicht auf die Worte der Frau, sondern auf das, was sie selbst von Ihm gehört haben.

Wer sich persönlich überzeugen will, wer Jesus wirklich ist, muss sich Zeit nehmen, um die Evangelien zu lesen. Er wird zum selben Ergebnis kommen wie die Samariter.

Tägliche Bibellese 1. Samuel 17,17-30 · Psalm 103,13-22

31 Freitag Mai

SA 05:15 · SU 21:23
MA 02:34 · MU 13:44

Wenn ihr um etwas bitten werdet in meinem Namen, werde ich es tun.

Johannes 14,14

Szenen aus Johannes – Der Kranke am Teich

Festzeit in Jerusalem – die Bibel erzählt uns nicht, welches Fest gefeiert wird. Doch Jesus und seine Jünger reisen wie selbstverständlich wieder nach Süden in die Hauptstadt, um an diesem Fest teilzunehmen.

In Jerusalem liegt ein Teich mit dem Namen Bethesda, der von fünf Säulenhallen umgeben ist (Johannes 5,1-9). Ein geheimnisvoller Ort, denn immer, wenn Gott einen Engel vom Himmel schickt, um das Wasser zu bewegen, erhält es für denjenigen heilkräftige Wirkung, der als Erster danach im Teich badet. Klar, dass die Säulenhallen von Kranken bevölkert sind. Jeder von ihnen hofft leidenschaftlich, einmal als Erster im Wasser zu sein und gesund zu werden.

Dort liegt ein Mann seit 38 Jahren. 38 Jahre zwischen Hoffnung und Hoffnungslosigkeit. Jesus zeigt großes Mitleid und fragt den Mann: „Willst du gesund werden?" Eigentlich eine merkwürdige Frage! Natürlich will er gesund werden – sonst läge er nicht am Teich, oder? Doch anscheinend steckt mehr dahinter. Da hat jemand Interesse für ihn. Ein Hoffnungsschimmer: Will ihm wirklich jemand helfen, gesund zu werden? Ach nein, das kann nicht sein. Deshalb antwortet der Kranke: „Ich habe keinen Menschen, der mir helfen kann!" Doch – hat er! Nämlich genau in diesem Moment. Der Herr sagt zu ihm: „Nimm deine Schlafmatte, steh auf, geh!" Und genau das geschieht.

Eins wollen wir nicht übersehen: Wenn Jesus den Kranken fragt: „Willst du gesund werden?", dann wartet der Herr auf eine Initiative vonseiten des Hilfsbedürftigen. Genauso wartet Er auch bei uns darauf, dass wir zu Ihm kommen und Ihn bitten. Gerade auch dann, wenn unser Leben durcheinander zu sein scheint. Zweifeln wir nicht: Er kann und will helfen!

Tägliche Bibellese 1. Samuel 17,31-40 · Psalm 104,1-12

1

Samstag
Juni

SA 05:14 · SU 21:24
MA 02:48 · MU 15:09

Es sind aber auch viele andere Dinge, die Jesus getan hat, und wenn diese einzeln niedergeschrieben würden, so würde, denke ich, selbst die Welt die geschriebenen Bücher nicht fassen.

Johannes 21,25

Szenen aus dem Johannesevangelium – Ausblick

Am Ende seines Berichtes über Jesus Christus erklärt Johannes: Es wäre unmöglich gewesen, alles aufzuschreiben, was der Herr Jesus während seines Lebens getan hat! Die Welt in ihrer ganzen Ausdehnung ist nach seiner Überzeugung zu klein, um die Bücher aufzunehmen, die darüber geschrieben werden könnten.

Die meisten Dinge, die der Herr Jesus getan hat, sind uns demnach unbekannt. Aber eins wissen wir bestimmt: dass alles, was der Herr Jesus tat, gut, vollkommen und nach Gottes Gedanken war.

Und alles, was wir über die Taten des Sohnes Gottes wissen sollen, hat Gott uns in der Bibel mitgeteilt. Wenn Gott geschwiegen hat (indem er zum Beispiel nur sehr wenig über die Kindheit Jesu mitteilen ließ), dann hat er seine Gründe dafür und wir wollen nicht spekulieren oder außerbiblischen Erzählungen über das Leben Jesu Glauben schenken.

Tägliche Bibellese 1. Samuel 17,41-54 · Psalm 104,13-26

2 **Sonntag** Juni

SA 05:13 · SU 21:25
MA 03:01 · MU 16:33

Und die Apostel versammeln sich bei Jesus; und sie berichteten ihm alles, was sie getan und was sie gelehrt hatten. Und er spricht zu ihnen: Kommt ihr selbst her an einen öden Ort für euch allein und ruht ein wenig aus. Denn es waren viele, die kamen und gingen, und sie fanden nicht einmal Zeit, um zu essen.

Markus 6,30.31

Gedanken zum Markus-Evangelium

Der Herr hat seine Jünger erwählt, „damit sie bei ihm seien und damit er sie aussende zu predigen und Gewalt zu haben, die Dämonen auszutreiben". Nach einer gewissen Vorbereitungszeit hat der Herr sie dann mit Gewalt über die unreinen Geister ausgestattet und sie zu je Zweien ausgesandt (Kap. 3,14.15; 6,7-13). Jetzt kehren die Jünger zu Ihm zurück und erzählen Ihm alles, was sie getan und gelehrt haben.

Für den Herrn steht die Predigt des Wortes Gottes an erster Stelle; die Dämonenaustreibungen sollen die Predigt nur begleiten. Die Jünger dagegen sind offensichtlich besonders von ihrer übernatürlichen Kraft beeindruckt und erzählen zuerst, was sie getan haben.

Umso nötiger ist es für sie, dass der Herr sie jetzt in die Stille führt. In seiner Gegenwart besteht keine Gefahr, dass sie sich etwas einbilden und hoch von sich selbst denken. Dort lernen sie Demut und dass alle Ehre Ihm gehört. Denn „wer sich rühmt, der rühme sich des Herrn" (1. Korinther 1,31).

Natürlich gibt es verschiedentlich Gelegenheiten, wo es gut und angebracht ist, anderen von den Ergebnissen des eigenen Dienstes zu berichten. Aber dabei sollten nicht die Diener im Vordergrund stehen, sondern das Wirken Gottes. So taten es zum Beispiel Paulus und Barnabas, als sie von ihrer Missionsreise zurückkehrten. Sie berichteten, „was Gott mit ihnen getan hatte" (Apostelgeschichte 14,27).

Jesus sorgt hier dafür, dass seine Jünger ein wenig ausruhen können. Niemals überfordert Er seine Diener. Er ist ein gütiger Herr!

Tägliche Bibellese 1. Samuel 17,55–18,9 · Psalm 104,27-35

3 Montag
Juni

SA 05:13 · SU 21:26
MA 03:16 · MU 18:01

Glückselig der Mann, der nicht wandelt im Rat der Gottlosen und nicht steht auf dem Weg der Sünder und nicht sitzt auf dem Sitz der Spötter.

Psalm 1,1

Wer ist dieser Mann?

Anfang des 20. Jahrhunderts hielt sich ein Amerikaner in Jerusalem auf und wurde gebeten, auf einer größeren Versammlung von Juden zu sprechen. Als Thema wählte er den ersten Psalm und las ihn in hebräischer Sprache vor. Dann fragte er: „Nun, meine Zuhörer, wer war dieser glückliche Mann, von dem der Psalmist spricht? Dieser Mann hier wandelte nie im Rat der Gottlosen, hielt sich nie auf dem Weg der Sünder auf und saß auch nie bei den Spöttern. Er war absolut sündlos. Wer war es?"

Als niemand antwortete, fragte er: „Könnte es vielleicht der Patriarch Abraham sein, der von Gott das ganze Land Kanaan als Besitz erhielt?" Ein alter Jude antwortete: „Nein, Abraham kann es nicht sein, denn er sprach eine Lüge über seine Frau aus." Der Amerikaner antwortete: „Genau, das passt nicht. Abraham war der Vater aller Glaubenden, aber er war ein Sünder, der durch den Glauben gerechtgesprochen wurde. Aber wer könnte es dann sein? Vielleicht Mose, dem Gott die Zehn Gebote gab, oder David, der König und Dichter vieler Psalmen?"

„Nein, nein", riefen seine Zuhörer, „Mose kann es nicht sein, denn er tötete einen Ägypter und verscharrte ihn im Sand. Und David kann es auch nicht sein, denn er beging Ehebruch und ließ den Ehemann töten."

Lange Zeit schwiegen alle. Dann stand ein Jude auf und sagte: „Meine Brüder, der Mann aus Psalm 1 ist Jesus von Nazareth. Er ist der Einzige, der die Bedingungen in diesem Psalm erfüllt." Und dann erzählte er, wie er das Neue Testament gelesen und dabei erkannt hatte, dass Jesus von Nazareth der verheißene Messias war und sich in Ihm die Verheißungen Gottes erfüllten.

Tägliche Bibellese 1. Samuel 18,10-30 · Psalm 105,1-22

4 Dienstag
Juni

SA 05:12 · SU 21:27
MA 03:33 · MU 19:30

Ich habe deine Übertretungen getilgt wie einen Nebel und wie eine Wolke deine Sünden. Kehre um zu mir, denn ich habe dich erlöst!

Jesaja 44,22

Erlöst ... mit dem kostbaren Blut Christi, als eines Lammes ohne Fehl und ohne Flecken.

1. Petrus 1,18.19

Der hartnäckige Fleck

Der Mensch bringt einen Teil seines Lebens mit Reinigungsarbeiten zu: Straßefegen, Staubsaugen, Wäschewaschen, Autopflege – jeder kämpft auf seine Weise gegen den Schmutz. Aber es gibt einen Flecken, den der Mensch trotz aller Anstrengungen nicht beseitigen kann: den Makel der Sünde! Vergeblich bemüht er sich, ihn mit dem Lack der Zivilisation oder dem Mantel der guten Werke zu überdecken. Die Sünde bleibt im menschlichen Herzen, wo Gott sie in ihrer ganzen Hässlichkeit sieht. Niemand kann sie tilgen. Gott hat gesagt: „Wenn du dich mit Natron wüschest und viel Laugensalz nähmest: Schmutzig bleibt deine Ungerechtigkeit vor mir" (Jeremia 2,22).

Gott allein kann die Sünde wegnehmen, und Er tut es bei dem, der ruft: „O Gott, sei mir, dem Sünder, gnädig!" (Lukas 18,13). In diesem Punkt kann der Mensch nichts tun. Gott hat alles getan. Aber um was für einen Preis ist das geschehen! Nur das Blut des Sohnes Gottes konnte unsere Sünden wegnehmen, und Gott „hat seinen eigenen Sohn nicht verschont, sondern ihn für uns alle hingegeben" (Römer 8,32).

Jeder, der glaubt, darf nun sagen: Er hat meine Sünden auf sich genommen und ausgelöscht, denn „das Blut Jesu Christi, des Sohnes Gottes, reinigt uns von aller Sünde" (1. Johannes 1,7). Am Kreuz hat Christus das Strafgericht über meine Sünden getragen, als ob es seine eigenen gewesen wären. Er ist ganz an meine Stelle getreten, und durch den Glauben an Ihn habe ich Vergebung und Frieden empfangen.

Tägliche Bibellese 1. Samuel 19,1-17 · Psalm 105,23-45

5 Mittwoch
Juni

SA 05:12 · SU 21:28
MA 03:56 · MU 20:57

Glückselig die, die das Wort Gottes hören und bewahren!

Lukas 11,28

Hören und bewahren

Jesus Christus sprach während seiner etwa dreijährigen Wirkungszeit auf der Erde mit einzelnen Menschen, oft zu großen Menschenmengen, noch öfter zu seinen Schülern, die ihn begleiteten. Mehrfach fügte er seiner Rede als Abschluss folgende Worte zu: *„Wenn jemand Ohren hat, zu hören, der höre!"* (Markus 4,23). Was ist damit gemeint? Ohren hat doch jeder, oder? Aber es ist entscheidend, ob jemand wirklich aufmerksam hören und verstehen will und auf das Gehörte dann auch antwortet und es tut.

Wie kann Gottes Wort wirken und in meinem Leben reiche Früchte tragen?

Drei wichtige Voraussetzungen dafür:

- Ich mache mir bewusst, dass es *Gott* ist, der durch die Bibel zu mir spricht. Auch wenn sie in einer menschlichen Sprache verfasst ist, die ich lesen und verstehen kann – sie bleibt *Gottes* Wort. Auch wenn Gott Menschen mit Einsicht und einer Redebegabung ausgestattet hat, um uns die biblische Botschaft verständlich zu machen, bleibt die Tatsache unberührt, dass Gott durch sein Wort zu mir spricht.

- Ich bin *bereit*, Gottes Wort *aufzunehmen*. Nicht nur mit halbem Ohr hinhören, nein, das Wort Gottes verlangt meine ungeteilte Aufmerksamkeit, sonst wird es durch die täglichen Sorgen und Zerstreuungen wieder verblassen. Nur wenn ich dem, was Gott sagt, ernsthaften Wert beimesse, sind seine Worte „Geist und Leben" für mich (Johannes 6,63).

- Was Gott mir gezeigt hat, möchte ich unmittelbar, und ohne zu zögern, tun. Er bittet oder fordert mich auf – und ich glaube, indem ich aktiv gehorche.

Ich höre also, was *Gott* zu mir sagt, ich höre *bereitwillig* zu und *tue*, was Er mir sagt. Das bedeutet „hören und bewahren" und so erlebe ich, wie Gottes Wort in meinem Leben lebendig wird (Hebräer 4,12).

Tägliche Bibellese 1. Samuel 19,18–20,4 · Psalm 106,1-15

6 Donnerstag
Juni

Das Aussehen des Himmels wisst ihr zwar zu beurteilen, aber die Zeichen der Zeiten könnt ihr nicht beurteilen?

Matthäus 16,3

Wettervorhersagen

Die Invasion der Alliierten im 2. Weltkrieg lief unter dem Namen *Operation Overlord*, in die Geschichte ging sie als *D-Day* ein. Oberkommandierender der westlichen Mächte war General Dwight D. Eisenhower, der rund 2 Millionen Soldaten, 7.000 Kriegsschiffe, 11.000 Flugzeuge und 24.000 Fallschirmspringer befehligte. Nur über das Wetter konnte er nicht gebieten.

Nachdem zwei mögliche Invasionstermine verstrichen waren, setzte er Overlord für den 5. Juni 1944 fest. Doch das Wetter war miserabel und völlig ungeeignet für die Landung in der Normandie. Dann aber zeigte sich eine kleine

Wetterberuhigung, so dass die Landung in der Nacht vom 5. auf den 6. Juni stattfinden konnte. Doch davon wussten die Deutschen nichts. Sie hatten keinen Zugang zu den Wetterdaten und erwarteten keine Änderung des stürmischen Sommerwetters. Die Landung der Alliierten gelang. Die Wetterberuhigung und die Fähigkeit, diese recht genau vorherzusagen, waren ein Segen für Europa, denn sonst hätte die europäische Nachkriegslandkarte sicher anders ausgesehen.

80 Jahre später können wir das Wetter zwar besser und präziser vorhersagen, doch „die Zeichen der Zeit" verstehen wir größtenteils nicht! Was unter diesen Zeitzeichen zu verstehen ist, hat Gott uns in seinem Wort konkret mitgeteilt. Wenn Egoismus, Geldliebe, Undankbarkeit, fehlende natürliche Liebe die Menschen kennzeichnet und sie das Vergnügen mehr lieben als Gott, dann leben sie in den „letzten Tagen" (2. Timotheus 3,1-5). Und was bedeutet das für uns? Jesus sagt: „Seid bereit! Denn in einer Stunde, in der ihr es nicht meint, kommt der Sohn des Menschen" (Lukas 12,40). *Bereiten wir uns vor, damit wir nicht von Gottes Gericht über die Menschheit überrascht werden!*

Tägliche Bibellese 1. Samuel 20,5-23 · Psalm 106,16-31

7 Freitag Juni

SA 05:11 · SU 21:30
MA 05:11 · MU 23:21

Wie der Adler sein Nest aufstört, über seinen Jungen schwebt, seine Flügel ausbreitet, sie aufnimmt, sie auf seinen Schwingen trägt; so leitete ihn der HERR allein.

5. Mose 32,11.12

Naturbeobachtungen – die Rolle des Vaters

Im Tierreich kümmern sich einige Männchen ganz besonders um ihre Jungen. So ist es bei den Giftlaubfröschen der Vater, der den Nachwuchs umsorgt, indem er sie auf seinen Rücken nimmt, um sie zum nächsten Teich zu bringen.

Bei den Pavianen balgt und spielt das Männchen mit den Kleinen, indem es mit ihnen Purzelbäume im Sand schlägt. Seine Anwesenheit scheint den Nachwuchs zu beruhigen und ihm gutzutun.

Der australische Emu, der größte Vogel nach dem Strauß, ist ein aufmerksamer Vater. Er baut das Nest in einer Höhle aus Zweigen, Blättern und Gras, und er ist es auch, der die Eier ausbrütet. Er kümmert sich um die Kleinen, bis sie etwa 18 Monate alt sind, und lehrt sie, wie sie Nahrung finden und vor ihren Feinden fliehen können.

Der Paradiesfisch ist ein hübscher Süßwasserfisch mit sehr lebendigen Farben. Das Männchen baut ein Nest aus festen Blasen, die aus Schleim bestehen. In diesen Blasen bringt er die Eier des Weibchens unter und bewacht sie, bis die Jungen schlüpfen.

Bei den Menschen hat leider nicht jedes Kind einen liebevollen Vater. Aber all jene, die an Jesus Christus glauben, lernen Gott als ihren Vater kennen. Der Herr Jesus sagte zu seinen Jüngern: „Der Vater selbst hat euch lieb" (Johannes 16,27). All unsere Sorgen können wir bei Gott, unserem Vater, abladen, denn Ihm liegt an uns (1. Petrus 5,7). So wie der Adler ganz nah bei seinen Jungen bleibt, wenn sie fliegen lernen, so ist auch Gott ganz nah bei denen, die Ihm vertrauen. Unter ihnen hat Er seine „ewigen Arme" ausgebreitet (5. Mose 33,27).

Eitelkeit der Eitelkeiten! ...
Alles ist Eitelkeit!   Prediger 12,8
Alles ist Eitelkeit und ein Haschen
nach Wind.   Prediger 1,14

Alles vergebens!?

„Alles ist Eitelkeit!", das bedeutet „Nichtigkeit". – Mit diesen Worten fasst Salomo, der Schreiber des alttestamentlichen Buches Prediger, seine Einsicht zusammen. Nachdem er das Leben analysiert hat, kommt er zu dem Ergebnis: Alles Werk und Wirken des Menschen ist vergeblich, nutzlos, nichtig, nur ein Hauch und „ein Haschen nach Wind".

Die Kinderbuchautorin Astrid Lindgren war durchdrungen von diesem Gedanken. Einer Freundin schrieb sie: „Denk dir etwas Gutes aus und sage mir, warum wir leben, wenn dir etwas einfällt. Ich finde, dass alles Eitelkeit und ein Haschen nach dem Wind ist." Lindgren wuchs zwar in einem gläubigen Elternhaus auf und besuchte als Kind die Sonntagsschule, doch als Erwachsene bezeichnete sie sich als Agnostikerin. Wenn alles gut gehe, denke sie nicht darüber nach, ob sie an Gott glaube; an Gott denke sie nur, wenn sie Ihn dringend brauche. Das Leben empfand sie als flüchtig, nicht beständig und bisweilen sinnlos. Im Alter näherte sie sich dem christlichen Glauben wieder etwas an: Zwar sei das Leben ein Haschen nach Wind, doch nicht ganz und gar leer und sinnlos; die Ordnung und Planmäßigkeit in der Natur weise darauf hin, dass das menschliche Dasein einen Sinn habe.

Der Prediger Salomo, den Lindgren gern zitierte, kommt am Ende seines Buches zu folgender Erkenntnis: „Fürchte Gott und halte seine Gebote; denn das ist der ganze Mensch. Denn Gott wird jedes Werk, es sei gut oder böse, in das Gericht über alles Verborgene bringen" (Prediger 12,13.14). Gott zu erkennen und zu lieben, Ehrfurcht vor Ihm zu haben, Ihm gehorsam zu sein und so zu leben, dass wir Ihm zur Freude sind – das ist ein sinnvolles Leben, das auch uns glücklich macht, und das genaue Gegenteil eines rein irdisch gelebten Lebens, das nur für diese Welt gelebt wird. Solch ein Leben ist „nichtig" und „ein Haschen nach Wind".

Tägliche Bibellese 1. Samuel 21,1-16 · Philipper 1,1-11

9 Sonntag
Juni

SA 05:10 · SU 21:32
MA 07:20 · MU 00:08

Und sie fuhren mit dem Schiff weg an einen öden Ort für sich allein; und viele sahen sie abfahren und erkannten sie und liefen zu Fuß aus allen Städten dorthin zusammen und kamen ihnen zuvor. Und als Jesus ausstieg, sah er eine große Volksmenge, und er wurde innerlich bewegt über sie, weil sie wie Schafe waren, die keinen Hirten haben. Und er fing an, sie vieles zu lehren.

Markus 6,32-34

Gedanken zum Markus-Evangelium

Nachdem die Jünger den Auftrag ihres Herrn, zu predigen und Dämonen auszutreiben, ausgeführt haben, gönnt Er ihnen etwas Ruhe. Doch sie finden nicht einmal Zeit, um zu essen – wo der Herr ist, da ist ein Kommen und Gehen. Deshalb fahren sie mit einem Schiff an einen anderen Ort, um dort allein zu sein. Doch selbst dort kommen sie nicht zur Ruhe, weil die Menschen

Jesus ständig auf den Fersen sind. Immerhin bietet ihnen die Schifffahrt die Möglichkeit, für eine kurze Zeit für sich allein zu sein. Das ist dem Herrn offensichtlich wichtig.

Wenn uns die Menschen derart penetrant folgen würden, wie sie damals Jesus folgten, ständen wir in Gefahr, entweder unsere Beliebtheit zu genießen und stolz zu werden oder aber ungehalten zu reagieren. Doch beides ist dem vollkommenen Diener, Jesus, fremd – Er ist „innerlich bewegt" über die Volksmenge. Er sieht ihre Situation und hat Mitleid ihnen.

Seit jeher ist Israel die Herde Gottes gewesen und Gott selbst ihr Hirte (vgl. Hesekiel 34,11). Jetzt ist Er in der Person seines Sohnes zu seinem Volk gekommen. Die Führer des Volkes dagegen, die sich selbst als Hirten sehen, gleichen eher den Wölfen, denn sie sind nur auf ihren eigenen Vorteil bedacht und berauben das Volk.

Wie ganz anders handelt der Herr! Er hat immer Zeit für die Menschen und kümmert sich zuallererst um ihre Seelen, indem Er anfängt, sie „vieles zu lehren". – Gesunde biblische Belehrung ist bis heute die beste Weide und zugleich Führung für die Gläubigen.

Tägliche Bibellese 1. Samuel 22,1-10 · Philipper 1,12-20

10 Montag
Juni

Und nicht wird in sie eingehen irgendetwas Gemeines und was Gräuel und Lüge tut, sondern nur die, die geschrieben sind in dem Buch des Lebens des Lammes.

Offenbarung 21,27

Völlig fehl am Platz

Beim letzten Frühjahrsputz ließ ich kurz das Wohnzimmerfenster offen stehen. Da flog eine neugierige Meise hinein. Erst hielt sie sich ängstlich an der Lampe fest, dann flatterte sie zum Bücherregal, dann auf einen Bilderrahmen. Ich meinte, ihr kleines Herz schlagen zu sehen. Schließlich fand sie das Fenster und entkam.

Armer kleiner Vogel! Wie sehr er sich vor mir fürchtete. Er freute sich nicht, bei mir zu sein. Ich dachte: „So würde sich gewiss ein Sünder fühlen, wenn er unerlöst in den Himmel käme!" Die Gegenwart Gottes wäre für ihn unerträglich und er selbst wäre nur unglücklich. Er würde dort nicht hineinpassen und sein einziger Gedanke wäre, zu fliehen. – Und doch hoffen viele Menschen, so wie sie sind, in den Himmel zu kommen!

Im Himmel, in der Gegenwart Gottes, werden nur die sein, die in ihrem Leben an den Sohn Gottes geglaubt haben. Dort wird Gott seine ganze Herrlichkeit und Liebe denen offenbaren, die „ihre Gewänder gewaschen und sie weiß gemacht haben in dem Blut des Lammes" (Kap. 7,14). Sünde, Kummer, Leid und Tod werden dort keinen Platz haben – alles wird Licht und Herrlichkeit sein.

Die Gegenwart Gottes und seines Sohnes Jesus Christus machen den Himmel zur Heimat für die, die berechtigt sind, einzutreten, weil ihre Namen in das „Buch des Lebens des Lammes" eingeschrieben sind. Nur die werden dort das Lied singen – und sie beginnen hier auf der Erde schon damit: „Dem, der uns liebt und uns von unseren Sünden gewaschen hat in seinem Blut ...: Ihm sei die Herrlichkeit und die Macht von Ewigkeit zu Ewigkeit! Amen" (Kap. 1,5.6).

11 Dienstag
Juni

SA 05:09 · SU 21:33
MA 09:53 · MU 01:04

Wenn nun der Sohn euch frei macht, werdet ihr wirklich frei sein.

Johannes 8,36

Eigenliebe

Der Modezar Karl Lagerfeld (1933–2019) befasste sich mit schönen Stoffen und Parfums, vor allem aber mit sich selbst. Als er einmal nach Gott gefragt wurde, antwortete er: „Es fängt mit mir an; es hört mit mir auf, basta!" Für Gott hatte er keinen Platz.

Es gibt Zeitgenossen, die nur um sich selbst kreisen und in ihrem Leben nur Platz für sich selbst haben. Da passen weder Partner noch Kind und erst recht kein Gott hinein. Da ist ein Partner nur so lange willkommen, wie er dem eigenen Ego schmeichelt – dann wird er abserviert. Da stört ein Kind nur die eigene Lebensentfaltung – es wird abgelehnt, oft auch abgetrieben. Da ist ein Gott, der Maßstäbe formuliert, nur ein Störfaktor.

Die Ichbezogenheit, das Drehen um die eigene Person, ist ein Problem, das uns alle mehr oder weniger betrifft. Als dem ersten Menschenpaar versprochen wurde: „Ihr werdet sein wie Gott", da ließen sie sich verführen und fielen in Sünde (1. Mose 3,5). Und auch unser eigenes Leben zeigt, wenn wir ehrlich sind, genau diese zerstörerische Wirkung unseres selbstsüchtigen Verhaltens: kaputte Freundschaften, zerbrochene Ehen, abgelehnte Kinder, einsames Älterwerden? Auch für Jesus Christus haben wir oft keinen Platz in unserem Leben: weil Er uns stört und in den Weg tritt, weil Er uns sagt, was falsch und richtig ist. Dabei möchte Er uns davon befreien, dass wir nur an unsere eigene Befindlichkeit denken; Er möchte heilen, versöhnen und beschenken, möchte unseren Blick weiten und uns „wirklich frei" machen.

Ein Leben, das sich nur um sich selbst dreht, ist *einsam und arm* – ein Leben, das Jesus Christus umgestaltet und neu ausgerichtet hat, ist dagegen *frei und reich*. Es ist ein Leben, das sich wirklich lohnt, das Liebe kennt und das Ewigkeitswert hat!

Tägliche Bibellese 1. Samuel 23,1-13 · Philipper 2,1-11

12 Mittwoch
Juni

SA 05:09 · SU 21:34
MA 11:07 · MU 01:21

HERR, was ist der Mensch, dass du Kenntnis von ihm nimmst?

Psalm 144,3

Was ist der Mensch? (1)

Verglichen mit dem riesigen Universum ist der Mensch nur ein kleines, zerbrechliches Wesen. Trotzdem ist er das höchste irdische Geschöpf Gottes. Der französische Mathematiker und christliche Philosoph Blaise Pascal drückte es so aus: „Der Mensch ist nur ein Schilfrohr, das schwächste der Natur, aber er ist ein denkendes Schilfrohr." Und dann fügte er hinzu, dass dennoch alles Denken dem Menschen letztlich weder Halt noch Sicherheit bringen könne. Das führte ihn zu der Erkenntnis, dass „der Mensch aus seinem Elend nur durch die Gnade Gottes gerettet werden kann, nicht durch eigenes Verdienst und eigene Handlung."

Wenn wir mit scheinbar unlösbaren Schwierigkeiten konfrontiert werden – wo finden wir dann

Hilfe? Bei anderen Menschen, die letztlich ebenso schwach sind wie wir selbst?

Die Bibel berichtet von Hiob, der durch extreme Schicksalsschläge getroffen wurde. Wo suchte er Hilfe? Bei seinen Freunden? Nein, sondern er wandte sich an Gott, um zu verstehen, warum ihn das alles traf. Dabei empfand er sehr deutlich, wie schwach, gering und vergänglich er im Vergleich zu Gott war: „Ein Hauch sind meine Tage! ... Siehe, zu gering bin ich, was soll ich dir erwidern?" (Hiob 7,16; 40,4). Aber im Lauf der Zeit kam er zu der überwältigenden Erkenntnis, dass sich der große Gott im Himmel trotzdem in Liebe und Fürsorge mit ihm beschäftigte. Hiob verstand, dass sowohl sein Leid als auch die anschließende Rettung von Gott kamen. Dahin sollten auch wir kommen! Richten wir unsere Blicke auf Ihn, den helfenden und rettenden Gott! Er steht über allem!

„Der Mensch – wie Gras sind seine Tage; wie die Blume des Feldes, so blüht er. Denn ein Wind fährt darüber, und sie ist nicht mehr ... Die Güte des Herrn aber ist von Ewigkeit zu Ewigkeit über denen, die ihn fürchten" (Psalm 103,15-17).

(Schluss morgen)

Tägliche Bibellese 1. Samuel 23,14-28 · Philipper 2,12-18

Wenn ich anschaue deine Himmel, ... die du bereitet hast: Was ist der Mensch, dass du seiner gedenkst, und des Menschen Sohn, dass du auf ihn achthast? Denn ein wenig hast du ihn unter die Engel erniedrigt; und mit Herrlichkeit und Pracht hast du ihn gekrönt. Du hast ihn zum Herrscher gemacht über die Werke deiner Hände; alles hast du unter seine Füße gestellt.

Psalm 8,4-7

Was ist der Mensch? (2)

Gestern haben wir gesehen, wie gering der Mensch ist und wie sich Gott trotzdem um jeden Einzelnen von uns kümmert. Der heutige Tagesvers macht es uns noch einmal bewusst: Gott ist unendlich groß – wir dagegen unendlich klein. Aber dann kommt eine verblüffende Aussage: „Mit Herrlichkeit und Pracht hast du ihn gekrönt ...; alles hast du unter seine Füße gestellt." Wie passt das zusammen? Der niedrige, schwache Mensch soll über alle „Werke deiner Hände", das ganze Universum, herrschen?

Das Neue Testament beantwortet diese Frage. Dort wird dieses Psalmwort zitiert und auf Jesus Christus bezogen: „Wir sehen aber Jesus, der ein wenig unter die Engel wegen des Leidens des Todes erniedrigt war, mit Herrlichkeit und Ehre gekrönt" (Hebräer 2,6-9). Jesus wurde von einer Frau geboren, war also „des Menschen Sohn". Als Mensch war Er „unter die Engel erniedrigt". Er nahm die Schwachheit und Begrenztheit des menschlichen Lebens auf sich, um schließlich für Sünder am Kreuz zu sterben. Doch weil Er selbst sündlos war, hat Gott Ihn wieder aus dem Tod auferweckt. 40 Tage später ist Er in den Himmel aufgefahren, wo Er von Gott „mit Herrlichkeit und Pracht gekrönt" und zum „Herrscher" gemacht worden ist. Noch sehen wir davon nichts, aber die Bibel bezeugt an vielen Stellen, dass Er bald kommen wird, um sich alles zu unterwerfen. Dann wird Er in Gerechtigkeit und Frieden über die ganze Erde regieren.

Jesus, der „Sohn des Menschen", ist die allumfassende Antwort auf die Frage: „Was ist der Mensch?"

(Schluss)

Tägliche Bibellese 1. Samuel 24,1-23 · Philipper 2,19-30

14 Freitag
Juni

Wie Mose in der Wüste die Schlange erhöhte, so muss der Sohn des Menschen erhöht werden, damit jeder, der an ihn glaubt, nicht verloren gehe, sondern ewiges Leben habe.

Johannes 3,14.15

Das ist alles, was ich will!

In einem Buch las ich den Bericht eines Feldgeistlichen:

Es war Mitternacht und ich hatte mich gerade hingelegt. Da wurde ich zu einem sterbenden Soldaten gerufen. Er fragte mich: „Wie kann ich gerettet werden? Sagen Sie mir, wie ich ruhig sterben kann." Ich antwortete ihm: „Ich würde dir gern helfen, in Frieden zu sterben, wenn ich es könnte – aber ich kann es nicht. Aber ich werde dir von einem erzählen, der es kann." So erzählte ich ihm von Jesus Christus, der den Himmel verließ und auf diese Welt kam, um „zu suchen und zu erretten, was verloren ist" (Lukas 19,10). Der Soldat hörte mir zu, sah mich an – aber verstand mich nicht. Meine Worte erreichten ihn nicht.

Schließlich sagte ich zu ihm: „Hör zu, jetzt möchte ich dir noch ein Gespräch vorlesen, das Jesus mit einem Mann führte, der zu Ihm kam, weil er Fragen hatte." Ich nahm meine Bibel und las ihm das dritte Kapitel des Johannesevangeliums vor. Als ich den obigen Bibelvers las, unterbrach er mich: „Halt! Steht das wirklich so da?" Ich nickte und er bat mich: „Bitte, lesen Sie es mir noch einmal vor." Noch einmal las ich ihm den Bibelvers und dann auch das ganze Kapitel vor.

Mittlerweile hatte er seine Augen geschlossen. Als ich fertig war und mich über ihn beugte, flüsterte er: „So wie Mose die Schlange in der Wüste erhöhte, so musste der Sohn des Menschen erhöht werden, damit jeder, der an ihn glaubt – also auch ich –, nicht verloren gehe, sondern ewiges Leben habe. Das reicht ... das ist alles, was ich will." Wenige Stunden später war er tot.

„Jeder, der an ihn glaubt" – gehören Sie auch schon dazu?

15 Samstag
Juni

Fürchtet den, der nach dem Töten Gewalt hat, in die Hölle zu werfen.

Lukas 12,5

Ein liebender Gott und die Hölle?

Manche Menschen sagen, sie könnten nicht an die Hölle glauben. Sie stoßen sich an einem *richtenden* Gott. Andere Kulturkreise jedoch stoßen sich an einem *liebenden* Gott. Dort geht man davon aus, dass Gott einmal richten wird – dass Er aber liebt und geliebt werden kann, ist dort unvorstellbar. Folglich ist unsere kulturelle oder persönliche Einschätzung keine ausreichende Begründung, warum Gott *nur* ein *liebender* oder *nur* ein richtender Gott sein muss!

Andere wenden ein, ein *richtender* Gott könne nicht gleichzeitig ein Gott der Liebe sein. Doch gehören zu Liebe und Fürsorge nicht auch Grenzen und Verbote? Was wäre das für eine Elternliebe, die kleine Kinder nicht von der Steckdose, dem Küchenmesser und dem heißen Herd zurückhält? So ähnlich stellt Gott uns Warnschilder auf den Weg, damit wir nicht in die falsche Richtung laufen.

Andere wiederum wenden ein, ein *liebender* Gott würde nicht zulassen, dass es eine Hölle gibt. Doch ist sie nicht die konsequente Fortsetzung eines Lebens ohne Gott? So wie ich hier im Leben Gott abgelehnt oder gleichgültig behandelt habe, so lässt Er es für mich auch in der Ewigkeit sein. Umgekehrt gilt: So wie ich hier im Leben Gottes Willen getan habe, so lässt Er es auch in der Ewigkeit sein. Gott respektiert, ob ich mich hier auf der Erde für oder gegen Ihn entscheide. Wenn ich mich also gegen Ihn stelle, ist Er konsequent – und bleibt mir auch in Zukunft fern. Und das wird die Hölle sein.

Doch keiner, der Gott ernsthaft sucht, wird Ihn verfehlen. Jeder, der sucht, wird finden, und jedem, der anklopft, wird aufgetan werden (Matthäus 7,7). Er wartet darauf, dass man sein Gnadengeschenk annimmt, weil Er niemand das Gericht wünscht.

16 Sonntag Juni

Und als es schon spät geworden war, traten seine Jünger zu Jesus und sagten: Der Ort ist öde, und es ist schon spät; entlass sie, damit sie hingehen aufs Land und in die Dörfer ringsum und sich etwas zu essen kaufen. Er aber antwortete und sprach zu ihnen: Gebt ihr ihnen zu essen. Und sie sagen zu ihm: Sollen wir hingehen und für zweihundert Denare Brote kaufen und ihnen zu essen geben? Er aber spricht zu ihnen: Wie viele Brote habt ihr? Geht hin, seht nach. Und als sie es erfahren hatten, sagen sie: Fünf, und zwei Fische.

Markus 6,35-38

Gedanken zum Markus-Evangelium

Als Jesus mit seinen Jüngern in eine einsame Gegend gefahren ist, um ihnen etwas Ruhe zu gönnen, haben sich dort bereits viele Menschen versammelt. Doch der Herr schickt sie nicht weg, sondern hat Mitleid mit ihnen. Wie ein Hirte sich um die Schafe kümmert und ihnen Nahrung und Führung gibt, so versorgt der Herr die Menschen mit gesunder geistlicher Belehrung. Ihm liegt besonders am Herzen, dass es dem inneren Menschen wohlergeht.

Als der Abend naht, machen sich die Jünger Sorgen um das äußere Wohlergehen der großen Volksmenge. Sie schlagen dem Herrn vor, die Leute zu verabschieden, damit diese sich selbst versorgen. Ihre Empfehlung klingt vernünftig. Aber ist es notwendig, dem Herrn zu sagen, was Er tun soll? Kennt Er die Bedürfnisse der Menschen nicht viel besser als sie?

Der Herr will die Menschen nicht wegschicken – die Jünger sollen ihnen zu essen geben. Das haben sie nicht erwartet. Wie soll das gehen? Sie kalkulieren und präsentieren ihr Ergebnis: absolut unmöglich, für so viele Menschen Brot zu kaufen. Der Herr lässt nicht locker: Die Jünger sollen schauen, was sie zur Verfügung haben. Diese Aufgabe mag ihnen sinnlos erscheinen, aber sie gehorchen ihrem Meister. Gut so, denn nur wer die Gebote des Herrn tut, wird erkennen und erleben, dass Er weise und allmächtig ist.

Gott ist Liebe.   1. Johannes 4,8

Gott hat seinen eigenen Sohn nicht verschont, sondern ihn für uns alle hingegeben.

Römer 8,32

Wie kann ich glauben, dass Gott mich liebt?

So fragen viele Menschen. Sie auch? Zweifeln Sie daran, dass Gott Liebe ist und auch für Sie persönlich ein liebender Vater sein will?

Vielleicht haben Sie mit Menschen sehr schlechte Erfahrungen gemacht, vielleicht sogar mit Ihrem eigenen Vater, so dass Sie gar nicht an Vaterliebe glauben können? Oder Sie wurden zu oft im Stich gelassen, als dass Sie noch Vertrauen fassen können?

Oder fällt es Ihnen schwer, die Liebe Gottes anzunehmen, weil Sie etwas aus der Vergangenheit so sehr belastet, dass Sie sich schlecht vorkommen?

Gott kennt Ihre Vergangenheit längst und bietet Ihnen Vergebung, Hoffnung und ewiges Leben an. Gottes Liebe zu uns Menschen ist so groß, dass er den höchsten Preis bezahlt hat, um uns aus der Verlorenheit, der Gottesferne zu retten. Gott hat seinen eigenen Sohn gegeben. Bestimmt haben Sie diesen bewegenden Vers schon einmal gehört oder gelesen: *„Denn so hat Gott die Welt geliebt, dass er seinen eingeborenen Sohn gab, damit jeder, der an ihn glaubt, nicht verloren gehe, sondern ewiges Leben habe"* (Johannes 3,16).

Jesus Christus starb als Stellvertreter für die Schuld aller Menschen, die an ihn glauben würden. Wenn Sie sich fragen, ob Gott Sie wirklich liebt, dann schauen Sie zum Kreuz auf Golgatha. Dort gab Gott das Liebste, was Er hatte – auch für Sie!

Nehmen Sie doch bitte heute das Rettungsangebot Gottes an! Sie können jederzeit mit Gott sprechen, so wie Ihnen ums Herz ist. Sie brauchen dazu kein besonderes Gebet. Es kommt nur darauf an, dass Sie es aufrichtig meinen. Gottes Arme sind weit geöffnet. Er wartet auf Sie!

18 Dienstag
Juni

Das Wort ist gewiss und aller Annahme wert, dass Christus Jesus in die Welt gekommen ist, um Sünder zu erretten, von denen ich der erste bin.

1. Timotheus 1,15

Was mich in den Himmel bringt

Es ist zu Beginn des 20. Jahrhunderts. Gerade will ein Pfarrer zu Bett gehen, da klopft es. Vor der Tür steht ein kleines Mädchen, das ihn bittet, mit zu ihrer Mutter zu kommen, die im Sterben liegt. Sie hat Angst vor dem Tod, denn sie will in den Himmel kommen – weiß aber nicht wie.

Der Pfarrer folgt ihr: über dunkle Straßen ... einen Hinterhof ... eine klapprige Treppe ... einen dunklen Flur ... in ein schäbiges Zimmer hinein. Die Frau, die dort liegt, fragt ihn: „Können Sie etwas für eine Sünderin tun? Ich fühle, dass ich in die Hölle komme. Aber ich will nicht dorthin – ich will in den Himmel!"

Der Pfarrer liest ihr aus der Bibel vor: „Denn so hat Gott die Welt geliebt, dass er seinen eingeborenen Sohn gab, damit jeder, der an ihn glaubt, nicht verloren gehe, sondern ewiges Leben habe." Die Frau nickt, dann seufzt sie: „Aber meine Sünden, was ist mit meinen vielen Sünden?" Der Pfarrer liest ihr einen anderen Bibelvers vor: „Das Blut Jesu Christi, seines Sohnes, reinigt uns von aller Sünde." – „Sagten Sie von aller Sünde?" fragt sie. „Wenn das dort steht, sollte es mich in den Himmel bringen" (Johannes 3,16; 1. Johannes 1,7).

Der Pfarrer kniet sich neben sie: „Ja, das steht dort. Und Paulus sagt: ‚Das Wort ist gewiss und aller Annahme wert, dass Christus Jesus in die Welt gekommen ist, um Sünder zu erretten, von denen ich der erste bin." Die Frau lehnt sich zurück: „Das ist gut. Wenn es für ihn gereicht hat, reicht es auch für mich." Und sie kommt, wie sie ist, zu Jesus, der noch nie jemand zurückgewiesen hat. – Sie hat gefunden, was sie in den Himmel bringt.

19 Mittwoch Juni

Es ist kein Unterschied, denn alle haben gesündigt und erreichen nicht die Herrlichkeit Gottes und werden umsonst gerechtfertigt durch seine Gnade, durch die Erlösung, die in Christus Jesus ist.

Römer 3,22-24

Optimisten, Pessimisten und die Realität

Die Bibel berichtet von der Herrlichkeit und dem Können des Menschen – wie auch von seinem Scheitern und dem dadurch entstandenen Elend: Der Mensch war „im Bild Gottes" geschaffen, das heißt, er war Repräsentant Gottes auf der Erde. Als Manager und Künstler durfte er sich in dem wunderbaren Paradiesgarten entfalten und sollte ihn zugleich bewahren. Klar, dass er sich in der Natur gut auskannte und deshalb mühelos passende Namen für alle Tiere fand (1. Mose 1,27; 2,15.20). – Doch dann sündigte er und als Folge zog der Tod in die Schöpfung ein. Von nun an wurde gelogen, betrogen und getötet. Eine absolut ehrliche Berichterstattung.

Wäre ich *Optimist*, dann wäre ich vielleicht überzeugt, dass der Mensch das Ergebnis der Evolution ist und dass er irgendwann einmal sein Schicksal selbst bestimmen wird. Allerdings lehrt mich die Weltgeschichte mit ihren Kriegen, ihren Unglücken und Katastrophen wie auch meine eigene Lebensgeschichte, die von Egoismus und Versagen gekennzeichnet ist, etwas anderes.

Wäre ich dagegen *Pessimist*, dann hätte ich vielleicht alle Werte längst aufgegeben, würde alles für sinnlos und absurd halten. Dann aber hätte ich keinen Blick mehr für Liebe und Freundschaft und alles Schöne.

Beide, der lässige *Optimismus* wie auch der dunkle *Pessimismus*, helfen mir nicht weiter. Bleibt noch der radikale *Realismus* der Bibel: Dort wird nichts beschönigt, dort wird offen und ehrlich gesagt, wie es ist. Wie in unserem Bibelvers: „Kein Unterschied ... alle .... gesündigt ... erreichen nicht". Eine frustrierende, aber ehrliche Bestandsaufnahme! Doch dann heißt es weiter: „alle ... umsonst ... gerechtfertigt (gerechtgesprochen)". Also echte Hoffnungsworte! Sie stützen sich auf „die Erlösung, die in Christus Jesus ist". Eine ungeschminkte, aber lebensrettende Perspektive!

Tägliche Bibellese 1. Samuel 27,1-12 · Philipper 4,15-23

Ehe sie rufen, werde ich antworten; während sie noch reden, werde ich hören.

Jesaja 65,24

Flaschenpost

Anfang des 20. Jahrhunderts lebte auf der Nordseeinsel Nordstrand eine Witwe, die verarmt war und große Not litt. So betete und sprach sie oft mit Gott über ihre Situation, während sie am Strand entlangging. Einmal fiel ihr Blick auf eine Flasche, die von den Wellen angeschwemmt worden war. Die Flasche enthielt etliche Papierstreifen. Auf einem stand: *Der Einsender dieses Zettels erhält von der Firma X einen Sack Kaffee*. Auf einem anderen Zettel stand: *Wer den Zettel einschickt, bekommt von der Firma Y einen Sack Reis*. Alle genannten Firmen kamen aus Hamburg.

Erst wusste die Frau nicht, was sie tun sollte, dann sandte sie probeweise einen Papierstreifen an die angegebene Firma. Kurze Zeit später erhielt sie die versprochene Ware. Sie sandte auch die übrigen Zettel weg – und ihre Not hatte ein Ende.

Doch woher kam die Flasche mit den Papierstreifen?

Als am 20. Juni 1895 der Nord-Ostsee-Kanal eingeweiht wurde, waren auch etliche Hamburger Kaufleute anwesend. Unter ihnen kam die Frage auf, ob eine Flaschenpost wohl auch heute noch irgendwo wieder auftauchen würde. Um das zu testen, beschrieben die Kaufleute Papierstreifen, deponierten sie in einer Flasche und warfen diese ins Wasser. Einige Jahre später landete die Flasche samt Inhalt auf der Insel Nordstrand und beantwortete die Gebete einer Frau, die in Not war.

Auch heute erhört Gott Gebet! Vielleicht nicht immer auf so ungewöhnliche Art wie bei der Witwe auf Nordstrand. Aber Er hört jedes Gebet! Vertrauen Sie Gott Ihre Not und Ihre Fragen an. Er schickt seine wunderbare Hilfe oft schon, bevor wir überhaupt gebetet haben! Und freut sich über unseren Dank!

21 Freitag
Juni

SA 05:09 · SU 21:37
MA 21:58 · MU 03:49

Er (Jesus) war im hinteren Teil und schlief auf dem Kopfkissen. ... Und er wachte auf, schalt den Wind und sprach zu dem See: Schweig, verstumme! Und der Wind legte sich, und es trat eine große Stille ein.

Markus 4,38.39

Jesus schläft im Schiff

Wo schlief Jesus hier? In einem Fischerboot, das sich in einem heftigen Sturm befand! Dieses Ereignis zeigt mir eindrücklich, *dass Jesus Christus wirklich Mensch ist*. Er kennt Müdigkeit aus Erfahrung. Nach einem Tag unermüdlichen Dienstes legte Er sich im hinteren Teil eines Schiffes nieder. Er, der an Land keinen festen Schlafplatz besaß, nahm das Kopfkissen auf See dankbar an (s. Lukas 9,58). – Gehörte ein Kissen zur Standardausstattung eines Fischerboots oder hatte es ein liebendes Herz für Jesus bereitgelegt?

Gleichzeitig erkenne ich in diesem Schlaf, dass Jesus *sein unerschütterliches Vertrauen in seinen Gott setzte* (vgl. Psalm 4,9). Er wusste ja, was für ein gewaltiger Sturm auf sie zukam. Trotzdem legte Er sich nieder und schlief tief und fest, so dass die Jünger, die Angst um ihr Leben hatten, Ihn weckten.

Petrus, der hier ebenso in Angst geriet wie die anderen, würde später seinen Meister nachahmen: Er würde im Gefängnis, gefesselt zwischen zwei Soldaten, in der Nacht vor seiner geplanten Hinrichtung schlafen (Apostelgeschichte 12,6). „Mein Herr schlief im Sturm und Er kann den Sturm stillen." War es dieser Gedanke, der Petrus ruhig schlafen ließ?

Nicht zuletzt war der Schlaf des Herrn Jesus auch eine *Prüfung für den Glauben* seiner Jünger. Er ließ sie bewusst in diese Situation kommen. Und wie reagierten sie? Sie fragten ihn: „Lehrer, liegt dir nichts daran, dass wir umkommen?" (V. 38)

Wie leicht entstehen bei mir ähnliche Fragen, wenn ich in Not gerate, statt dass ich wie Petrus daran festhalte, dass Gott für mich besorgt ist (vgl. 1. Petrus 5,7).

22 Samstag
Juni

SA 05:09 · SU 21:37
MA 22:54 · MU 04:40

Jeder nun, der irgend diese meine Worte hört und sie tut, den werde ich mit einem klugen Mann vergleichen, der sein Haus auf den Felsen baute; und der Platzregen fiel herab, und die Ströme kamen, und die Winde wehten und stürmten gegen jenes Haus an; und es fiel nicht, denn es war auf den Felsen gegründet.

Matthäus 7,24.25

Eine gute Grundlage

Wenn der Baugrund stabil wäre, gäbe es weder den Schiefen Turm von Pisa (in Italien) noch die schiefen Türme von Gau-Weinheim (in Rheinland-Pfalz) oder Suurhusen (in Ostfriesland). Auf den Untergrund kommt es an! Denn was nützt der schönste Bau, das schönste Fundament, wenn der Baugrund nachgibt oder porös ist.

Allen Gründungsmaßnahmen bei Bauwerken ist gemeinsam, dass man sie später nicht mehr sieht. Nachdem das Bauwerk errichtet worden ist, treten Baugrund und Fundament nie mehr in Erscheinung, stellen aber sicher, dass das Bauwerk stabil ist und sicher steht.

Hier im Bibeltext ist das Haus auf dem Felsen gegründet. Es steht fest – trotz Platzregen (von oben), Strömen (von unten) und starken Winden (von der Seite). So fest steht (im übertragenen Sinn) auch derjenige, der die Worte Gottes hört und tut. Auch wenn Unglücke über ihn hereinbrechen oder Widerstände und Gegenwind ihn aus dem Gleichgewicht bringen wollen – sein Lebenshaus steht fest und sicher. Warum? Weil es auf den Worten und Verheißungen Gottes gegründet ist. Und weil Gott „treu bleibt" und „gestern und heute und in Ewigkeit derselbe ist" (2. Timotheus 2,13; Hebräer 13,8).

Jede Schieflage in unserem Lebenshaus deutet auf ein instabiles Fundament hin. Deshalb sollten wir alles daransetzen, dass es fest gegründet ist und uns auch über den letzten unserer Lebensstürme, den Tod, hinausträgt. – Diese feste, sichere Lebensgrundlage wünsche ich jedem!

23 Sonntag Juni

SA 05:10 · SU 21:37
MA 23:35 · MU 05:49

Jesus befahl ihnen, dass sie alle sich in Gruppen lagern ließen, auf dem grünen Gras. Und sie lagerten sich in Abteilungen zu je hundert und je fünfzig. Und er nahm die fünf Brote und die zwei Fische, blickte auf zum Himmel, segnete und brach die Brote und gab sie seinen Jüngern, damit sie sie ihnen vorlegten; und die zwei Fische verteilte er unter alle. Und sie aßen alle und wurden gesättigt. Und sie hoben an Brocken zwölf Handkörbe voll auf, und von den Fischen. Und die, welche die Brote gegessen hatten, waren fünftausend Männer.

Markus 6,39-44

Gedanken zum Markus-Evangelium

Es ist nicht das erste Mal, dass Jesus seine Jünger und alle anderen Anwesenden in Staunen versetzt. Schon bei der Hochzeit in Kana hat der Sohn Gottes gezeigt, dass Er aus Wasser Wein machen kann (vgl. Johannes 2,1-11). Vorher mussten allerdings seine Anweisungen befolgt werden. Dabei hat Er an das angeknüpft, was vorhanden war: Die leeren Krüge sollten mit Wasser gefüllt werden.

Hier ist es ähnlich: Zuerst werden die Jünger angewiesen, die Anzahl der Brote zu ermitteln, die ihnen zur Verfügung stehen. Dann werden alle aufgefordert, sich in Gruppen im grünen Gras niederzulassen.

Wenn der Herr die Gläubigen gebrauchen will, um andere durch ein Gespräch oder eine Predigt geistlich zu fördern, greift Er gern auf das zurück, was bei ihnen vorhanden ist. Ihre Kraft, ihre Fähigkeiten und ihr Bibelwissen erscheinen ihnen selbst oft zu gering, als dass sie damit etwas erreichen könnten. Doch wenn sie sich dessen bewusst sind, dass sie aus sich selbst heraus gar nichts tun können, dann ist das die beste Voraussetzung für den Herrn, sie als Diener zu senden. Denn nicht der Mensch und seine Stärken sollen gerühmt werden, sondern allein Jesus, der Herr.

Fünftausend Männer werden mit fünf Broten und zwei Fischen gesättigt, und anschließend werden zwölf Handkörbe voll Brocken aufgesammelt. Das bringt nur Gott, der Schöpfer und Erhalter, zustande.

Tägliche Bibellese 1. Samuel 30,1-10 · Kolosser 2,1-5

24

Montag
Juni

SA 05:10 · SU 21:37
MA –:– · MU 07:11

Christus hat ... euch ein Beispiel hinterlassen, damit ihr seinen Fußstapfen nachfolgt; er tat keine Sünde, noch wurde Trug in seinem Mund gefunden, gescholten, schalt er nicht wieder ...

1. Petrus 2,21-23

Die Fußstapfen Jesu (1)

Christus hat auf seinem Weg durch diese Welt Fußspuren hinterlassen, denen seine Jünger nachfolgen sollen. In seinem ersten Brief zeigt der Apostel Petrus fünf dieser Fußstapfen. Die ersten vier zeigen, was bei Jesus nicht vorkam, während der fünfte etwas zeigt, das bei Ihm vorhanden war. (Die ersten drei Fußstapfen schauen wir uns heute an, die beiden anderen morgen.)

Jesus tat keine Sünde. – Das ist der erste Fußstapfen: Der Herr war vollkommen in all dem, was Er tat. All sein Tun war ohne eine Spur von

Sünde. Das ist der vollkommene Maßstab. Der Apostel Petrus mahnt uns, dass wir uns vom Bösen abwenden und Gutes tun sollen (1. Petrus 3,11). Christen sollen nach „dem Willen Gottes leben", doch früher, als sie noch nicht gläubig waren, lebten sie so, wie die Menschen es wollen, die Gott nicht kennen (1. Petrus 4,2.3).

In seinem Mund war kein Trug. – Jesus sündigte auch nicht in seinen Worten. Seine Worte waren frei von Falschheit und List. Das hebt Ihn sehr von den Menschen ab, die so oft durch ihr Reden andere täuschen wollen. 1. Petrus 3,10 macht deutlich, wie es um unsere Worte bestellt sein soll: „Wer das Leben lieben und gute Tage sehen will, der halte seine Zunge vom Bösen zurück und seine Lippen, dass sie nicht Trug reden."

Gescholten, schalt Er nicht wieder. – Die Worte Jesu blieben sogar dann vollkommen, als Er gescholten wurde. Er, der Geschmähte, antwortete nicht mit Schmähung. Zu diesem Fußstapfen Jesu finden wir ebenfalls eine Ermahnung des Apostels Petrus: „Vergeltet nicht Böses mit Bösem oder Scheltwort mit Scheltwort, sondern im Gegenteil segnet" (1. Petrus 3,9).

(Schluss morgen)

Tägliche Bibellese 1. Samuel 30,11-31 · Kolosser 2,6-15

25 Dienstag
Juni

SA 05:10 · SU 21:37
MA 00:04 · MU 08:38

Hierzu seid ihr berufen worden; ... damit ihr seinen Fußstapfen nachfolgt; der ... leidend, nicht drohte, sondern sich dem übergab, der gerecht richtet.

1. Petrus 2,21.23

Die Fußstapfen Jesu (2)

Heute geht es um zwei weitere Fußstapfen Jesu, die Christen nachahmen sollen:

Leidend drohte Jesus nicht. – Durch böse Worte verletzt zu werden, ist schlimm, körperlich zu leiden, noch schlimmer. Als dem Herrn Jesus Schmerzen zugefügt wurden, verhielt Er sich dennoch absolut vorbildlich. In den Leiden drohte Er nicht: *„Er wurde misshandelt, aber er beugte sich und tat seinen Mund nicht auf, wie ein Lamm, das zur Schlachtung geführt wird"* (Jesaja 53,7). – Was ist, wenn Christen auf die eine oder andere Weise, z.B. durch Verleumdung oder Repressalien, verfolgt werden und leiden, so wie auch Christus gelitten hat? Dann sollen sie nicht im Zorn ihren Peinigern drohen, sondern sich freuen, das Los ihres Herrn zu teilen, und die Gelegenheit nutzen, seinen Namen zu verherrlichen (vgl. 1. Petrus 4,12.13.16).

Jesus übergab sich dem, der gerecht richtet. – Der fünfte Fußstapfen zeigt nun, im Gegensatz zu den vorherigen, nicht das, was Menschen hätten wahrnehmen können, sondern die innere Haltung Christi. Menschen mögen sich in Leiden äußerlich tadellos verhalten, aber doch ein Herz voller Groll haben. Bei Jesus war das anders: Als ungerechte Menschen über Ihn zu Gericht saßen, überließ Er alles Gott, dem gerechten Richter. Auch Christen werden dazu aufgefordert, sich Gott zu übergeben, indem sie „ihre Hoffnung auf ihn setzen", zu Ihm „flehen", Ihm „ihre Seelen anbefehlen" und „ihre Sorgen auf ihn werfen" (1. Petrus 3,5.12; 4,19; 5,7). Wenn sie das tun, können sie ruhig bleiben, auch wenn sie leiden müssen.

Es ist etwas Schönes für Christen, über die Fußspuren Jesu nachzudenken. Es bleibt allerdings nutzlos, wenn sie es versäumen, täglich in diese Fußstapfen zu treten. *Denn das ist ihre Berufung!*

(Schluss)

26 Mittwoch
Juni

SA 05:11 · SU 21:37
MA 00:25 · MU 10:06

Sie gehen verloren, darum, dass sie die Liebe zur Wahrheit nicht annahmen, damit sie errettet würden.

2. Thessalonicher 2,10

Entweder – oder

Als die Titanic am 10. April 1912 zu ihrer Jungfernfahrt aufbrach, gab es drei Klassen von Passagieren – als das Schiff untergegangen war, gab es nur noch zwei Klassen.

Die Titanic war ein siebenstöckiges Palasthotel mit 762 Zimmern. Die erste Klasse hatte ein eigenes Oberdeck, ein Schwimmbad, ein türkisches Bad, einen Squash- und einen Fitnessraum. Die dritte Klasse dagegen war im Bauch des Schiffes untergebracht. Übergänge zwischen den Passagierklassen waren mit verriegelbaren Barrieren verschlossen.

Am 14. April um 23:40 Uhr rammte die Titanic einen Eisberg, 160 Minuten später riss sie 1514 Menschen mit in den Tod. Ab diesem Zeitpunkt gab es nur noch zwei Klassen von Passagieren: Gerettete und Untergegangene. Am Gebäude der betroffenen Reederei in Liverpool hingen in den nächsten Tagen zwei große Tafeln: Auf der einen stand „Als gerettet bestätigt", auf der anderen „Als verloren bestätigt". Bei entsprechender Nachricht wurde der Name des Passagiers oder Besatzungsmitglieds auf die jeweilige Tafel geschrieben.

Heute gibt es die verschiedensten Gruppen von Menschen. Doch wenn sie gestorben sind, gibt es nur noch zwei Gruppen: die, die errettet sind, weil sie Jesus Christus als ihren Herrn und Erretter angenommen haben – und die, die verloren sind, weil sie Jesus Christus abgelehnt haben oder gleichgültig an Ihm vorbeigegangen sind.

Bei der Titanic entschied sich in den 160 Minuten des Untergangs, welcher Gruppe von Passagieren man angehörte: den Geretteten oder den Verlorenen. Heute entscheidet sich *hier im Leben* für jeden von uns, welcher der beiden Gruppen wir *nach unserem Tod* angehören.

Tägliche Bibellese 2. Samuel 1,1-16 · Kolosser 3,1-11

27

Als Bartimäus hörte, dass es Jesus, der Nazarener, sei, fing er an zu schreien und zu sagen: Sohn Davids, Jesus, erbarme dich meiner! Und viele fuhren ihn an, dass er schweigen solle; er aber schrie umso mehr: Sohn Davids, erbarme dich meiner!

Markus 10,47.48

... dass ich wieder sehend werde (1)

Es ist nur eine kurze Begegnung, doch sie verändert ein Leben – und lädt noch heute zur Wiederholung ein.

Jesus Christus kommt nach Jericho. Dort sitzt der blinde Bartimäus bettelnd am Weg. Als er hört, wer vorbeizieht, fängt er an zu rufen und zu schreien, lässt sich auch durch den Unmut der Menge nicht zum Schweigen bringen und ist erst zufrieden, als Jesus selbst sich ihm zuwendet und ihn zu sich ruft.

Die Menschen haben Bartimäus darüber informiert, dass es „Jesus, der Nazarener" ist, der vorüberzieht. Also ein bestimmter Mann aus einem bestimmten Ort. Mehr nicht. Bartimäus nutzen diese Fakten nichts. Denn jemand aus Nazareth, mag er noch so barmherzig sein, kann nichts für ihn tun. Aber dass es Jesus ist, der Sohn Davids, der lang erwartete Messias, Gottes göttlicher Diener, das ändert alles – und das lässt Bartimäus glauben und rufen.

Er ist hartnäckig, obwohl die Menge versucht, ihn zum Schweigen zu bringen. Für diese Leute ist es völlig in Ordnung, Jesus hinterherzulaufen. Aber es berührt sie peinlich, dass da jemand laut und verzweifelt nach Ihm als dem Retter ruft. Doch der Ruf des Glaubens durchdringt den Lärm und erreicht das Herz des Herrn.

Das ist auch heute noch so. Viele kennen Jesus Christus, nennen sich sogar nach seinem Namen, sind „Christen". Doch nur relativ wenige haben Fragen und Nöte und wissen nicht weiter. Wenn sich diese nun an Jesus wenden und nicht lockerlassen, weil sie Ihm ihr Problem bringen wollen – dann hört Er. Er geht an keinem vorbei, der verzweifelt ruft. (Schluss morgen)

Tägliche Bibellese 2. Samuel 1,17-27 · Kolosser 3,12-17

28 Freitag Juni

Jesus hob an und sprach zu ihm: Was willst du, dass ich dir tun soll? Der Blinde aber sprach zu ihm: Rabbuni, dass ich wieder sehend werde.

Markus 10,51

... dass ich wieder sehend werde (2)

Es ist, als hätte er nur auf diese Gelegenheit gewartet: Jesus geht vorbei – und Bartimäus, blind und bettelnd, ruft, bis der Herr ihn wahrnimmt und zu sich ruft.

Auch heute noch ruft Jesus Menschen zu sich. Manche tun sich schwer damit, sind zögerlich. Andere dagegen werfen das, was sie hindern könnte, einfach beiseite und kommen. Wie Bartimäus, der sein Oberkleid abwirft und aufspringt. Gut, dass Bartimäus sich nicht schämt oder sich für zu unwürdig hält, um zu Jesus zu kommen.

Jesus fragt ihn: „Was willst du, dass ich dir tun soll?" Bartimäus antwortet ebenso ehrfürchtig wie leidenschaftlich: „Rabbuni, dass ich wieder sehend werde." Dem Herrn ist es offensichtlich wichtig, dass wir Ihm die Not auch sagen. So zeigen wir, dass wir Ihm ganz vertrauen. Denn nur so können Menschen „gesund" werden. Das Gebet des Glaubens wird durch die Gnade des Herrn erhört.

„Geh hin, dein Glaube hat dich geheilt" – Bartimäus ist sowohl körperlich als auch geistig geheilt worden. Und wie geht es weiter mit ihm? Er macht den Weg des Herrn zu seinem eigenen und folgt Ihm nach.

Ganz sicher leidet auch heute der eine oder andere (ob Mann oder Frau) unter einer Not. Oder hat Sehnsucht nach Gott. Vielleicht wird auch er abgehalten durch Widerstand und Widerspruch von Freunden, Arbeitskollegen oder Familienangehörigen. Vielleicht steht auch er kurz davor, sich mundtot machen zu lassen durch die, die lauter und überzeugter scheinen. Doch wenn er aufgäbe, wäre das ein unwiederbringlicher Verlust!

Wenn jedoch einer wie Bartimäus schreit und ruft und nicht lockerlässt, bis er erhört wird, und dann „gesund" wird und Jesus von Nazareth nachfolgt, verbucht er den größten Gewinn.

(Schluss)

Tägliche Bibellese 2. Samuel 2,1-11 · Kolosser 3,18-25

29 Samstag
Juni

Als nun Jesus den Essig genommen hatte, sprach er: Es ist vollbracht! Und er neigte das Haupt und übergab den Geist.

Johannes 19,30

Es ist vollbracht!

Als Übersetzer in Nigeria eine alte Bibelübersetzung in der Sprache der Ebira überprüften, entdeckten sie, dass der Ausruf, den Jesus am Kreuz tat, dort übersetzt war mit: „Es ist zu Ende." Das aber wurde von den Lesern verstanden als: „Es ist aus und vorbei." Nach dieser Übersetzung beklagte Jesus hier sein Scheitern. Doch das ist nicht der Sinn des griechischen Wortes im Grundtext.

„Es ist vollbracht!" ist ein Siegesruf. Der Ausruf beklagt nicht ein Unglück oder gesteht ein Versagen ein, nein, das Gegenteil: Das Ziel ist erreicht, eine Schuld ist bezahlt, am Ende einer Schlacht ist der Sieg vollbracht.

In der überarbeiteten Fassung der Ebira-Bibel steht heute an dieser Stelle: „Ich habe es jetzt endlich zu Ende gebracht!" Und das bedeutet: „Es ist vollbracht!": Es ist das triumphale Ende der drei Stunden, in denen Jesus von Gott verlassen war, weil der Ihn dort für das bestrafte, was wir Menschen verdient hatten. Siegreich rief Jesus aus: „Es ist vollbracht!", denn nun war die Erlösung, die Gott von Anfang an geplant hatte, vollbracht und der Weg zu Gott war frei.

Bis heute wird die Bibel in fremde Sprachen übersetzt, um allen Menschen den Rettungsplan Gottes bekanntzumachen. Dabei haben es Bibelübersetzer nicht immer einfach. Manchmal muss erst eine Schriftsprache entwickelt werden, manchmal fehlen entsprechende Worte in der Fremdsprache usw. Das Wichtigste beim Übersetzen sind zwei Dinge: dass man die Botschaft Gottes im Gesamtzusammenhang versteht und dass man einen Blick für die Details und Feinheiten hat. Denn bei Gott hat jedes „Jota" und jedes „Strichlein" (jeweils kleinster Buchstabe im griechischen bzw. hebräischen Alphabet) seinen Sinn und seinen Platz (Matthäus 5,18).

30 **Sonntag**
Juni

SA 05:13 · SU 21:37
MA 01:22 · MU 15:45

Und sogleich nötigte Jesus seine Jünger, in das Schiff zu steigen und an das jenseitige Ufer nach Bethsaida vorauszufahren, während er die Volksmenge entlässt. Und als er sie verabschiedet hatte, ging er hin auf den Berg, um zu beten. Und als es Abend geworden war, war das Schiff mitten auf dem See und er allein auf dem Land.

Markus 6,45-47

Gedanken zum Markus-Evangelium

Der Herr hat auf wunderbare Weise eine große Volksmenge mit Brot und Fisch versorgt, so dass schließlich mehr übrig geblieben ist, als anfänglich vorhanden war. Aus dem Johannes-Evangelium erfahren wir, dass die Anwesenden von diesem Wunderzeichen so sehr beeindruckt sind, dass sie Jesus zum König machen wollen (vgl. Johannes 6,15).

Möglicherweise ist das der Grund, warum Jesus seine Jünger sogleich nötigt, mit dem Schiff ans andere Ufer vorauszufahren. Denn auch sie hoffen darauf, dass Er Israel von der römischen Besatzungsmacht befreit. Doch für Ihn ist diese Zeit noch nicht gekommen – vorher muss Er sterben, um „sein Volk zu erretten von ihren Sünden" (Matthäus 1,21).

Jesus entlässt die Volksmenge und geht auf den Berg, um zu beten. Was beschäftigt Ihn? Denkt Er an die vielen Menschen, die Er belehrt und gesättigt hat, die aber nicht zum lebendigen Glauben an Ihn durchdringen, weil sie nur äußerlich von Ihm profitieren wollen? Oder sind es seine Jünger, die Ihm besonders am Herzen liegen? Sie haben gerade wieder seine Allmacht erlebt, sind aber „nicht verständig geworden" (Markus 6,52). Wegen ihrer verhärteten Herzen rechnen sie oft nicht mit seiner Hilfe – auch jetzt nicht, wo sie im Dunkeln auf dem See unterwegs sind und hart rudern, weil es so stürmisch geworden ist.

Jesus betet! Das berührt uns. Er, der Sohn Gottes, dem alle Macht gegeben ist, ist zugleich der vollkommene Mensch, der in ununterbrochener Verbindung mit seinem himmlischen Vater lebt.

Tägliche Bibellese 2. Samuel 3,1-30 · Kolosser 4,7-18

1 Montag
Juli

*Gottes Zorn wird vom Himmel her offenbart
über alle Gottlosigkeit und Ungerechtigkeit
der Menschen.*

Römer 1,18

Er bekam, was er bestellt hatte

Anfang des 20. Jahrhunderts hatte eine Kirche in Croydon, einer Stadt südlich von London, einen gottesfürchtigen Pfarrer, dem das geistliche Wohl seiner Gemeindemitglieder am Herzen lag. Eines Sonntagabends besuchten zwei junge Männer den Abendgottesdienst. Das Thema der Predigt war der „Zorn Gottes", der all diejenigen treffen wird, die dem Sohn Gottes nicht geglaubt haben (Johannes 3,36).

Nach dem Gottesdienst kehrten die beiden jungen Männer in eine nahe gelegene Kneipe ein. An der Bar bestellte sich einer der beiden, spöttisch lächelnd, ein Glas vom „Zorn Gottes". Der Barkeeper fragte sich, ob er richtig verstanden habe, und fragte: „Was hast du gesagt?" Der junge Mann wiederholte seine Bestellung. Der Barkeeper schüttelte den Kopf: „Das darfst du nicht sagen und das weißt du." Noch während er das sagte, fiel der junge Mann vom Barhocker und war tot. – Er hatte bekommen, was er bestellt hatte.

Nein, nicht immer antwortet Gott sofort auf lästerliches Reden. Doch wir sollten Ihn und sein Wort nicht auf die leichte Schulter nehmen: „Irrt euch nicht, Gott lässt sich nicht spotten!" (Galater 6,7). Unser heutiger Bibelvers macht deutlich, dass Gottes Zorn sich einmal „über alle Gottlosigkeit und Ungerechtigkeit der Menschen" ergießen wird. Es ist sein Gericht über die Sünden der Menschen.

Doch es gibt einen Ausweg. Jesus Christus hat nämlich auch gesagt: „Wer mein Wort hört und dem glaubt, der mich gesandt hat, hat ewiges Leben und kommt nicht ins Gericht." Die Entscheidung liegt nun bei uns! Gottes Absicht ist deutlich: „Wähle das Leben, damit du lebst." (Johannes 5,24; 5. Mose 30,19).

Warum zögern wir noch?

Tägliche Bibellese 2. Samuel 3,31–4,12 · 1. Thessalonicher 1,1–5

Wenn jemand in Christus ist, da ist eine neue Schöpfung; das Alte ist vergangen, siehe, Neues ist geworden. 2. Korinther 5,17

„Ich bin ein anderer Mensch geworden!"

So schreibt Oleg und erklärt, wie es dazu kam:

Zu meinem Geburtstag bekam ich völlig überraschend von meiner Frau ein russisches Neues Testament geschenkt. Als Widmung hatte sie mir hineingeschrieben: „Lies es, Oleg, du brauchst es dringend!" Ich war sehr verärgert darüber: Warum sollte ausgerechnet ich es so dringend brauchen und sie nicht? Darüber gerieten wir in einen heftigen Streit. Irina, meine Frau, ging an diesem Abend zu ihrer Freundin. Trotz meines Ärgers war ich neugierig geworden, und so zog ich mich mit dem Neuen Testament in ein Zimmer zurück und begann, darin zu lesen. Die Bibel faszinierte mich derart, dass ich die ganze Nacht darin las. Beim Lesen wurde mir immer deutlicher, dass ich nicht mehr so weiterleben wollte wie bisher, und ich sprach mein erstes Gebet.

Ich arbeitete damals als Fitnesstrainer, war sehr muskulös und körperlich stark. Gerne stellte ich den Frauen meinen durchtrainierten Körper zur Schau, für die ich zum Symbol eines „echten Mannes" geworden war. Und obwohl ich verheiratet war, ließ ich mich von dieser Bewunderung verführen und hatte immer wieder Affären. Meine Frau wusste darüber Bescheid und hatte mich deswegen mehrfach verlassen, kam jedoch immer wieder zu mir zurück, weil sie nirgendwo sonst unterkommen konnte. Dieses Spiel wiederholte sich bis ich das Neue Testament las und dadurch ein völlig anderer Mensch wurde. Irina und ich begannen, regelmäßig in die Kirche zu gehen. Ich wechselte meinen Beruf und arbeite nun als Bauarbeiter auf dem Bau. Meine Frau und ich haben uns versöhnt und wir erwarten sogar unser erstes Kind. Beide bereiten wir uns auf unsere Taufe vor, und ich schäme mich nicht, Neue Testamente zu verteilen und zu bezeugen, wer ich war und wer ich durch Gottes Gnade und sein Wort geworden bin. Gott allein die Ehre.

3 Mittwoch
Juli

Alle Schrift ist von Gott eingegeben und nützlich zur Lehre, zur Überführung, zur Zurechtweisung, zur Unterweisung in der Gerechtigkeit. 2. Timotheus 3,16

Als ihr von uns das Wort der Kunde Gottes empfingt, nahmt ihr es nicht als Menschenwort auf, sondern, wie es wahrhaftig ist, als Gottes Wort.

1. Thessalonicher 2,13

Die Bibel (1) – ein einzigartiges Buch

Die Bibel ist ein Buch, das niemand gleichgültig lässt. Es ist das am meisten verbreitete Buch der Welt und doch in manchen Ländern strengstens verboten. Es ist das Buch, das am leidenschaftlichsten verteidigt und dem am heftigsten widersprochen wird, das am meisten geliebt und am meisten gehasst wird. Warum ist das so? Es ist das Wort Gottes, die Offenbarung, die Gott dem

Menschen geben wollte. Es enthält eine Botschaft der Liebe, die sich mit göttlicher Autorität an jeden von uns richtet. Allein die Bibel kann uns über unsere Beziehung zu Gott und über unsere ewige Zukunft aufklären. Sie ist die Wahrheit. Bitten wir Gott demütig darum, seine Botschaft zu verstehen und anzunehmen: Es geht um unser gegenwärtiges und unser ewiges Glück.

Die Bibel wurde über einen Zeitraum von mehr als 15 Jahrhunderten von etwa 40 sehr verschiedenen Menschen geschrieben und weist dennoch eine bemerkenswerte Einheit und Kontinuität auf. Obwohl die letzten Seiten der Bibel fast 2000 Jahre alt sind, ist sie immer noch erstaunlich aktuell.

In Wahrheit ist die Bibel das Werk eines einzigen, ewigen Autors, nämlich des Heiligen Geistes. Er hat jedem Schreiber die Aufgabe gegeben, die ihm anvertraute Botschaft aufzuschreiben. Jede Botschaft bildet einen Teil (oder ein Buch) der Bibel. Es ist derselbe Geist Gottes, der dieses göttliche Wort an Herz und Gewissen der Menschen richtet. Er möchte uns beleben, belehren, überführen, korrigieren und in der Gerechtigkeit unterweisen. Lasst uns die Bibel lesen und uns von ihrer Botschaft der Liebe und des Lebens durchdringen lassen.

Tägliche Bibellese 2. Samuel 6,1-23 · 1. Thes 2,1-12

4 Donnerstag
Juli

SA 05:16 · SU 21:35
MA 03:03 · MU 21:09

(Jesus sagt:) Ihr erforscht die Schriften, denn ihr meint, in ihnen ewiges Leben zu haben, und sie sind es, die von mir zeugen.

Johannes 5,39

Die Bibel (2) – das Alte Testament

Das Alte Testament ist der erste Teil der Bibel. Es besteht aus 39 Büchern und wurde geschrieben, bevor Jesus, der Sohn Gottes, auf die Erde kam. Das erste Buch Mose (Genesis) stellt die Erschaffung der Welt vor und zeigt den Ursprung der Menschheit bis zur Bildung des Volkes Israel auf. Die folgenden vier Bücher bilden zusammen mit dem ersten Buch Mose die „fünf Bücher Mose" oder den Pentateuch. Sie enthalten das „Gesetz", das Gott Israel gegeben hat. Sie berichten von der Reise des Volkes Gottes durch die Wüste vom Auszug aus Ägypten bis zu seinem Einzug in das Land Kanaan. Die historischen Bücher von Josua bis Esther umfassen die Geschichte des Volkes über fast 1000 Jahre. Diese Bücher sind besonders von Gottes Güte und Geduld mit seinem Volk gekennzeichnet. Sie zeigen aber auch, dass Gott sein Volk bestraft hat, wenn es sich von Ihm abgekehrt und Götzen gedient hat.

Eins der fünf poetischen oder unterweisenden Bücher ist das Buch der Psalmen. Schließlich vervollständigen die 17 prophetischen Bücher die Offenbarung Gottes über Israel. Die lange Geschichte eines bevorrechtigten Volkes zeigt, dass der Mensch selbst unter den günstigsten Umständen nicht in der Lage ist, den Willen Gottes zu erfüllen.

Über die historischen Berichte hinaus kündigt der erste Teil der Bibel (Altes Testament) auf verborgene Weise immer wieder das Kommen von Jesus Christus an, dem verheißenen Messias, dem Sohn Gottes. Durch Ihn ist es möglich, dass Menschen eine glückliche und bleibende Beziehung zu Gott haben. „Darum wird der Herr selbst euch ein Zeichen geben: Siehe, die Jungfrau wird schwanger werden und einen Sohn gebären und wird seinen Namen Immanuel (d.h. Gott mit uns) nennen" (Jesaja 7,14).

Tägliche Bibellese 2. Samuel 7,1-16 · 1. Thes 2,13-20

5 Freitag Juli

Diese (Zeichen) aber sind geschrieben, damit ihr glaubt, dass Jesus der Christus ist, der Sohn Gottes, und damit ihr glaubend Leben habt in seinem Namen.

Johannes 20,31

Die Bibel (3) – das Neue Testament

Dieser zweite Teil der Bibel beginnt mit dem Kommen von Jesus Christus auf die Erde. Die vier Evangelien berichten aus unterschiedlicher Perspektive von seinem Leben, seinem Tod am Kreuz und seiner Auferstehung.

Das Evangelium nach Matthäus stellt Jesus als den Messias vor, der dem Volk Israel schon im Alten Testament verheißen war. Markus zeigt uns Jesus als den Diener Gottes, der den Menschen die gute Botschaft verkündigt. Im Lukasevangelium wird Jesus Christus als der „Sohn des Menschen" vorgestellt, der allen Menschen das Heil bringt. Das Johannesevangelium schließlich stellt Jesus als Sohn Gottes vor, der die Liebe des Vaters offenbart. Die Apostelgeschichte berichtet, wie die Botschaft des Evangeliums durch die Kraft des Heiligen Geistes verbreitet wird und wie sich der christliche Glaube trotz Christenverfolgungen ausbreitet.

Die Briefe der Apostel entfalten die christliche Glaubenslehre: Gottes ewiger Ratschluss, die Sicherheit der Errettung und des ewigen Lebens, der Tod und die Auferstehung der Gläubigen, ihre ewige Zukunft mit Jesus, ihrem Erlöser. Die Briefe belehren und ermutigen uns, als Jünger und Zeugen Jesu zu leben.

Die Offenbarung ist ein prophetisches Buch, das symbolisch die Geschichte der Kirche bis zur Entrückung der Gläubigen in den Himmel aufzeigt. Anschließend kommen Gerichte über die Erde, bis Jesus Christus erscheint und 1000 Jahre in Gerechtigkeit und Frieden auf der Erde regiert. Nachdem die Menschen sich ein letztes Mal aufgelehnt haben, werden Erde und Himmel zu einem neuen Himmel und einer neuen Erde umgestaltet, in denen Gerechtigkeit wohnen wird. Dies wird zum ewigen Glück der Gläubigen und zur Ehre Gottes sein.

Tägliche Bibellese 2. Samuel 7,17-29 · 1. Thes 3,1-5

6 Samstag
Juli

Christus ist, da wir noch kraftlos waren, zur bestimmten Zeit für Gottlose gestorben.

Römer 5,6

Ausreden helfen nicht

Nehmen wir einmal an, jemand kommt zu einer Selbsthilfegruppe für Alkoholiker. Im Gespräch erklärt er, dass doch eigentlich alle Menschen trinken würden, der eine mehr, der andere weniger. Er selbst habe seine Trinkgewohnheiten im Allgemeinen ganz gut im Griff, nur phasenweise überkomme es ihn.

Wird der Mann mit dieser Einstellung von seiner Sucht frei werden? Wohl kaum! Die Anbieter von Suchthilfe wissen aus Erfahrung, dass ein Suchtkranker zuerst einmal einsehen muss, wie massiv sein Problem ist und wie machtlos er ihm gegenübersteht. Diese Einsicht zeigt sich dann darin, dass er mit allen Ausreden und halbherzigen Besserungsversuchen aufhört und sich aufrichtig auf eine kompetente Hilfe von außen einlässt.

Ganz ähnlich verhält es sich mit der gestörten Beziehung des Menschen zu Gott. Er ist unfähig, sein Leben in Übereinstimmung mit Gottes Willen zu führen. Solange wir die Sünde in unserem Leben ignorieren oder argumentieren: „Sünder sind wir doch alle", kann uns nicht geholfen werden. Und auch Besserungsversuche hier und da bringen uns nicht weiter.

Erst wenn wir einsehen, dass wir verlorene und hilflose Sünder sind, die sich selbst nicht retten können, werden wir die ausgestreckte Retterhand Gottes ergreifen. Erst dann werden wir unsere Zuflucht zu Christus nehmen und so zu Ihm kommen, wie wir sind. Er ist für Kraftlose, ja „für Gottlose gestorben", wie unser Tagesvers sagt.

„Durch die Gnade seid ihr errettet, mittels des Glaubens; und das nicht aus euch, Gottes Gabe ist es; nicht aus Werken, damit niemand sich rühme" (Epheser 2,8.9).

7 **Sonntag**
Juli

SA 05:18 · SU 21:33
MA 06:16 · MU 23:07

Und als Jesus sie beim Rudern Not leiden sah – denn der Wind war ihnen entgegen –, kommt er um die vierte Nachtwache zu ihnen, auf dem See gehend; und er wollte an ihnen vorübergehen.

Markus 6,48

Gedanken zum Markus-Evangelium

Jesus hat seine Jünger gebeten, mit dem Schiff ans gegenüberliegende Ufer des Sees Genezareth vorauszufahren. Er selbst ist zurückgeblieben, um auf dem Berg zu beten, nachdem Er sich von der Volksmenge verabschiedet hat.

Die Jünger fahren los, und als sie mitten auf dem See sind, ist es dunkel und windig. Sie quälen sich beim Rudern ab und kommen kaum vorwärts.

Kennen wir das nicht auch? Wir folgen den Anweisungen Gottes in der Bibel und geraten trotzdem in einen Lebenssturm. Damit haben wir nicht gerechnet, aber wir geben nicht gleich auf, sondern kämpfen. Wir setzen alles daran, um Land zu gewinnen, kommen allerdings manchmal keinen Schritt weiter. Was tun wir dann?

Wenn Gott Stürme in unserem Leben zulässt, will Er sich verherrlichen, das heißt, Er will im Mittelpunkt unseres Denkens stehen. Es ehrt Gott, wenn wir unsere Hilfe im Gebet bei Ihm suchen. Wenn die Situation sich nicht ändert, wird Er uns die nötige Kraft und Ausdauer sowie seinen Frieden schenken. Was auch immer geschieht – in jedem Fall werden wir Ihn erleben.

Uns ist auch geholfen, wenn wir unsere eigene Unfähigkeit erkennen und uns bewusst wird, dass wir ganz auf Ihn angewiesen sind. Doch leider dauert es manchmal seine Zeit, bis wir endlich anfangen, „loszulassen" und mit Gottes Hilfe zu rechnen.

Gott wird nicht zulassen, dass die Prüfungszeit über unsere Kräfte hinausgeht (vgl. 1. Korinther 10,13). Spätestens in der „vierten Nachtwache" kommt seine Rettung. Vertrauen wir Ihm!

8 Montag
Juli

SA 05:19 · SU 21:33
MA 07:34 · MU 23:26

Wer mein Wort hört und dem glaubt, der mich gesandt hat, hat ewiges Leben und kommt nicht ins Gericht.

Johannes 5,24

Die Buddhistin

An unserem christlichen Infostand auf einer Verbrauchermesse gibt es viele interessante Begegnungen. Während einer Pause kommen wir mit dem Standpersonal einer Weinfirma uns gegenüber ins Gespräch. Eine Mitarbeiterin sagt: „Ich bin Buddhistin."

Wir zeigen uns erstaunt. „Ja", erzählt sie, „mir hat die Religion, in die man mich von Jugend an hineingepresst hat, keine Befriedigung gegeben."

„Und die haben Sie nun im Buddhismus gefunden?"

„Ja, dort ist mir erst richtig klar geworden, dass es einmal eine gerechte Vergeltung gibt für alles, was wir in diesem Leben getan haben."

„Aber dafür brauchten Sie dem Christentum doch nicht den Rücken zu kehren", versuchen wir zu erklären, „denn genau das sagt die Bibel doch auch! Gott wird einmal alles Unrecht und alle Schuld gerecht vergelten; Er wird dann sogar ‚das Verborgene der Menschen richten' (Römer 2,16). Und wenn Er heute sein gerechtes Urteil an uns vollstrecken würde, dann könnte es nur lauten: ewige Verdammnis."

Fragend schaut die junge Dame uns an. Sollte „gerechte Vergeltung" etwa bedeuten, dass alle schuldig befunden und verurteilt werden? Wir fügen hinzu: „Gott sei Dank, es gibt eine herrliche Botschaft für alle, die Gottes gerechtes Urteil über die Sünde anerkennen und Jesus Christus als ihren Retter annehmen. Sie kommen nicht mehr ins Gericht, denn Christus hat stellvertretend für sie am Kreuz die Strafe erduldet."

„Sagen Sie", geben wir der nun sehr interessierten Buddhistin zu bedenken, „kann Ihnen auch Buddha so etwas versprechen? Und wenn nicht, sollten Sie dann nicht unbedingt Jesus Christus annehmen?"

9

Dienstag
Juli

SA 05:20 · SU 21:32
MA 08:49 · MU 23:40

*Erziehe den Knaben seinem Weg
entsprechend; er wird nicht davon weichen,
auch wenn er alt wird.*

Sprüche 22,6

Naturbeobachtungen – das Rehkitz

Im Normalfall kommt das Kitz im Frühjahr zur
Welt. Nach seiner Geburt haben das Kitz und
seine Mutter eine enge Bindung zueinander und
es bleibt fast ein ganzes Jahr in ihrer Nähe. Zunächst ist es noch sehr unsicher auf den Beinen,
aber recht schnell gewinnt es an Sicherheit und
beginnt, allein herumzutollen. Die Mutter behält
ihr Junges stets im Auge. Wenn es sich zu weit
von ihr entfernt oder wenn eine Gefahr droht,
ruft sie es schnell zu sich. Sie knurrt es an, damit das Kitz begreift, dass das nicht noch einmal
passieren darf. Manchmal stupst sie es mit dem
Kopf an, gerade fest genug, damit es spürt, dass
sie es ernst meint. Allein der Aufmerksamkeit

der Rehmütter ist es zu verdanken, dass unzählige Kitze das erste Lebensjahr überleben.

Die Sorgfalt der Rehe, mit der sie ihren Nachwuchs führen und beschützen, erinnert an unsere Rolle als gläubige Eltern für unsere Kinder. Manchmal ist es notwendig, sie zu ermahnen oder zu korrigieren. Doch das dient allein dem Ziel, sie die Gefahren des Lebens zu lehren und sie davor zu bewahren. Unsere Kinder sind, ebenso wie wir, von dem Herrn Jesus abhängig: Er möchte ihr Erretter sein, der sie befreit.

Unzählige Gefahren bedrohen unsere Kinder. Wir müssen, ebenso wie die Rehmutter für ihr Kitz, für sie da sein, damit wir sie warnen und ihnen schmerzhafte Erfahrungen ersparen können.

Den Kindern wird der Segen für ihr Glaubensleben zwar nur durch die Gnade Gottes geschenkt. Gleichwohl sind die Eltern dafür verantwortlich, ihren Kindern ein gutes Beispiel vorzuleben und ihnen christliche Tugenden mit auf den Weg zu geben: z.B. Fleiß, Disziplin, respektvoller Umgang mit älteren Menschen und vor allem Gehorsam dem Wort Gottes gegenüber.

10 Mittwoch
Juli

SA 05:21 · SU 21:31
MA 10:02 · MU 23:52

Die Jünger wurden zuerst in Antiochien Christen genannt. Apostelgeschichte 11,26

Von euch ist offenbar, dass ihr ein Brief Christi seid, geschrieben ... mit dem Geist des lebendigen Gottes, nicht auf steinerne Tafeln, sondern auf fleischerne Tafeln des Herzens. 2. Korinther 3,3

Überzeugendes, echtes Christentum

Leonard Ravenhill (1907–1994), ein englischer Evangelist des 20. Jahrhunderts, nahm in jungen Jahren Jesus Christus als seinen persönlichen Retter an. Dieses Ereignis beschreibt er so:

„Ich kam ganz allein zum rettenden Glauben an Christus. Ich wurde nicht durch eine Predigt über das kommende Gericht der Hölle gerettet. Stattdessen begann ich mit 14 Jahren, bestimmte Dinge zu hinterfragen. Warum verkündete mein Vater in den Straßen so eifrig das Evangelium? Ich tat das nicht. Warum liest er die Bibel und betet so oft? Auch das tat ich nicht. Es waren diese Beobachtungen, die mich die Leere in meinem Leben erkennen ließen. In dieser Phase meines Lebens, als ich ungefähr 14 Jahre alt war, nahm ich ganz für mich alleine Christus an. Ich bekehrte mich nicht in erster Linie, weil ich ein elendes Sündenleben führte, sondern ich erkannte, dass ich Christus brauchte. Ich sah, dass mein Vater etwas hatte, was ich nicht besaß."

Ravenhill schaute sich das Leben seines Vaters an, es war für ihn authentisch und überzeugend. Da waren nicht nur die Worte, sondern auch der dazu passende Lebensstil. Das Christentum seines Vaters war für ihn glaubwürdig und echt. Ähnlich war es bei den Menschen in Antiochien (s. Tagesvers). Sie beobachteten die Jünger Jesu. Deren Lebensstil und deren Worte, die ihnen den Namen „Christen" einbrachten, passten zusammen und waren ein schönes und überzeugendes Zeugnis für Jesus Christus.

Kennen auch Sie Christen, die für ihre Mitmenschen wie ein „Brief" sind, den Jesus Christus verfasst hat? Diesen Christen merkt man an, dass sie glücklich sind, obwohl bei ihnen nicht immer alles glattläuft. Dahinter verbirgt sich nicht ein Leben in Traditionen, sondern ein Herz, das eine Erneuerung erlebt hat und in dem Jesus Christus wohnt.

Tägliche Bibellese 2. Samuel 12,1-31 · 1. Thes 5,1-11

11 Donnerstag
Juli

Wir werden alle vor den Richterstuhl Gottes gestellt werden.
So wird nun jeder von uns für sich selbst Gott Rechenschaft geben.

Römer 14,10.12

Die Schuldfrage

Am Ufer des Ganges stand der Indienmissionar John Thomas (1757–1801) und verkündigte einer Menschenmenge die gute Botschaft von Jesus Christus.

Da trat ein Brahmane, ein religiöser Führer, mit der Frage an ihn heran: „Haben Sie nicht soeben gesagt, dass es der Teufel ist, der die Menschen zum Sündigen verführt?" Als Thomas bejahte, zog der Brahmane die Schlussfolgerung: „Dann liegt die Schuld beim Teufel. Dann muss der Teufel bestraft werden und nicht der Mensch." In den Mienen der Umstehenden konnte der Missionar erkennen, dass sie diesem Einwand zustimmten.

In diesem Augenblick sah Thomas ein Boot, das den Fluss heraufkam. Er fragte die Zuhörer: „Seht ihr das Boot dort? Nehmen wir einmal an, ich würde einige meiner Freunde mit dem Auftrag losschicken, alle Menschen im Boot zu töten und es mir zu bringen. Wer hat dann die Strafe verdient: ich als der Anstifter oder sie, die diese schreckliche Tat begangen haben?" Ohne zu zögern, rief der Brahmane: „Ihr alle wärt des Todes schuldig!"

„Ja", erwiderte Thomas, „und wenn ihr und der Teufel miteinander sündigt, dann werdet ihr auch miteinander verdammt werden."

Wenn der Mensch einmal vor Gott treten muss, um Rechenschaft abzulegen, wird ihm also der Hinweis auf den Teufel nicht helfen. Es wird niemand gelingen, seine Schuld auf einen anderen abzuwälzen. Umso erstaunlicher ist der Ausweg, den Gott uns in seinem Sohn anbietet: Jesus Christus, der Unschuldige, ist aus freier Liebe für schuldige Menschen eingetreten und hat die Strafe auf sich genommen. Das kommt jedem zugute, der Ihn im Glauben annimmt.

12 Freitag Juli

SA 05:23 · SU 21:30
MA 12:20 · MU 00:02

Jesus setzte sich dem Schatzkasten gegenüber und sah zu, wie die Volksmenge Geld in den Schatzkasten legt; und viele Reiche legten viel ein. Und eine arme Witwe kam und legte zwei Scherflein ein, das ist ein Cent.

Markus 12,41.42

Einen fröhlichen Geber liebt Gott

Eine arme Witwe legte zwei kleine Münzen in den Schatzkasten des Tempels, um sie für Gott zu geben. Doch obwohl es eine so unbedeutende Summe war, lenkte Jesus die Aufmerksamkeit seiner Jünger darauf und sagte: „Diese arme Witwe hat mehr eingelegt als alle, die in den Schatzkasten eingelegt haben. Denn alle haben von ihrem Überfluss eingelegt; diese aber hat von ihrem Mangel, alles, was sie hatte, eingelegt, ihren ganzen Lebensunterhalt" (V. 43.44).

Niemand hatte diese Frau bemerkt, aber Jesus, der ihre Situation und ihr Herz kannte, schätzte den Wert ihrer Gabe. Sie hatte aus Liebe zu Gott gegeben. Außerdem war ihr Opfer eine Tat des Glaubens: Sie legte ihr ganzes Leben in die Hände Gottes. Wäre es nicht verständlich gewesen, wenn sie eine Münze gespendet und die andere für sich behalten hätte, damit sie für ihren Lebensunterhalt sorgen konnte? Doch sie vertraute darauf, dass Gott besser für sie sorgen würde, als sie es selbst konnte.

Sie hätte auch denken können: Das wenige, was ich habe, ist unter Gottes Würde. Was soll Er schon mit zwei kleinen Münzen anfangen? – Aber sie dachte nicht an ihre Spende, sondern an den, für den sie diese Spende gab.

Sie tat es auch nicht, um Gottes Gunst zu erkaufen, geschweige denn, um dadurch von ihren Sünden befreit zu werden. Durch Spenden oder andere gute Werke kann niemand mit Gott versöhnt werden. Aber Gott freut sich, wenn Ihm jemand etwas aus Liebe gibt. Er achtet vor allem darauf, ob der Geber demütig und diskret gibt. *Wie* man gibt, ist mehr wert als das, *was* man gibt.

13 Samstag
Juli

SA 05:24 · SU 21:29
MA 13:30 · MU 00:13

*Was ist euer Leben? Ein Dampf ist es ja,
der für eine kurze Zeit sichtbar ist und dann
verschwindet.*

Jakobus 4,14

Wozu lebe ich?

Wäre das Leben ohne Aussicht auf eine dauerhafte Zukunft nicht eine Tragödie für den Menschen? Wozu wurde ich geboren? Wie lange werde ich hier sein? Was wird nach meinem Tod von mir bleiben? – All das sind Fragen, die uns durch den Kopf gehen, wenn wir über den Sinn des Lebens nachdenken. Und wir sollten nicht zur Ruhe kommen, bevor wir eine Antwort darauf gefunden haben. Gibt es ein Leben, das mehr ist als das biologische Leben? Wird einmal alles vergessen sein?

Wie kommt es, dass die Menschen sich überhaupt hierüber Gedanken machen? Die Bibel sagt es uns: „Gott hat die Ewigkeit in ihr Herz gelegt" (Prediger 3,11). Ein Tier denkt nicht darüber nach, was nach seinem Tod mit ihm passiert. Aber jedem von uns ist irgendwie klar, dass nach dem Tod nicht alles aus ist. Auch wenn viele es nicht zugeben wollen.

In den Naturwissenschaften, der Philosophie und der Theologie wird viel darüber nachgedacht, doch nur unser Schöpfer kann die Frage nach dem Sinn des Lebens zufriedenstellend beantworten. Unsere Existenz ist nicht das Ergebnis eines Zufalls. Gott hat sie bewusst gewünscht und gewollt. Und welchen Zweck hat Er damit verfolgt? Natürlich sollen wir zum Nutzen für unsere Mitmenschen leben. Aber es geht noch viel weiter. Wir sollen „für ihn" da sein (Kolosser 1,16). Er will eine Beziehung zu uns aufbauen, will uns seine Liebe erweisen und uns einmal für immer bei sich haben. Deswegen sandte Er Jesus Christus als Erlöser zu uns. Unsere Sünden trennten uns von Gott. Jetzt aber ist jeder, der das Opfer Jesu Christi für sich in Anspruch nimmt, passend für den Himmel. Für Gott zu leben, darin liegt der eigentliche, tiefe Sinn unseres Lebens!

14 Sonntag
Juli

SA 05:26 · SU 21:28
MA 14:40 · MU 00:23

Als die Jünger Jesus aber auf dem See wandeln sahen, meinten sie, es sei ein Gespenst, und schrien auf; denn alle sahen ihn und wurden bestürzt. Er aber redete sogleich mit ihnen und spricht zu ihnen: Seid guten Mutes, ich bin es; fürchtet euch nicht! Und er stieg zu ihnen in das Schiff, und der Wind legte sich. Und sie erstaunten sehr über die Maßen bei sich selbst und verwunderten sich; denn sie waren durch die Brote nicht verständig geworden, sondern ihr Herz war verhärtet.

Markus 6,49-52

Gedanken zum Markus-Evangelium

Auf die Anweisung des Herrn überqueren die Jünger mit einem Boot den See Genezareth. Mittlerweile ist es dunkel und sie befinden sich mitten auf dem See. Der Gegenwind ist heftig, so dass die Jünger sich beim Rudern abquälen, um das Schiff auf Kurs zu halten. Es ist mittlerweile zwischen 3 und 6 Uhr morgens, und sie haben ihr Ziel immer noch nicht erreicht.

Da kommt Jesus zu den Jüngern. Er geht auf dem Wasser. Sie rechnen offenbar in diesem Moment nicht mit Ihm, sonst wären sie sicher nicht so bestürzt und hätten keine abergläubischen Gedanken. Doch der Herr macht ihnen keinen Vorwurf. Mit einem Mut machenden und aufklärenden Wort beschwichtigt Er die ängstlichen Jünger, bevor Er sich um die äußeren Umstände kümmert.

Haben wir das nicht auch schon erlebt? Wenn wir inmitten unserer Lebensstürme ein Bibelwort lesen und uns bewusst wird, dass der Herr ganz nahe ist, kommen wir innerlich zur Ruhe, und wir empfinden die äußere Bedrohung nicht mehr so stark wie vorher.

Die Jünger staunen. Haben sie nicht damit gerechnet, dass der Herr die Lage im Griff hat? Wenige Stunden vorher, bei der Speisung der Volksmenge, hat Er es noch bewiesen. Doch „sie vergaßen seine Taten und seine Wunderwerke, die er sie hatte schauen lassen" (Psalm 78,11). Dazu neigen auch wir.

Tägliche Bibellese 2. Samuel 15,13-29 · 2. Thes 2,1-12

15 Montag
Juli

*Kein Geschöpf ist vor ihm (Gott) unsichtbar,
sondern alles ist bloß und aufgedeckt vor den
Augen dessen, mit dem wir es zu tun haben.*

Hebräer 4,13

*Du zogst liebevoll meine Seele aus der Grube
der Vernichtung; denn alle meine Sünden hast
du hinter deinen Rücken geworfen.*

Jesaja 38,17

Der jüngste Nachwuchspolizist

Vor ungefähr 50 Jahren lebte in Ottawa in Kanada
ein kleiner Junge namens Jamie. Als er eines Tages mit seiner Mutter einkaufen ging, kaufte sie
ihm, was er sich schon immer gewünscht hatte:
eine täuschend echte Polizeisirene für sein Drei-
rad. Auf dem Heimweg probierte er sie direkt
aus. Der schrille Ton erschreckte einen Mann,
der ihnen entgegenkam: Er blieb erschrocken

stehen, ließ die Tasche fallen, die er bei sich trug, und rannte weg. Die Tasche platzte auf und über den Bürgersteig verstreuten sich kleine, wunderschön glitzernde Glassteinchen.

Jamies Mutter hob sie auf und rief die Polizei. Die „Glassteinchen" entpuppten sich als Juwelen und stammten aus einem kürzlich begangenen Einbruch. Die Polizeisirene hatte den Dieb so erschreckt, dass er die Juwelen verlor. Jamie bekam von der Polizei einen Orden als jüngster Nachwuchspolizist.

Viele Menschen brechen Gesetze oder tun Unrecht, ohne im Lauf ihres Lebens erwischt zu werden. Aber in vielen Fällen ist trotzdem ein Schuldbewusstsein vorhanden und die Täter leben in ständiger Alarmbereitschaft wie dieser Juwelendieb. Unbereinigte Schuld und ein schlechtes Gewissen können zu einer schweren Last werden. Aber es gibt einen Ausweg, den uns die Bibel aufzeigt: „Wer seine Übertretungen verbirgt, wird kein Gelingen haben; wer sie aber bekennt und lässt, wird Barmherzigkeit erlangen" (Sprüche 28,13).

16 **Dienstag** Juli

SA 05:28 · SU 21:26
MA 17:09 · MU 00:51

Jesus sagte: Ich werde meine Versammlung (oder Kirche) bauen.

Matthäus 16,18

Ihr aber seid Christi Leib, und Glieder im Einzelnen.

1. Korinther 12,27

Die Kirche (1) – wie Gott sie sieht

Das Wort „Kirche" oder „Gemeinde" hat zwei sehr unterschiedliche Bedeutungen. In der Umgangssprache bezeichnet „Kirche" oft ein Gebäude, in dem christliche Versammlungen und Zeremonien stattfinden. Ferner wird manchmal auch von der „Ortskirche" oder „Ortsgemeinde" gesprochen, um Christen zu bezeichnen, die sich dort regelmäßig treffen.

Wenn Jesus sagt: „Ich werde meine Versammlung (oder Kirche) bauen", oder wenn der Apostel Paulus schreibt: „Der Christus hat die Versammlung (Kirche) geliebt und sich selbst für sie hingegeben"

(Epheser 5,25), dann ist damit nicht ein Gebäude gemeint oder eine bestimmte christliche Organisation, sondern die Gesamtheit aller Christen, die an Jesus Christus, ihren Erlöser, glauben. Diese Kirche besteht seit Pfingsten, als der Heilige Geist die Gläubigen „zu einem Leib getauft" hat (1. Korinther 12,13).

In den letzten 2000 Jahren hat sich das Christentum in eine Vielzahl von Gruppen zersplittert, die jede ihre Besonderheit hat und einen Namen, der sich auf eine bestimmte Gewohnheit oder eine bestimmte Lehre bezieht. Jede dieser Kirchen hat ihre eigene Mitgliederliste, ihre eigenen Aufnahmerituale ...

Die Bibel kennt so etwas nicht. Sie lehrt, dass der gläubige Christ nur zu einer geistlichen Gemeinschaft gehört: der weltweiten Kirche, der „Versammlung des lebendigen Gottes" (1. Timotheus 3,15). Die Gläubigen kamen zwar damals an unterschiedlichen Orten zum Gottesdienst zusammen – vielfach auch in Wohnhäusern –, aber nirgends finden wir den Gedanken von verschiedenen „Kirchen". Alle Gläubigen sind Teil einer Kirche. Diese grundlegende Wahrheit ist auch heute noch aktuell.

(Fortsetzung nächsten Dienstag)

Tägliche Bibellese 2. Samuel 16,5-23 · 2. Thes 3,1-5

17 Mittwoch
Juli

Jakob blieb allein zurück; und es rang ein Mann mit ihm, bis die Morgenröte aufging.

1. Mose 32,25

Allein mit Gott

Der Patriarch Jakob ist mit seinen Frauen und Kindern und seinem ganzen Besitz auf dem Weg nach Hause. Doch die Zukunft ist dunkel, denn sein Bruder Esau, den er um das Erbe betrogen hat, zieht ihm mit 400 Mann entgegen. Im Frieden oder um Rache zu nehmen? Jakob weiß es nicht. Er führt alles, was er hat, über die letzte Hürde, den Jordan – und bleibt auf der anderen Seite des Flusses allein zurück. Und da begegnet ihm Gott.

„Jakob blieb allein zurück." – *Allein mit Gott* ist auch jeder Mensch, der sich bekehrt, der seine Sünden vor Gott erkennt und sie Ihm bekennt. Und dem Gott dann vergibt. Als ich mich bekehrte, waren 400 Menschen im Raum. Mein Leben lief vor meinen Augen ab, aber ich hörte und sah nicht, was um mich herum passierte. Ich war damals *allein mit Gott*.

Als Paulus vor Damaskus ein großes Licht sah und sich bekehrte, war er *allein mit Gott*. Er berichtet: „Die aber bei mir waren, sahen zwar das Licht und wurden von Furcht erfüllt, aber die Stimme dessen, der mit mir redete, hörten sie nicht" (Apostelgeschichte 22,9).

Jakob war *allein mit Gott* – und Gott begegnete ihm und segnete ihn. Sind *Sie* schon einmal *allein mit Gott* gewesen? Haben Sie erlebt, dass Er durch die Bibel, sein Wort, direkt und persönlich zu Ihnen spricht? Gott hat ja viele Wege, um Menschen zu erreichen und zu sich zu bringen. Jedenfalls sollte niemand gleichgültig zur Tagesordnung übergehen, indem er die Botschaft verdrängt und vergisst! Es wäre ein riesiger Verlust.

Jakob begegnete Gott, der mit ihm rang und ihn zuerst nicht bezwingen konnte. Dann aber kam Gott mit ihm zum Ziel und segnete ihn. Das möchte Er auch bei Ihnen erreichen!

18 Donnerstag
Juli

Das Wort ist gewiss und aller Annahme wert; ... weil wir auf einen lebendigen Gott hoffen, der ein Erhalter aller Menschen ist, besonders der Gläubigen. 1. Timotheus 4,9.10

Erino Dapozzo (1) – „Ich habe einen lebendigen Gott!"

Der gebürtige Italiener Erino Dapozzo (1907–1974), der 1943 zum Arbeitsdienst in Deutschland verurteilt worden ist, wird bei einem Fluchtversuch an der Grenze zur Schweiz von den Nazis gefasst und erneut zum Arbeitsdienst nach Hamburg gebracht.

Ein schwerer Arbeitseinsatz findet in Cuxhaven statt. Dort soll er mit 25 anderen Männern ein Schiff mit 286.000 Backsteinen beladen. 8 Tage haben sie dazu Zeit. Das Pensum entspricht ungefähr 5 Paletten pro Person und Tag. Schaffen sie die Arbeit nicht, werden ihre Familien in Frankreich bestraft. Als Verpflegung erhalten sie 30 Kilo Kartoffeln und 8 Kilo Brot. Viel zu wenig für 8 Tage und 26 ausgehungerte Mägen. Nachdem alle ihrem Ärger Luft gemacht haben, schlägt Erino vor, Gott für diesen für die entkräfteten Männer fast undurchführbaren Auftrag um Hilfe zu bitten, da nur Er allein helfen kann. Einige Männer murren, andere stimmen zu, viele nehmen achtungsvoll ihre Mützen ab, als Erino betet.

Die Männer gehen an die Arbeit und Erino macht sich auf ins nächste Dorf. Er ist überzeugt, dass Gott sich offenbaren und ihnen helfen wird. Er sucht dort den Bürgermeister auf, der ihn fragt, warum er nicht an der Front kämpft. Erino antwortet, dass er zur großen Friedensarmee gehört und sein Führer Jesus Christus ist. „Das ist eine tapfere Antwort", sagt der Bürgermeister. Dann nimmt er ihn mit zu einem Bauernhof, wo er Pferd und Wagen anspannen und mit 4 Säcken Kartoffeln beladen lässt. Wenig später erhält Erino beim Bäcker einen ganzen Sack Weißbrot und beim Milchhändler 26 Liter Milch.

Keiner kann die Freude und das Glück beschreiben, als er voll beladen bei seinen Männern im Hafen ankommt. Einige staunen: „Du kannst nicht den gleichen Gott haben wie wir!" Erino antwortet: „Das weiß ich nicht. Ich habe einen lebendigen Gott, der mich erlöst hat und der mich erhört."

19 Freitag
Juli

SA 05:32 · SU 21:23
MA 20:43 · MU 02:26

Und nicht wird in sie (die Stadt) eingehen irgendetwas Gemeines und was Gräuel und Lüge tut, sondern nur die, die geschrieben sind in dem Buch des Lebens des Lammes.

Offenbarung 21,27

Erino Dapozzo (2) – Ein gültiges Einreisedokument

Hamburg gegen Ende des 2. Weltkriegs. Erino Dapozzo (1907–1974) schuftet noch immer unter den unmenschlichen Bedingungen der Gestapo als Fremdarbeiter in Hamburg, während die Stadt gleichzeitig durch alliierte Flugzeuge unter Beschuss ist. Ohne Aussicht auf Erfolg, aber im Glauben an seinen Gott, beantragt er ein Ausreisevisum in die Schweiz. Und er erhält es – von höchster deutscher Stelle genehmigt. So macht er sich im März 1945, kurz vor Kriegsende, auf die abenteuerliche und gefährliche Reise nach Bregenz, wo sich die deutsche Kontrolle befindet.

Der Bahnhof dort ist mit Flüchtlingen überfüllt, die alle in die Schweiz wollen. Durchgelassen werden jedoch nur diejenigen, die ein Visum besitzen. Nur drei Personen erhalten die polizeiliche Erlaubnis, in die Schweiz einzureisen: ein Schweizer, seine Frau – und Erino Dapozzo. Die drei werden, von sechs Polizisten begleitet, in einen Eisenbahnwaggon eingeschlossen, der von einer Lokomotive nach St. Margrethen gezogen wird, wo sich die Schweizer Kontrolle befindet. Dann ist Erino Dapozzo in der Schweiz, wo seine Familie lebt.

Viele sehnten sich damals danach, dem Verderben in Nazi-Deutschland zu entkommen, aber nur wenige konnten es. Nur diejenigen, die ein gültiges Visum hatten, durften ausreisen; alle anderen mussten zurückbleiben.

Ganz anders, wenn Gott Menschen aus dem Verderben der Sündenschuld zu sich retten will. Die „Visa-Stelle" für den Himmel ist immer und für jeden geöffnet. Niemand, der bittet, wird abgewiesen Jeder, der an Jesus Christus, den Sohn Gottes glaubt, hat ein gültiges „Visum" für den Himmel. Besitzen *Sie* es schon?

20

Samstag
Juli

SA 05:33 · SU 21:21
MA 21:31 · MU 03:28

Wenn jemand nicht aus Wasser und Geist geboren wird, so kann er nicht in das Reich Gottes eingehen.

Johannes 3,5

Erino Dapozzo (3) – Sind Sie ein wiedergeborener Christ?

Erino Dapozzo (1907–1974) schuftete im 2. Weltkrieg als Zwangsarbeiter in Deutschland. Nach dem Krieg verkündete er hier und auch in anderen Ländern das Evangelium. Dabei machte er auf seinen Zugreisen oft kleine Umfragen unter den Mitreisenden. Er fragte sie: „Sind Sie ein wiedergeborener Christ?" Die meisten verstanden die Frage gar nicht, andere gaben unterschiedliche Antworten, wobei manche von ihnen sogar empört reagierten: „Hören Sie mal, ich spiele die Orgel in der Kapelle!", oder: „Ich singe im Kirchenchor mit!", oder: „Ich bin getauft und konfirmiert." Von über 100 Befragten antwortete nur einer mit einem eindeutigen „Ja".

Die Frage ist wichtig, denn Jesus versicherte damals einem der religiösen Führer in Israel: „Wenn jemand nicht von neuem geboren wird, so kann er das Reich Gottes nicht sehen" (V. 3). Niemand kann also in eine Beziehung zu Gott kommen, wenn er nicht die neue Geburt erlebt hat.

Wenn jemand „aus Wasser und Geist geboren" ist, bedeutet das, dass er neues Leben erhalten hat durch das Wort Gottes, das durch Wasser symbolisiert wird. Dieses Wunder wirkt der Geist Gottes in uns. Das neue Leben kommt von Gott, deshalb wird der, der es empfängt, ein Kind Gottes.

Täuschen wir uns nicht: Im Kirchenchor mitzusingen, Theologie zu studieren oder regelmäßig die Gottesdienste zu besuchen, macht uns nicht passend für den Himmel. Kind Gottes wird man nicht durch *äußere Tätigkeiten*, sondern nur durch eine *innere Erneuerung*, die der Geist Gottes in demjenigen bewirkt, der an Jesus Christus glaubt.

„Sind Sie ein wiedergeborener Christ?" – Wie gut, wenn Sie mit einem klaren „Ja" antworten können!

Tägliche Bibellese 2. Samuel 18,19-32 · Titus 2,1-8

21 Sonntag
Juli

SA 05:34 · SU 21:20
MA 22:05 · MU 04:46

*Als sie ans Land hinübergefahren waren,
kamen sie nach Genezareth und legten an.
Und als sie aus dem Schiff gestiegen waren,
erkannten die Menschen Jesus sogleich und
liefen in jener ganzen Gegend umher und
fingen an, die Leidenden auf den Betten
umherzutragen,
wo sie hörten, dass er sei. Und wo irgend er
eintrat in Dörfer oder in Städte oder in Gehöfte,
legten sie die Kranken auf den Märkten hin
und baten ihn, dass sie nur die Quaste seines
Gewandes anrühren dürften; und so viele
irgend ihn anrührten, wurden geheilt.*

Markus 6,53-56

Gedanken zum Markus-Evangelium

Jesus kommt mit seinen Jüngern nach Genezareth. Die Jünger haben eine aufregende Schifffahrt hinter sich. Doch mit ihrem Herrn und
Meister hat alles ein gutes Ende gefunden.

In Genezareth ist der Sohn Gottes bekannt. Was für ein Ansturm: Sobald Er da ist, strömen die Mengen herbei und suchen bei Ihm Hilfe für die Kranken. Die Nächstenliebe ist beeindruckend: Die Gesunden scheuen keine Mühe und tragen Hilfsbedürftige zu Jesus. Einige sind anscheinend nur indirekt beteiligt – sie navigieren die Menschen zu dem, der seine göttliche Kraft entfaltet. Allein die Berührung seiner Quaste an seinem Gewand genügt, um geheilt zu werden.

Am meisten beeindruckt die Tatsache, dass der Herr Jesus allen hilft, die im Glauben zu Ihm kommen; niemand muss enttäuscht nach Hause gehen. Wie groß ist die Fülle seiner Gnade!

Die Seeüberfahrt und die abschließenden Ereignisse in Genezareth versinnbildlichen zukünftige Ereignisse: Während der Abwesenheit des Herrn im Himmel wird ein treuer Überrest des Volkes Israel auf dem tosenden Meer gottloser Nationen in große Bedrängnis kommen. Doch Christus tritt im Gebet für sie ein und kommt zu ihnen, um sie zu retten. Dann beginnt ein neuer Morgen, an dem jede Krankheit und jedes Elend in seiner Gegenwart verschwinden wird.

22 Montag
Juli

Was ist deine Bitte, Königin Esther? Und sie soll dir gewährt werden. Und was ist dein Begehr? Bis zur Hälfte des Königreichs, und es soll geschehen.

Esther 7,2

Mut ist gefragt

Der Perserkönig Xerxes I. (519 – 464 v. Chr.) stellt hier seiner Gemahlin und Königin Esther einen „Blankoscheck" aus und revanchiert sich damit für ihre Einladung zum Essen. Doch Esther kann sich darüber nicht freuen – denn es geht bei ihrem Anliegen um Leben und Tod. Der König hat ein Edikt erlassen, das erlaubt, dass an einem bestimmten Tag alle Juden im Persischen Reich getötet werden dürfen. Was Xerxes nicht weiß und ahnt: Esther ist Jüdin – und damit selbst in Lebensgefahr.

Als er ihr nun dieses großzügige Angebot macht, antwortet sie: „Wenn ich Gnade gefunden habe in deinen Augen, o König, und wenn es der König für gut hält, so möge mir mein Leben geschenkt werden auf meine Bitte hin, und mein Volk auf mein Begehr hin. Denn wir sind verkauft, ich und mein Volk, um vertilgt, ermordet und umgebracht zu werden" (V. 3.4). Der König ist entsetzt und gewährt ihr die Bitte. Da aber die persischen Gesetze nicht aufgehoben werden können, erlässt er ein Gegenedikt, das den Juden erlaubt, sich zu verteidigen. Esthers Mut und Einsatz wenden eine tödliche Gefahr von ihrem Volk ab.

Heute ist ebenfalls Zivilcourage nötig, wenn auch in weit geringerem Maße: gegenüber Kollegen, Nachbarn, Mitschülern und Mitspielern. Für Menschen, die übersehen, unterdrückt und angefeindet werden oder fremd sind.

Für uns Christen ist besonders Mut zum christlichen Bekenntnis gefragt. Der Apostel Petrus fordert uns auf, jederzeit bereit zu sein, Rede und Antwort zu stehen, wenn jemand Rechenschaft über die Hoffnung in uns fordert. Wer konsequent nach der Bibel lebt, kann Widerstand und Schmach erleben. Doch das soll niemand entmutigen – im Gegenteil, er wird „glückselig" genannt (vgl. 1. Petrus 3,15; 4,14). Ein mutiges Zeugnis wird reichlich belohnt.

23 Dienstag
Juli

... damit du weißt, wie man sich verhalten soll im Haus Gottes, das die Versammlung des lebendigen Gottes ist, der Pfeiler und die Grundfeste der Wahrheit. 1. Timotheus 3,15

Die Kirche (2) – das Haus Gottes

Was würden Sie von jemand halten, den Sie in Ihr Haus einladen und der gleich nach seinem Kommen beginnt, Ihnen die Entscheidung abzunehmen, wie der Abend verlaufen soll? Wenn Ihr Gast darüber entscheiden würde, welches Essen serviert, wie die Plätze am Tisch vergeben und welche Musik gespielt werden soll? Sie würden zu Recht denken, dass es sich um einen sehr dreisten Gast handelt, der die Redensart „Fühlen Sie sich wie zu Hause!" ein wenig zu wörtlich genommen hat.

Aber ist es nicht so, dass wir in der Kirche oder Gemeinde, die das Haus Gottes ist, manchmal die gleiche Einstellung haben?

Jesus nennt sie *„meine Kirche* (oder Gemeinde, Versammlung)" (Matthäus 16,18). Für sie hat Er sein Leben am Kreuz gegeben. Dieses Eigentumsrecht, das Er mit einem so hohen Preis bezahlt hat, schließt von vornherein den Anspruch der Menschen aus, „ihre" Kirche oder Gemeinde zu gründen oder das Gemeindeleben nach ihren eigenen Vorstellungen zu organisieren. Die Kirche gehört Christus und das soll auch gesehen werden.

Andere Bibeltexte sprechen von der Kirche *Gottes* und dem Haus *Gottes*. In der Kirche oder Gemeinde sind wir bei *Ihm*, nicht bei *uns*. Was in der Kirche geschieht, ist also nicht unserem freien Ermessen überlassen: Wir müssen den Willen des Hausherrn, Gott selbst, suchen. In der Bibel hat Er uns seine Gedanken zu diesem wichtigen Thema hinterlassen, „wie man sich verhalten soll im Haus Gottes, das die Versammlung des lebendigen Gottes ist". Jeder Christ steht vor dieser grundlegenden Frage: Möchte ich Kirche auf *meine* Weise leben und mich dort wie *bei mir* zu Hause fühlen oder möchte ich den ehren, dem sie gehört?

(Fortsetzung nächsten Dienstag)

Tägliche Bibellese 2. Samuel 20,1-26 · Philemon 1-12

24 Mittwoch
Juli

SA 05:38 · SU 21:16
MA 23:02 · MU 09:15

Wahrlich, ich sage dir: Heute wirst du mit mir im Paradies sein.

Lukas 23,43

Ein Wegweiser zum Himmel

Drei Kreuze standen vor 2000 Jahren auf Golgatha: Rechts und links hingen zwei Verbrecher, in der Mitte hing Jesus Christus. Zunächst verhöhnten die beiden den Sohn Gottes, dann aber bekannte einer von ihnen, dass sie ja mit Recht verurteilt worden seien, der Mann in der Mitte aber „nichts Ungeziemendes getan" habe (V. 41). Er bat Jesus: „Gedenke meiner, Herr, wenn du in deinem Reich kommst", und Jesus sicherte ihm zu: „Heute wirst du mit mir im Paradies sein."

Dieser Mann konnte keine *guten Werke* mehr vollbringen und *Nächstenliebe* blieb für ihn ein Fremdwort. Auch *Spenden* oder *karitative Einsätze* waren von ihm nicht mehr zu erwarten.

Seine Füße, die ihn zu manchem Verbrechen getragen hatten, waren mit Nägeln fixiert, genauso wie seine Hände, die geraubt und gemordet hatten. Mit einem Wort: Wenn es *auf ihn* angekommen wäre, so wäre seine Situation hoffnungslos gewesen.

Füße und Hände konnte er nicht mehr bewegen – doch *Herz, Verstand* und *Zunge* waren noch frei. Und er benutzte sie: Er glaubte mit dem *Herzen* zur Gerechtigkeit und bekannte mit dem *Mund* zu seinem Heil (Römer 10,10).

Auch heute gibt es keinen anderen Weg zum Himmel als den, den der Verbrecher einschlug: Der Weg beginnt, wenn ein Sünder erkennt, dass er schuldig; dass er „tot in Vergehungen und Sünden" ist, d.h., dass er selbst nichts tun kann, um sich zu retten. Der Weg führt ihn dann nach Golgatha, wo Christus mit seinem kostbaren Blut Sünden gesühnt hat, und endet am Thron Gottes, wo einmal erlöste Menschen aus der ganzen Welt singen werden: „Du bist würdig ...; denn du bist geschlachtet worden und hast (uns) für Gott erkauft, durch dein Blut".

Dieser Weg steht auch heute noch jedem Menschen offen! (Epheser 2,1; Offenbarung 5,9)

Tägliche Bibellese 2. Samuel 21,1-11 · Philemon 13-25

Nachdem Gott vielfältig und auf vielerlei Weise ehemals zu den Vätern geredet hat in den Propheten, hat er am Ende dieser Tage zu uns geredet im Sohn.

Hebräer 1,1.2

Jesus ist größer!

Die Propheten, die Gott zu Israel gesandt hatte, kannten Gott und verkündeten dem Volk, was sie von Ihm erkannt hatten. Aber Jesus Christus war nicht nur ein Bote, ein Prophet Gottes, nein, Er war der Sohn Gottes, war Gott selbst. Jesus verkündete denen, die Ihm zuhörten, nicht nur, wie Gott ist und was Er von den Menschen verlangt – Er zeigte ihnen Gott. Gott redete nicht nur durch seinen Sohn, sondern *in der Person des Sohnes selbst.*

Jesus ist also größer als alle Priester und Propheten. Selbst größer als Abraham, den man den

Stammvater der Juden, Christen und Muslime nennt. Selbst Mohammed müsste also, wenn Gott wirklich durch ihn gesprochen hätte, hinter Jesus Christus zurücktreten. Und welche Gegensätze tun sich zwischen dem christlichen Glauben und dem Islam auf: Muslime müssen sich den Himmel mit guten Taten oder durch ein Martyrium verdienen, im christlichen Glauben aber kommt der Himmel zu uns herab; Muslime mögen bereit sein, für ihre Religion zu sterben, im christlichen Glauben aber starb Jesus für uns; Muslime können sich der Vergebung und Versöhnung, der Annahme bei Gott nie gewiss sein, Jesus aber sagt denen, die an Ihn glauben und Ihm folgen: „Ich gebe ihnen ewiges Leben, und sie gehen nicht verloren in Ewigkeit, und niemand wird sie aus meiner Hand rauben" (Johannes 10,28).

Christen können sich den Himmel nicht verdienen, nein, er wird ihnen geschenkt: durch Jesus Christus. Wer glaubt, darf somit den Zusagen der Bibel vertrauen und wissen, dass er ganz gewiss errettet ist. Warum? Weil Jesus selbst es gesagt hat. Jesus ist größer – und allein Jesus genügt!

Tägliche Bibellese 2. Samuel 21,12-22 · Johannes 1,1-13

26

Freitag
Juli

SA 05:41 · SU 21:14
MA 23:29 · MU 12:08

(Jesus hat gesagt:) Wie oft habe ich deine Kinder versammeln wollen, wie eine Henne ihre Küken versammelt unter ihre Flügel, und ihr habt nicht gewollt!

Matthäus 23,37

Naturbeobachtungen – Henne und Küken

Die Mutterrolle der Henne wird bereits vor dem Schlüpfen der Küken deutlich. Mit Ausdauer brütet sie ihre Eier 21 Tagen lang aus, bis die Küken schlüpfen. Von dem Moment an, in dem die Kleinen sich aus der Schale befreit haben, blickt die Henne sich unermüdlich um, um sich zu vergewissern, dass alle Küken bei ihr sind. Wenn die Sonne scheint, laufen die Küken munter umher. Verdunkelt aber eine Wolke den Himmel, sind sie von der Kälte überrascht, und manche der Kleinen stoßen kurze Schreie aus. Dann ruft die Mutter sie, und die Küken beeilen sich, unter ihren Flügeln Zuflucht zu finden. Die Henne beschützt und verteidigt ihren Nachwuchs. Wenn sie eine Gefahr kommen sieht, wie z. B. eine Katze, alarmiert sie ihre Jungen mit einem bestimmten Ruf, den sie erkennen. Schnell rennen sie dann zu ihr und suchen Schutz unter ihren Flügeln.

In der Bibel sind die Flügel der Vögel ein Bild für Schutz und Sicherheit. Jesus, der Herr, verwendet dieses Bild einer Henne, die ihre Küken unter ihren Flügeln beschützt, um seine Liebe zu den Bewohnern Jerusalems zu verdeutlichen. Die Fürsorge der Vögel für ihre Küken veranschaulicht sehr schön die Liebe, die Gott uns schenken möchte. Es ist an uns, unter seinen Flügeln Schutz zu suchen. Dort und nur dort sind wir in Sicherheit.

In welcher Entfernung zu Jesus Christus halten wir uns auf? Er lädt uns ein, zu Ihm zu kommen und in seiner Liebe zu bleiben (Johannes 15,9). Die Henne rennt nicht zu ihren Küken, um sie zu wärmen oder um sie zu beschützen. Sie ruft sie und es liegt an den Küken, zur Henne zu laufen. – Wenn wir uns in Gefahr befinden, weiß der Herr das genau. Und Er erkennt es besser als wir. Es ist unsere Entscheidung, ob wir auf Ihn hören und zu Ihm kommen.

Tägliche Bibellese 2. Samuel 22,1-19 · Johannes 1,14-18

27 Samstag Juli

SA 05:42 · SU 21:12
MA 23:44 · MU 13:34

Sehe ich das Blut, so werde ich an euch vorübergehen.

2. Mose 12,13

Absolute Sicherheit

Das Volk Israel ist in Ägypten versklavt. Gott verspricht ihnen, sie zu befreien – doch der Pharao will seine billigen Arbeitskräfte nicht verlieren. Gott schickt verschiedene Plagen und kündigt dann als letztes Gericht an: „Alle Erstgeburt im Land Ägypten soll sterben" (Kap. 11,5). Kein Erstgeborener ist ausgenommen, jeder ist betroffen. Doch es gibt einen Ausweg: das Blut eines Lammes.

Gott befiehlt den Israeliten, ein makelloses Lamm zu schlachten und das Blut an den Türsturz und die beiden Türpfosten ihrer Häuser zu streichen. Er verspricht ihnen: „Sehe ich das Blut, so werde ich vorübergehen." Und so geschieht es. Die Häuser, die unter dem Schutz des Blutes stehen, werden verschont, als alle anderen das Todesurteil trifft: „Es entstand ein großes Geschrei in Ägypten; denn es war kein Haus, worin nicht ein Toter war" (Kap. 12,30).

Das Blut machte den Unterschied. Egal, ob das Haus groß oder klein war, ob die Bewohner gebildet oder ungebildet, jung oder alt, angesehen oder verachtet waren; entscheidend war, ob sie unter dem Schutz des Blutes standen. Wichtig war dabei nicht, ob *sie* das Blut sahen, sondern ob *Gott* es sah, oder was sie von der Schutzmaßnahme hielten, sondern wie *Gott* darüber dachte.

Derjenige, der dem Wort Gottes vertraute, strich das Blut eines Lammes an Türsturz und Türpfosten und blieb in seinem Haus bis zum Morgen. Er verließ sich darauf, dass das Blut ihn schützte, denn Gott hatte gesagt: „Sehe ich das Blut, so werde ich an euch vorübergehen."

Das *Lamm* weist auf Jesus, das Lamm Gottes hin, und das *vergossene Blut* auf seinen Tod. Wer heute Zuflucht zu dem Blut nimmt, das am Kreuz Sühnung getan hat, der ist sicher, absolut sicher.

28

Sonntag
Juli

*Und es versammelten sich bei Jesus die
Pharisäer und einige der Schriftgelehrten,
die von Jerusalem gekommen waren; und sie
sahen einige seiner Jünger mit unreinen,
das ist ungewaschenen Händen Brot essen.
(Denn die Pharisäer und alle Juden essen
nicht, wenn sie sich nicht mit einer Handvoll
Wasser die Hände gewaschen haben, und
halten so die Überlieferung der Ältesten; und
vom Markt kommend, essen sie nicht, wenn
sie sich nicht gewaschen haben; und vieles
andere gibt es, was sie zu halten übernommen
haben: Waschungen der Becher und Krüge
und Kupfergefäße und Liegepolster.)*

Markus 7,1-4

Gedanken zum Markus-Evangelium

Markus 6 berichtet, dass große Volksmengen zu Jesus kommen. Sie fühlen sich von Ihm angezogen,
weil Er Gutes tut und alle heilt, „die von dem Teufel

überwältigt waren" (Apostelgeschichte 10,38). Hier nun erfahren wir, dass auch die Pharisäer und Schriftgelehrten zu Jesus kommen, allerdings mit bösen Absichten: Sie sind nur darauf aus, eine Gelegenheit zu finden, um Jesus anzuklagen. Das sehen wir auch daran, dass nicht nur die örtlichen Pharisäer, sondern auch Schriftgelehrte aus Jerusalem nach Galiläa gekommen sind.

Jetzt meinen sie, einen Anklagepunkt gefunden zu haben: Die Jünger haben mit ungewaschenen Händen Brot gegessen. Doch worauf berufen sich die Pharisäer? Haben die Jünger eins der Gebote Gottes des Alten Testaments übertreten? Nein, sie haben lediglich gegen „die Überlieferung der Ältesten" verstoßen.

Im Lauf der Jahrhunderte hatten die Juden viele religiöse Vorschriften entwickelt und aufgestellt, die als Auslegung des von Gott gegebenen Gesetzes dienen sollten, zum Teil jedoch weit darüber hinausgingen und sogar im Widerspruch dazu standen. So wurden verschiedene Rituale mit großer Ehrfurcht beachtet und sogar dem Wort Gottes gleichgestellt. So nützlich gewisse religiöse Traditionen und Regeln sein mögen – allein das geschriebene Wort Gottes ist verbindlich und der Maßstab für unser Leben.

Tägliche Bibellese 2. Samuel 22,33-51 · Johannes 1,29-42

29 Montag
Juli

Die Gnade Gottes ist erschienen, Heil bringend für alle Menschen, und unterweist uns, damit wir, die Gottlosigkeit und die weltlichen Begierden verleugnend, besonnen und gerecht und gottselig leben in dem jetzigen Zeitlauf.

Titus 2,11.12

Gnade bringt Segen und unterweist uns

Die „Gnade Gottes" ist die Grundlage jedes christlichen Segens. *Sie bringt uns das Heil und unterweist uns*, wie wir in dieser Welt leben können. Da alle gesündigt haben und deshalb die Herrlichkeit Gottes nicht erreichen können (Römer 3,23), hätte man erwarten können, dass Gott die Menschen straft und verwirft. Doch erstaunlicherweise hat die Geburt Jesu *Gnade* in die Welt gebracht: „Das Gesetz wurde durch Mose gegeben; die Gnade und die Wahrheit ist durch Jesus Christus geworden" (Johannes 1,17).

Gott sandte seinen Sohn also nicht in die Welt, damit Er die Welt richtet, sondern damit die Welt durch Ihn errettet wird (Johannes 3,17). Und auch wenn die ganze Welt vor Gott schuldig ist, so ist doch „die Gnade Gottes erschienen, heilbringend für *alle* Menschen". Was für ein Wunder!

Die Gnade lehrt uns auch, dass wir „besonnen, gerecht und gottselig" in dieser Welt leben sollen:

- besonnen (mit gesundem Sinn) in Bezug auf uns selbst, indem sie uns von Egoismus und Aufgeblasenheit befreit;
- gerecht (redlich und fair) im Hinblick auf das menschliche Miteinander;
- gottselig (fromm) in unserer Beziehung zu Gott.

Wer so leben will:

- muss eine lebendige Verbindung zu Gott haben;
- wird sich konsequent nach der Bibel ausrichten;
- ist ein Beispiel und ein Zeuge der Gnade Gottes.

Tägliche Bibellese 2. Samuel 23,1-12 · Johannes 1,43-51

30 Dienstag Juli

So wie der Leib einer ist und viele Glieder hat, alle Glieder des Leibes aber, obgleich viele, ein Leib sind: so auch der Christus.
Nun aber hat Gott die Glieder gesetzt, jedes einzelne von ihnen an dem Leib, wie es ihm gefallen hat.

1. Korinther 12,12.18

Die Kirche (3) – ein Organismus

Die Kirche oder Gemeinde Gottes besteht aus allen, die an Jesus Christus glauben und durch den Heiligen Geiste mit Ihm und miteinander verbunden sind. Die Gemeinde Gottes ist ein lebendiger Organismus, ein Körper, der aus vielen Gliedern besteht.

Die Bibel verwendet für die Kirche das Bild des menschlichen Körpers. Durch dieses Bild wird die harmonische Funktionsweise der Glieder illustriert, die eng miteinander verbunden sind und interagieren, während sie zusammen *einen* Leib bilden.

Der Heilige Geist übernimmt die Leitung in diesem Organismus. Er hat die Glieder – die Christen – dort hingestellt, wo Er sie haben will, jedes mit seinen Fähigkeiten und seiner Verantwortung. Wie im menschlichen Körper ist keines nutzlos. Alle Glieder, auch solche, die nicht an die Öffentlichkeit treten, sind bedeutsam für den Organismus. Jedes Glied übernimmt seine Funktion zum Wohlergehen des ganzen Leibes.

Leider haben Christen oft versucht, die Dinge auf ihre Weise zu organisieren. Gewiss ist es oft gut gemeint, hierarchische Strukturen mit Regeln und Traditionen einzuführen; man will schließlich für eine lebendige Gemeinde sorgen. Doch greifen wir damit nicht in Gottes Rechte ein? Und wird dadurch der von Gott geschaffene Organismus nicht sogar blockiert? Wenn Jesus Christus, das Haupt seines Leibes, voll zur Geltung kommt, indem die Gläubigen Ihm vertrauen und in allen Fragen nach seinem Willen fragen, ist es auch heute noch möglich, den „Leib Christi" als wunderbaren Organismus zu erleben.

31 Mittwoch Juli

SA 05:48 · SU 21:06
MA 01:01 · MU 19:00

*Jesus aber blickte ihn an, liebte ihn und sprach
zu ihm: Eins fehlt dir: Geh hin, verkaufe, was
du hast, ... und komm, folge mir nach!
Er aber wurde traurig über das Wort und ging
betrübt weg, denn er hatte viele Besitztümer.*

Markus 10,21.22

Die richtige Entscheidung?

Jesus Christus traf viele Menschen. Einzigartig
war seine Begegnung mit dem reichen jungen
Mann im heutigen Bibelvers. Der Anfang war ver-
heißungsvoll, doch am Ende ging der junge Mann
traurig weg. Er stand kurz davor – und verpasste
letztlich doch das Glück seines Lebens.

Der junge Mann hatte viele gute Eigenschaften: Er meinte es ernst; er beeilte sich, zu dem
Herrn zu kommen; er kniete vor Ihm nieder. Er
wollte wissen, was er tun musste, um ewiges
Leben zu bekommen, und er konnte einen beeindruckenden Lebenslauf vorweisen, denn er

hatte die Gebote Gottes von seiner Jugend an beachtet. Lebenswandel und Einstellung waren vorbildlich – und Jesus erkannte das auch an, aber Er sah auch, was dem jungen Mann fehlte. Und um ihm das klarzumachen, prüfte Jesus ihn: Er prüfte seine Beziehung zum Reichtum und zu Ihm selbst – wen sah er in Jesus, dem Nazaräer? Der junge Mann sollte seinen Reichtum aufgeben und Jesus Christus nachfolgen. Doch das wollte er nicht. Er lehnte Jesus nicht direkt ab – aber seine Vorzüge waren ihm zu wichtig, um sie aufzugeben.

Wie ganz anders entschied später Saulus von Tarsus, der ebenfalls viele Vorzüge aufzuweisen hatte: vollblütiger Israelit, gebildeter Pharisäer, und was die Gerechtigkeit angeht, die im Gesetz gilt: ohne Fehl und Tadel. Was ihm einst Gewinn war, achtete er jetzt um Christi willen für Verlust – weil er in Ihm eine Person kennengelernt hatte, die alles weit übertraf. Ihn schätzte und liebte er über alles. Und weil er wusste, dass er die Ewigkeit bei Christus in der Herrlichkeit verbringen würde, lebte er ganz für Ihn (vgl. Philipper 3,5-14).

1

Donnerstag
August

SA 05:49 · SU 21:05
MA 01:48 · MU 19:58

Sucht, und ihr werdet finden.
Der Suchende findet.

Lukas 11,9.10

Gesucht und gefunden

Schon immer war ich davon überzeugt, dass Gott existiert und Jesus Christus der Sohn Gottes ist. Als Teenager verabschiedete ich mich jedoch vom regelmäßigen Kirchgang, weil die Predigten in mir keine Liebe zu Gott weckten. Weder sprachen sie in mein Leben hinein noch erklärten sie die Bibel. Auch sah ich keinen Sinn in den kirchlichen Zeremonien und Riten.

Meine Sehnsucht nach Gott blieb. Ich wollte gern zu Ihm kommen, wusste aber nicht, wie. Ich begann, für mich allein die Liturgie und die Gebete aus dem kirchlichen Gebets- und Gesangbuch zu lesen und nachzubeten, und hoffte, dass ich auf diese Weise mit einem Herzen, das ernsthaft auf der Suche war, Gott finden und mit Ihm in Beziehung treten konnte.

Im Alter von 18 Jahren fuhr ich mit einer christlichen Jugendgruppe auf eine Freizeit. Es waren junge Leute in meinem Alter, die ihren Glauben an Jesus Christus fröhlich und unverkrampft lebten. Sie lasen mit Freude in der Bibel, sangen frohe Glaubenslieder und sprachen in ihren Gebeten mit Gott, als ob Er vor ihnen stünde. Ich lernte, dass es möglich ist, ohne Formalien oder Vermittlung durch einen Priester mit Gott zu sprechen und eine Beziehung zu Ihm zu haben.

Mein Interesse an der Bibel war geweckt. Zu Hause las ich mit großem Hunger für mich allein im Neuen Testament, besonders in den Evangelien, um Gott darin kennenzulernen. So erkannte ich durch das Bibellesen, was ich in der Kirche nie gehört hatte: dass ich ohne Jesus ein verlorener Sünder war, der nach dem Tod an einem Ort fern von Gott wäre. Und ich verstand: Gott hat durch Jesus Christus alles dafür getan, dass ich den richtigen Weg gehen und Gott finden konnte – Jesus ist *der* Weg zu Gott. Ich musste nicht mehr suchen, ich hatte gefunden.

2 Freitag August

Sie sagen: Herr, Herr, tu uns auf!
Der Bräutigam aber antwortete und sprach:
Wahrlich, ich sage euch, ich kenne euch nicht.

Matthäus 25,11.12

Zu spät!

„Sie wollen mir doch nicht sagen, dass das Flugzeug schon in der Luft ist?" – So sehr haben wir uns auf den Urlaub gefreut, alles sorgfältig geplant und vorbereitet, genug Zeit für den Flughafen eingerechnet. Wie kann das sein? Und dann die erschreckende Erkenntnis: Ich habe die Abflugzeiten von Hin- und Rückflug verwechselt! Betretene Gesichter, die anderen haben mir blind vertraut, ich allein bin schuld. Was nun? Weil es die nächste Reisemöglichkeit erst am nächsten Tag gibt, bleibt uns nichts anderes übrig, als in einem Hotel zu übernachten. Am nächsten Morgen begeben wir uns in aller Frühe erneut zum Flughafen. Diesmal rechtzeitig! Der Urlaub wird dann sehr schön. Bis auf einige Zusatzkosten für die Übernachtung ist alles noch einmal glimpflich ausgegangen.

In dem Gleichnis, das Jesus einmal erzählt hat (s. Tagesvers), sind zehn Frauen zu einer Hochzeit eingeladen. Fünf von ihnen kommen zu spät und stehen vor verschlossener Tür. Sie werden nicht mehr eingelassen.

So wie in diesem Gleichnis der Bräutigam Hochzeit feiert, so wird auch der Herr Jesus einmal im Himmel Hochzeit feiern. Dazu wird Er alle, die an Ihn geglaubt haben bzw. glauben, zu sich in den Himmel holen: sowohl die bereits Gestorbenen als auch die dann noch Lebenden (1. Thessalonicher 4,16.17). Wer zu diesem Zeitpunkt auf der Erde lebt und keine lebendige Beziehung zu Jesus Christus hat, steht, so wie die fünf Frauen im Gleichnis, sozusagen vor verschlossener Tür. Für ihn wird es auf ewig zu spät sein, um an der Freude des Himmels teilzunehmen.

Heute allerdings kann sich noch jeder mit Gott versöhnen lassen und Jesus Christus im Glauben als Retter annehmen.

Ein verpasster Flug kann in der Regel nachgeholt werden, ein ewiges „Zu spät" in Bezug auf den Himmel dagegen wäre fatal!

Tägliche Bibellese 1. Könige 1,1-21 · Johannes 3,9-21

3 Samstag
August

SA 05:52 · SU 21:01
MA 04:01 · MU 21:10

Um deines Namens willen, HERR, wirst du ja meine Ungerechtigkeit vergeben, denn sie ist groß.

Psalm 25,11

Brief aus einem mexikanischen Gefängnis

Eines Tages bemerkte ich im Müll ein kleines Heft mit dem Titel *Ein Brief für dich*. Ich wurde neugierig und angelte es mir heraus. Als ich es aufschlug, zuckte ich zusammen. Die erste Überschrift lautete: „Urteil und Strafe". Ich begann zu lesen: „Gott kennt all das Böse, das du getan hast. Dabei berücksichtigt Er nicht nur die Taten, sondern auch die bösen Gedanken. Wegen einiger deiner Sünden bist du zu einer Gefängnisstrafe verurteilt worden." Meine Augen füllten sich mit Tränen. Ich verspürte eine unerklärliche Angst, denn alles, was in dieser Broschüre stand, entsprach den Tatsachen. Von diesem Tag an begann ich, eingeschlossen in meiner Gefängniszelle, über mein Leben nachzudenken. Ich kam zu dem erschreckenden Ergebnis, dass ich eigentlich nie jemand etwas Gutes getan hatte. Und dann stellte ich mir die Frage: Wird Gott auch dem größten Sünder vergeben? Denn ich betrachtete mich selbst als diesen Sünder. Ich war wegen Betrugs vor Gericht gestellt worden, und für dieses Vergehen hatte ich meine Freunde, meine Bekannten und alles verloren. Ich war kurz davor gewesen, mich umzubringen.

Doch seitdem ich diesen „Brief" erhalten habe, lese ich ihn Tag und Nacht. Vor allem die darin zitierten Bibelworte haben es mir angetan. Gott ist gut und ich bin sehr schlecht. Ich fühlte mich unwürdig, nur allein seinen Namen auszusprechen. Auch meine Frau, die mich regelmäßig besucht, hat diese Broschüre gelesen. Und eines Tages haben wir beide Gott gebeten, uns unsere Sünden zu vergeben. Jetzt lesen wir die Bibel, um mehr über Gott und das Evangelium zu erfahren.

Ein Brief für dich können Sie kostenlos bei uns beziehen. Schreiben Sie dazu eine E-Mail an ***info@csv-verlag.de*** mit dem Stichwort: *Brief für dich*.

Vergessen Sie bitte nicht, uns Ihre Postanschrift mitzuteilen.

Tägliche Bibellese 1. Könige 1,22-37 · Johannes 3,22-36

Und die Pharisäer und die Schriftgelehrten fragen Jesus: Warum leben deine Jünger nicht nach der Überlieferung der Ältesten, sondern essen das Brot mit unreinen Händen? Er aber antwortete und sprach zu ihnen: Treffend hat Jesaja über euch Heuchler geweissagt, wie geschrieben steht: „Dieses Volk ehrt mich mit den Lippen, aber ihr Herz ist weit entfernt von mir. Vergeblich aber verehren sie mich, indem sie als Lehren Menschengebote lehren." Das Gebot Gottes habt ihr aufgegeben, und die Überlieferung der Menschen haltet ihr: Waschungen der Krüge und Becher, und vieles andere dergleichen tut ihr.

Markus 7,5-8

Gedanken zum Markus-Evangelium

Die Pharisäer und Schriftgelehrten haben beobachtet, dass die Jünger Jesu mit ungewaschenen Händen Brot gegessen haben. Sie meinen, einen

Anklagepunkt gefunden zu haben, und kommen mit ihrem Vorwurf zu Jesus.

Bemerkenswert, wie der Herr hier reagiert! Er diskutiert nicht über die Herkunft der Überlieferung oder zeigt ihre Wertlosigkeit, sondern konfrontiert sie direkt mit dem geschriebenen Wort Gottes und wendet es auf sie an. Er kennt ihre Herzen und kann ihre Motive beurteilen. Deshalb bezeichnet Er sie schonungslos als Heuchler.

Wer heuchelt, täuscht etwas vor, was er nicht ist. Er kann durch sein Verhalten oder durch seine Worte heucheln. Die Pharisäer beherrschen dieses Spiel meisterhaft: Durch ihre religiösen Handlungen zeigen sie den Menschen, wie fromm sie sind, und durch ihre Gebete und Reden bekennen sie, Gott zu ehren. Doch in Wirklichkeit geht es ihnen nur darum, von Menschen geehrt zu werden. Für Gott sind solche Lippenbekenntnisse völlig wertlos, denn Er sucht nach aufrichtigen Herzen, die „ungeteilt auf ihn gerichtet" sind (2. Chronika 16,9).

Wenn wir Gott dienen und ehren wollen, kann das nur auf Basis seines geschriebenen Wortes geschehen. Alles andere nimmt Er nicht an, alles andere ist „vergeblich".

Tägliche Bibellese 1. Könige 1,38-53 · Johannes 4,1-14

5 Montag
August

SA 05:55 · SU 20:58
MA 06:33 · MU 21:47

Ihr sollt wissen, dass eure Sünde euch finden wird.

4. Mose 32,23

Gott braucht keinen Datenspeicher

Mit diesem bemerkenswerten Wort warnte einst Mose einen Teil des Volkes Israel vor einem Treubruch. Wenn sie ihr Wort nicht halten würden, dann wäre das Sünde gegen Gott, sagte er ihnen. Und über Sünde „wächst kein Gras", jedenfalls nicht aus Gottes Sicht. Die Sünde läuft uns gleichsam nach und holt uns ein – irgendwann. Wenn es auch lange nicht so aussieht: Diesen Wettlauf verlieren wir immer.

„Die Toten wurden gerichtet nach dem, was in den Büchern geschrieben war", so wird in Offenbarung 20,12 das Endgericht über die Toten beschrieben. Gott braucht dazu keine Bücher aus Papier, auch keine Computer mit großen Datenspeichern. Kraft seiner Allwissenheit bleiben alle

Sünden, die nicht vergeben sind, bei Ihm aufbewahrt. Ungerechtigkeit, Gewalttat, Lüge, Hass, Ehebruch, Mord – was sollen wir noch aufzählen, ganz abgesehen von den vielen subtileren Arten der Sünde? All das wird Er denen, die im Gericht vor Ihm erscheinen, unwiderlegbar vorhalten; das bedeuten die „Bücher". Und spätestens dann ist der Wettlauf verloren.

Aber es gibt einen Ausweg. Gott selbst hat ihn gebahnt. Damit die Sünden uns nicht finden werden, müssen wir sie aufrichtig vor Gott bekennen und an den Erretter Jesus Christus glauben. Nur diesen einen Weg gibt es, dem Gericht Gottes zu entrinnen, nur diesen einen Zufluchtsort vor dem kommenden Zorn Gottes: Christus und sein Sühnetod am Kreuz. Glücklich jeder, der diesen Zufluchtsort im Glauben aufgesucht hat! Er kann voll Freude singen:

Die Last meiner Sünde trug Jesus, das Lamm,
und warf sie weit weg in die Fern;
Er starb ja für mich auch am blutigen Stamm;
meine Seele lobpreise den Herrn!

(H. G. Spafford)

Tägliche Bibellese 1. Könige 2,1-27 · Johannes 4,15-30

Wo zwei oder drei versammelt sind in meinem Namen, da bin ich in ihrer Mitte.

Matthäus 18,20

Jesus sollte sterben; ... damit er auch die zerstreuten Kinder Gottes in eins versammelte.

Johannes 11,51.52

Die Kirche (4) – Nicht allein bleiben!

Das Neue Testament zeigt uns, dass Gott möchte, dass seine Kinder zusammenkommen. Manche Christen haben nicht das Bedürfnis, Gemeindestunden zu besuchen. Es scheint, dass sie es nicht vermissen und ihnen ein Leben als Einzelgängerchrist nichts ausmacht. Aber sie verpassen etwas Wesentliches und genießen nicht den Segen, den Gott uns schenken möchte.

Eine Zusammenkunft von Christen mit dem Herrn Jesus Christus in der Mitte ist ein erfüllender Moment der Freude und des Friedens, den man sonst nirgendwo findet. Allein zu bleiben würde bedeuten, dem Herrn die Freude zu nehmen, inmitten der Gemeinde zu lobsingen. Er selbst will dieses Lob und diese Freude auslösen, so wie Er es damals an seinem Auferstehungstag getan hat. Er will sich den Gläubigen zeigen und sie sollen sich an seinen Tod und seine Auferstehung erinnern (vgl. Hebräer 2,12; Johannes 20,19.20).

Manche bleiben den Gottesdiensten fern, weil sie durch das Verhalten von Christen, durch Finanzskandale und Missbrauchsfälle oder durch Ungereimtheiten, die sie in ihren Kirchen festgestellt haben, entmutigt wurden. Dies ist in der Tat eine traurige Realität.

Lasst uns Gott bitten, dass Er uns seinen Willen zeigt. Sagen wir Ihm unseren aufrichtigen Wunsch, uns mit anderen Christen zusammenzufinden, die „den Herrn aus reinem Herzen anrufen" (2. Timotheus 2,22). Wer den Herrn liebt und Ihn durch Gehorsam und Hingabe ehren will, wird den gemeinsamen Weg finden, den Er für die Gläubigen vorgesehen hat. Wir können Ihm darin vertrauen.

(Schluss nächsten Dienstag)

Tägliche Bibellese 1. Könige 2,28-46 · Johannes 4,31-42

7 Mittwoch
August

SA 05:58 · SU 20:54
MA 08:58 · MU 22:10

Pilatus sprach zu ihnen: Wen wollt ihr, dass ich euch freilassen soll, Barabbas oder Jesus, der Christus genannt wird?

Matthäus 27,17

Barabbas oder Jesus?

Jerusalem kurz vor dem Passahfest. Der römische Prokurator im besetzten Israel hatte zum Fest der Juden eine Gewohnheit: Ein Gefangener wurde begnadet. Prokurator Pilatus ließ die Juden selbst entscheiden, wer frei werden sollte. Wer waren die beiden Kandidaten, zwischen denen das Volk wählen sollte?

Barabbas war ein Mann, der *zu Recht* des Aufruhrs, Raubes und Mordes angeklagt worden war. Er galt als berüchtigt und gefährlich (Matthäus 27,16). *Jesus Christus* dagegen wurde *zu Unrecht* beschuldigt, Gott gelästert zu haben. Vor Pilatus wurde er verleumdet, sein Volk gegen den römischen Kaiser aufzuhetzen (Lukas 23,2). Jesus war das genaue Gegenteil von Barabbas: Er hatte ein tadelloses, sündloses Leben geführt und den Menschen ohne Rücksicht auf sich selbst gedient.

Die seltsame ungleiche Wahl fand vor dem Palast des Statthalters statt. Die Wähler kannten die Wahrheit. Doch sie waren aufgehetzt worden und wollten Jesus loswerden. Die Führer des Volkes waren neidisch auf Ihn. So entschied das Volk über Leben und Tod: Der eine sollte leben (Barabbas) und frei sein – der andere gekreuzigt werden und sterben (Jesus).

Barabbas oder Jesus – das ist auch heute die Frage an uns. Barabbas steht für Selbstbehauptung, Egoismus und Rücksichtslosigkeit bis zur Gewalt. Jesus wurde damals in Jerusalem der leidende Gottesknecht, der seine Rechte völlig aufgab und für verlorene Menschen starb.

Pilatus fragt das Volk: „Was soll ich denn mit Jesus tun?" (Vers 22). Genau das ist die Frage, vor der heute jeder Mensch steht: Entscheide ich mich für oder gegen Jesus?

Die Wahrheit ist in Jesus.

Epheser 4,21

„Der Christ" aus Bangladesch (1)

Im Jahr 1969 war ich 17 Jahre alt. Mein Vater war Imam und stammte von einem Volk ab, das aus dem heutigen Afghanistan nach Bengalen in Bangladesch gezogen war und dort den Islam eingeführt hatte. Ich besuchte eine islamische Schule und stellte meinen Lehrern immer wieder kritische Fragen über das Verhältnis des Menschen zu Gott. Aber sie konnten sie nicht beantworten, und das machte sie ärgerlich. Um sich über mich lustig zu machen, nannten sie mich „der Christ". Da ich keine Ahnung hatte, was das bedeutete, ging ich zu einem christlichen Missionar, der es mir erklärte. So erfuhr ich, wer Jesus ist und was Er für uns Menschen getan hat. Kurze Zeit später bekehrte ich mich und nahm Ihn im Glauben als meinen Erlöser und Herrn an.

Zu Hause erzählte ich meinem Vater alles. Er setzte mich sofort vor die Tür, ohne mir auch nur die Zeit zu geben, ein paar Kleidungsstücke zu holen. Ich wurde von meiner Familie verstoßen und enterbt. Völlig mittellos ging ich in die Hauptstadt Dhaka und lebte auf der Straße. Nach etwa drei Jahren lernte ich wieder einen Missionar kennen. Er lud mich ein, mit ihm die Bibel zu lesen, und nahm mich schließlich für neun Monate auf, um mich im christlichen Glauben zu unterrichten.

Am Ende dieser segensreichen Zeit empfahl er mir, in meine Heimat zurückzukehren und dort das Evangelium von Jesus Christus zu verbreiten. Also reiste ich zurück in den Norden und fand eine Gruppe von Christen, die hauptsächlich aus Personen bestand, die von den Bengalen aus anderen Landesteilen hierhin vertrieben worden waren. Obwohl ich selbst Bengale war und als Einziger von ihnen einen muslimischen Hintergrund hatte, nahmen sie mich auf. Dort gründete ich eine Bibelstudiengruppe, die sich jeden Morgen um 6 Uhr traf.

(Schluss morgen)

9 Freitag
August

Geh hin in dein Haus zu den Deinen und verkünde ihnen, wie viel der Herr an dir getan hat.

Markus 5,19

„Der Christ" aus Bangladesch (2)

In der Gruppe von Christen, zu der ich mich seit einiger Zeit hielt, gab es einen eifrigen Missionar. Eines Tages kam er zu mir und sagte: „Ich habe hier sechs junge Männer, die aus deinem Dorf kommen. Sie sind Muslime und wollen etwas über den christlichen Glauben erfahren. Keiner von uns versteht Muslime so gut wie du, und außerdem sprichst du ihre Sprache. Bitte rede mal mit ihnen, um zu sehen, ob sie es ernst meinen oder nicht." Hier muss ich einfügen, dass die örtlichen Christen zwar durchaus bestrebt waren, Muslime zum christlichen Glauben zu bekehren, sie ihnen aber trotzdem sehr skeptisch begegneten.

Ich unterhielt mich also mit diesen jungen Männern und stellte erfreut fest, dass sie Jesus bereits kannten. Sie hatten einige christliche Bücher gelesen und waren dadurch zum Glauben an Ihn gekommen. Anhand der Bibel versuchte ich, sie im Glauben zu stärken, und sagte zum Abschluss: „Ich sehe, dass Jesus in euren Herzen ist. Aber wenn ihr nach Hause kommt, sagt besser niemand, dass ihr Christen seid. Eure Eltern und Nachbarn sollen selbst merken, dass sich euer Leben verändert hat. Erst wenn sie anfangen, euch Fragen zu stellen, dann erzählt ihnen von Jesus!"

Nachdem sie gegangen waren, fragte mich der Missionar nach dem Verlauf des Gesprächs. Er war enttäuscht und verurteilte den Rat, den ich den jungen Leuten gegeben hatte. Doch vier Wochen später kam einer von ihnen zurück. Er wurde von 15 sogenannten „Weisen" seines Dorfes begleitet und teilte mir mit: „Diese Männer wollen auch Jünger Jesu werden." Bald kamen sie mit weiteren Personen, und in den nächsten acht Jahren kamen Hunderte aus der Gegend, um mit mir die Bibel zu studieren.

10 Samstag
August

SA 06:03 · SU 20:49
MA 12:25 · MU 22:41

Es ist den Menschen gesetzt, einmal zu sterben, danach aber das Gericht.

Hebräer 9,27

Der Lohn der Sünde ist der Tod, die Gnadengabe Gottes aber ewiges Leben in Christus Jesus.

Römer 6,23

Stirbt man nur *einmal*?

Es ist eine Binsenweisheit: Der Mensch wird geboren, lebt eine gewisse Zeit und stirbt dann. Die Todesursachen sind vielfältig: Alter, Krankheit, Unfall oder vielleicht auch Gewalt. Die Bibel geht der Sache auf den Grund und nennt die eigentliche Todesursache: die Sünde: „Der Tod ist zu allen Menschen durchgedrungen, weil sie alle gesündigt haben." Das ist die Sicht Gottes (Römer 5,12).

Die Bibel lehrt aber auch, dass alle Toten auferstehen werden. Nicht zur gleichen Zeit und auch nicht mit dem gleichen Ergebnis, sondern in zwei Gruppen:

- Diejenigen, die glauben, dass Jesus Christus stellvertretend für ihre Sünden gestorben ist, sind durch Gottes Gnade von ihrer Schuld befreit. Sie werden nicht mehr verurteilt. Sie werden auferstehen, wenn Jesus wiederkommt. Ihre Seele und ihr Geist werden wieder einen Körper erhalten, einen neuen, geistigen Körper. Dann nimmt Jesus sie mit in den Himmel, wo sie ewig bei Ihm sein werden (1. Thessalonicher 4,16.17; 1. Korinther 15,44).

- Die Ungläubigen hingegen werden später auferstehen. Sie müssen dann vor Gott zum Gericht erscheinen. Keiner von ihnen wird etwas zu seiner Verteidigung vorbringen können. Jeder wird dazu verurteilt, ewig von Gott getrennt zu sein: „Dies ist der zweite Tod, der Feuersee ... wo ihr Wurm nicht stirbt und das Feuer nicht erlischt" (Offenbarung 20,14; Markus 9,46).

Wende dich heute mit deinen Sünden zu Gott – morgen kann es für ewig zu spät sein!

Tägliche Bibellese 1. Könige 5,15-32 · Johannes 5,19-30

11 Sonntag
August

SA 06:04 · SU 20:47
MA 13:37 · MU 22:55

Und Jesus sprach zu ihnen: Geschickt hebt ihr das Gebot Gottes auf, um eure Überlieferung zu halten. Denn Mose hat gesagt: „Ehre deinen Vater und deine Mutter!", und: „Wer Vater oder Mutter schmäht, soll des Todes sterben." Ihr aber sagt: Wenn ein Mensch zum Vater oder zur Mutter spricht: Korban (das ist eine Gabe) sei das, was irgend dir von mir zunutze kommen könnte – und so lasst ihr ihn nichts mehr für seinen Vater oder seine Mutter tun, indem ihr das Wort Gottes ungültig macht durch eure Überlieferung, die ihr überliefert habt; und vieles dergleichen tut ihr.

Markus 7,9-13

Gedanken zum Markus-Evangelium

Die Pharisäer und Schriftgelehrten haben Jesus vorgeworfen, dass seine Jünger sich nicht an die Überlieferungen der Ältesten halten. Doch der Sohn Gottes schaut in ihre Herzen: Sie sind nicht ehrlich – sie heucheln. Und das sagt Er ihnen auch. Ihren Gottesdienst kann der Herr nicht akzeptieren, denn er basiert auf Menschengeboten anstatt auf dem Wort Gottes. Manchmal geht das sogar so weit, dass das Gebot Gottes ausgehebelt wird, wenn man menschliche Überlieferungen befolgt. Wie das geschehen kann, macht der Herr an einem Beispiel deutlich:

Das Gesetz Moses weist klar an, die eigenen Eltern zu ehren (vgl. 2. Mose 20,12; 21,17). Dieses Gebot gilt nicht nur für Kinder, die noch von ihren Eltern erzogen werden, sondern genauso für Erwachsene, deren Eltern alt geworden sind. Zur damaligen Zeit gibt es keine Renten, so dass die Alten auf die Versorgung durch ihre Kinder und Enkelkinder angewiesen sind. Doch diese Verpflichtung kann man mithilfe der Überlieferung der Ältesten umgehen, wenn man den Teil des Besitzes, der eigentlich den Eltern zukommen soll, als „Korban" bezeichnet. So wird er Gott „geweiht" und steht für die Eltern nicht mehr zur Verfügung.

Wie geschickt hat man sich durch dieses scheinheilige Verhalten dem göttlichen Gebot entzogen! Bleiben wir dabei: Gott wird nur dann geehrt, wenn wir sein Wort konsequent befolgen!

Tägliche Bibellese 1. Könige 6,1-18 · Johannes 5,31-47

Ein Kind ist uns geboren, ein Sohn uns gegeben, und die Herrschaft ruht auf seiner Schulter.

Jesaja 9,5

Durch ihn sind alle Dinge geschaffen worden, die in den Himmeln und die auf der Erde, die sichtbaren und die unsichtbaren ... und alle Dinge bestehen durch ihn.

Kolosser 1,16.17

Eine unvorstellbar große Kraft

Bei Naturkatastrophen versuchen Wissenschaftler manchmal, das Ausmaß der Katastrophe in Zahlen zu beschreiben. So drückt man die Stärke eines Erdbebens mit einem Wert auf der sogenannten Richterskala aus. Dabei ist ein Beben mit dem Wert 4 bereits doppelt so stark wie eines mit dem Wert 3.

Es gibt auch Modelle, mit deren Hilfe man rechnerisch zu ermitteln versucht, welche Kraft bei solchen Katastrophen freigesetzt wird. Berechnungen ergaben, dass manche Tsunamis eine Kraft entfalten, die ausreicht, um für den Bruchteil einer Sekunde den Neigungswinkel zu verändern, in dem sich die Erde um die eigene Achse dreht. Eine solche dauerhafte Veränderung würde große Teile des Lebensraumes der Menschen auf der Erde zerstören.

Doch egal, wie groß die errechnete Kraft auch sein mag und ob sie tatsächlich solche Auswirkungen hat: Niemals wird sie größer sein als die Kraft dessen, der die Schöpfung ins Dasein gerufen hat. Der Sohn Gottes ist der, durch den und für den alles geschaffen wurde. Er wurde Mensch und kam als kleines Kind auf die Erde. Und auf seiner Schulter ruht die Herrschaft über das für Menschen unvorstellbar große Universum. Seine Kraft kann mit keinem von Menschen erdachten Rechenmodell ermittelt werden – sie übersteigt alles.

Wie sollte der Sohn Gottes über irgendetwas, was im Weltall oder auf der Erde geschieht, die Kontrolle verlieren, wo doch alle Dinge durch Ihn bestehen?

13 Dienstag
August

SA 06:07 · SU 20:43
MA 16:06 · MU 23:38

*Christus ist das Haupt des Leibes,
der Versammlung, der der Anfang ist,
der Erstgeborene aus den Toten,
damit er in allem den Vorrang habe.*

Kolosser 1,18

Die Kirche (5) – Merkmale der Gottesdienste

Wenn es um Inhalt und Form der Gottesdienste geht, finden wir bei den ersten Christen mindestens drei verschiedene Anlässe, zu denen die Gläubigen zusammenkamen: zum Gebet, zum Abendmahl und zur Erbauung (Predigt).

Mittelpunkt und Maßstab ihrer Gottesdienste war der verherrlichte Herr Jesus Christus und sein Wille.

Wie äußert sich dies konkret?

- Zunächst einmal zeigt es sich in der Ehrfurcht vor der Bibel, dem Wort Gottes, das der ausreichende und einzige Wegweiser ist, um Gottes Gedanken zu erkennen.

- Die Gottesdienste sind von der biblischen Lehre geprägt, ohne dass wir versuchen, sie unseren persönlichen Gedanken anzupassen. Wenn ich glaube, dass Jesus allein das Haupt der Kirche ist, sollte das erste Kriterium nicht meine Empfindungen sein. Nicht das, was mir gefällt oder nicht gefällt, ist wichtig, sondern was Ihm gefällt.
- Es äußert sich auch darin, dass wir Gott vertrauen, dass der Heilige Geist in den Gottesdiensten frei wirken kann.
- Lieder und Gebete, das Abendmahl sowie die biblische Lehre bilden das Zentrum der christlichen Gottesdienste. Keins dieser Elemente darf vernachlässigt werden. Je mehr Zeit wir uns dafür nehmen, umso mehr werden wir erleben, dass Gott unter uns ist (vgl. 1. Korinther 14,25). Gottesdienste werden dann nicht als leer empfunden, sondern als ein großer Segen. So werden die Gläubigen von Christus, ihrem Haupt, geistlich versorgt.

(Schluss)

Tägliche Bibellese 1. Könige 7,1-22 · Johannes 6,16-24

14 Mittwoch
August

SA 06:09 · SU 20:42
MA 17:21 · MU –:–

Wer irgend von dem Wasser trinkt, das ich ihm geben werde, den wird nicht dürsten in Ewigkeit; sondern das Wasser, das ich ihm geben werde, wird in ihm eine Quelle Wassers werden, das ins ewige Leben quillt.

Johannes 4,14

Durst nach Leben

Der Durst eines Menschen nach Wasser ist ein treffendes Bild von unserem Verlangen oder unserer Sehnsucht nach dem Glück und nach wahrem Leben mit Blick auf die Ewigkeit.

Im Gespräch mit einer Frau aus Samaria knüpft der Herr Jesus Christus an dieses Bild an. Er spricht von dem „lebendigen Wasser", das Er geben will (V. 10). Als Vorbild für dieses Wort dient Ihm keine Zisterne, die nur abgestandenes Regenwasser enthält. Er denkt auch nicht an einen Geysir, dessen Fontäne zum Himmel emporschießt, der sich aber nur in bestimmten Zeitabständen zeigt und dessen Wasser zu heiß ist, um getrunken zu werden. Die Worte des Herrn schließen vielmehr an das lebendig sprudelnde und erfrischend kühle Quellwasser an, das unaufhörlich fließt.

Das Bild vom Lebenswasser, das in dem Gläubigen selbst zu einer Quelle wird, deutet die Frische, die Freude und die Kraft an, die das Leben eines Menschen kennzeichnen, der an Jesus Christus glaubt und Ihm wirklich nachfolgt. Ein Vergleich mit anderen Bibelstellen macht uns deutlich, was genau gemeint ist: Es geht um die lebendige Kraft des Heiligen Geistes, den alle Glaubenden empfangen und der in ihnen seine Wirkung entfaltet (vgl. Johannes 7,37-39; Epheser 1,13).

Nichts, was zu dieser Erde gehört, sei es materiell oder ideell, suche ich es in mir selbst oder in der Beziehung zu Mensch oder Tier – nichts kann meinen Durst, meine tiefe Sehnsucht nach wahrem Leben und bleibendem Glück für ewig stillen. Allein in dem Sohn Gottes und in seinem Gnadengeschenk kommt die Seele zur Ruhe.

Was beklagt sich der lebende Mensch?
Über seine Sünden beklage sich der Mann!

Klagelieder 3,39

Mensch ärgere dich nicht!

Bei einer Umfrage wurde ermittelt, welche Gesellschaftsspiele in Deutschland am beliebtesten sind. Dazu zählte auch das Spiel Mensch ärgere dich nicht. Dabei gaben rund 39 Prozent der Befragten an, sich schon einmal so sehr bei einem Spiel geärgert zu haben, dass sie es abgebrochen haben.

Wem es beim Spielen gelingt, einen Stein ans Ziel zu bringen, der freut sich. Wer aber „rausgeworfen" wird, der ärgert sich schon einmal: „Warum musste der Mitspieler diesen Spielzug wählen? Nun muss ich wieder von vorne anfangen!"

Kennen Sie das auch? Wie schnell ärgern oder beklagen wir uns über Kleinigkeiten im Leben. Verurteilen Dinge bei anderen – die wir aber selbst genauso tun. Messen also mit zweierlei Maß. So ein harmloses Gesellschaftsspiel wie Mensch ärgere dich nicht kann dazu manches ans Licht bringen. Vielleicht spiegelt es sogar meine Lebensstrategie wider: auf Kosten anderer das eigene Fortkommen sichern, sich aber zugleich über Menschen aufregen, die dafür hinderlich sind.

Unser Tagesvers deckt diese Heuchelei auf: Sich über andere beklagen? Nein, zuerst das eigene Fehlverhalten einsehen und bedauern! Der folgende Bibelvers lautet übrigens: „Prüfen und erforschen wir unsere Wege, und lasst uns zu dem HERRN umkehren!"

Die Betonung liegt hier auf den eigenen Sünden und Wegen. Hinzu kommt, dass ich meine Sünden und meine Wege vor Gott prüfe und, wenn nötig, vor Ihm bekenne. Erforschen wir also unsere Wege, machen wir uns unsere kleinen oder großen Sünden bewusst – und kehren dann um zu dem lebendigen Gott. Er vergibt uns gern!

16 Freitag
August

Ich mache die Gnade Gottes nicht ungültig;
denn wenn Gerechtigkeit durch Gesetz kommt,
dann ist Christus umsonst gestorben.

Galater 2,21

Der Brief an die Galater ...

... wurde von dem Apostel Paulus geschrieben. Empfänger sind Christen, denen er kurz zuvor – auf seiner ersten Missionsreise in den südlichen Teil der heutigen Türkei – das Evangelium des Heils gebracht hat.

Paulus schreibt den Brief mit einem aufgewühlten Herzen. Denn er befürchtet, dass die Empfänger sich von der Botschaft, die er gepredigt hatte, abwenden. „Falsche Brüder" (Kap. 2,4) haben die Galater gelehrt, dass sie nicht nur an Jesus Christus glauben, sondern auch das Gesetz halten müssten. Erst dann wären sie vollwertige Christen. Damit aber würde sich die Erlösung nicht länger auf die Gnade Gottes gründen, sondern auf die eigene Leistung.

Bei seiner Argumentation beruft Paulus sich auch auf den Patriarchen Abraham, der Gott geglaubt hatte und deshalb von Ihm für gerecht erklärt wurde. Allerdings kannte er zu diesem Zeitpunkt weder das Gebot, alle männlichen Kinder beschneiden zu lassen (als Zeichen des Bundes zwischen Gott und dem Volk Israel), noch das Gesetz (das Gott erst Jahrhunderte später gab). Abraham wurde also allein durch den Glauben gerechtgesprochen. Paulus schlussfolgert daher: Nichts anderes rettet euch Galater! – Und nichts anderes uns Christen im 21. Jahrhundert!

Er schreibt: „Ich mache die Gnade Gottes nicht ungültig" (so wie ihr Galater, die ihr zu der Gnade noch das Gesetz und Werke und Taten hinzufügt); „denn wenn Gerechtigkeit durch Gesetz kommt" (wenn also Riten, Gebote und „gute Werke" retten können), „dann ist Christus umsonst gestorben." Was für eine Vorstellung! Es gilt: Allein aus Gnade – allein durch den Glauben! Nichts können und dürfen Christen dem, was Jesus Christus getan und bewirkt hat, hinzufügen. Damals nicht – und auch heute nicht!

Tägliche Bibellese 1. Könige 8,1-11 · Johannes 6,47-59

17 Samstag
August

Ich habe den ganzen Tag meine Hände ausgebreitet zu einem widerspenstigen Volk, das nach seinen eigenen Gedanken auf dem Weg geht, der nicht gut ist.

Jesaja 65,2

Kommt die Lady nicht?

Es war zur Zeit der Pferdekutschen. Eine reiche schottische Lady war mit ihrer Tochter, ihrem einzigen Kind, in die Stadt gefahren. Vor einem Laden überließ sie ihr die Zügel der Pferde und ging einkaufen. Plötzlich scheuten die Pferde und gingen durch. Sie galoppierten durch die Stadt, dann die Landstraße entlang. In einem nahen Steinbruch sah ein Arbeiter die aufgescheuchten Pferde und erkannte die gefährliche Situation. Er warf sich ihnen entgegen, wurde niedergerissen und mitgeschliffen. Er war lebensgefährlich verletzt – aber die Pferde standen und das Kind war gerettet.

Der Mann wurde in ein nahes Haus gebracht. Später kam die Mutter aus der Stadt, hörte, was passiert war, schloss voll Freude ihr Kind in die Arme – und bestieg ihre Kutsche und fuhr nach Hause. Drinnen im Haus dagegen wachte der Sterbende von Zeit zu Zeit aus seiner Bewusstlosigkeit auf. Immer wieder fragte er: „Kommt die Lady nicht?" Am Abend starb er. Er hatte sein Leben riskiert und auf ein Wort des Dankes gewartet. Doch umsonst.

Auch für Sie und mich ist einer gekommen. Er hat den Himmel verlassen und sein Leben eingesetzt. Er hat alles gegeben. Warum? Weil Er Sie und mich vor dem ewigen Tod retten wollte. Nun wartet Er. Muss Er vielleicht auch klagen: „Warum kommt denn keiner? Ich habe meine Hände ausgebreitet – doch da ist keiner, der erkennt, was ich getan habe, der sich zu mir wendet, zu mir kommt, der mir dankt"?

Jesus Christus hat „sich selbst hingegeben" (Galater 2,20). Ist Ihnen bewusst, dass Er es auch für Sie getan hat? Wollen Sie Ihm nicht für seine Liebe danken?

18

Sonntag
August

SA 06:15 · SU 20:34
MA 20:30 · MU 03:42

Und als Jesus die Volksmenge wieder herzugerufen hatte, sprach er zu ihnen: Hört mich alle und versteht! Es gibt nichts, was von außerhalb des Menschen in ihn eingeht, das ihn verunreinigen kann, sondern was von dem Menschen ausgeht, ist es, was den Menschen verunreinigt. Wenn jemand Ohren hat, zu hören, der höre!

Markus 7,14-16

Gedanken zum Markus-Evangelium

Menschliche Überlieferungen stehen bei den Juden hoch im Kurs. So auch das Händewaschen vor dem Essen, das nicht eine hygienische Handlung ist, sondern eine religiöse. Diese und ähnliche Gebote werden von den Führern des Volkes streng überwacht. Jede Abweichung wird als Sünde bzw. Verunreinigung angesehen. Doch was in den Augen Gottes wirklich Sünde ist und die Seele des Menschen befleckt, macht Jesus im Folgenden deutlich.

Die Zuhörer Jesu werden sich gewundert haben: Durch die Aufnahme von Speisen kann sich niemand moralisch verunreinigen? Hat Gott den Israeliten denn nicht Speisevorschriften gegeben, die sie zu beachten haben? (Vgl. 3. Mose 11) Richtig. Darin wird klar zwischen reinen und unreinen Tieren unterschieden, und nur die reinen Tiere durften gegessen werden. Doch die Führer des Volkes konzentrieren sich offensichtlich nur auf die rituellen Vorschriften, die im Lauf der Zeit erweitert worden sind, so dass nur noch das Äußere im Blickpunkt ist. Und gerade das hat Gott nicht beabsichtigt, denn Er hat „Gefallen an der Wahrheit im Innern" (Psalm 51,8).

Der Herr macht deutlich, dass das Problem nicht bei den Speisen liegt, sondern beim Menschen – in *ihm* steckt das Böse. Deshalb liegt der Ausgangspunkt jeglicher geistlichen Verunreinigung in dem, was aus uns Menschen *hervorkommt*. Durch *uns* ist die Sünde in der Welt – nicht umgekehrt! Und weil dies gern bestritten wird, legt der Herr besonderen Wert darauf, dass wir seine Worte aufnehmen und beherzigen.

Tägliche Bibellese 1. Könige 8,31-40 · Johannes 7,1-13

Freund, wie bist du hier hereingekommen, da du kein Hochzeitskleid anhast?

Matthäus 22,12

Passend gekleidet

Zu einem Dorffest darf jeder kommen; zu meiner Geburtstagsfeier kommen Freunde und Nachbarn; zu meiner Hochzeit jedoch habe ich die Gäste persönlich eingeladen. Und wenn der Bundespräsident eine Feier ausrichtet, werden die Gäste sehr sorgfältig ausgewählt. Jedes Mal kann der Gastgeber festlegen, wie die Gäste gekleidet sein sollen. Dieses Recht greift Jesus auf, wenn Er das Gleichnis von einem König erzählt, der die Hochzeit seines Sohnes ausrichtet.

Das Besondere an diesem Hochzeitsfest: Es werden nicht nur einige wenige ausgewählt, sondern eingeladen ist jeder, der die Einladung zur Hochzeit hört. Diese gewaltige Einladung ist ein Bild für das Evangelium Gottes, das alle

Menschen einlädt. Der Himmel steht offen für jeden, der will. Niemand ist ausgegrenzt, weil er zu schlecht oder unpassend wäre.

Allerdings gibt es eine Bedingung: Jeder muss so „gekleidet" sein, dass er passend ist für den Himmel. Im übertragenen Sinn: Mit einem „Kleid", das von Sünde und Eigenwillen beschmutzt ist, ist niemand passend für den Himmel. Das Gewaltige: Gott selbst stellt das angemessene Kleid zu Verfügung, denn wir selbst könnten so ein Kleid nirgendwo kaufen! Wie erhalten wir dieses Kleid? Wenn wir unsere Sünden bekennen und an den Herrn Jesus als Retter glauben, wäscht Gott unsere Sünden ab und wir erhalten sozusagen ein neues sauberes „Kleid", so dass wir für die Herrlichkeit des Himmels passend gekleidet sind.

Kommet, alles ist bereit!
Kommt gelad'ne Gäste!
Schmückt euch mit dem Ehrenkleid
zu dem Hochzeitsfeste!
Seine Mahlzeit ist bereitet,
freundlich winkt der Herr euch zu:
Seid willkommen, seid willkommen!
Bei mir finden alle Ruh! (E. Hug)

Tägliche Bibellese 1. Könige 8,41-53 · Johannes 7,14-24

20 Dienstag
August

SA 06:18 · SU 20:30
MA 21:07 · MU 06:46

Herr, zu wem sollen wir gehen? Du hast Worte ewigen Lebens.

Das gilt auch mir!

Ihre Eltern waren wohlhabend und sie war die einzige Tochter. Sie war noch jung – aber sterbenskrank. Als es mit ihr zu Ende ging, bemühte sie sich, mit ihren kraftlosen Fingern die Bibelstellen aufzuschlagen, die ihr so viel bedeuteten.

Laut las sie: „In dem Haus meines Vaters sind viele Wohnungen; wenn es nicht so wäre, hätte ich es euch gesagt; denn ich gehe hin, euch eine Stätte zu bereiten. Und wenn ich hingehe und euch eine Stätte bereite, so komme ich wieder und werde euch zu mir nehmen, damit, wo ich bin, auch ihr seiet" (Kap. 14,2.3). Und dann fügte sie fast fröhlich hinzu: „Das gilt auch mir!"

Sie fand eine andere Bibelstelle: „Vater, ich will, dass die, die du mir gegeben hast, auch bei mir seien, wo ich bin, damit sie meine Herrlichkeit schauen" (Kap. 17,24). Und wieder ergänzte sie: „Das gilt auch mir!"

Dann las sie vor: „Wenn Gott für uns ist, wer gegen uns?", und: „Denn ich bin überzeugt, dass weder Tod noch Leben, weder Engel noch Fürstentümer, weder Gegenwärtiges noch Zukünftiges noch Gewalten, weder Höhe noch Tiefe noch irgendein anderes Geschöpf uns zu scheiden vermögen wird von der Liebe Gottes, die in Christus Jesus ist, unserem Herrn" (Römer 8,31.38.39). Und wieder hörte man ihr glückliches: „Das gilt auch mir!"

Die Bibel war *ihr* Buch geworden und die Worte und Verheißungen, die Gott dort niedergelegt hatte, galten *ihr*. Man sah es ihr an: „Siehe, Gott ist meine Rettung, ich vertraue und fürchte mich nicht; denn Jah, der HERR, ist meine Stärke und mein Gesang, und er ist mir zur Rettung geworden". Mit Freude schöpfte sie „aus den Quellen der Rettung" (Jesaja 12,2.3).

„Das gilt auch mir!" – wie glücklich macht diese Überzeugung!

Tägliche Bibellese 1. Könige 8,54-66 · Johannes 7,25-36

21 **Mittwoch**
August

SA 06:20 · SU 20:28
MA 21:21 · MU 08:17

*Sammelt euch nicht Schätze auf der Erde,
wo Motte und Rost zerstören und wo Diebe
einbrechen und stehlen; sammelt euch aber
Schätze im Himmel, wo weder Motte noch
Rost zerstören und wo Diebe nicht einbrechen
und nicht stehlen; denn wo dein Schatz ist,
da wird auch dein Herz sein.*

Matthäus 6,19-21

Sammelleidenschaft

Man sagt, das Sammeln von allerlei interessanten
Dingen sei so alt wie die Menschheit selbst. Anfangs sammelte der Mensch vor allem das, was
zum Leben und für den täglichen Bedarf notwendig war. In der Antike gab es bereits umfangreiche
kunsthandwerkliche Sammlungen. Der Sammel-
trieb beginnt bei vielen im Kindesalter, wenn z.B.
Muscheln und Steine vom Urlaub am Meer gesammelt werden. Heutzutage gibt es fast nichts,
was nicht irgendjemand sammelt: angefangen

von Briefmarken und Münzen über Figuren aus Überraschungseiern bis hin zu Blechdosen und Bierdeckeln und vielem mehr. Ein Sammler hat einmal gesagt: „Für uns Sammler ist das Sammeln von guten und schönen Dingen eine Art Lebenslust. Sammeln hat eine positive Wirkung auf den Menschen. Es wirkt ausgleichend auf Seele und Gemüt und man fühlt sich ausgefüllt."

Dabei denke ich unwillkürlich an die obigen Worte, die Jesus seinen Jüngern sagte. Das Sammeln von bestimmten Objekten mag zwar interessant sein, aber es ist vergänglich, so wie alles Materielle auf dieser Erde. Wer sein Herz daran hängt, wird spätestens am Lebensende alles verlieren.

Jesus fordert uns dazu auf, Schätze *im Himmel* zu sammeln. Grundlage dafür ist, dass durch den Glauben an Ihn unsere Namen im Himmel angeschrieben sind (Lukas 10,20). Jeder, der dann sein Leben auf den Himmel ausrichtet, indem er Jesus Christus gehorsam ist und aus Liebe zu Ihm handelt, sammelt für den Himmel. Er wird seine Sammlung nicht verlieren. Denn diese Schätze sind absolut sicher und werden von Gott bewertet und entsprechend belohnt.

Tägliche Bibellese 1. Könige 9,1-9 · Johannes 7,37-53

22 Donnerstag
August

SA 06:21 · SU 20:26
MA 21:35 · MU 09:46

Wer Ohren hat, zu hören, der höre!

Matthäus 11,15

Das Leben ist zu kurz, um schlecht zu hören

Das Hörgerät eines alten Mannes im Altenheim quietscht und piept. „Ich kann schon lange nicht mehr richtig hören – das Hörgerät funktioniert nicht", sagt er mit lauter Stimme. „Wenn wir gemeinsam einen Film anschauen, sehe ich nur die Mundbewegungen, kann aber nichts verstehen."

Einen Tag später stehe ich beim Hörgeräteakustiker, um das besagte Hörgerät neu einstellen zu lassen. Da sehe ich ein Plakat mit der Aufschrift: *Das Leben ist zu kurz, um schlecht zu hören.*

Das hat was, denke ich. Dieser alte Mann braucht ein funktionierendes Hörgerät, um wieder gut hören zu können. Es gibt allerdings auch Menschen, die kein Hörgerät benötigen, weil sie gute Ohren haben, und trotzdem „schlecht hören". Nicht nur Kinder, die für Mama oder Papa etwas tun sollen, müssen mitunter dreimal gerufen werden, sondern auch die Erwachsenen „hören" oft schlecht.

Das Leben ist zu kurz, um nicht auf die Stimme Gottes zu hören.

Wie oft hat Gott schon durch einen Bibelvers zu Ihnen gesprochen und Sie haben Ihn ignoriert? Wie oft haben Sie die herrliche Schöpfung bewundert, durch die Gott ohne Worte spricht, wollen aber nicht glauben, dass dies alles von Ihm erschaffen worden ist? Wie oft hat Gott direkt durch Lebensumstände auf sich aufmerksam gemacht, doch Sie sagen: Glück gehabt!?

Wenn Sie bis jetzt Ihre Ohren zugehalten haben, dann hören Sie doch bitte *heute* auf Gottes Stimme. Er sagt: „*Heute, wenn ihr seine Stimme hört, verhärtet eure Herzen nicht*" (Hebräer 4,7). In der Bibel ist Gottes Stimme deutlich zu „hören".

„Glückselig, der da liest und die da hören die Worte der Weissagung und bewahren, was in ihr geschrieben ist; denn die Zeit ist nahe" (Offenbarung 1,3).

Tägliche Bibellese 1. Könige 9,10-28 · Johannes 8,1-11

23

Pflügt euch einen Neubruch, denn es ist Zeit,
den HERRN zu suchen.

Hosea 10,12

Zeitenwende

Jeweils kurz vor Jahresende wählt eine Jury von Sprachwissenschaftlern das Wort des Jahres aus. Es handelt sich um Begriffe, die das Leben in Deutschland sprachlich besonders bestimmt haben. Im Jahr 2022 landete das Wort „Zeiten-wende" auf Platz 1.

Der Begriff steht im Zusammenhang mit dem russischen Angriffskrieg gegen die Ukraine. Seit-dem hat sich in der Welt vieles verändert, was wir alle zu spüren bekommen (Energiekrise, Preisstei-gerung, Angst und Sorge vor einem Atomkrieg in Europa ...). Doch wir haben die Ereignisse nicht in der Hand. Wir können nur versuchen, gegen-zusteuern, das Beste daraus zu machen. Ist es da nicht angebracht, einmal über eine innere

Zeitenwende nachzudenken? Schon in der Bibel wird die Frage gestellt: „Woher kommen Kriege und woher Streitigkeiten unter euch?" (Jakobus 4,1). Und die Antwort wird gleich mitgeliefert: Sie kommen aus unserem Inneren, und zwar nicht nur auf der Weltbühne, sondern auch in der Familie, im Kreis von Partnern, Kollegen, Nachbarn usw.

Was wir brauchen, ist ein Neuanfang. Es ist Zeit, dass wir den Herrn suchen, damit für uns persönlich eine neue Ära beginnt, eine „Zeitenwende". Dabei geht es zuerst nicht um unsere Beziehungen zu Menschen, sondern um unsere Beziehung zu Gott, dem Herrn.

Henoch, ein Mann der Frühzeit, hatte solch einen „Neubruch" erlebt. Ein Ereignis, das mit der Zeugung seines Sohnes Methusalah in Verbindung stand, markierte in seinem Leben eine Zeitenwende: Von da an lebte Henoch mit Gott – nicht nur für ein paar Tage, sondern bis zum Ende seines Lebens auf der Erde (1. Mose 5,21-24). Wer mit Gott lebt, d. h., sich ganz nach Gottes Maßstäben richtet und Ihn in alle Entscheidungen einbezieht, hat Gottes Zustimmung – und darauf kommt es an (vgl. Hebräer 11,5).

24 Samstag August

Glückselig der, dessen Übertretung vergeben, dessen Sünde zugedeckt ist!

Psalm 32,1

Die Freude des Christen

Freude im Herrn Jesus macht mich allezeit glücklich und zufrieden, selbst in Schmerz und Leid.

(W. Keune)

So können gläubige Christen singen! Warum?

- Ein echter Christ weiß: Jesus hat am Kreuz die gerechte Strafe Gottes für meine Sünden auf sich genommen. Gott hat alle meine Sünden vergeben, so dass ich von der Last meiner Schuld befreit bin. Ich genieße jetzt einen inneren Frieden. „Da wir nun gerechtfertigt worden sind aus Glauben, so haben wir Frieden mit Gott durch unseren Herrn Jesus Christus" (Römer 5,1).

- Ein echter Christ weiß: Weil ich an Jesus geglaubt habe, habe ich eine neue, göttliche Natur bekommen. Ich bin ein Kind Gottes, denn die Bibel sagt: „So viele Jesus aufnahmen, denen gab er das Recht, Kinder Gottes zu werden, denen, die an seinen Namen glauben, die ... aus Gott geboren sind." Diese Natur gibt mir die Kraft, wahre Freiheit zu erleben, Freiheit von der Macht des Teufels und der Sünde. Die Bibel versichert mir auch, dass Gott, der Heilige Geist, in mir „wohnt" und mich leitet (Johannes 1,12.13; 1. Korinther 3,16).
- Ein echter Christ weiß: Ich habe das ewige Leben. Deshalb habe ich keine Angst mehr vor dem Tod. „Ihr habt ewiges Leben, die ihr glaubt an den Namen des Sohnes Gottes" (1. Johannes 5,13).
- Ein echter Christ weiß: Ich habe eine herrliche Zukunft. Ich werde einmal ewig bei meinem Herrn sein. Denn Er hat versprochen: „Ich komme wieder und werde euch zu mir nehmen, damit, wo ich bin, auch ihr seiet" (Johannes 14,3).

Kennen Sie diese Freude?

25

Und als Jesus von der Volksmenge weg in ein Haus eintrat, befragten ihn seine Jünger über das Gleichnis. Und er spricht zu ihnen: Seid auch ihr so unverständig? Begreift ihr nicht, dass alles, was von außerhalb in den Menschen eingeht, ihn nicht verunreinigen kann? Denn es geht nicht in sein Herz hinein, sondern in den Bauch, und es geht aus in den Abort – indem er so alle Speisen für rein erklärte. Er sagte aber: Was aus dem Menschen ausgeht, das verunreinigt den Menschen.

Markus 7,17-20

Gedanken zum Markus-Evangelium

Ausgehend von der religiösen Überlieferung, die den Juden vorgibt, vor dem Essen die Hände zu waschen, erklärt Jesus, was „Verunreinigung" bedeutet: Nicht das, was der Mensch an Speisen von außen aufnimmt, verunreinigt ihn, sondern das, was von ihm ausgeht.

Die Jünger tun sich schwer mit diesem „Gleichnis". Das zeigt, wie religiöse Überlieferungen, die von Menschen erdacht und anderen auferlegt werden, Herz und Gewissen vereinnahmen können. Der Blick für die Wahrheit, wie Gott sie ursprünglich gegeben hat, wird so stark eingeschränkt, dass letztlich nicht mehr der Wille Gottes zählt, sondern die Wunschvorstellung der Menschen.

Der Herr wirft seinen Jüngern vor, dass sie die göttliche Wahrheit nicht verstehen. Liegt es an mangelnder Intelligenz? Nein! Nicht der kluge Verstand versteht Gottes Wort am besten, sondern das aufrichtige Herz. Wer den Willen Gottes tun will, wird das Wort Gottes verstehen, selbst wenn er ungebildet ist (vgl. Johannes 7,17; Apostelgeschichte 4,13).

Vielleicht fragen wir wie die Jünger damals: Kann aus dem menschlichen Herzen nur Unreines hervorkommen? Die Antwort lautet: Wer in dem Blut Jesu gewaschen ist (Offenbarung 1,5), hat neues Leben und hat den Heiligen Geist empfangen; er ist in der Lage, Gutes zu tun – das, woran Gott Freude hat.

26 Montag August

SA 06:27 · SU 20:17
MA 23:00 · MU 15:37

Gott aber, der reich ist an Barmherzigkeit, wegen seiner vielen Liebe, womit er uns geliebt hat, hat auch uns, als wir in den Vergehungen tot waren, mit dem Christus lebendig gemacht.

Epheser 2,4.5

Gestrandet

Es war ein erstklassiges Fotomotiv: weißer Sand, blaues Wasser, hellblauer Himmel und vorne ein blaues Schiffsmodell mit weißem Führerhaus und rotem Dach. Ein Hingucker, eine Touristenattraktion.

Doch eigentlich gehörte es nicht auf den Nordstrand vor die Promenade der Insel Borkum, dieses Küstenmotorschiff NORDLAND 1, das am 3. Februar 2011 dort gestrandet war. Es hatte Baumaterial für den Promenadenbau gebracht, war auf Grund gelaufen und durch hoch auflaufendes Hochwasser auf eine Buhne gedrückt worden. Dort hing es, ohne sich selbst befreien zu können. Erst überlegte man, es zu zerschneiden und abzutransportieren, doch die Kosten hätten die Bergung unwirtschaftlich gemacht. Schließlich gelang es, das Schiff bei Hochwasser vom Strand zu ziehen und in den Borkumer Hafen zu schleppen.

Auch heute ist manches Leben gestrandet, auf Grund gelaufen. Die Stürme des Lebens zerstören Ehen, Familien und Existenzen; Alkohol, Drogen und andere Exzesse hinterlassen ihre Spuren. Enttäuschung und Resignation machen sich breit. Man merkt, dass man selbst nicht mehr freikommt. Doch woher kommt Hilfe?

NORDLAND 1 konnte sich selbst nicht befreien, brauchte Hilfe von außen, brauchte ein Bergungsunternehmen. So benötigen auch wir Hilfe von außen. Einer ist da, der bereit ist, uns zu befreien. Er verspricht: „Bis in euer Greisenalter bin ich derselbe, und bis zu eurem grauen Haar werde ich euch tragen; ich habe es getan, und ich werde heben, und ich werde tragen und erretten" (Jesaja 46,4). *Übergeben wir Ihm doch unsere Situation!*

Tägliche Bibellese 1. Könige 11,14-25 · Johannes 8,48-59

27 Dienstag
August

Fürchte dich nicht.

Sprüche 3,25

Der HERR, mein Gott, erhellt meine Finsternis ... und mit meinem Gott werde ich eine Mauer überspringen.

Psalm 18,29.30

Mauern überwinden

Mauern – es gibt sie fast überall auf der Erde. Mauern werden gebaut, um jemand drinnen zu halten oder draußen zu lassen, je nach Perspektive. Mauern, so beeindruckend sie erscheinen mögen, sind kein Zeichen von Stärke, sondern eher von Schwäche.

Die größte Mauer der Welt ist die Chinesische Mauer: Sie ist 8851 Kilometer lang. Der Limes, die Grenze des römischen Wirtschaftsgebietes, war erheblich kürzer und auch nicht durchgängig. Er war das Eingeständnis, dass das römische Weltreich an seine Grenze gekommen war.

Andere Mauern wurden gebaut, um Menschen am Entkommen zu hindern. Dazu gehören Gefängnismauern, aber auch die Mauer, die zwischen 1961 und 1989 zwischen Westdeutschland und der DDR bestand. Sie war 167,8 Kilometer lang und sollte die Bürger der DDR an der „Ausreise" hindern.

Es gibt auch Mauern, die nicht aus Stein, Beton oder Stahl gebaut sind. Zum Beispiel Mauern der Furcht, die zu wahren Gefängnismauern werden können. Gott kennt und sieht die Gefahr, dass Angst und Sorge einen Menschen buchstäblich *einmauern* können. Deshalb spricht er seinen Leuten in der Bibel so oft zu: Fürchte dich nicht!

Wenn Gott Ihnen Mut macht, ist das keine leere Vertröstung. Denn er hat alles getan, um Sie für immer in Sicherheit zu bringen. In Zeit und Ewigkeit. Nehmen Sie seine Rettung und seinen Schutz an. Damit die Mauern der Angst heute überwunden werden können.

28 Mittwoch
August

SA 06:30 · SU 20:13
MA –:– · MU 17:56

Da war eine Frau, die achtzehn Jahre einen Geist der Schwäche hatte; und sie war zusammengekrümmt und ganz unfähig, sich aufzurichten. Als aber Jesus sie sah, rief er sie zu sich und sprach zu ihr: Frau, du bist befreit von deiner Schwäche! Und er legte ihr die Hände auf, und sogleich richtete sie sich auf und verherrlichte Gott.

Lukas 13,11-13

Kopf hoch!

Schon 18 Jahre lang war diese Frau in sich zusammengekrümmt. Was konnte sie sehen? Nichts als ihre Füße und den Boden! Während der langen Jahre war es ihr nicht geschenkt, im Stehen oder Laufen ihren Blick zum Himmel zu richten.

Diese Begebenheit hat, wie viele andere in der Bibel, auch eine symbolische Bedeutung. Aus eigener Erfahrung wissen wir, dass man von einer schweren Last auf dem Rücken nach vorne gebeugt wird. In ähnlicher Weise tragen wir oft schwer an unseren Sorgen und Problemen. Manchmal werden wir von ihnen regelrecht erdrückt. Da gibt es vielleicht berufliche oder finanzielle Schwierigkeiten, Probleme in der Familie oder eine Sucht, von der wir nicht loskommen.

Diese Frau war schon lange in diesem krankhaften Zustand. Doch Jesus sieht sie und ruft sie zu sich. Dann berührt Er sie, und augenblicklich heilt Er sie, so dass sie sich wieder aufrichten kann. Jetzt öffnet sich für sie eine ganz neue Perspektive: Sie sieht ihre Umgebung, sieht den Himmel und – sie sieht Jesus!

Jesus kennt auch dich und deinen niedergedrückten Zustand. Deshalb ruft Er dich zu sich. Lass Ihn dein Herz berühren! Wenn du Ihn im Glauben als deinen persönlichen Retter annimmst, wird sich dein Leben völlig verändern. Deine Probleme werden vielleicht nicht verschwinden, aber du bekommst eine andere Sichtweise. Du hast dann einen Vater im Himmel, zu dem du immer vertrauensvoll aufblicken kannst.

Tägliche Bibellese 1. Könige 12,1-15 · Johannes 9,13-23

29 Donnerstag
August

SA 06:32 · SU 20:11
MA 00:40 · MU 18:42

Siehe, deine Schwägerin ist zu ihrem Volk und zu ihren Göttern zurückgekehrt.

Ruth 1,15

Das Leben fordert Entscheidungen

Ruth und Orpa sind zwei Witwen aus dem Land Moab, die mit ihrer israelitischen Schwiegermutter auf dem Weg nach Bethlehem sind. Für beide bedeutet dieser Umzug der Weg in eine ungewisse Zukunft. Wie werden sie in Israel als Ausländerinnen wohl behandelt werden? Lohnt es sich, weiterzugehen? Vor die Wahl gestellt, trifft Orpa die Entscheidung, zu ihrem Volk umzukehren. Dort wird sie sicher die Hilfe finden, die sie als Witwe nötig hat. Ihre Wahl hat jedoch eine schlimme Folge: Sie kehrt zu ihren Göttern zurück. Den Hauptgott der Moabiter, Kamos, beschreibt die Bibel als „Scheusal" oder „Gräuel". Ruth hingegen geht bis Bethlehem mit und lernt so den Gott Israels kennen als einen Gott, der gnädig und barmherzig ist.

Mut und Glaube gehen Hand in Hand – genauso wie Bequemlichkeit und Unglaube. Manche Entscheidungen, die wir treffen müssen, haben weitreichende Folgen. Niemand von uns kann in die Zukunft sehen. Also müssen *wir* uns entscheiden, ohne die Folgen unserer Entscheidung bis zum Ende zu kennen. Die Frage ist: Wovon lassen wir uns leiten, wenn wir uns entscheiden müssen? Vielleicht hat Gott einmal ganz konkret zu uns geredet und uns aufgefordert, zu Ihm zu kommen. Sind wir dann gehorsam und mutig und gehen im Glauben voran wie Ruth? Oder sind wir bequem und bleiben im Unglauben in unserem alten Leben wie Orpa?

Gott ist ein Gott der Liebe, der für seine Geschöpfe nur das Beste will. Deswegen hat Er seinen Sohn Jesus Christus gegeben, um ewiges Heil anzubieten. Es liegt an uns, ob wir den mutigen Schritt gehen und das Heil erfassen. Noch nie ist jemand enttäuscht worden, der sich zum lebendigen Gott gewandt hat. Aber diejenigen, die wie Orpa in ihrem alten Leben bleiben, verpassen das wahre Glück.

30 Freitag August

*Doch in einer Weise redet Gott und in zweien,
ohne dass man es beachtet.*

Hiob 33,14

Sicherheitshinweise

Der Urlaubsflieger steht bereit, alle Passagiere sind eingestiegen, haben ihr Handgepäck verstaut und sitzen angeschnallt auf ihrem Sitzplatz. Die einen setzen Kopfhörer auf und stellen ihren Lieblingssound ein, andere schauen in das Bordmagazin oder lesen ein Buch, manche setzen eine Schlafmaske auf und richten sich auf ein Nickerchen ein. „Und jetzt noch die obligatorischen Sicherheitshinweise. Bei einem eventuellen Druckverlust fallen automatisch Sauerstoffmasken aus der Kabinendecke ...", tönt es aus den Lautsprechern.

Von den Passagieren schaut und hört kaum einer hin. Vermutlich haben sie solche Hinweise schon öfters gehört oder sie halten eine Notlage nicht für wahrscheinlich. Und außerdem geht es in den Urlaub, warum sich mit solchen eher unangenehmen Dingen beschäftigen?

Verhält es sich mit unserer Lebensreise nicht ähnlich? Wir möchten das Leben genießen. Wer denkt da schon gern an das Lebensende, geschweige denn an „Störungen" wie Unfälle oder Katastrophen? Und doch ist es äußerst wichtig, unbeschadet am richtigen Ziel anzukommen. Weil Gott nicht möchte, dass irgendjemand verloren geht, gibt Er uns „Sicherheitshinweise" in seinem Wort, der Bibel. Er zeigt uns den Weg zum Heil, und dieser Weg ist nur in seinem Sohn Jesus Christus zu finden. Dabei verschweigt er nicht, was passiert, wenn man achtlos an Ihm vorbeigeht und die „Sicherheitshinweise" geflissentlich überhört. Gott redet auch heute noch – z. B. durch dieses Kalenderblatt.

„Dann öffnet er das Ohr der Menschen und besiegelt die Unterweisung, die er ihnen gibt, um den Menschen von seinem Tun abzuwenden und damit er Übermut vor dem Mann verberge, dass er seine Seele zurückhalte von der Grube und sein Leben vom Rennen ins Geschoss" (Hiob 33,16-18).

Tägliche Bibellese 1. Könige 13,1-19 · Johannes 9,35-41

31 Samstag
August

Verkehre doch freundlich mit ihm und halte Frieden; dadurch wird Gutes über dich kommen.

Hiob 22,21

Die Frucht des Geistes aber ist: ... Freundlichkeit ...

Galater 5,22

Freundlichkeit

Freundlichkeit tut allen gut: im Supermarkt, beim Arzt, auf der Behörde, im Bus, im Büro oder wo immer es sei. Ein freundliches Wort kostet nichts und kann doch alles verändern. Freundlichkeit geht mit Güte einher, die wohltuend auf andere wirkt und nichts Böses im Sinn hat. Manchen Menschen begegnen wir regelmäßig, andere treffen wir nur flüchtig. Unsere Freundlichkeit jedoch darf *allen* gelten: „Lasst eure Milde kundwerden *allen Menschen*" (Philipper 4,5). Nicht immer sind wir persönlich in einer positiven Stimmung.

Unser Verhalten unseren Mitmenschen gegenüber sollte jedoch nicht von unseren Stimmungsschwankungen, unseren Launen, abhängen.

Denn Freundlichkeit ist ein Wesenszug Gottes: „Als aber die Güte und die Menschenliebe unseres Heiland-Gottes erschien, errettete er uns ... nach seiner Barmherzigkeit" (Titus 3,4.5). Die Freundlichkeit Gottes ist eine Güte, die den Menschen zu sich hinzieht.

Als Jesus Christus hier war, ging Er umher, „wohltuend und alle heilend" (Apostelgeschichte 10,38). Als spät abends noch kleine Kinder zu Ihm gebracht wurden, lehnten die Jünger schroff ab, aber der Herr nahm die Kinder auf den Arm und segnete sie. Seine Art, die Schwachen zu stärken, die Armen zu versorgen und den Ausgestoßenen Wertschätzung entgegenzubringen, war wahre Freundlichkeit.

Genauso sollten alle, die zu Gott gehören, von Güte, Warmherzigkeit, Geduld und Mitgefühl geprägt sein. Der Heilige Geist, der in den Glaubenden wohnt, will ihnen die Kraft dazu geben.

1 **Sonntag**
September

Denn von innen aus dem Herzen der Menschen gehen hervor die schlechten Gedanken: Unzucht, Dieberei, Mord, Ehebruch, Habsucht, Bosheit, List, Ausschweifung, böses Auge, Lästerung, Hochmut, Torheit; alle diese bösen Dinge gehen von innen aus und verunreinigen den Menschen.

Markus 7,21-23

Gedanken zum Markus-Evangelium

Nachdem die Jünger ihren Meister gebeten haben, ihnen das „Gleichnis" von der Verunreinigung zu erklären, sagt Er ihnen ganz klar, dass die Speisen kein moralisches Problem für den Mensch darstellen; sie gehen in den Bauch und werden kurze Zeit später wieder ausgeschieden. Was dagegen aus dem Inneren des Menschen hervorkommt, das verunreinigt ihn.

Bereits vor der Sintflut hat Gott festgestellt, dass „das Sinnen des menschlichen Herzens böse ist von seiner Jugend an" – und das hat sich nach der Sintflut nicht geändert, wie der Herr hier bestätigt (1. Mose 6,5; 8,21). Dabei zählt Er einige ganz konkrete Sünden auf.

Beachten wir, dass die Aufzählung dieser Sünden eine Aufzählung schlechter Gedanken ist. Manch einer würde Dieberei und Mord weit von sich weisen. Vielleicht würden wir an so etwas nicht einmal denken.

Aber wie sieht es mit Unzucht aus? Die Bibel versteht darunter jeglichen Geschlechtsverkehr außerhalb einer Ehe zwischen Mann und Frau. Da jede schlechte Tat in Gedanken anfängt, ist bereits der begehrliche Blick auf eine Frau oder einen Mann, mit der oder dem ich nicht verheiratet bin, Sünde. So sieht es Gott, und so müssen auch wir es sehen (vgl. Matthäus 5,28).

Auch wenn der eine oder andere „schlechte Gedanke" aus der Aufzählung in unserem Eingangsvers mittlerweile salonfähig geworden ist – bei Gott ist und bleibt es eine Sünde, für die Er die Menschen zur Rechenschaft ziehen wird. Selbst „Hochmut" gehört dazu. Doch eins ist genauso wahr: „Das Blut Jesu Christi ... reinigt uns von aller Sünde", wenn wir es für uns in Anspruch nehmen (1. Johannes 1,7)

2 Montag
September

SA 06:38 · SU 20:02
MA 05:34 · MU 20:07

Was wird es einem Menschen nützen,
wenn er die ganze Welt gewinnt,
aber seine Seele einbüßt?
Oder was wird ein Mensch als Lösegeld geben
für seine Seele?

Matthäus 16,26

„Mit leeren Händen dastehen"

Die junge Handballerin gehörte zu den Besten ihres Landes. Eine große Zukunft schien ihr bevorzustehen und viele Vereine der Ersten Liga interessierten sich für sie. Doch dann kamen lange Verletzungszeiten, immer wieder neue Operationen wurden nötig.

Das Interesse an der jungen Sportlerin ließ merklich nach. Sie fragte sich: Was bin ich außerhalb meiner sportlichen Aktivitäten überhaupt wert? Was hat mein Leben für einen Sinn?

Es muss doch außer dem Sport noch etwas anderes, Höheres geben!

Bei ihrer Suche nach einer Antwort kam die junge Frau nicht an Gott und an Jesus Christus vorbei. Durch viele Gespräche mit Christen, vor allem aber durch das Gebet und das Lesen der Bibel wurde ihr klar: Gott hat eine Absicht mit meinem Leben, die viel höher ist als alle meine Pläne. Und ich habe einen solchen Wert für Ihn, dass Er seinen Sohn als Sühnopfer für mich gegeben hat. Er fordert keine außergewöhnlichen Leistungen von mir, sondern dass ich an Ihn glaube und Ihm mein Leben anvertraue.

So führten die Verletzungen nicht zur Verbitterung, sondern dazu, dass diese Sportlerin Gott kennenlernte.

Was hätte es ihr geholfen, wenn sie alle ihre hohen Ziele erreicht hätte, aber am Ende mit leeren Händen vor Gott stehen würde? Nun aber dankt sie Gott dafür, dass Er sie dahin geführt hat, Ihm ihr Leben anzuvertrauen. Das sieht sie als den größten „Sieg" ihres Lebens – und die Freude darüber bleibt für immer.

Tut Buße und glaubt an das Evangelium.

Markus 1,15

Oder verachtest du den Reichtum seiner Güte und Geduld und Langmut und weißt nicht, dass die Güte Gottes dich zur Buße leitet?

Römer 2,4

Gott hat die Buße gegeben zum Leben.

Apostelgeschichte 11,18

Was ist Buße?

Der Weg zu Gott führt über die Buße. Jesus veranschaulicht dies mit dem bekannten Gleichnis vom „verlorenen Sohn". Es ist die Geschichte eines jungen Mannes, der vom Vater seinen Anteil am Erbe einfordert und dann das Haus verlässt. Draußen führt er ein ausschweifendes Leben und vergeudet sein gesamtes Erbe. Als er nichts mehr hat, kommt er zur Besinnung und sagt sich: „Ich will mich aufmachen und zu meinem Vater gehen und will zu ihm sagen: Vater, ich habe gesündigt gegen den Himmel und vor dir, ich bin nicht mehr würdig, dein Sohn zu heißen." Und dann macht er sich tatsächlich auf und kehrt zurück (Lukas 15,11-24).

Der erste Schritt zur Buße besteht also darin, dass ich mir meiner Schuld bewusst werde und dass es mich reut, gesündigt zu haben. Dann fasse ich den festen Entschluss, mein Leben zu ändern. Doch dabei darf es nicht bleiben: Ich muss es auch wirklich tun, muss mich zu Gott wenden und Ihm meine ganze Schuld bekennen. Er kennt sowieso mein ganzes Leben.

Buße bedeutet also nicht, dass ein Mensch versucht, seine Sünden durch gute Werke auszugleichen. Auch Fasten oder andere „Bußübungen" sind nicht zielführend. Buße ist vielmehr eine radikale Umkehr des Herzens. Wer aufrichtig einsieht, bereut und umkehrt, darf auf Gottes Gnade und Güte vertrauen und sicher sein, dass er bei Gott angenommen ist.

4 Mittwoch
September

SA 06:41 · SU 19:58
MA 07:56 · MU 20:28

Deine Zuflucht ist der Gott der Urzeit, und unter dir sind ewige Arme.

5. Mose 33,27

Unter dir sind ewige Arme

Wegen einer schwerwiegenden Krebsdiagnose gehe ich ins Krankenhaus, um mich operieren zu lassen. In meinen Sinn hat sich das Bibelwort eingeprägt, das mir mehrere Freunde unabhängig voneinander auf Karten oder E-Mails zugesandt haben: „Unter dir sind ewige Arme." Dieses Wort erweist sich in den nächsten Stunden und Tagen als sicherer Anker.

Ich bin fremden Personen ausgeliefert, die alle für mein Wohl besorgt sind, zuerst dem Arzt mit seinem Team, dann vielen Pflegenden. Doch ein Gedanke bleibt mir: „Unter dir sind ewige Arme." Das sehe ich zwar nicht und spüre es auch physisch nicht. Aber es ist eine feste Zusage meines

Gottes und Vaters, die über jeder ärztlichen Kunst und jeder engagierten Pflege steht.

Damit nach der Operation eine Thrombose verhindert wird, erhalte ich pneumatische Strümpfe, die sich im Minutentakt mit Luft füllen und wieder entleeren. Das bewirkt einen angenehmen Massageeffekt. Der Nachteil dieser Technik ist das ständige Surren des Kompressors, das mir mit der Zeit auf die Nerven geht. Dieser Ton begleitet mich mehr als 7 Tage, das sind 168 Stunden bzw. mehr als 10.000 Minuten! Doch da kommt mir wieder dieses eine Wort in den Sinn: „Unter dir sind ewige Arme." An dieser Zusage will ich mich festhalten. Durch das Aufpumpen meiner Strümpfe lasse ich mich jedes Mal daran erinnern. Es sind die Arme Gottes, die mich niemals fallen lassen und in denen ich für immer geborgen bin.

In Gottes Händen leben wir geborgen,
bei Ihm allein sind Kraft und Sicherheit.
Durch Ihn bekommen wir bei allen Sorgen
die rechte Hilfe und auch Trost im Leid.

M. Seibel

Tägliche Bibellese 1. Könige 15,25–16,7 · Johannes 11,1-16

5 Donnerstag
September

*Das Wort ist gewiss und aller Annahme wert,
dass Christus Jesus in die Welt gekommen ist,
um Sünder zu erretten.*

1. Timotheus 1,15

Heilssicherheit

Kann man wirklich sicher sein, dass man errettet
ist und das himmlische Ziel erreicht? Manche be-
zweifeln das und nähren damit in sich eine Unruhe, die sie ganz unglücklich macht. Sie haben
sich vor Gott schuldig bekannt. Sie haben ihre
Sünden zum Kreuz von Golgatha gebracht. Sie
haben glaubend auf den Gekreuzigten geblickt
und in Ihm den Erretter erkannt. Und sie haben
gelesen, dass Jesus sagte: „Es ist vollbracht!" (Johannes 19,30). Trotzdem zweifeln sie daran, dass sie
wirklich errettet sind. Warum?

Hier einige Aussagen der Bibel, die Gewissheit
schaffen und Frieden ins Herz geben:

„Ich tat dir meine Sünde kund und habe meine Ungerechtigkeit nicht zugedeckt ... Und du hast die Ungerechtigkeit meiner Sünde vergeben", schreibt David in Psalm 32,5.

„So viele ihn (Jesus) aber aufnahmen, denen gab er das Recht, Kinder Gottes zu werden, denen, die an seinen Namen glauben" (Johannes 1,12), schreibt der Apostel Johannes in seinem Evangelium.

„Wer ... dem glaubt, der mich gesandt hat", spricht Christus, „hat ewiges Leben und kommt nicht ins Gericht, sondern ist aus dem Tod in das Leben übergegangen" (Johannes 5,24).

„Ihrer Sünden und ihrer Gesetzlosigkeiten werde ich nie mehr gedenken" (Hebräer 10,17).

„Also ist jetzt keine Verdammnis für die, die in Christus Jesus sind" (Römer 8,1).

„Dies habe ich euch geschrieben, damit ihr wisst, dass ihr ewiges Leben habt, die ihr glaubt an den Namen des Sohnes Gottes" (1. Johannes 5,13), schreibt der Apostel Johannes.

Jesus sah einen Menschen am Zollhaus sitzen, Matthäus genannt, und er spricht zu ihm: Folge mir nach!

Matthäus 9,9

Jesus spricht zu Petrus: Folge du mir nach!

Johannes 21,22

Folge mir nach!

Diese Aufforderung richtete Jesus an mehrere Personen. Nicht nur bei seiner ersten Begegnung mit einem Menschen, so wie bei Matthäus, sondern – sozusagen als Auffrischung – auch bei einem langjährigen Jünger wie Petrus. Und selbst nach 2000 Jahren ist diese Aufforderung immer noch aktuell, obwohl Jesus nicht mehr auf der Erde lebt. Doch wie mache ich das heute: Jesus nachfolgen?

Wenn ich jemand folge, bestimme nicht ich die Richtung, sondern der, dem ich folge. Außerdem darf ich ihn nicht aus den Augen verlieren.

Genauso ist es bei der geistigen Nachfolge hinter Jesus Christus her. Die richtige Richtung für meinen Lebensweg vermittelt mir sein geschriebenes Wort, die Bibel. Dort erfahre ich, welche Merkmale sein Leben trug, welche Gesinnung Er hatte und was Ihn prägte. Wenn ich Ihm nachfolgen will, muss ich mich also viel mit seiner Person beschäftigen, Ihn sozusagen aus der Nähe betrachten. Wichtig ist dabei auch, im Gebet mit Ihm zu sprechen. Das alles wird mich innerlich umgestalten, so dass ich Ihm ähnlicher werde.

Jesus sagt: „Wenn jemand mir nachfolgen will, verleugne er sich selbst und nehme sein Kreuz auf und folge mir nach" (Markus 8,34). Nachfolge heißt auch, dass ich mich selbst und meinen eigenen Willen zurückhalte und der Bibel gehorche – auch wenn andere mich nicht verstehen oder sogar auslachen. Das schließt ein, dass ich die biblische Lehre akzeptiere und bereit bin, meine Gewohnheiten zu hinterfragen und gegebenenfalls aufzugeben.

Nicht zuletzt bedeutet Nachfolge auch Vertrauen. Ich vertraue Jesus, dass Er mich sicher zum himmlischen Ziel führt!

Tägliche Bibellese 1. Könige 16,29–17,6 · Johannes 11,32–44

7 Samstag
September

Wenn du eine Stadt ... belagern wirst, ... um sie einzunehmen, so sollst du ihre Bäume nicht verderben, indem du die Axt gegen sie schwingst (denn du kannst davon essen).

5. Mose 20,19

Dann werden jubeln alle Bäume des Waldes vor dem HERRN, denn er kommt ... Er wird den Erdkreis richten in Gerechtigkeit.

Psalm 96,12.13

Die Bäume in der Bibel (1)

Amazonien ist das größte Waldgebiet der Erde, gemessen an seinem Umfang und der Vielfalt der Pflanzen- und Tierarten, die es beherbergt. Und es ist auch das am stärksten bedrohte Ökosystem der Welt, weil in den vergangenen Jahrzehnten dort massiv abgeholzt wurde. In der Zeit von

1970 bis 2018 hat sich die Fläche dieses Waldgebietes um etwa 20 Prozent verringert.

Auch wenn das Thema Ökologie nicht ausdrücklich in der Bibel erwähnt wird: Es ist bemerkenswert, dass Gott Adam den Auftrag gab, den Garten Eden zu bewahren (1. Mose 2,15). Später forderte Gott die Menschen auf, die Bäume zu achten (s. erster Tagesvers).

Bäume werden auch in den biblischen Prophezeiungen über die Zukunft erwähnt, wenn Jesus Christus auf einer wiederhergestellten Erde regieren wird: „Alle Bäume werden jubeln." Das heißt: Die Bäume werden am universellen Lob teilhaben, das dann Jesus Christus gespendet werden wird.

Aber Bäume gibt es nicht nur zu Beginn und am Ende der Menschheitsgeschichte. Sie werden in der Bibel etwa 160-mal erwähnt, ohne die Begriffe mitzuzählen, die bestimmte Arten bezeichnen: Zeder, Terebinthe, aber auch Obstbäume wie Feigenbaum, Granatapfelbaum, Mandelbaum, Olivenbaum ... Beweist uns nicht schon die außergewöhnliche Vielfalt dieser Arten die Größe unseres Gottes?

(Fortsetzung nächsten Samstag)

Tägliche Bibellese 1. Könige 17,7-24 · Johannes 11,45-57

8 Sonntag
September

Jesus brach aber von dort auf und ging weg in das Gebiet von Tyrus und Sidon; und als er in ein Haus eingetreten war, wollte er, dass niemand es erfahre; und er konnte nicht verborgen bleiben. Vielmehr hörte sogleich eine Frau von ihm, deren Töchterchen einen unreinen Geist hatte, und sie kam und fiel nieder zu seinen Füßen. Die Frau aber war eine Griechin, eine Syro-Phönizierin von Geburt; und sie bat ihn, dass er den Dämon von ihrer Tochter austreibe.

Markus 7,24-26

Gedanken zum Markus-Evangelium

Unter den Führern des jüdischen Volkes hat Jesus viel äußere Frömmigkeit angetroffen: lange Gebete, Fastenzeiten, Almosen, Reinigungsrituale … Doch diese Dinge beeindrucken den Herrn nicht: Er sieht hinter die Fassade und deckt auf, was im Innern der Menschen steckt: ein verdorbenes

Herz, aus dem zuerst schlechte Gedanken und dann entsprechende Taten hervorkommen.

Die Menschen in Tyrus und Sidon sind keineswegs besser als in anderen Gegenden. Über diese Städte, die damals zur Provinz Syrien am Mittelmeer gehören (heute Libanon), hat der Prophet Hesekiel ca. 580 Jahre vorher ein hartes Strafgericht ausgesprochen (vgl. Hesekiel 28,1-24). Doch gerade hier, außerhalb der Grenzen Israels, soll sich Gottes Herz voller Gnade zeigen.

Jesus tritt in ein Haus – offensichtlich hat Ihn jemand eingeladen. Aber niemals sucht Er die Anerkennung der Menschen. Deshalb will Er, „dass niemand es erfahre". Doch wo Jesus ist, regt sich entweder Widerstand oder Interesse. Hier kommt eine Heidin zu Ihm, weil sie in großer Not ist und weiß, dass Er helfen kann. Ihre Tochter ist von einem unreinen Geist besessen.

Die Haltung dieser Frau ist beachtenswert: Sie fällt zu den Füßen Jesu nieder und drückt damit aus, wie unwürdig sie sich angesichts dieser einzigartigen Person fühlt, die Hilfsbedürftigen stets gütig begegnet und dabei seine Allmacht entfaltet. Zu Ihm hat sie volles Vertrauen.

9 Montag
September

SA 06:49 · SU 19:47
MA 13:51 · MU 21:39

Gott der HERR sprach zu der Schlange:
... Er wird dir den Kopf zermalmen, und du
wirst ihm die Ferse zermalmen.

1. Mose 3,14.15

Schwierige Stellen im Alten Testament

Beim Lesen der Bibel stoßen wir gelegentlich auf geheimnisvolle Aussprüche wie im heutigen Tagesvers, die wir zunächst nicht verstehen.

Damit wir solche Stellen richtig interpretieren, kann uns ein Hinweis des Herrn Jesus Christus helfen, den Er den Menschen seiner Zeit im Blick auf das Alte Testament gab: „Ihr erforscht die Schriften, ... und sie sind es, die von mir zeugen" (Johannes 5,39). Das heißt nichts weniger, als dass auch der umfangreiche erste Teil der Bibel – das Alte Testament – schon die Botschaft von Jesus Christus, dem Sohn Gottes, enthält und immer wieder im Voraus auf Ihn hinweist.

Wir sehen sofort ein, dass die Evangelienberichte und das übrige Neue Testament über Jesus Christus berichten und auf Ihn verweisen – aber das Alte Testament? Ja, gerade auf die Schriften des Alten Testaments, die alle vor dem Kommen Jesu geschrieben wurden, bezieht Jesus sich mit diesen Worten. Darüber brauchen wir uns nicht zu wundern, denn es ist das große Anliegen Gottes, die Menschen immer wieder auf seinen Sohn, den Retter und Herrn, hinzuweisen. Darum ist es ganz natürlich, dass die Bibel so viel über Jesus Christus spricht!

Damit fängt Gott ganz früh an, und zwar schon im Garten Eden, nachdem Adam und Eva in die größte Katastrophe gestürzt waren. Der Teufel war den Menschen in Gestalt der Schlange erschienen und hatte sich als Verführer und Feind erwiesen. Aber ein Nachkomme Evas würde den Feind überwinden und ihm „den Kopf zermalmen". Genauso ist es gekommen: Jesus Christus hat in seinem Tod den Teufel besiegt. Allerdings hat der Teufel keine Gelegenheit ausgelassen, dem Sohn Gottes auf seinem Weg über diese Erde Leiden zuzufügen. So hat er Ihm „die Ferse zermalmt".

Tägliche Bibellese 1. Könige 18,17-29 · Johannes 12,9-19

10 Dienstag
September

Sogar ... die Schwalbe hat ein Nest für sich gefunden, wohin sie ihre Jungen legt.

Psalm 84,4

Die auf den HERRN harren, gewinnen neue Kraft: Sie heben die Schwingen empor wie die Adler; sie laufen und ermatten nicht, sie gehen und ermüden nicht.

Jesaja 40,31

Die Küstenseeschwalbe

Im Jahr 2015 rüsteten Naturforscher auf einer unbewohnten Insel in Nordostengland einige Küstenseeschwalben mit elektronischen Sensoren aus. Die erfassten Daten gaben Aufschluss über die Route dieser Zugvögel:

Der etwa 100 Gramm schwere Seevogel zog im Juli nach Süden, überwinterte im südlichen Indischen Ozean und kehrte im Mai auf die englischen Inseln zurück. In 10 Monaten flog er mehr als 95.000 Kilometer. Der Leiter des Projekts erklärte: „Es nötigt dem Menschen Demut ab, einen Vogel in der Hand zu halten, der derartige Entfernungen zurücklegt."

Wir staunen über dieses Wunder der Schöpfung. Der allmächtige und weise Gott hat die Küstenseeschwalbe für diesen weiten Flug geschaffen. Außerdem versorgt Er sie mit gehaltvoller Nahrung, damit sie im Durchschnitt mehr als 300 Kilometer pro Tag zurücklegen kann.

Der gleiche Gott kümmert sich auch um uns. Er gibt uns jeden Tag neue Kraft, damit wir auf dem Glaubensweg weitergehen können. Durch sein Wort macht Er uns in den Schwierigkeiten Mut und lenkt unsere Gedanken auf das himmlische Ziel.

Es ist ein Wunder seiner Gnade, wenn wir in den Erprobungen nicht aufgeben, sondern mit seiner Hilfe die Widerstände überwinden. Darum wollen wir täglich unser Vertrauen auf den großen, allmächtigen Gott setzen. „Er gibt dem Müden Kraft, und dem Unvermögenden reicht er Stärke dar in Fülle" (Jesaja 40,29).

11 Mittwoch September

SA 06:52 · SU 19:42
MA 16:14 · MU 22:53

Gott sprach: Du vermagst nicht mein Angesicht zu sehen, denn nicht kann ein Mensch mich sehen und leben.

2. Mose 33,20

Jesus spricht zu ihm: Wer mich gesehen hat, hat den Vater gesehen.

Johannes 14,9

Gott kennenlernen (1)

Bevor Jesus Christus auf die Erde kam, hatte Gott sich nicht vollständig offenbart. Die Gläubigen, von denen das Alte Testament berichtet (z. B. Abraham, Jakob oder David), kannten bestimmte Charaktereigenschaften Gottes: seine Güte, seine Macht, seine Heiligkeit usw., doch ansonsten blieb Gott für sie im Dunkeln.

Im Neuen Testament aber lernen wir Jesus Christus kennen. Er ist der Sohn Gottes und wurde Mensch, um uns Menschen Gott bekannt zu machen. „Denn in ihm wohnt die ganze Fülle der Gottheit leibhaftig" (Kolosser 2,9).

In den ersten Versen des Evangeliums nach Johannes wird Er „das Wort" genannt: „Im Anfang war das Wort, und das Wort war bei Gott, und das Wort war Gott." Jesus Christus drückte also die Gedanken Gottes aus. Er zeigt den Menschen, wer Gott ist. Er ist „der eingeborene Sohn, der im Schoß des Vaters ist". Das bedeutet, dass Er in inniger Vertrautheit mit Gott, seinem Vater, lebte und lebt. Er ist eins mit Ihm (Johannes 1,1.18; 10,30).

Wer könnte besser geeignet sein, uns Gott zu offenbaren? Wer könnte diese Aufgabe zuverlässiger ausführen als Er? Er ist „das Bild des unsichtbaren Gottes" (Kolosser 1,15). In Ihm kann Gott gesehen und erkannt werden. Lesen Sie daher in den Evangelien den Bericht über Jesu Leben! Sie werden Gott selbst und sein Erbarmen mit uns Menschen kennenlernen. Schauen Sie, wie Jesus handelte, wenn Er Krankheit, Leid oder Tod begegnete. Mit welcher Liebe Er kleine Kinder aufnahm und mit welchem Einfühlungsvermögen Er Trauernde tröstete! Folgen Sie Ihm in den Evangelien und hören Sie Ihm zu!

(Fortsetzung morgen)

Tägliche Bibellese 1. Könige 19,1-10 · Johannes 12,27-36

12 Donnerstag September

SA 06:53 · SU 19:40
MA 17:13 · MU 23:54

Wenn ihr mich erkannt hättet, würdet ihr auch meinen Vater erkannt haben.

Johannes 14,7

Jesus ging umher, wohltuend und alle heilend, die von dem Teufel überwältigt waren; denn Gott war mit ihm. Apostelgeschichte 10,38

Gott kennenlernen (2)

Wenn wir die Evangelien lesen, entdecken wir Gott, der in der Person seines Sohnes Mensch geworden ist. Wir sehen Jesus ...

- angesichts von Krankheit und Leid: „Er heilte alle Leidenden ... Er selbst nahm unsere Schwachheiten und trug unsere Krankheiten" (Matthäus 8,16.17).
- angesichts von Trauer: „Als nun Jesus Maria (die Schwester des verstorbenen Lazarus) weinen sah, seufzte er tief im Geist und erschütterte sich ... Jesus vergoss Tränen" (Johannes 11,33.35).

- angesichts hungriger Menschenmengen: „Ich bin innerlich bewegt über die Volksmenge, denn schon drei Tage weilen sie bei mir und haben nichts zu essen; und wenn ich sie hungrig nach Hause entlasse, werden sie auf dem Weg verschmachten" (Markus 8,2.3).
- angesichts kleiner Kinder: „Sie brachten Kinder zu ihm, damit er sie anrühre. ... Und er nahm sie in die Arme, legte die Hände auf sie und segnete sie" (Markus 10,13.16).

Könnte man angesichts dieser Beispiele behaupten, Gott würde vom Himmel aus gleichgültig auf Alte, Kranke, Trauernde, Hungernde oder Kinder blicken? Nein, ganz sicher nicht! Aber – so wird oft gefragt – warum beendet Er dann nicht das viele Leid auf der Erde? Der Grund ist bei uns Menschen zu suchen. Durch die Sünde Adams im Garten Eden ist die Sünde zu allen Menschen durchgedrungen. Aber Gott lässt uns mit dem Problem „Sünde" nicht allein. Dafür hat Er seinen Sohn leiden und sterben lassen, „damit jeder, der an ihn glaubt, nicht verloren gehe, sondern ewiges Leben habe" (Johannes 3,16).

(Schluss morgen)

Tägliche Bibellese 1. Könige 19,11-21 · Johannes 12,37-50

13 Freitag September

SA 06:55 · SU 19:38
MA 17:57 · MU −:−

Gott ist Liebe. Hierin ist die Liebe Gottes zu uns offenbart worden, dass Gott seinen eingeborenen Sohn in die Welt gesandt hat, damit wir durch ihn leben möchten. Hierin ist die Liebe: nicht dass wir Gott geliebt haben, sondern dass er uns geliebt und seinen Sohn gesandt hat als Sühnung für unsere Sünden.

1. Johannes 4,8-10

Gott kennenlernen (3)

Jesus zeigt in seinem Leben die Liebe Gottes zu den Menschen, die unter den Folgen der Sünde leiden. Er zieht von Ort zu Ort und tut Gutes, aber Er spricht auch ganz offen das Böse an, das Er auf dieser Erde vorfindet. Darum hassen Ihn die religiösen Führer in Israel. Sie verhaften Ihn und bringen Ihn zu Pilatus, dem Statthalter. Dort verklagen sie Ihn, doch obwohl alle ihre Anklagen erlogen oder unbegründet sind, verteidigt Er sich nicht. Auch die Misshandlungen und den Spott lässt Er wortlos über sich ergehen. Die Volksmenge schreit nach seinem Tod, und Pilatus liefert Ihn ihrem Hass aus. Dann wird der Sohn Gottes an ein Kreuz genagelt.

Während der ersten drei qualvollen Stunden am Kreuz wird Er weiter verspottet. Er aber betet für seine Mörder. In den nächsten drei Stunden bedeckt eine Finsternis das ganze Land. Jesus, der einzige sündlose Mensch, trägt die Sünden derer, die einmal an Ihn glauben würden. Mit dem Ausruf „Es ist vollbracht!" gibt Er sein Leben hin (Johannes 19,30). Er wird begraben, doch nach drei Tagen steht Er wieder auf. Er lebt! Jetzt kann Gott jedem, der an Jesus Christus glaubt, alle Sünden vergeben!

Wenn Sie wissen wollen, wer Gott wirklich ist, dann schauen Sie zum Kreuz! Es verkündet einerseits Gottes Heiligkeit, weil Er ein Sühnopfer für die Sünde gefordert hat; Gott kann Sünde nämlich nicht ungestraft lassen. Andererseits verkündet das Kreuz seine Liebe, weil Er sogar „seinen eigenen Sohn", der Ihm alles bedeutet, „nicht verschont, sondern ihn für uns alle hingegeben hat" (Römer 8,32).

(Schluss)

Tägliche Bibellese 1. Könige 20,1-12 · Johannes 13,1-15

14 Samstag September

Gott der HERR ließ aus dem Erdboden allerlei Bäume wachsen, lieblich anzusehen und gut zur Speise; und den Baum des Lebens in der Mitte des Gartens, und den Baum der Erkenntnis des Guten und Bösen.

1. Mose 2,9

Die Bäume in der Bibel (2) – zwei Bäume

Auf den ersten Seiten der Bibel ist die Rede vom Garten Eden, in dem sich der Baum des Lebens und auch der Baum der Erkenntnis des Guten und Bösen befanden. Von der Frucht des zweiten Baums durfte der Mensch allerdings nicht essen.

Diese beiden Bäume haben eine symbolische Bedeutung. Der Baum des Lebens erscheint im Buch der Sprüche als Bild für die Weisheit, und in der Offenbarung wird seine Frucht denen verheißen, die ihre Kleidung waschen, um in die Stadt Gottes einzuziehen (Sprüche 3,18; Offenbarung 22,14). Bevor man Kleidung wäscht, muss man die Flecken darauf überhaupt bemerken, sich also, im übertragenen Sinn, seiner Sünden bewusst werden. Wenn wir Gott unsere Sünden bekennen und glauben, dass Jesus die Schuld dafür auf sich genommen hat, wird uns das ewige Leben geschenkt. Von diesem Leben spricht der Baum des Lebens.

Was den Baum der Erkenntnis des Guten und Bösen betrifft: Als Gott dem Menschen verbot, von diesem Baum zu essen, wollte Er ihm dadurch bewusst machen, dass der Mensch unter der Autorität Gottes steht und Ihm Gehorsam schuldet. Doch Adam und Eva aßen von der verbotenen Frucht und stellten sich damit über Gott, weil sie selbst zwischen Gut und Böse entscheiden wollten. So zerstörten sie ihre ungetrübte Beziehung zum Schöpfer – und auf diese Weise kamen Sünde und Tod in die Welt. Der Baum der Erkenntnis des Guten und Bösen symbolisiert also die Verantwortung des Menschen und sein Versagen.

Wie gnädig ist Gott, dass Er die Beziehung zu uns Menschen wiederherstellen wollte. Der Mensch versteckte sich vor Gott, doch Gott ging ihm nach und fragte ihn: „Wo bist du?"

(Fortsetzung am nächsten Samstag)

Tägliche Bibellese 1. Könige 20,13-30 · Johannes 13,16-30

Und Jesus sprach zu der Frau: Lass zuerst die Kinder gesättigt werden, denn es ist nicht schön, das Brot der Kinder zu nehmen und den Hunden hinzuwerfen. Sie aber antwortete und sprach zu ihm: Ja, Herr; und doch fressen die Hunde unter dem Tisch von den Brotkrumen der Kinder. Und er sprach zu ihr: Um dieses Wortes willen geh hin; der Dämon ist von deiner Tochter ausgefahren. Und sie ging hin in ihr Haus und fand das Kind auf dem Bett liegen und den Dämon ausgefahren.

Markus 7,27-30

Gedanken zum Markus-Evangelium

Als Jesus sich außerhalb von Israel aufhält – im Gebiet von Tyrus und Sidon –, ist eine Frau auf Ihn aufmerksam geworden. Sie bittet ihn, dass Er den Dämon von ihrer Tochter austreibe.

Die Antwort des Herrn ist zunächst verwunderlich – nicht nur, weil Er eine bildhafte Sprache verwendet, sondern auch, weil man den Eindruck gewinnt, dass Er dieses Mal kein offenes Ohr und Herz für Notleidende hat.

Aus dem Zusammenhang der Parallelstelle in Matthäus 15 wird deutlich, dass der Herr damals „*nur* zu den verlorenen Schafen des Hauses Israel gesandt" worden ist (Vers 24). Die „Kinder" sind also die Angehörigen des Volkes Israel, während mit den „Hunden" die Heiden gemeint sind.

Die geplagte Mutter versteht sofort, was der Herr sagen will: Als Heidin hat sie keinerlei Ansprüche an dem Segen, den Gott in der Person Jesu austeilen lässt. So wird ihr Glaube auf die Probe gestellt: Wird sie sich mit ihrer benachteiligten Position als Heidin abfinden oder wird sie weiter beharrlich bitten?

Die Frau ist sich sicher: Wenn Gott seinen „Kindern" Brot gibt, dann kann Er auch den „Hunden" Brotkrumen davon zukommen lassen! Der Herr gibt ihr recht und belohnt ihren großen Glauben: Ihre Tochter ist auf der Stelle geheilt.

Wie glücklich sind wir, wenn Ehrlichkeit und Glaube uns kennzeichnen.

Tägliche Bibellese 1. Könige 20,31-43 · Johannes 13,31-38

16 Montag
September

*Hätte er sich warnen lassen, so würde er seine
Seele errettet haben.*

Der Warnruf

Aufgrund von starken Regengüssen schwoll der
Fluss, der die Stadt El Playon in Kolumbien durch-
fließt, in kurzer Zeit so stark an, dass die Bewohner
fliehen mussten. Aber schon nach einigen Tagen
fiel der Wasserstand schnell auf ein niedriges Niveau und die Bewohner kehrten in ihre Häuser
zurück.

Ein Einwohner schöpfte Verdacht, dass diese
plötzliche Ruhe womöglich ein Anzeichen für
eine drohende, noch größere Überflutung sein
könnte. Hatten etwa große Massen von entwur-
zelten Bäumen, Steinen und Schlamm irgendwo
eine Art Damm gebildet, der jeden Augenblick unter dem Druck des Wassers nachgeben könnte? Er
fühlte sich gedrängt, durch die Stadt zu laufen und

zu rufen: „Passt auf! Bringt euch schnell in Sicherheit, die Gefahr ist noch nicht vorüber!" Viele hörten auf diese Warnung, ließen ihre Habe im Stich und eilten auf die umliegenden Anhöhen. Andere aber nahmen den Aufruf nicht ernst oder machten sich sogar lustig darüber. Tatsächlich brach bald darauf ein schreckliches Tosen los und gewaltige Wassermassen ergossen sich von neuem über die Stadt. Häuser fielen in sich zusammen, viele Leute wurden mitgerissen und kamen in den Fluten um.

Heute ist es Gott, der uns alle rechtzeitig vor dem kommenden Weltgericht warnt: „Er gebietet jetzt den Menschen, dass sie alle überall Buße tun sollen, weil er einen Tag festgesetzt hat, an dem er den Erdkreis richten wird in Gerechtigkeit durch einen Mann, den er dazu bestimmt hat, und er hat allen den Beweis davon gegeben, indem er ihn aus den Toten auferweckt hat" (Apostelgeschichte 17,30.31). Zwar ist Gott langmütig und übt jetzt noch Geduld, aber das sollte niemand veranlassen, seine Mahnung in den Wind zu schlagen.

„Gott ist langmütig euch gegenüber, da er nicht will, dass irgendwelche verloren gehen, sondern dass alle zur Buße kommen" (2. Petrus 3,9).

Habt acht auf euch selbst: Wenn dein Bruder sündigt, so weise ihn zurecht, und wenn er es bereut, so vergib ihm. Und wenn er siebenmal am Tag gegen dich sündigt und siebenmal zu dir umkehrt und spricht: Ich bereue es, so sollst du ihm vergeben.

Lukas 17,3.4

Vergebung

„Wenn wir unsere Sünden bekennen, so ist Gott treu und gerecht, dass er uns die Sünden vergibt und uns reinigt von aller Ungerechtigkeit." Das ist Gottes feste Zusage an jeden Menschen, der gesündigt hat. Und dann fügt Er hinzu: „Ihrer Sünden und ihrer Gesetzlosigkeiten werde ich nie mehr gedenken." So sieht Vergebung bei Gott aus! (1. Johannes 1,9; Hebräer 10,17).

Und nun fordert Er uns auf, in der gleichen Weise einander zu vergeben: „Seid aber zueinander gütig, mitleidig, einander vergebend, wie auch Gott in Christus euch vergeben hat" (Epheser 4,32). Doch die Erfahrung lehrt, dass das nicht immer einfach ist.

Vergeben bedeutet, dass ich demjenigen, der gegen mich gesündigt hat, keine Schuld mehr anrechne. Das geht weiter, als seine Tat zu dulden oder zu ignorieren, denn dadurch wäre niemand geholfen. Vergebung wirkt befreiend, und zwar für beide: dem, der vergibt, und dem, dem vergeben wird. Jemand hat sogar gesagt: „Die erste Person, die durch Vergebung geheilt wird, ist die Person, die vergibt."

Vergeben bedeutet auch, dass ich jeglichen Groll gegenüber dem Schuldigen aus meinem Herzen entferne und jeden Wunsch nach Rache aufgebe. Vielleicht kann ich die Sache nicht vergessen, aber ich darf sie nie mehr zur Sprache bringen – auch dann nicht, wenn sich die Sünde wiederholt. Davon spricht unser Tagesvers. Dabei hilft es, sich zu bewusst zu machen, dass man selbst auch schon ein „Wiederholungstäter" war, oder etwa nicht?

Fest steht: Wer die Vergebung Gottes erfahren hat, wird auch bereit und fähig sein, anderen von Herzen zu vergeben!

Tägliche Bibellese 1. Könige 21,16-29 · Johannes 14,12-21

Als Petrus anfing zu sinken, schrie er und sprach: Herr, rette mich! Sogleich aber streckte Jesus die Hand aus, ergriff ihn und spricht zu ihm: Kleingläubiger, warum hast du gezweifelt?

Matthäus 14,30.31

Jesus reicht dir die Hand (1)

Zögerst du noch, dein ganzes Vertrauen auf Jesus Christus zu setzen? Dann möchte ich dir helfen, diesen Schritt zu tun!

Zuallererst: Bete zu Jesus! Vielleicht weißt du nicht, wie und was du beten sollst, aber glaube einfach daran, dass Er lebt und dich hört und dir helfen will. Sorge dafür, dass du ungestört bist, um dich ganz auf Ihn zu konzentrieren. Sag Ihm einfach, dass du Ihn brauchst! Du kannst ganz normal zu Ihm reden. Er versteht, was du sagst, Er hört sogar deine Seufzer. Als Petrus anfing zu sinken, sagte er nur drei Worte: „Herr, rette mich!" – und Jesus streckte sofort seine Hand aus und rettete ihn!

Sag Ihm alles mit deinen eigenen Worten, aus tiefstem Herzen. Sei ehrlich und verschweige Ihm nichts. Sag Ihm, dass es Böses in deinem Leben gibt, dass du oft versagst, zweifelst oder Angst hast. Gib offen zu, dass du bis jetzt so gelebt hast, wie es dir gefiel. Bekenne Ihm deine Lügen, deinen Neid, deine bösen Gedanken oder was du sonst noch an Schlechtem getan hast. Und dann bitte Ihn um Vergebung! Er wird dir vergeben, denn dafür starb Er am Kreuz. Er will auch dich erlösen!

Und dann erlaube Ihm, die Herrschaft über dein Leben zu übernehmen und dich zu verändern. Du kannst Ihn bitten, dich von allen schlechten Gewohnheiten und bösen Einflüssen zu befreien.

Die Bibel sagt: „Jeder, der irgend den Namen des Herrn anruft, wird errettet werden" (Apostelgeschichte 2,21). „Anrufen" bedeutet, im Gebet um Hilfe rufen. Bete zu Jesus – und Er wird dich mit seiner mächtigen Hand ergreifen.

(Schluss morgen)

Tägliche Bibellese 1. Könige 22,1-18 · Johannes 14,22-31

19 **Donnerstag**
September

Jesus sagt: Meine Schafe hören meine Stimme, und ich kenne sie, und sie folgen mir; und ich gebe ihnen ewiges Leben, und sie gehen nicht verloren in Ewigkeit, und niemand wird sie aus meiner Hand rauben.

Johannes 10,27.28

Jesus reicht dir die Hand (2)

Wenn Jesus dein Retter ist, wird Er dich nie mehr fallen lassen. Du bist zu Ihm gekommen, indem du zu Ihm gebetet hast. Fahre damit fort und halte ständigen Kontakt mit Ihm! Er ist jetzt dein Herr, und Er freut sich, wenn du Ihn auch so anredest: „Herr Jesus". Und weil Er dein Herr ist, möchte Er, dass du nicht nur zu Ihm betest, sondern auch auf Ihn hörst. Er will dich führen wie ein Hirte seine Schafe. Er meint es gut mit dir!

Du wirst seine Stimme hören, wenn du die Bibel liest. Sie wird deinen Glauben festigen und ihn fördern. Indem du in der Bibel liest, wirst du Mut und inneren Frieden finden. Du wirst glücklich sein, dem guten Hirten zu folgen.

Seinen „Schafen" gibt Er das ewige Leben. Du bist also in Sicherheit: „Niemand wird sie aus meiner Hand rauben." Deine Beziehung zu Ihm ist persönlich und einzigartig, dennoch spricht Jesus von seiner „Herde", also von vielen Schafen, die Ihm gemeinsam folgen. Er möchte, dass du nicht alleine dastehst. Bitte Ihn darum, dass Er dich in Kontakt mit anderen gläubigen Christen bringt! Eine solche Gemeinschaft ist nicht nur hilfreich, sondern notwendig. Man liest gemeinsam in der Bibel, betet und singt zusammen. Unter der Führung des Herrn Jesus und des Heiligen Geistes sind solche Aktivitäten Schutz und Nahrung für die „Herde".

Übrigens sollten deine Mitmenschen erkennen können, dass du jetzt Jesus Christus angehörst. Das geschieht vor allem dadurch, dass du dein Leben so führst, wie es Ihm gefällt, dann aber auch dadurch, dass du dich – wenn noch nicht geschehen – auf seinen Namen taufen lässt.

20 Freitag September

*So lehre uns denn zählen unsere Tage,
damit wir ein weises Herz erlangen!*

Psalm 90,12

Ausflug ins Unglück

Dieser Vers aus Psalm 90,12 ist in einen Gedenkstein eingemeißelt. Er steht auf der Insel Borkum
auf dem Walfängerfriedhof am Fuß des Alten
Leuchtturms und erinnert an ein Unglück im Jahr
1931.

Am 21. September 1931 brachen die Mitglieder
des Borkumer Turnvereins zur Nachbarinsel Juist
auf, um sich dort im Wettkampf zu messen. Sie
turnten und feierten dann bis tief in die Nacht.
Am späten Nachmittag des nächsten Tages traten
sie die Rückfahrt an. Da alle rechtzeitig zu Hause
sein wollten, entschieden sie sich für die kürzere
Route nördlich der Vogelschutzinsel. Diese war
spärlicher gekennzeichnet und veränderte sich

ständig durch Sandbänke, während die längere Alternativroute sicherer war.

Die Strömung brachte das Schiff vom Kurs ab, eine hohe Welle riss weg, was nicht fest angebracht war, eine weitere Welle ließ den Motor ausgehen und riss das Ruder ab. Dann stieß das Boot auf Grund. Beim Niedrigwasser am nächsten Tag erkannten sie, dass die Sandbank, auf der sie gestrandet waren, vollständig von Wasser umschlossen war. Die nächste Flut zerstörte die Jacht. Schließlich schaffte es einer der Schiffbrüchigen schwimmend bis zur Vogelschutzinsel. Er konnte eine Rettungsaktion organisieren – doch für 15 der 19 jungen Männer kam jede Hilfe zu spät.

Es klang so schön: ein Ausflug, ein Wettkampf, eine Abkürzung – und es endete in einer Tragödie. Doch ist das nicht ein Spiegelbild unseres Lebens? Der Gedenkstein redet davon, dass wir daran denken sollten, dass wir einmal sterben müssen. Wir sollten deshalb klug sein und Gott in unser Leben hineinbringen, sollten Ihm den ersten Platz einräumen. Dann werden wir „sicher wohnen und ruhig sein vor des Unglücks Schrecken" (Sprüche 1,33).

Tägliche Bibellese 1. Könige 22,41-54 · Johannes 15,9-17

21 Samstag September

SA 07:07 · SU 19:20
MA 20:31 · MU 11:48

Jesus antwortete: ... Als du unter dem Feigenbaum warst, sah ich dich. Nathanael antwortete ihm: Rabbi, du bist der Sohn Gottes, du bist der König Israels.

Johannes 1,48-49

Die Bäume in der Bibel (3) – der Feigenbaum

Der Feigenbaum wird in der Bibel oft erwähnt. Er symbolisiert Fruchtbarkeit, Schutz und Ruhe. Unter der Herrschaft König Salomos, die geprägt war von Frieden und Gerechtigkeit, lebte jedermann in Sicherheit unter seinem Feigenbaum. Die gleiche Situation wird für die Zeit unter der Herrschaft Christi angekündigt (Micha 4,4).

Wie gelangen wir heute in unserer unruhigen Zeit zu dieser Ruhe „unter dem Feigenbaum"? „Durch Umkehr und durch Ruhe würdet ihr gerettet werden; im Stillsein und im Vertrauen würde eure Stärke sein" (Jesaja 30,15). Das bedeutet: Nur durch eine innere Umkehr zu Gott und das

Vertrauen auf Jesus bekommen wir echte Ruhe, nach der wir uns vielleicht schon lange sehnen.

Auch im Neuen Testament begegnet uns der Feigenbaum (s. Tagesvers). Offenbar hielt Nathanael sich regelmäßig unter einem bestimmten Feigenbaum auf, diesem Ort der Besinnung, der Erwartung und Hoffnung für ihn und für sein Volk. Vielleicht dachte er hier darüber nach, wie es um den Messias stand, den Gott für sein Volk angekündigt hatte. Was für eine Überraschung, als Jesus zu ihm sagte: „Ich sah dich", wo Nathanael Jesus doch gar nicht kannte! Als er diese Worte hörte, erkannte er augenblicklich: Jesus ist der Messias, ja, der Sohn Gottes!

Männer wie Nathanael erwarteten den Messias, obwohl das Land zur Zeit Jesu unter römischer Besatzung stand und Rettung nicht in Sicht war. So dürfen auch die Gläubigen heute an ihren Retter Jesus Christus denken und fest darauf vertrauen, was Er seinen Jüngern zugesagt hat: „Ich komme wieder und werde euch zu mir nehmen, damit, wo ich bin, auch ihr seiet." „Denn wir, die wir geglaubt haben, gehen in die Ruhe ein" (Johannes 14,3; Hebräer 4,3).

(Fortsetzung am nächsten Samstag)

Tägliche Bibellese 2. Könige 1,1-10 · Johannes 15,18-27

Und als Jesus aus dem Gebiet von Tyrus und Sidon wieder weggegangen war, kam er an den See von Galiläa, mitten durch das Gebiet der Dekapolis. Und sie bringen einen Tauben zu ihm, der auch schwer redete, und bitten ihn, dass er ihm die Hand auflege.

Markus 7,31.32

Gedanken zum Markus-Evangelium

Nach seiner Rückkehr aus dem Gebiet von Tyrus und Sidon kommt Jesus auf die Ostseite des Sees Genezareth („See von Galiläa") und damit wieder in das Zehn-Städte-Gebiet („Dekapolis"), das stark von heidnisch-griechischer Kultur geprägt ist. Hier hat Er kurz zuvor einen Menschen von seiner Besessenheit geheilt. Aber anstatt dass die Mitmenschen sich freuen, haben sie den Herrn gebeten, ihre Gegend zu verlassen (Kap. 5,17). Er ist unerwünscht, und deshalb ist Er fortgegangen. Bis heute will Jesus Christus Menschen von ihrer

Verlorenheit retten. Er drängt sich niemand auf, und doch kann es sein, dass Er zu gegebener Zeit wieder „anklopft". Denn zwischenzeitlich kann sich ihre Haltung Ihm gegenüber geändert haben – wie hier, wo einige für sein Wirken empfänglich sind und Ihm einen Gehörlosen bringen. Möglicherweise hat das glaubhafte Zeugnis des ehemals Besessenen zum Umdenken beigetragen (vgl. Kap. 5,20). Denn Gott benutzt gern seine Erlösten, um andere auf den „Heiland der Welt" aufmerksam zu machen (Johannes 4,42).

Wie bei den anderen Krankheiten und Behinderungen, die uns in diesem Evangelium bereits begegnet sind, dürfen wir die Gehörlosigkeit auch bildlich deuten: Sie illustriert die Unfähigkeit, Gottes Wort zu verstehen.

Der Gehörlose damals kann vermutlich nichts für seine Behinderung. Wer dagegen Gottes Wort hört oder liest und es nicht aufnimmt, ist selbst dafür verantwortlich. Es ergeht ihm wie dem Gehörlosen, der „auch schwer redet". Denn wer sich dem Wort Gottes verschließt, wird kaum ein Gebet über die Lippen bringen und erst recht keine segnenden Worte finden. Wie wichtig deshalb für „Gehörlose", dass sie sich „heilen" lassen.

23 **Montag**
September

SA 07:10 · SU 19:15
MA 21:39 · MU 14:41

Alles, was zuvor geschrieben worden ist, ist zu unserer Belehrung geschrieben, damit wir durch das Ausharren und durch die Ermunterung der Schriften die Hoffnung haben.

Römer 15,4

Die Ermunterung der Schriften

Das Alte Testament berichtet über glaubende Menschen, die in einer ganz anderen Zeit lebten als wir. Aus ihrer Geschichte können wir nicht alles eins zu eins auf uns übertragen. Aber viele Verheißungen, die Gott ihnen damals gab, sind zeitlos gültig. Sie stehen in seinem ewigen Wort, um auch die Gläubigen heute zu ermuntern:

„Siehe, ich bin mit dir, und ich will dich behüten überall, wohin du gehst" (1. Mose 28,15).

„Der HERR, dein Gott, er ist es, der mit dir geht; er wird dich nicht versäumen und dich nicht verlassen" (5. Mose 31,6).

„Die Augen des HERRN durchlaufen die ganze Erde, um sich mächtig zu erweisen an denen, deren Herz ungeteilt auf ihn gerichtet ist" (2. Chronika 16,9).

„Nahe ist der HERR denen, die zerbrochenen Herzens sind, und die zerschlagenen Geistes sind, rettet er" (Psalm 34,19).

„So hoch die Himmel über der Erde sind, ist gewaltig seine Güte über denen, die ihn fürchten" (Psalm 103,11).

„Er gibt dem Müden Kraft, und dem Unvermögenden reicht er Stärke dar in Fülle" (Jesaja 40,29).

„Ja, mit ewiger Liebe habe ich dich geliebt; darum habe ich dir fortdauern lassen meine Güte" (Jeremia 31,3).

„Denn die Berge mögen weichen und die Hügel wanken, aber meine Güte wird nicht von dir weichen und mein Friedensbund nicht wanken, spricht der HERR, dein Erbarmer" (Jesaja 54,10).

24 Dienstag September

SA 07:12 · SU 19:13
MA 22:32 · MU 15:51

Dies habe ich euch geschrieben, damit ihr wisst, dass ihr ewiges Leben habt, die ihr glaubt an den Namen des Sohnes Gottes

1. Johannes 5,13

Wie ich Frieden fand (1)

Schon längere Zeit hatte ich hin und wieder christliche Schriften erhalten und auch gern hineingeschaut. Immer wieder las ich darin, dass alle, die an Jesus Christus glauben, das ewige Leben empfangen. Ich selbst hatte mich seit meiner Kindheit bemüht, ein gutes Leben zu führen, und meinte daher, mit mir sei eigentlich schon alles in Ordnung.

Auch von Bekehrungserlebnissen las ich und von Fragen wie: „Haben Sie die Gewissheit, dass Ihre Sünden vergeben sind?", oder: „Sind Sie in Sicherheit vor dem kommenden Gericht?"

Bei solchen Themen dachte ich dann immer: „Das können wir doch gar nicht wissen, solange wir noch auf der Erde sind." Mit der Zeit aber wurde mir immer deutlicher, dass es wirklich nur zwei Wege gibt, auf denen die Menschen der Ewigkeit entgegengehen. Und da stand ich vor der Frage: „Auf welchem dieser beiden Wege befindest du dich?"

Dieser Frage konnte ich nicht ausweichen. Ich konnte ihre Beantwortung nicht einfach vor mir herschieben oder ins Jenseits verlagern. Ich musste mir Klarheit verschaffen. Deshalb griff ich zur Bibel; und bald erkannte ich, dass ich ein Sünder war, der Gottes Strafe verdient hatte.

Mein Gewissen ließ mir keine Ruhe, und ich versuchte, mich zu bessern und allem Bösen aus dem Weg zu gehen. Aber dadurch fühlte ich mich keineswegs wohler. Durch das Lesen in der Bibel und durch manche Predigten, die ich hörte, kamen mir meine Sünden nur noch deutlicher zu Bewusstsein.

(Schluss morgen)

Tägliche Bibellese 2. Könige 2,15-25 · Johannes 16,25-33

25

Als ihr von uns das Wort der Kunde von Gott empfingt, nahmt ihr es nicht als Menschenwort auf, sondern, wie es wahrhaftig ist, als Gottes Wort, das auch in euch, den Glaubenden, wirkt.

1. Thessalonicher 2,13

Wie ich Frieden fand (2)

Mir war klar geworden, dass ich ein Sünder war. Aber das Lesen der Bibel, das Hören von Predigten und der ernsthafte Versuch, mich zu bessern, machten mich nur noch unglücklicher.

Da fand ich in einer christlichen Schrift folgenden Hinweis: „Nimm das Wort Gottes einfach so auf, wie es dasteht." Ich erinnerte mich an die Einladung Jesu: „Kommt her zu mir, alle ihr Mühseligen und Beladenen, und ich werde euch Ruhe geben" (Matthäus 11,28). Da ging ich auf meine Knie und betete zu Ihm: „Auch ich bin ein Mühseliger! Erbarme Dich über mich!"

Während ich betete und dem Herrn meine Schuld und meine Herzensnot sagte, wurde ich durch den Geist Gottes an das Wort erinnert: „Das Blut Jesu Christi, des Sohnes Gottes, reinigt uns von aller Sünde" (1. Johannes 1,7).

Dieses Wort sog ich gleichsam in mich auf als eine Botschaft Gottes für mich und meine Situation. Ich glaubte diesem Wort; und da zog der Frieden in mein Herz ein, den ich so lange vergeblich gesucht hatte. Jetzt wurde mir auch das Wort des Herrn wertvoll, an dem ich vorher achtlos vorübergegangen war: „Wahrlich, wahrlich, ich sage euch: Wer an mich glaubt, hat ewiges Leben" (Johannes 6,47).

Welche Gewissheit und Freude geben mir nun die Zusagen Gottes in der Bibel! Darauf stütze ich mich. Gottes Wort ist jetzt die tägliche Speise für meinen inneren Menschen und meine Freude; es ist mein Licht auf dem Weg, der zur ewigen Herrlichkeit führt.

(Schluss)

26

Donnerstag
September

Wenn unser Herz uns verurteilt – Gott ist größer als unser Herz und kennt alles.

1. Johannes 3,20

Herr, nimm mich so, wie ich bin

Der finnische Rallyefahrer Ari Vatanen ist in seiner 28-jährigen Motorsportkarriere mit 65 Erfolgen eine der angesehensten und erfolgreichsten „Figuren" seines Sports. Im Jahr 1985 erlitt er bei einer Rallye in Argentinien einen schweren Unfall und fiel 18 Monate lang aus. Hören wir ihn selbst:

„Jeder von uns erlebt nicht nur Erfolge, sondern auch Rückschläge – und gerade diese sind zu unserem größten Nutzen. Im ersten Moment empört man sich vielleicht, stellt Fragen, aber am Ende, manchmal Jahre später, wird einem alles klar. Man erkennt, dass Gott alles unter Kontrolle hat. Auch wenn man nicht alles erklären kann, sieht man, dass letztendlich alles zu unserem Besten ist.

Der Unfall im Jahr 1985 und die 18 Monate, in denen ich nicht arbeiten konnte, waren sehr hart. Als ich anfing, mich zu erholen, fiel ich in eine tiefe Depression. Aber ich glaube, dass mich diese Zeit verständnisvoller gemacht hat. Meine Sichtweise auf die Dinge ist umfassender geworden.

Im christlichen Leben geht es nicht um Emotionen und auch nicht um Regeln. Es geht um das, was vor 2000 Jahren auf Golgatha geschah: Man muss an den Tod und die Auferstehung von Jesus Christus glauben. Was mich dabei immer wieder in Staunen versetzt, ist die Tatsache, dass Gott uns so annimmt, wie wir sind. Wie konnte Jesus für uns sterben?! Wir sind von Grund auf verdorben, aber trotzdem – oder gerade deswegen – ist Er da und wartet auf uns. Er allein ist heilig. Selbst wenn wir in Sünde fallen, können wir uns wieder an Gott wenden und sagen: ‚Herr, vergib mir, nimm mich so, wie ich bin' – und Er tut es, egal, was wir getan haben mögen."

Grad wie ich bin, nimmst Du mich an.
Die Sündenschuld ist abgetan,
weil ich auf Dein Wort trauen kann.
O Gottes Lamm, ich komm, ich komm!

Charlotte Elliott (1789–1871)

Tägliche Bibellese 2. Könige 3,16-27 · Johannes 17,9-19

27 Freitag September

SA 07:17 · SU 19:06
MA 00:53 · MU 17:44

Jesus sagt: Kommt her zu mir, alle ihr Mühseligen und Beladenen, und ich werde euch Ruhe geben.

Matthäus 11,28

In der Welt habt ihr Bedrängnis; aber seid guten Mutes, ich habe die Welt überwunden.

Johannes 16,33

Burn-out – die Jahrhundertkrankheit

Diese Überschrift stand neulich über einem Zeitungsartikel. Das Burn-out-Syndrom – die totale seelische Erschöpfung – ist zu einer Volkskrankheit geworden. Das ist eindeutig ein Ergebnis unseres hektischen modernen Lebens, eine Folge unseres Alltagsstresses und der vielen Probleme, die uns zu schaffen machen.

Jesus hatte einmal seine Jünger ausgesendet, um das Evangelium zu verbreiten. Obwohl sie diese Aufgabe freudig erfüllten, waren sie am Ende doch ziemlich erschöpft. Und als sie dann zu Jesus zurückkehrten, ging es sofort weiter: Zahlreiche Menschen umringten ihren Herrn und brauchten Hilfe. Doch Jesus, der selbst nicht aus der Ruhe zu bringen war, sah, wie gestresst seine Jünger waren. Er wusste, dass sie nun auch einmal abschalten mussten, und sagte liebevoll: „Kommt ihr selbst her an einen öden Ort für euch allein und ruht ein wenig aus. Denn es waren viele, die kamen und gingen, und sie fanden nicht einmal Zeit, um zu essen" (Markus 6,31).

Leidest du ebenfalls unter der Hektik des Lebens? Bist du nervlich und psychisch am Ende? Dann komm zu Jesus! Sag Ihm, was dich belastet und deprimiert. Als Er am Kreuz starb, hat Er dafür gesorgt, dass jedem Menschen die Last seiner Sünden abgenommen werden kann. Du musst Ihm diese Last nur bringen! Und wenn du es getan hast, ist Er weiter für dich da. Das Bewusstsein seiner Nähe wird dich ruhig machen und dir neue Kraft geben.

28 Samstag September

SA 07:18 · SU 19:04
MA 02:09 · MU 18:02

Das Wort des HERRN erging an mich, indem er sprach: Was siehst du, Jeremia? Und ich sprach: Ich sehe einen Mandelstab. Und der HERR sprach zu mir: Du hast recht gesehen; denn ich werde über mein Wort wachen, es auszuführen.

Jeremia 1,11.12

Die Bäume in der Bibel (4) – der Mandelbaum

In den Ländern rund um das Mittelmeer blühen die Mandelbäume manchmal schon im Januar. Innerhalb weniger Tage sind ihre nackten Zweige über und über mit Blüten bedeckt. Während wir uns zu dieser Zeit in Mitteleuropa noch im Winter befinden, ist diese makellose Blüte ein Vorgeschmack auf den Frühling.

Das hebräische Wort für Mandelbaum ist „der wachende Baum". Gott verwendet dieses Bild des Mandelbaums, um den jungen Propheten Jeremia zu ermutigen und ihm zu verkünden, dass sein Wort sich erfüllen wird.

Wie die Blüte des Mandelbaums, so empfindlich mitten im Winter, so mögen Gottes Zusagen in einer harten und kalten Welt unsicher erscheinen. Und doch werden sie sich alle erfüllen, weil Gott treu zu seinem Wort steht. Wer auf Gott und sein Wort vertraut, kommt manchen ungläubigen Menschen verrückt vor. Aber wer eine Überzeugung von den Dingen hat, die man nicht sieht, die aber dennoch real sind, lässt sich durch Häme nicht irritieren.

Ist Ihr Leben kalt und trostlos wie ein Wintertag? Sagen Sie Gott, dass Sie Ihn brauchen. Er hat Sie schon geliebt, als Er seinen einzigen Sohn hingab, um Sie zu retten. Für den, der sich Ihm anvertraut, erfüllen sich die göttlichen Zusagen: „Das Alte ist vergangen, siehe, Neues ist geworden." Frieden, Freude und die göttliche Liebe werden in das Herz des Gläubigen gegossen und sprießen in seinem Leben auf wie die Blüten des Mandelbaums (2. Korinther 5,17; Römer 5,5).

„Die gepflanzt sind im Haus des HERRN, werden blühen in den Vorhöfen unseres Gottes" (Psalm 92,14).

(Fortsetzung am nächsten Samstag)

Tägliche Bibellese 2. Könige 4,17–31 · Johannes 18,1–11

29

Sonntag
September

Und Jesus nahm den Tauben von der Volksmenge weg für sich allein und legte seine Finger in seine Ohren; und er spie und rührte seine Zunge an; und zum Himmel aufblickend, seufzte er und spricht zu ihm: Ephata!, das ist: Werde aufgetan!

Markus 7,33.34

Gedanken zum Markus-Evangelium

Als Jesus die Gegend von Tyrus und Sidon verlässt, wird ein Gehörloser zu Ihm gebracht. Offensichtlich haben die Menschen außerhalb von Israel großes Vertrauen zum Herrn gewonnen, jedenfalls teilweise. Sie wissen, dass Er heilen kann, und haben sogar eine konkrete Vorstellung, wie das geschehen kann: Jesus soll dem Gehörlosen die Hände auflegen (Vers 32).

Doch der Herr braucht keine Handlungsanweisung. Er weiß immer genau, was Er tun will (vgl. Johannes 6,6). Einige Kranke sind gesund geworden, ohne dass der Herr ein Wort gesprochen oder seine Hände bewegt hat. Doch im Fall des Gehörlosen sind es insgesamt sieben Schritte, die zu seiner Heilung führen. Das könnte bedeuten, dass der Herr besonders Anteil an dem Leid der Menschen nimmt.

Als Erstes nimmt Jesus den Gehörlosen beiseite; Er will mit ihm allein sein, nimmt sich Zeit für ihn. Hinzu kommt, dass der Sohn Gottes in seinem Leben auf der Erde nie nach Aufmerksamkeit und Ruhm gestrebt hat. Wie anders zeigen wir Menschen uns oft, wenn wir besondere Fähigkeiten haben.

Dann legt der Herr seine Finger in die Ohren des Gehörlosen. Dort liegt das Problem – im übertragenen Sinn bis heute: Die Menschen hören nicht auf Gottes Stimme. Schon im Garten Eden ist Adam ungehorsam gewesen und hat nicht auf das Gebot Gottes „gehört".

So wie der Sohn Gottes damals einem Gehörlosen die Ohren zum buchstäblichen Hören öffnete, so wirkt Er bis heute, damit sich Herzen „zum Glaubensgehorsam" öffnen (Römer 1,5; 16,26).

Tägliche Bibellese 2. Könige 4,32-44 · Johannes 18,12-18

30 Montag
September

Ein großer Gott ist der HERR. Psalm 95,3

Gott, dein Weg ist im Heiligtum!
Wer ist ein großer Gott wie Gott? Psalm 77,14

Unser Gott ist groß!

Die Erhabenheit Gottes ist unfassbar für uns. Anhand von drei Merkmalen können wir seine Größe ein wenig erahnen:

1. Unser Gott ist allmächtig. Ein Blick in die Schöpfung lässt uns „seine ewige Kraft als auch seine Göttlichkeit" erkennen (Römer 1,20). Wer hat nicht schon staunend vor der Weite des rauschenden Meeres gestanden oder die stille Majestät der gewaltigen Bergwelt bewundert? Wer hat nicht schon zum Sternenhimmel aufgeschaut und dabei empfunden, wie klein wir Menschen sind? Doch derjenige, der „die

Zahl der Sterne zählt, sie alle mit Namen nennt", ist derselbe, „der da heilt, die zerbrochenen Herzens sind, und ihre Wunden verbindet" (Psalm 147,3.4). So steht Gott in seiner Allmacht dir und mir zur Verfügung und erweist sich zugleich als der barmherzige Gott.

2. Unser Gott ist allgegenwärtig. Es gibt keinen Ort im Universum, wo der große Gott nicht wäre. Als Adam versuchte, sich vor Gott zu verstecken, und der Prophet Jona sich einbildete, vor Gott weglaufen zu können, irrten sie gewaltig (1. Mose 3,8; Jona 1,10). Gott war da und sprach sie an. „Er ist nicht fern von einem jeden von uns", damit wir Ihn suchen, spüren und finden (Apostelgeschichte 17,27).

3. Unser Gott ist allwissend. Seinem vollkommenen Wissen entgeht nichts. Ihm ist alles bekannt, was auf der Erde vor sich geht. Er wird von keiner Entwicklung im Weltgeschehen überrascht. Gott kennt auch dein und mein Leben. Er weiß um jede Sorge und hört jeden Seufzer. Auch über unsere Zukunft ist Er bestens im Bild. Ist das nicht ein großer Trost?

Tägliche Bibellese 2. Könige 5,1-14 · Johannes 18,19-27

1 Dienstag
Oktober

SA 07:23 · SU 18:57
MA 05:45 · MU 18:37

Das Unsichtbare von ihm wird geschaut, sowohl seine ewige Kraft als auch seine Göttlichkeit, die von Erschaffung der Welt an in dem Gemachten wahrgenommen werden –, damit sie ohne Entschuldigung seien.

Römer 1,20

Wunderwerk Insektenhirn

Bisher waren sie nur für sehr einfache Wurmarten verfügbar und bekannt: Konnektome (Schaltpläne) des Gehirns. Einem Forschungsteam gelang es erstmalig, das Gehirn einer sechs Tage alten Taufliege, *Drosophila malanogaster*, genau zu kartieren. Das war eine Herkulesaufgabe, denn Drosophilas Gehirn besteht aus 3016 Neuronen und 548.000 Synapsen, die in einem Gehirn kleiner als ein Mohnsamen untergebracht sind und Drosophila zu recht komplizierten Aktionen befähigen: Sie kann lernen, findet ihren Weg, kann

Gerüche wahrnehmen und verarbeiten sowie Gefahren abschätzen.

Eine unglaublich komplexe Miniwunderwelt aus Nervenzellen und ihren unzähligen Verschaltungen tat sich den Forschern beim Kartieren auf. Sie erhofften sich durch diese Karte näheren Aufschluss darüber, wie Informationen im Gehirn verarbeitet und in Aktionen umgesetzt werden.

Die Forscher entdeckten, dass die Neurone in ihren Schleifenverbindungen künstlichen neuronalen Netzen ähneln, die im Bereich der Künstlichen Intelligenz zum Einsatz kommen.

„Es ist interessant, dass sich die Informatik dem annähert, was die Evolution entdeckt hat", sagt einer der Forscher.

Wirklich? Die Evolution kann etwas entdecken? Das zu glauben, erfordert bedeutend mehr Glauben, als an einen Schöpfer zu glauben, der sich überall im Geschaffenen so deutlich zeigt – sogar im winzigen Gehirn einer sechs Tage alten Taufliege.

Wer angesichts dieser Phänomene, worin Gott klar zu erkennen ist, dessen Existenz leugnet, den bezeichnet Gott als töricht bzw. als Tor (vgl. Psalm 14,1).

2 Mittwoch
Oktober

Mein Fels und meine Burg bist du;
und um deines Namens willen führe mich
und leite mich.

Psalm 31,4

Continental-Flug 1713

Es ist fast 40 Jahre her. Denver, USA, Stapelton International Airport im November 1987: Eine Douglas DC-9 der Continental Airlines verunglückt beim Starten. 28 Menschen sterben.

Die nationale Sicherheitsbehörde, die NTSB, untersucht den rätselhaften Fall. Warum kam die Maschine nicht in die Luft, sondern kippte zur Seite weg und krachte schließlich auf die Piste zurück und zerbrach?

Wie ein Puzzle fügen die Beamten der NTSB zusammen, was geschah. Was sie entdecken, ist beunruhigend: Es gab Missverständnisse zwischen einem überforderten Fluglotsen und einem unerfahrenen Piloten, der eine wichtige Meldung nicht weitergab. Dadurch verzögerte sich der Start – die DC-9 stand zu lange auf dem Rollfeld. Fatal bei den winterlichen Niederschlägen, denn Eis auf den Tragflächen beeinträchtigt das Flugverhalten. Beim Start überzog dann der junge Pilot den Schubhebel, so dass der Startwinkel viel zu steil ausfiel. Die Folge war der gefürchtete Strömungsabriss. Die Maschine knallte zurück auf die Startbahn, überschlug sich und zerbrach.

Die Frage eines Berichterstatters damals lässt aufhorchen: „Welchem Piloten vertrauen wir uns an?" – Diese Entscheidung muss jeder Mensch auch für seine Lebensreise treffen. Wer hält das Steuer in der Hand: Mehrheitsmeinungen, Ideologien, eigene Überzeugungen? Spätestens in den Schlechtwetterlagen des Lebens braucht jeder einen fähigen Piloten, der auch im Sturm sicher starten und landen kann, der die Orientierung und die Kontrolle behält. Die Bibel und ihr Verfasser, der ewige Gott, wollen sicher durchs Leben ins ewige Leben leiten.

Tägliche Bibellese 2. Könige 6,1-17 · Johannes 18,33-40

3

Donnerstag
Oktober
Tag der dt. Einheit

SA 07:26 · SU 18:53
MA 08:03 · MU 18:58

Jesus spricht: In dem Haus meines Vaters sind viele Wohnungen ... Wenn ich hingehe und euch eine Stätte bereite, so komme ich wieder und werde euch zu mir nehmen, damit, wo ich bin, auch ihr seiet.

Johannes 14,2.3

„Ich will in den Himmel kommen ...

... und ich will möglichst viele mitbringen. Denn das ist das Höchste und Schönste, was es gibt: dass einer die lebendige Hoffnung hat. In der Bibel steht: Lehre uns bedenken, dass wir sterben müssen, damit wir klug werden", sagte Pastor Uwe Holmer vor einigen Jahren in einem Interview. Holmer wurde bekannt, als er vom 30. Januar bis 3. April 1990 Margot und Erich Honecker in seinem Haus Asyl gewährte. Damals befürchtete man, dass wütende DDR-Bürger das Leben der Honeckers bedrohten. Und tatsächlich wurde das Haus des Pfarrers von Einwohnern und Journalisten umlagert. Im eigenen Freundeskreis stießen die Holmers auf Unverständnis und waren für ihre Tat der Nächstenliebe Anfeindungen ausgesetzt.

Im erwähnten Interview erzählte Holmer auch, wie er als Kind zum ersten Mal der christlichen Hoffnung begegnete:

„Ich bin eigentlich froh, dass ich in einem ganz einfachen Elternhaus aufgewachsen bin. Mein Vater war Buchhalter und meine Mutter war zu Hause und hat uns fünf Kinder erzogen. Ich als Ältester musste natürlich mit ran. Meine Mutter wusch das Geschirr ab und ich musste abtrocknen. Und so standen wir in der Küche, als ich zu meiner Mutter sagte: ‚Mutti, draußen am Hof liegt eine tote Katze.‘ – ‚Ja‘, sagte meine Mutter, ‚Katzen sterben alle mal. Alle Tiere.‘ – ‚Und wir Menschen?‘, fragte ich. ‚Wir Menschen auch. Du auch.‘ Da war ich erschrocken. Da sagte meine Mutter zu mir: ‚Du brauchst aber keine Angst zu haben. Wenn wir dem Herrn Jesus angehören, dann bringt Er uns durch den Tod in den Himmel. Und dort ist es viel schöner als hier.‘"

Besitzen Sie diese lebendige Hoffnung durch den Glauben an Jesus Christus?

Tägliche Bibellese 2. Könige 6,18-33 · Johannes 19,1-6

4 Freitag
Oktober

Ich freue mich über dein Wort wie einer, der große Beute findet.

Psalm 119,162

Die Wende in meinem Leben

Alex erzählt:

Ich hatte die Absicht, mein Leben auf gesellschaftlichen und materiellen Erfolg aufzubauen. Als aktiver, begabter Mensch konnte ich problemlos mehrere Projekte gleichzeitig verfolgen. Trotzdem war ich unzufrieden und unglücklich. Ich versuchte, dieses Gefühl der Leere mit allen möglichen Genüssen und Vergnügungen zu verdrängen. Doch die erhoffte Erfüllung blieb aus. Verbittert erkannte ich, dass mein Leben nach und nach zu einem heillosen Schlamassel verkommen war. Der Tod schien mir der einzige Ausweg.

Da griff ich zur Bibel, die ich bisher nicht gelesen hatte. Erstaunt stellte ich fest, wie der lebendige Gott durch dieses Buch zu mir sprach. Ich begann beim Schöpfungsbericht und lernte, dass Gott jeden Menschen liebt. Ich erkannte den Sinn des Lebens, das Schicksal der Gottlosen und die Bedeutung des Erlösungswerks von Jesus Christus. Mir wurde klar, dass nur Gott meinem Leben Sinn und Tiefe geben kann.

Als ich erfasste, dass der Sohn Gottes auf die Erde gekommen war, um für mich persönlich am Kreuz zu sterben, übergab ich Ihm mein Leben. Da erlebte ich eine radikale Veränderung: Ich wurde frei von meinen zerstörerischen Leidenschaften, weil der Herr Jesus nun die Leitung in meinem Leben übernommen hatte.

Ich habe es persönlich erfahren: „Jesus Christus ist derselbe gestern und heute und in Ewigkeit" (Hebräer 13,8).

Jesus Christus ist derselbe,
der da starb auf Golgatha,
der sich bis zum Tod erniedrigt
an dem Holz des Fluches da.
Mit derselben heil'gen Liebe
liebt Er heut noch dich und mich.
Jesus Christus ist derselbe,
gestern, heut und ewiglich.

(Dichter unbekannt)

Tägliche Bibellese 2. Könige 7,1-20 · Johannes 19,7-16

Der Gerechte wird sprossen wie die Palme,
wie eine Zeder auf dem Libanon wird er
emporwachsen. ... Noch im Greisenalter sind
sie stark, sind saftvoll und grün.

Psalm 92,13.15

Die Bäume in der Bibel (5) – die Palme

Das Besondere an der Palme sind ihre zahlreichen, in Bündeln zusammengefassten Wurzeln, die das Wasser in der Tiefe sammeln und den gesamten Baum versorgen. Die Palme erinnert an einen gläubigen Menschen, der sozusagen aus dem Wort Gottes trinkt und so sein Leben lang Frucht für Ihn bringt – selbst in Zeiten von Not und Anfechtungen (Psalm 1).

In der Wüste findet man Palmen an Stellen, wo es Wasser gibt. Ihr Anblick signalisiert dem Reisenden, dass er hier seinen Durst stillen kann. Ebenso sollte das Leben eines Christen für andere sein, die Halt und Orientierung suchen: ein

Wegweiser zum Wasser des Lebens, das man durch den Glauben an Jesus Christus empfängt.

In der Bibel werden Palmen auch mit Freude und Sieg in Verbindung gebracht. Anlässlich eines seiner jährlichen Feste war das jüdische Volk aufgerufen, Hütten aus Palmzweigen zu bauen und sich freudig an ihre Wanderung durch die Wüste zu erinnern (3. Mose 23,39-43). – Es ist ein Grund zur Freude, wenn wir zurückblicken und in unserer Vergangenheit Spuren der Güte Gottes entdecken.

Aber auch die Vorfreude ist etwas Wunderbares. Es ist die Freude der Hoffnung. Als die jubelnde Menge Jesus beim Einzug in Jerusalem begrüßte, tat sie es mit freudigen Rufen und mit Palmzweigen (Johannes 12,13).

Wenn uns demnächst eine Palme ins Auge fällt, wollen wir uns an die Güte Gottes in der *Vergangenheit* erinnern, dass seine Worte uns in der *Gegenwart* wohltun und dass wir die Aussicht haben auf die herrliche Wiederkunft Jesu in der *Zukunft,* wenn alle, die in Gott verwurzelt sind, sich ewig freuen werden.

(Fortsetzung am nächsten Samstag)

Tägliche Bibellese 2. Könige 8,1-15 · Johannes 19,17-24

6 Sonntag Oktober

SA 07:31 · SU 18:46
MA 11:39 · MU 19:43

Und Jesus ... legte seine Finger in seine Ohren; und er spie und rührte seine Zunge an; und zum Himmel aufblickend, seufzte er und spricht zu ihm: Ephata!, das ist: Werde aufgetan! Und sogleich wurden seine Ohren aufgetan, und das Band seiner Zunge wurde gelöst, und er redete richtig. Und Jesus gebot ihnen, dass sie es niemand sagen sollten. Je mehr er es ihnen aber gebot, desto mehr machten sie es übermäßig kund; und sie waren überaus erstaunt und sprachen: Er hat alles wohlgemacht; er macht sowohl die Tauben hören als auch die Stummen reden.

Markus 7,33-37

Gedanken zum Markus-Evangelium

In sieben Schritten heilt Jesus einen Gehörlosen, der zu ihm gebracht wird. Nachdem Er ihn beiseitegenommen hat, legt Er ihm die Finger in die Ohren – gewissermaßen auf die wunde Stelle. Jetzt benutzt der Herr seinen Speichel, der seine innere Kraft symbolisiert, und rührt die Zunge des Gehörlosen an. Auch diese ist in Mitleidenschaft gezogen, denn ein Gehörloser ist meist nicht in der Lage, richtig zu sprechen.

Es berührt uns, wenn wir weiter lesen, dass Jesus seufzt. Wie sehr nimmt Er Anteil am Elend der Menschen! Er – der vollkommen Sündlose – leidet, wenn Er die Folgen der Sünde sieht, die die Menschen letztlich ins Grab bringen (vgl. Römer 6,23).

Seufzen – das kennen wir gewiss auch: Auf diese Weise drücken wir unseren Kummer aus, der uns überwältigen will. Doch machen wir es wie Jesus: Richten wir dabei unseren Blick zum Himmel. Denn wenn wir Hilfe erwarten, dann von oben – „von dem HERRN, der Himmel und Erde gemacht hat" (Psalm 121,2).

Der Mensch Jesus Christus, der tiefes Mitleid empfindet, ist zugleich der Sohn Gottes, dem alle Macht gegeben ist. *Ein* Wort genügt: „Ephata! – Werde aufgetan!" Schon sind Ohren und Zunge heil. Die Menschen damals sind überaus erstaunt. Und wir? Wer unvoreingenommen Jesus, den Herrn, in der Bibel betrachtet, wird von Ihm angezogen und wird Ihn bald von Angesicht zu Angesicht bewundern.

Tägliche Bibellese 2. Könige 8,16-29 · Johannes 19,25-30

7 **Montag** Oktober

Wenn ihr dies wisst, glückselig seid ihr, wenn ihr es tut.

Johannes 13,17

Deine Lösung gefällt uns nicht!

Ein Missionar erzählt, dass er bei seinen Fahrten in Afrika oft mit den Einheimischen in den Dörfern ins Gespräch kommt. Meistens sind es die Männer, vor allem die älteren Männer, die zusammensitzen, um die „wichtigen" Dinge des Lebens zu besprechen. So vertrödeln sie ihren Tag, während ihre Frauen, Schwestern und Mütter auf den Feldern arbeiten.

Einmal beschwert sich eine Gruppe Männer bei ihm: „Missionar, wir haben ein Problem. Unsere Frauen tun nicht das, was wir wollen." – Er fragt sie, ob sie wüssten, was Gott zu Adam sagte, als Er ihn aus dem Paradies vertreiben ließ. Und dann liest er es ihnen vor: „Der Erdboden sei verflucht um deinetwillen: Mit Mühsal sollst du davon essen alle Tage deines Lebens; und Dornen und Disteln wird er dir sprossen lassen, und du wirst das Kraut des Feldes essen. Im Schweiß deines Angesichts wirst du dein Brot essen" (1. Mose 3,17-19).

Der Missionar erklärt ihnen: „Ihr Männer gehorcht Gott nicht, denn ihr arbeitet nicht. Deshalb müsst ihr euch nicht wundern, dass ihr dieses Problem habt. Fangt an, Gott zu gehorchen – dann wird Er euch auch dabei helfen, euer Problem zu lösen." Die Männer beraten sich kurz, dann lassen sie ihm sagen: „Missionar, geh wieder nach Hause. Deine Lösung gefällt uns nicht!"

Was für eine moderne Antwort: „Deine Lösung gefällt uns nicht"! Auch heute kennen viele, oft auch gläubige Menschen, Gottes Gedanken zu Arbeit und Familie, zu Sexualität und Ehe, zu Menschenwürde und Eigentum. Doch sie ignorieren sie, lehnen sie ab, widersprechen ihnen und wundern sich, dass der von ihnen beschrittene Weg so viele Probleme mit sich bringt. Dabei hat Gott nur auf dem Weg des Gehorsams seinen Segen verheißen – für jeden persönlich, für Ehen und Familien und letztlich auch für das Leben in der Gesellschaft.

Tägliche Bibellese 2. Könige 9,1-16 · Johannes 19,31-42

8 Dienstag
Oktober

Jesus sprach zu ihm: Wahrlich, ich sage dir: Heute wirst du mit mir im Paradies sein.

Lukas 23,43

Errettet in letzter Stunde

Was soll man von einer Bekehrung in der letzten Stunde halten? Die Bibel berichtet nur von einem einzigen Beispiel einer solchen Bekehrung: ein einziges Beispiel, um zu zeigen, dass es möglich ist; aber auch nur ein einziges, denn eine Bekehrung sozusagen auf dem Sterbebett ist sehr selten und darf für niemand als Ausrede dienen, die Entscheidung bis zu diesem Zeitpunkt hinauszuschieben.

Das besagte Beispiel ist die Bekehrung des einen der beiden Räuber, die mit Jesus gekreuzigt wurden. Anfangs hatte er noch mit seinem Komplizen den Sohn Gottes gelästert, dann aber vollzog er eine Kehrtwendung und trat für Jesus ein (Matthäus 27,44; Lukas 23,39-43). Es war ein schneller, aber tiefer und vollständiger Wechsel. Seine Worte können geradezu als Beispiel dienen, welche Schritte zu einer echten Bekehrung dazugehören.

1. Er zeigt Gottesfurcht, denn er tadelt seinen Komplizen: „Auch du fürchtest Gott nicht?"
2. Er erkennt seine Schuld an: „Wir empfangen, was unsere Taten wert sind."
3. Er bestätigt, dass Jesus unschuldig angeklagt und sogar vollkommen gerecht ist: „Dieser aber hat nichts Ungeziemendes getan."
4. Er ruft den Herrn an und übergibt sich Ihm: „Gedenke meiner, Herr!"
5. Er glaubt, dass Jesus der Herr ist, dass Er auferstehen und wiederkommen wird: „... wenn du in deinem Reich kommst."

Die Antwort des Herrn lässt nicht auf sich warten und übersteigt seine Hoffnungen: „Heute wirst du mit mir im Paradies sein." Der Räuber erhoffte sich ein zukünftiges Heil; der Herr aber versprach ihm, ihn am selben Tag zu sich zu nehmen. Das werden alle erleben, die ihr Vertrauen auf Christus gesetzt haben: Wenn sie diese Erde verlassen müssen, werden sie sogleich bei Christus im Paradies sein.

Tägliche Bibellese 2. Könige 9,17-29 · Johannes 20,1-10

9 Mittwoch
Oktober

SA 07:36 · SU 18:40
MA 15:05 · MU 21:41

*Es ist sonst kein Gott außer mir; ein gerechter
und rettender Gott ist keiner außer mir!
Wendet euch zu mir und werdet gerettet!
Denn ich bin Gott und keiner sonst.*

Jesaja 45,21.22

Wo finde ich den wahren Gott?

Schon als Kind war ich davon überzeugt, dass es
einen Gott geben muss, der die Welt erschaffen
hat. Meine Eltern erzogen mich im Buddhismus,
doch ich merkte, dass Buddha nicht dieser Gott
war, nach dem ich suchte. Da die meisten meiner
Freunde Muslime waren und ihre Wertvorstel-
lungen mit meinen übereinstimmten, wandte ich
mich dem Islam zu. Doch auch die muslimische
Religion befriedigte mich nicht. Sie konfrontierte
mich mit einem Gott, der den Menschen lediglich Gebote gibt und ihnen Strafe androht, wenn
sie diese nicht befolgten.

Eines Tages nahm ein Freund mich mit zu einem Vortrag über das Evangelium von Jesus Christus. Das hat mich sehr angesprochen. Ich begann, in der Bibel zu lesen, und lernte den wahren Gott kennen. Er ist gerecht, aber Er ist auch gnädig. Dieser Gott zeigte mir unmissverständlich, dass ich ein Sünder bin. Aber Er hat auch das Heilmittel parat: Sein Sohn Jesus Christus ist für Sünder gestorben, um sie von aller Schuld zu befreien. Dieser Gott liebt seine Geschöpfe!

Jetzt glaube ich an Jesus Christus. Ich habe mich taufen lassen, um meinen Glauben an Ihn, meinen Retter, zu bezeugen. Bevor ich Ihn kennenlernte, führte ich ein ausschweifendes Leben. Ich hatte nur ein einziges Ziel: viel Geld verdienen. Das war mein Gott. Aber jetzt will ich nicht mehr den Vergnügungen dieser Welt nachlaufen, sondern Jesus Christus folgen. Nur Er kann mir das wahre Glück bringen. Ich bekenne, dass ich auch als Christ nicht immer perfekt lebe. Aber wenn ich meine Fehler aufrichtig verurteile und bekenne, weiß ich, dass Gott mir vergibt. Kevin Ta

Ich bin entschieden zu folgen Jesus.
Niemals zurück, niemals zurück.

Sadhu Sundar Singh (1889–1929)

Tägliche Bibellese 2. Könige 9,30–10,11 · Johannes 20,11-18

10 Donnerstag
Oktober

SA 07:37 · SU 18:38
MA 15:54 · MU 22:50

Lasst das Wort des Christus reichlich in euch wohnen, indem ihr in aller Weisheit euch gegenseitig lehrt und ermahnt mit Psalmen, Lobliedern und geistlichen Liedern, Gott singend in euren Herzen in Gnade.

Kolosser 3,16

Glückliche Christen

Glaubende Menschen werden oft belächelt oder bedauert, weil man meint, ihr Leben wäre eintönig und freudlos. Das heutige Bibelwort beweist jedoch genau das Gegenteil:

1. Jesus Christus schenkt den Gläubigen ein reiches Leben. Wenn sie das Wort Gottes lesen, entdecken sie, wie groß und herrlich ihr Retter und Herr ist. Sie finden in der Bibel einen geistlichen Reichtum, der sie echt und dauerhaft glücklich macht.

2. An Jesus Christus zu glauben, bedeutet nicht, den Verstand auszuschalten. Im Gegenteil:

Kalender für das Jahr 2025

Die gute Saat (Die evangelistische Botschaft)

_____ Stück Abreißkalender € 5,90

_____ Stück Buchkalender € 5,50

Der Herr ist nahe (Tägliche Hilfe für das Glaubensleben)

_____ Stück Abreißkalender € 7,90

_____ Stück Buchkalender € 7,50

Gottes Wort für jeden Tag
(Abreißkalender mit Bibelworten in großer Schrift)

_____ Stück Abreißkalender € 6,90

Der Kompass (Tageskalender für junge Leute)

_____ Stück Abreißkalender € 6,90

_____ Stück Buchkalender € 6,50

TimeKeeper (Der praktische Mini-Timer mit der Bibel)

_____ Stück Taschenbuch € 4,90

LUPINO (Kalender zum Lesen und Ausmalen für Kinder)

_____ Stück Kinderkalender € 4,90

@home (Kalender mit 12 Postkarten und Bibelworten)

_____ Stück Aufstellkalender € 6,90

Blickpunkt Bibel (Aufstell-Dauerkalender mit Bibellese)

_____ Stück Aufstellkalender € 12,90

EinBlick (Der praktische Monatskalender für junge Leute)

_____ Stück Bildkalender € 3,90

Mit Zuversicht (Streifenkalender mit Bibelworten, 42 cm x 10,5 cm)

_____ Stück Streifenkalender € 3,90

Schweizer Bildkalender (mit Bibelworten)

_____ Stück Bildkalender € 9,90

Natur 2025 (Bildkalender mit Bibelworten, 30 x 45 cm)

_____ Stück Bildkalender € 13,90

Die mich früh suchen (Wandkalender mit Kindermotiven,
23 cm x 21 cm)

_____ Stück Bildkalender € 8,90

Ein kleines Stück Land (Foto-Wandkalender mit Bibelworten,
34 x 60,5 cm)

_____ Stück Bildkalender € 17,90

Versandkostenfrei im Inland ab € 40,- und bei elektronischer Bestellung über
den Online-Shop www.csv-verlag.de ab € 20,- • Preisänderungen vorbehalten!

Christliche
Schriftenverbreitung

An der Schloßfabrik 30

42499 Hückeswagen

Deutschland

Adresse des Bestellers
(Bitte gut lesbar in Druckschrift ausfüllen)

Vorname, Name

Straße, Haus-Nr.

PLZ, Ort

Kunden-Nr.

Ich bestelle auf Rechnung.

Unterschrift

Durch regelmäßiges Bibellesen lernen Christen die göttliche Weisheit kennen, die sich in ihrem Verhalten im Alltag widerspiegelt (Jakobus 3,17).

3. Menschen, die an den Herrn Jesus glauben, führen kein sinnloses Leben. So, wie sie Gelegenheit dazu haben, betreiben sie gute Werke. Einige verkünden das Evangelium der Gnade Gottes, andere unterweisen die Glaubenden. Auch das Gebet für andere Menschen ist eine wichtige Aufgabe der Christen.

4. Das Leben der Erlösten ist nicht düster oder trübselig. Sie haben viel Grund zur Freude und Dankbarkeit. Darum singen sie gern Loblieder zur Ehre ihres Herrn. Sie können sich sogar im Leid freuen, weil ihre Freude im Himmel verankert ist.

Nun stellt sich die Frage: Lohnt es sich da nicht, Christ zu werden, auch wenn es uns die Freundschaft der Welt kostet?

Freude meines Heiles
hast Du mir geschenkt
und auch jeden Segen
in mein Herz gesenkt.

Tägliche Bibellese 2. Könige 10,12-27 · Johannes 20,19-31

11 Freitag
Oktober

SA 07:39 · SU 18:36
MA 16:29 · MU –:–

Jesus antwortete: Ich bin dazu geboren und dazu in die Welt gekommen, dass ich der Wahrheit Zeugnis gebe. Jeder, der aus der Wahrheit ist, hört meine Stimme. Pilatus spricht zu ihm: Was ist Wahrheit?

Johannes 18,37.38

Angst vor der Wahrheit

Seinen Jüngern hat Jesus gesagt: „Ich bin ... die Wahrheit" (Kap. 14,6). Jetzt, vor der römischen Gerichtsbarkeit, erklärt Er, dass Er gekommen sei, um die Wahrheit zu bezeugen. Da fällt dem Statthalter Pilatus nichts Besseres ein, als darauf die Frage zu stellen: „Was ist Wahrheit?"

Weicht er damit der Wahrheitsfindung nicht aus? Hat er vielleicht Angst vor der Wahrheit? Auch mir ist Angst vor der Wahrheit nicht fremd:

- Da habe ich schon längere Zeit Schmerzen, gehe aber nicht zum Arzt, weil ich die Diagnose fürchte.

- Da sehe ich mir meine Kontoauszüge nicht mehr an, weil ich befürchte, dass Lastschriften zurückgegeben und Überweisungen nicht ausgeführt worden sind.
- Da verteidige ich die Evolutionstheorie – nicht, weil sie wissenschaftlicher wäre als der Schöpfungsbericht, sondern weil ich dort mit keinem Schöpfergott rechnen muss, dem ich einmal Rechenschaft ablegen müsste.
- Da meide ich Trauerfeiern oder ganz allgemein den Friedhof, weil mich jeder Gedanke an den Tod beunruhigt.
- Da verweigere ich jedes Gespräch und jedes Nachdenken über ein Jenseits, über Himmel und Hölle.

Nein, ich bin nicht besser als Pilatus – auch ich habe Angst vor der Wahrheit. Doch bin ich klüger als er? Bin ich bereit, mich der Wahrheit über Gott, Jesus Christus und einem Leben nach dem Tod zu stellen?

Ich will mutig sein und der Wahrheit ins Gesicht blicken. Jesus Christus verspricht: „Ihr werdet die Wahrheit erkennen, und die Wahrheit wird euch frei machen" (Kap. 8,32). Was für eine befreiende Perspektive!

Tägliche Bibellese 2. Könige 10,28–11,3 · Johannes 21,1-6

12 **Samstag** Oktober

SA 07:41 · SU 18:33
MA 16:55 · MU 00:10

*Zachäus suchte Jesus zu sehen, wer er
wäre; und er vermochte es nicht wegen der
Volksmenge, denn er war klein von Gestalt.*

Lukas 19,3.

Bäume der Bibel (6) – Der Maulbeerfeigenbaum

Es ist eine Menge los an diesem Tag in Jericho.
Jesus und seine Begleiter besuchen die Stadt,
deshalb strömen alle Bewohner von Jericho zusammen, um den Rabbi Jesus zu sehen und zu
hören.

Einer von ihnen ist mehr als nur neugierig:
Zachäus. Er *muss* Jesus unbedingt sehen. Dafür ist ihm keine Mühe zu groß und keine Ak-
tion zu lächerlich. Zachäus ist nicht beliebt, ein
Zolleinnehmer, der mit der Besatzungsmacht
zusammenarbeitet.

Aber was macht Zachäus denn jetzt? Weil die
Menge ihm die Sicht versperrt, steuert er einen

der alten Maulbeerfeigenbäume an, die die Straße säumen und kühlenden Schatten schenken. Behände klettert er hinauf. Es sieht nicht elegant aus, aber Zachäus schafft es, denn der Stamm ist sehr dick und die Astgabeln breit und weit ausladend. Die großen Blätter schützen ihn vor der Sicht der anderen. Zachäus späht eifrig aus. Hier muss Jesus vorbeikommen. Die Stimmen werden lauter. Jetzt hat Jesus Zachäus' Baum erreicht, schaut auf und sieht den kleinen Zolleinnehmer. Er spricht ihn mit Namen an und lädt sich bei Zachäus zum Essen ein. Das verändert das Leben des Zolleinnehmers für immer. Der bewegende Bericht findet sich im Evangelium nach Lukas, Kapitel 19,1-10.

Maulbeerfeigenbäume, auch Sykomoren oder Wilde Feige genannt, sind im Nahen Osten weit verbreitet. Es handelt sich um einen halbimmergrünen Laubbaum, der je nach Standort über 15 Meter hoch wird. Die Früchte sind im Gegensatz zu echten Feigen nicht süß. Sie werden vor allem für medizinische Zwecke verwendet.

(Fortsetzung am nächsten Samstag)

In jenen Tagen, als wieder eine große Volksmenge da war und sie nichts zu essen hatten, rief Jesus die Jünger herzu und spricht zu ihnen: Ich bin innerlich bewegt über die Volksmenge, denn schon drei Tage weilen sie bei mir und haben nichts zu essen; und wenn ich sie hungrig nach Hause entlasse, werden sie auf dem Weg verschmachten; und einige von ihnen sind von weit her gekommen. Und seine Jünger antworteten ihm: Woher wird jemand diese hier in der Einöde mit Brot sättigen können? Und er fragte sie: Wie viele Brote habt ihr? Sie aber sagten: Sieben. Markus 8,1-5

Gedanken zum Markus-Evangelium

Dem aufmerksamen Bibelleser fällt auf, dass der Evangelist Markus bereits in Kapitel 6 über eine Speisung von 5000 Männern mit fünf Broten und zwei Fischen berichtet. Hier in Kapitel 8 sind es 4000 Personen mit sieben Broten und einigen kleinen Fischen (Vers 9). Die beiden Begebenheiten ähneln sich, es handelt sich aber keineswegs um dieselbe Speisung: Hier hält Jesus sich im heidnischen Gebiet der Dekapolis (Zehn-Städte-Gebiet) auf, südöstlich des Sees Genezareth, während sich die erste Speisung am jüdischen Nordostufer abspielt.

Ein weiterer Unterschied besteht darin, dass bei der Speisung der 4000 alles von Jesus Christus ausgeht: *Er* ruft seine Jünger, weil Er „innerlich bewegt" ist über die hungernden Menschen. Ausgangspunkt der ersten Speisung ist dagegen, dass der Herr tief berührt ist, weil die Führer des Volkes sich nicht als Hirten erweisen und sich nicht in geistlicher Fürsorge um das Volk bemühen (Kap. 6,34; vgl. Hesekiel 34). Doch in beiden Begebenheiten zeigt sich, wer Jesus wirklich ist: der barmherzige und gütige Hirte, dem sehr an den Menschen liegt. Er will sie nicht verschmachten lassen – weder innerlich noch äußerlich.

Den Jüngern fehlt dieses tiefe Mitempfinden des Herrn und das nötige Vertrauen zu Ihm, obwohl sie bereits erlebt haben, wie Er 5000 Personen versorgt hat. – Und wir heute? Erkennen wir, wie groß Christus in seiner Liebe und Allmacht ist?

Tägliche Bibellese 2. Könige 12,1-17 · Johannes 21,15-25

14 Montag
Oktober

Die Erde ist voll der Güte des HERRN.

Psalm 33,5

Jesus spricht: Der Vater selbst hat euch lieb, weil ihr mich lieb gehabt und geglaubt habt, dass ich von Gott ausgegangen bin.

Johannes 16,27

Gott ist gütig

Was weckt eigentlich das Gefühl der Freude in uns? Manchmal ist es das Lachen eines Kindes oder eine gelungene Arbeit oder einfach der Blick auf einen glühendroten Sonnenuntergang. Diese kleinen Ereignisse erhellen unser Alltagsleben.

Oft betrachten wir solch schöne Erlebnisse allerdings als selbstverständlich und vergessen, dass dahinter Gottes Güte steht. Er zeigt uns damit, dass Er uns segnen und glücklich machen möchte. Wahres Glück ist jedoch nur möglich, wenn wir mit Gott im Reinen sind. Deshalb fordert Er uns auf, zu Ihm umzukehren und unsere Beziehung zu Ihm in Ordnung zu bringen.

Wenn wir durch ein vertrauensvolles Gebet zu Gott reden und mit offenem Herzen die Bibel lesen, lernen wir Ihn persönlich kennen. Es wird uns nicht nur klar, wie groß unsere Schuld vor Ihm ist, wir merken auch, dass Er uns unendlich liebt. So groß ist seine Liebe, dass Er sogar seinen eigenen Sohn für uns in den Tod gegeben hat, damit unsere Sünden gesühnt werden können!

Nun lädt Gott uns ein, an seinen Sohn Jesus Christus zu glauben und das Erlösungswerk, das Jesus für uns vollbracht hat, anzunehmen. Auf diese Weise wird unsere Beziehung zu Gott ein für alle Mal geordnet. Nun nimmt Er uns als seine geliebten Kinder an.

Das Bewusstsein, dass wir im Himmel einen Vater haben, der uns von Herzen liebt, ruft in uns mehr als nur ein kurzes Glücksgefühl hervor. Die Liebe Gottes gibt uns im Alltag tiefe Freude und festen Frieden.

15 Dienstag
Oktober

SA 07:46 · SU 18:27
MA 17:44 · MU 04:36

Jesus vergoss Tränen.

Johannes 11,35

Jesus Christus IST einzigartig!

„Mit deinem Jesus kann ich nichts anfangen!" Dieser Satz einer Nachbarin, halb ärgerlich, halb ratlos geäußert, hängt noch in der Luft. Und so denken sicher nicht wenige über Jesus Christus. Über Gott zu sprechen ist noch relativ normal und auch vielfach möglich, aber über Jesus?

Wer ist Jesus Christus? Im Apostolischen Glaubensbekenntnis sprechen viele:

Ich glaube an Gott, den Vater ...
Und an Jesus Christus,
seinen eingeborenen Sohn, unsern Herrn,
geboren von der Jungfrau Maria ...

Jesus Christus ist Gott. Jesus ist Mensch. Beides gleichzeitig. Beides ohne Abstriche. In Jesus ist uns Gott so richtig nah gekommen. Jesus lebte wie andere Menschen auch: Er war Kind, wuchs heran, erlernte einen Beruf und stand im Arbeitsleben; und auch Empfindungen wie wir kannte Er. Kein ferner Gott auf einem himmlischen Thron, sondern ein Mensch unter Menschen.

Und doch ganz anders als andere Menschen.

Wenn man sein Leben, seine Worte und Taten in der Bibel studiert, fällt eines ins Auge: Er ist nicht nur fehlerlos und vollkommen, bei Ihm ist auch alles ausgewogen und am rechten Platz: Besonnenheit, Konsequenz, Klarheit, tiefe Gefühle, Verständnis, Erbarmen. Jesus war bekümmert, wenn Er dem Kummer der Menschen begegnete. Er weinte mit den Weinenden. Er feierte mit den Fröhlichen (vgl. Johannes 2,1-11). Stets waren seine Worte und Taten zum richtigen Zeitpunkt am richtigen Ort. Nichts war übereilt, nichts zu spät. Er war ein Mensch, der völlig im Einklang mit Gott lebte und handelte. Weil Er von Gott kam und eben selbst Gott ist. Darum ist es so leicht, sich Ihm ganz anzuvertrauen und Ihm nachzufolgen.

Jesus, dir nach, weil du rufst!
Dir folgen, weil du bist, der du bist:
einzigartig, unvergleichlich,
dir will ich folgen, großer Herr.

Gerhard Schnitter

Tägliche Bibellese 2. Könige 13,10-25 · 1. Johannes 1,5-10

16 Mittwoch
Oktober

SA 07:47 · SU 18:25
MA 17:58 · MU 06:06

Ich will mich aufmachen und zu meinem Vater gehen.

Lukas 15,18

Der neugierige Jacques

Als Jacques von der Arbeit nach Hause kommt, zeigt ihm seine Frau Jeanne ein Neues Testament, das sie günstig erstanden hat. Doch Jacques ärgert sich über diese Geldausgabe. „Aber Jacques", sagt Jeanne vorsichtig, „das Geld gehört doch zur Hälfte mir." – „Das Geld gehört zur Hälfte dir?", schreit Jacques. „Dann gilt das auch für das Buch." Unwirsch zerreißt er das Neue Testament in zwei Stücke, nimmt eine Hälfte an sich und wirft ihr die andere zu.

Später holt er seinen Teil aus purer Neugier hervor und beginnt auf der ersten Seite – mitten im Lukas-Evangelium – zu lesen. Gebannt verfolgt er die Geschichte eines Sohnes, der reumütig zu seinem Vater zurückkehrt und liebevoll von ihm aufgenommen wird. Viele Fragen steigen in Jacques auf. Was hat der Sohn getan? Warum kehrt er heim? Sein Stolz verbietet ihm jedoch, Jeanne danach zu fragen.

Auch seine Frau liest eifrig in ihrem Teil des Neuen Testaments. Zum Schluss der Lektüre stößt sie auf die Geschichte eines Sohnes, der von zu Hause fortgeht und sich in zweifelhafte Vergnügungen stürzt. Er will zu seinem Vater zurückkehren ... Aber würde der ihn wieder aufnehmen? Sie will es unbedingt wissen, findet aber nicht den Mut, ihren Mann zu fragen.

Eines Tages bricht es aus Jacques heraus: „Jeanne, ... das zerrissene Buch, ... in meinem Teil steht eine schöne Erzählung, doch leider nur ihr Ende. Ich würde so gern auch den Anfang kennen." – „O Jacques! Auch ich muss immer wieder an diese Geschichte denken. Hat der Vater seinem Sohn verziehen?" – „Ja. Aber was hat er denn Schlimmes getan?"

Da holt sie ihre Hälfte heraus und gemeinsam lesen sie die ergreifende Geschichte in Lukas 15.

Es dauert nicht lange, bis beide ihr Leben dem Herrn Jesus übergeben.

17

Donnerstag
Oktober

Jesus sprach: Ich preise dich, Vater, Herr des Himmels und der Erde, dass du dies vor Weisen und Verständigen verborgen und es Unmündigen offenbart hast.

Lukas 10,21

Fünf Blinde und ein Elefant

In einer Parabel versuchen fünf Blinde, einen Elefanten zu beschreiben. Einer betastet seine Füße und verkündet: „Ein Elefant ist wie eine Säule." Der Zweite spottet, während er sich an die Flanke des Elefanten lehnt: „Unsinn! Ein Elefant ist wie eine Mauer."

„Nein", behauptet der Dritte, indem er den Schwanz festhält: „Der Elefant ist wie ein Seil." Der Vierte schüttelt den Kopf und erklärt, während er sich mit den Ohren des Elefanten frische Luft zufächelt: „Keiner von euch hat recht! Ein Elefant ist wie ein Fächer." Der Fünfte streicht über den Stoßzahn des Elefanten und hält alle vier für übergeschnappt: „Ein Elefant ist wie ein spitzer, polierter Stein."

Diese fünf Blinden sind nicht in der Lage, die eigentliche Wahrheit zu erkennen. Was aber wäre, wenn noch ein sechster Mann dabei wäre, der sehen könnte? Er könnte es ihnen erklären, könnte ihnen helfen, den Elefanten richtig zu begreifen.

Jesus sagt: „Ich bin das Licht der Welt; wer mir nachfolgt, wird nicht in der Finsternis wandeln, sondern wird das Licht des Lebens haben" (Johannes 8,12). Er, der Sohn Gottes, hat gezeigt, wer und wie Gott ist, deshalb braucht niemand in Unkenntnis über Ihn zu bleiben. Ebenso hat Er gezeigt, wer der Mensch ist: verloren, hilfs- und erlösungsbedürftig. Den „Weisen und Verständigen" – vergleichbar den Blinden in der Parabel – bleibt dies verborgen; „Unmündige" jedoch, d.h. Menschen, denen bewusst ist, dass ihr Wissen begrenzt ist und dass sie Licht von außerhalb benötigen, erkennen es.

Ich kann weitertasten und spekulieren – oder ich verleugne mich selbst und folge Jesus Christus nach – und werde die Wahrheit über mein Woher und Wohin sowie über Leben und Tod erkennen.

Tägliche Bibellese 2. Könige 14,17-29 · 1. Johannes 2,12-19

18 Freitag
Oktober

SA 07:51 · SU 18:21
MA 18:32 · MU 09:11

Jesus antwortete und sprach zu ihm: Wahrlich, wahrlich, ich sage dir: Wenn jemand nicht von neuem geboren wird, so kann er das Reich Gottes nicht sehen. Johannes 3,3

Jetzt kenne ich Gott

Er hatte nichts gelernt und deshalb viele Jahre als Gelegenheitsarbeiter gearbeitet. Nun war er alt geworden. Fröhlich erzählte er mir, wie er vor Jahren Christ geworden war:

Eines Tages mähte ich an der Straße, als ein Mann vorbeikam. Er grüßte freundlich und sagte: „Was für ein schöner Tag heute!" Ich antwortete ihm: „Ja, Gott sei Dank." Da fragte er mich: „Sie sprechen von Gott. Kennen Sie Ihn denn?" „Ich hoffe, dass ich irgendwie in den Himmel komme." „Mein Freund, Gott liebt Sie. Sie können Ihn kennenlernen!" Er erklärte mir vieles, was ich aber nicht verstand. Zum Schluss gab er mir eine Bibel, knickte eine Seite um und sagte: „Lesen Sie die Geschichte. Der Mann dort wusste auch nicht wirklich, wie er zu Gott kommen konnte." „Ich kann nicht lesen", versetzte ich betrübt. „Nicht schlimm", erwiderte er, „ganz sicher finden Sie jemand, der Ihnen vorliest." Er ging und ich sah ihn nie wieder.

Ein paar Tage später ging ein Junge an mir vorbei. „Kannst du lesen?", fragte ich gespannt. „Aber sicher!", erwiderte der Knirps stolz, und dann las er mir die Geschichte aus der Bibel vor. Sie handelte von einem Mann, der bei Nacht zu Jesus kam. Ich hörte von einer neuen Geburt, was ich aber nicht verstand. Ich dachte, wenn ein Mensch das Beste tut, was er kann, kommt er am Ende in den Himmel. Als ich hörte, man müsse „von neuem geboren sein", da war ich sicher, dass ich das nicht war. Doch dann, als der Junge weiterlas, kam er zu dem Satz: Denn so hat Gott die Welt geliebt, dass er seinen eingeborenen Sohn gab, damit jeder, der an ihn glaubt, nicht verloren gehe, sondern ewiges Leben habe (Johannes 3,16).

Ich atmete auf. An den Sohn Gottes, an Jesus glauben, das wollte ich tun. Immer wieder ließ ich den Jungen diesen Vers lesen, bis ich ihn auswendig konnte. Und nun habe ich ihn hier im Herzen!

Tägliche Bibellese 2. Könige 15,1-22 · 1. Johannes 2,20-29

19 **Samstag**
Oktober

Ich aber bin wie ein grüner Olivenbaum im Haus Gottes; ich vertraue auf die Güte Gottes immer und ewig.

Psalm 52,10

Die Bäume in der Bibel (7) – der Olivenbaum

Der Olivenbaum ist ein immergrüner Baum mit silbriggrünen Blättern und wächst in den Mittelmeerländern. In Israel ist er weit verbreitet und gilt als Symbol für Frucht und Segen. Kein Wunder, denn der Olivenbaum ist wirklich ungewöhnlich. Selbst in steinigem Boden kann er sehr alt werden und trägt auch noch im hohen Alter reiche Frucht, je knorriger und gebeugter er aussieht, desto höher ist oft sein Ertrag. Kein Wunder, dass der Olivenbaum auch als Symbol für Israel selbst gilt, ein uraltes Land mit wechselvoller Geschichte, aber mit tiefen und unzerstörbaren Wurzeln in seinem Gott.

Reisende in Israel sind immer tief beeindruckt vom wohl bekanntesten Olivenhain der Welt, dem Garten Gethsemane. Die uralten Zweige knistern vor Hitze in der Sonne, trotzdem spenden sie Schatten und etwas Abkühlung. Archäologische Funde im Garten legen nahe, dass manche der Bäume aus dem Jahrtausend vor Christus stammen könnten.

Jesus Christus schätzte diesen Ort, oft zog er sich mit seinen Jüngern hierher zurück. Der Garten wurde Zeuge des so schweren letzten Abends in Jesu Leben, als er hier über Stunden im Gebetskampf aushielt. So unendlich schwer lag es auf seiner Seele, dass Gott Ihn richten würde für alle Untaten, Gemeinheiten, Lieblosigkeiten, die wir begangen haben. Jesus Christus war völlig schuldlos, nie hat Er etwas Ungeziemendes getan. Die Schuld der Menschen auf sich zu nehmen – das war unvorstellbar schrecklich für ihn. Und doch hat er es getan, aus Liebe zu Gott und zu uns. „Dein Wille geschehe!", so lautete sein Entschluss in dieser Nacht im Garten unter den Ölbäumen. Gnade und Vergebung warten nun auf jeden, der für sich das stellvertretende Opfer Jesu in Anspruch nimmt.

(Schluss am nächsten Samstag)

Tägliche Bibellese 2. Könige 15,23-38 · 1. Johannes 3,1-6

20

Sonntag
Oktober

SA 07:54 · SU 18:17
MA 19:32 · MU 12:16

Und Jesus gebietet der Volksmenge, sich auf der Erde zu lagern. Und er nahm die sieben Brote, dankte und brach sie und gab sie seinen Jüngern, damit sie sie vorlegten; und sie legten sie der Volksmenge vor. Und sie hatten einige kleine Fische; und als er sie gesegnet hatte, sagte er, sie sollten auch diese vorlegen. Und sie aßen und wurden gesättigt; und sie hoben auf, was an Brocken übrig blieb, sieben Körbe voll. Es waren aber ungefähr viertausend; und er entließ sie. Markus 8,6-9

Gedanken zum Markus-Evangelium

Bereits seit drei Tagen hält sich eine große Volksmenge bei Jesus und seinen Jüngern in einer öden Gegend auf. Eine schönere Zeit kann man sich kaum vorstellen, als dem Sohn Gottes ungestört zuzuhören und seine Allmacht zu erleben. Offensichtlich hat kaum jemand Hunger verspürt. In dieser Gegend hätte man allerdings auch nichts kaufen können. Doch wie soll es weitergehen? Denn jetzt ist die Volksmenge wirklich hungrig. Ohne Essen würden die meisten von ihnen nicht unbeschadet zu Hause ankommen.

Es ist nicht das erste Mal, dass Jesus sich als Herr der Lage beweist. Bei diesem zweiten Speisungswunder tritt besonders sein vollkommenes göttliches Handeln hervor – symbolisiert durch die Zahl Sieben, die sowohl bei den Broten als auch bei den Körben genannt wird.

Eigentlich sind sieben Brote völlig unzureichend für 4000 Menschen. Doch Jesus verachtet keineswegs das Wenige, was vorhanden ist, sondern knüpft daran an. Er dankt seinem himmlischen Vater für die Brote und ebenso für die kleinen Fische.

Einige Handkarren voll Brot und Fisch hätten den Jüngern gewiss zugesagt. Doch die Fülle, die Gott geben kann und will, zeigt sich besonders in unserer Verlegenheit. Später, im 1000-jährigen Reich, wird sich Gottes reicher Segen in seinem Sohn Jesus Christus allumfassend entfalten. Im Gegensatz zu allen Königen der Erde, die von den Abgaben ihres Volkes leben, wird Christus für alle Menschen sorgen.

Tägliche Bibellese 2. Könige 16,1-20 · 1. Johannes 3,7-15

21 Montag
Oktober

Ein Psalm von David.
Der HERR ist mein Hirte, mir wird nichts mangeln.

Psalm 23,1

Ermutigung aus den Psalmen – keinen Mangel

Der 23. Psalm, vor rund 3000 Jahren geschrieben, hat in diesen vielen Jahrhunderten wohl schon unzählige Menschen getröstet und ermutigt, weil er so viel Geborgenheit und Sicherheit verspricht. Viele können ihn noch aus dem Konfirmandenunterricht auswendig.

Der Autor des Psalms gehört zu den bekanntesten Persönlichkeiten im Alten Testament: David, der mutige Hirtenjunge, der von Gott zum König über sein Volk Israel bestimmt wird. Doch Davids Leben ist alles andere als ein beschauliches, idyllisches Hirtenleben. Entbehrungen, Kampf, Flucht, Einsamkeit, Verfolgung, Verrat,

Verlust, Schuld – die ganze Palette menschlichen Schicksals erlebt der Mann aus Bethlehem. Wie kann David da sagen: *Mir wird nichts mangeln?* Woher nimmt er diese Gewissheit?

Oder kann es vielleicht sein, dass David *Mangel* anders definierte als wir heute? Das hebräische Wort hat ein breites Bedeutungsspektrum. Es kann unter anderem auch mit *entziehen, erniedrigen* oder *abnehmen* übersetzt werden. David sagt damit auch: Weil der Herr mein Hirte ist, kann mir nichts begegnen, das meine Unversehrtheit vor Gott beeinträchtigt. Oder anders herum gesagt: Unter Gottes Hirtenleitung kann kein äußerlich wahrnehmbarer Mangel je zu meinem inneren Schaden sein. David spricht aus Erfahrung: Alles, was Gott ihm an Turbulenzen und Verlusten zumutete, konnte ihn nicht von der Liebe und Fürsorge Gottes trennen; der innere Mensch wurde immer wieder gestärkt.

„Wir wissen aber, dass denen, die Gott lieben, alle Dinge zum Guten mitwirken, denen, die nach Vorsatz berufen sind" (Römer 8,28).

22 Dienstag
Oktober

*Jesus aber sprach: Vater, vergib ihnen,
denn sie wissen nicht, was sie tun!*

Lukas 23,34

Das Kreuz von Coventry

Am 14. November 1940 zerstörten deutsche Bombengeschwader die Stadt Coventry in England und mit ihr die mittelalterliche Kathedrale St. Michael. Bei den Aufräumungsarbeiten fanden sich in den Trümmern große eiserne Nägel, die seit dem 14. Jahrhundert die schweren Balken des Gewölbes im Kirchenschiff gehalten hatten. Aus drei solcher Nägel wurde ein Kreuz gebildet, das Nagelkreuz von Coventry, das sich heute im Neubau der Kathedrale befindet.

Später ließ der damalige Dompropst Richard Howard an die Altarwand der Ruine schreiben: „Father forgive", d.h. „Vater, vergib". So wurde aus den Überresten der Zerstörung ein Symbol geschaffen, das den Geist der Vergebung und des Neuanfangs ausdrückt: Versöhnung statt Hass.

Jeder Krieg schafft große Not. Und daraus entstehen Verzweiflung und oft auch Hass. Aber anstatt zum Kampf gegen Nazideutschland aufzurufen, schrieb der Dompropst: Vater, vergib!

Damit folgt er der Gesinnung Jesu Christi, der mit Nägeln an ein Kreuz geschlagen wurde. Jesus Christus bat nicht um Rache, sondern um Vergebung für seine Feinde: „Vater, vergib ihnen, denn sie wissen nicht, was sie tun!"

Jeder Mensch braucht Vergebung, denn Gott sagt über uns Menschen: „Es ist kein Unterschied, denn alle haben gesündigt und erreichen nicht die Herrlichkeit Gottes" (Römer 3,22.23). Weil aber Jesus Christus durch seinen Tod am Kreuz auf Golgatha das Sühnopfer geworden ist, können auch heute noch Menschen Vergebung und Frieden finden, wenn sie ihre Schuld bekennen. Auf dieser Grundlage vergibt Gott alle unsere Vergehen.

23 Mittwoch
Oktober

*Ein großes Unwetter erhob sich auf dem See,
so dass das Schiff von den Wellen bedeckt
wurde; er aber schlief.*

Matthäus 8,24

Gegen die Angst

Dieser Bericht aus der Bibel ist sehr bekannt. Nach einem anstrengenden Arbeitstag befinden sich Jesus Christus und seine Jünger abends in einem Schiff auf dem See Genezareth. Ziel ist das an der Ostküste gelegene Land der Gergesener (oder: Gadarener), das nicht zu Israel gehört. Jesus schläft, als ein beängstigender Sturm losbricht. In höchster Aufregung wecken die Jünger Jesus: „Herr, rette uns, wir kommen um!"

Nun ein kleines Gedankenexperiment: Was wäre geschehen, wenn die Jünger Jesus hätten schlafen lassen? Wären sie untergegangen? Wäre das Boot gekentert und mit Jesus, dem Sohn

Gottes, und seinen Jüngern in die Tiefe des Sees gesunken?

Doch diesen Gedankenschluss: „Der Herr ist mit im Boot, uns KANN nichts passieren, weil Er Gott ist", diesen Gedankenschluss bekommen die Jünger nicht hin. Und wir heute auch so oft nicht. Nicht in großen und nicht einmal in kleinen Stürmen.

Aber es gilt: Leute, die an Jesus Christus glauben, sind immer und überall in Sicherheit. Weil Jesus, der Sohn Gottes durch den Geist Gottes in ihren Herzen wohnt. Jesus selbst ist nicht nur bei ihnen, sondern in ihnen, im Leben und im Sterben. Jesus Christus in uns – könnte Ihm eine Gefahr zu gefährlich, eine Not zu groß sein? Er ist Gott – könnte Er einer Bedrohung nicht gewachsen sein?

> *Ob Stürme uns umwehen,*
> *ob Dunkel uns befällt,*
> *das Herz ist nie verlassen,*
> *das sich an Jesus hält.*

24 **Donnerstag** ~~Oktober~~

SA 08:01 · SU 18:09
MA 23:56 · MU 15:49

Gott erweist seine Liebe zu uns darin, dass Christus, da wir noch Sünder waren, für uns gestorben ist.

Römer 5,8

Gott liebt mich so, wie ich bin

Seit ich mich erinnern kann, hatte ich eine tiefe Sehnsucht nach bedingungsloser Liebe, die mich so annimmt, wie ich bin. Mir wurde jedoch immer vermittelt, dass man für alles im Leben kämpfen und arbeiten muss.

Ich hatte liebevolle Eltern. Trotzdem meinte ich, durch gute Leistungen ihre Zuneigung gewinnen zu müssen. Später setzte ich alles dafür ein, das Herz eines sympathischen Mannes zu erobern. Wir heirateten, doch unsere Ehe verlief nicht so, wie ich es mir gewünscht hatte. Schließlich ging unsere Beziehung in die Brüche. Ich wurde magersüchtig und diese Sucht brachte mich an den

Rand des Todes. Da schrie ich zu Gott: „Wenn es dich gibt, dann hilf mir. Ich habe total versagt. Ich kann nicht mehr."

Kurz darauf kam ich tatsächlich aus der Magersucht heraus. Gott zeigte mir seine Liebe – obwohl ich überhaupt nichts dafür tun konnte. Doch ich spürte, dass etwas zwischen mir und meinem Schöpfer stand. Wieder betete ich: „Bitte, hilf mir, zu erkennen, was das ist."

Als Freunde mich zu einem Bibelkreis einluden, ging ich hin. Dort wurde mir klar, was mich von Gott trennte: meine Sünden. Aber ich lernte auch Gottes bedingungslose Liebe kennen: Er selbst hat seinen Sohn für mich in den Tod gegeben, damit ich von meiner Schuld frei werden kann. Mit tiefer Dankbarkeit öffnete ich mein Herz der Liebe Gottes und glaubte, dass Jesus Christus die Strafe für meine Sünden auf sich genommen hat.

Glaubet's doch und denket dran:
Jesus nimmt die Sünder an.

E. Neumeister (1671–1756)

25 Freitag
Oktober

SA 08:02 · SU 18:07
MA –:– · MU 16:09

Glückselig, die reinen Herzens sind, denn sie werden Gott sehen.

Matthäus 5,8

Er gab Christus die Ehre

In den 1960er-Jahren spielte das Moskauer Staatstheater die Uraufführung von „Christus im Frack", einer geschmacklosen Posse – allerdings mit einem überraschenden Schluss.

Nachdem im ersten Akt die Besucher mit absurden Szenen zum Lachen gebracht worden waren, sollte im zweiten Akt der damals berühmte Darsteller Alexander Rostowzew als „Christus" die Bühne betreten. Ärmlich gekleidet mit einem großen Neuen Testament, sollte er die ersten zwei Seligpreisungen der Bergpredigt vorlesen, dann Buch und Gewand wegschleudern und ausrufen: „Reicht mir Frack und Zylinder!" Damit sollte zum Ausdruck kommen, dass Christus eigentlich ein Heuchler gewesen sei!

Doch es kommt anders: Zur Überraschung des Publikums liest Rostowzew die nächste Seligpreisung: „Glückselig die Sanftmütigen, denn sie werden das Land erben." Der Schauspieler schweigt plötzlich. Er ist sichtlich bewegt. Die Spannung steigt. Dann liest er weiter – bis zum Ende. Er ist vom Text derart ergriffen, dass er nicht mehr aufhören kann: „Glückselig, die nach der Gerechtigkeit hungern und dürsten, denn sie werden gesättigt werden. Glückselig die Barmherzigen, denn ihnen wird Barmherzigkeit zuteilwerden. ... Glückselig die Friedensstifter, denn sie werden Söhne Gottes heißen. Glückselig die um der Gerechtigkeit willen Verfolgten, denn ihrer ist das Reich der Himmel. Glückselig seid ihr, wenn sie euch schmähen und verfolgen und alles Böse lügnerisch gegen euch reden um meinetwillen." Eine gespannte Stille entsteht – doch niemand protestiert. Alle warten, was nun geschieht. Dann ruft Rostowzew mit den Worten des Schächers am Kreuz: „Herr, gedenke meiner, wenn du in deinem Reich kommst!" (vgl. Lukas 23,42).

Später verschwand der Schauspieler in einem Arbeitslager. Er weigerte sich, Christus zu verhöhnen, und gab Ihm stattdessen die Ehre. Was für ein Beispiel!

26 Samstag
Oktober

SA 08:04 · SU 18:05
MA 01:12 · MU 16:24

Der HERR erschien Abraham bei den Terebinthen Mamres; und er saß am Eingang des Zeltes bei der Hitze des Tages.

1. Mose 18,1

Bäume in der Bibel (8) – die Terebinthe

Es kann sehr heiß werden im Westjordanland, besonders um die Mittagszeit. Der Ort, den sich Abraham als Aufenthalt ausgesucht hat, ist eine gute Wahl, er liegt in waldigem Gebiet, bei den Terebinthen Mamres, nahe der alten Stadt Hebron, die auf etwa 950 Metern Höhe erbaut ist. Abraham hat hier seine Zelte aufgeschlagen, nachdem er sich von seinem Neffen Lot getrennt hat, der in die fruchtbaren Jordanauen bei Sodom und Gomorra abgewandert ist (vgl 1. Mose 13)

In Israel kommen mehrere Terebinthen-Arten vor. Die *Pistacia Palästina* ist besonders in Gebirgswäldern heimisch. Ihre kleinen Früchte, die tatsächlich an Pistazien erinnern, können roh oder geröstet gegessen werden. Diese Terebinthenart wird nicht höher als 10 Meter. Die *Pistacia Atlantica* dagegen kann bis zu 20 Meter hoch werden und ihre Früchte sind nicht genießbar, werden jedoch zum Gerben benutzt. Diese Terebinthe ist anspruchslos, was den Wasserbedarf angeht.

Es ist nicht sicher, ob der Terebinthenhain zu Mamre wirklich von *Pistacia Palästina* und *Atlantica* bestanden war. Es könnte sich auch um alte Eichen gehandelt haben, wie der Begriff in manchen Bibelübersetzungen übertragen wird. Jedenfalls sind „die Terebinthen Mamres" unauslöschlich mit der Geschichte des Patriarchen Abraham verbunden. Hier baute Abraham einen Altar (vgl. 1. Mose 13,18), hier gab ihm Gott wunderbare Versprechen für die Zukunft und schloss einen Bund mit ihm (vgl. 1. Mose 17). Hier erschien ihm Gott erneut in Begleitung zweier Engel, um mit ihm über die Zukunft Sodoms zu sprechen (vgl. 1. Mose 18). In diesem Gebiet kaufte Abraham auch später eine Familiengrabstätte für sich und seine Nachkommen (vgl. 1. Mose 23).

(Schluss)

Tägliche Bibellese 2. Könige 19,14-24 · 1. Johannes 5,6-12

27

*Und sogleich stieg Jesus mit seinen Jüngern
in das Schiff und kam in das Gebiet von
Dalmanuta. Und die Pharisäer kamen heraus
und fingen an, mit ihm zu streiten, indem sie
ein Zeichen vom Himmel von ihm begehrten,
um ihn zu versuchen. Und in seinem Geist
tief seufzend, spricht er: Was begehrt dieses
Geschlecht ein Zeichen? Wahrlich, ich sage
euch: Wenn diesem Geschlecht ein Zeichen
gegeben werden wird! Und er verließ sie, stieg
wieder in das Schiff und fuhr an das jenseitige
Ufer.* Markus 8,10-13

Gedanken zum Markus-Evangelium

Gerade hat Jesus, der Herr, 4000 Menschen mit
sieben Broten und einigen Fischen gesättigt. Dabei sind sieben Körbe voll übrig geblieben – also
mehr, als vor der Speisung vorhanden war. Dieses Wunder zeigt einmal mehr, dass Jesus Gottes
Sohn ist und in göttlicher Vollmacht handelt.

Jetzt kommt Jesus mit seinen Jüngern wieder auf die Westseite des Sees Genezareth, nach Dalmanuta. Sogleich wird Er von den Pharisäern angegriffen. Doch der Herr lässt sich nicht auf einen Streit ein – beispielgebend für uns, wenn wir einmal grundlos angegriffen werden.

Im ganzen Land Israel wird man von den Speisungswundern Jesu erzählt haben. Wenn irgendjemand daran zweifelte, konnten die Augenzeugen befragt werden. So ist Jesus niemand den Beweis schuldig geblieben, dass er der Messias ist, den die Propheten des Alten Testaments angekündigt haben. Wie können die Pharisäer unter diesen Umständen von Jesus ein Zeichen vom Himmel fordern? Ist nicht das gesamte Auftreten und Handeln Jesu ein eindeutiges Zeichen gewesen? -- Wer nicht glauben will, dem ist leider nicht zu helfen.

Der Herr erteilt den Pharisäern eine Abfuhr: Sie sind nicht aufrichtig, ihre Ablehnung steht längst fest. So konsequent, wie der Herr die Pharisäer hier zurückweist, so tief berührt Ihn ihre Bosheit – Er seufzt tief. Angesichts dieser Hartherzigkeit leidet Er ebenso wie beim Anblick von Krankheit und Leid (vgl. Kap. 7,34).

Tägliche Bibellese 2. Könige 19,25-37 · 1. Johannes 5,13-21

28 **Montag**
Oktober

SA 07:07 · SU 17:02
MA 02:35 · MU 15:47

Mit ewiger Liebe habe ich dich geliebt.

Jeremia 31,3

Hierin ist die Liebe: nicht dass wir Gott geliebt haben, sondern dass er uns geliebt und seinen Sohn gesandt hat als Sühnung für unsere Sünden.

1. Johannes 4,10

Niemand liebt mich!

Es ist leider tatsächlich so: Wenn wir von Menschen Liebe erwarten, werden wir oft enttäuscht. Aber zum Glück ist es bei Gott anders. Wenn du glaubst, niemand würde sich für dich interessieren, dann täuschst du dich. Gott hat Interesse an dir! Er liebt dich ganz sicher! Es war kein Zufall, dass Er beschlossen hat, dich zu erschaffen. Er wollte genau dich. Du bist einzigartig für Ihn. Und Er möchte, dass du glücklich wirst, denn – noch einmal: Er liebt dich!

Oder meinst du, Gott könnte dich gar nicht lieben, weil du nicht gut genug für Ihn bist? Aber gerade das ist es ja: Weil du nicht gut genug für Ihn bist, hat Er aus Liebe zu dir alles gegeben, um dich gut genug für sich zu machen! Seine Liebe zu dir hat Er bewiesen, indem Er seinen eigenen Sohn für dich geopfert hat. Ist das keine Liebe? Jesus Christus ist nämlich am Kreuz für alle Menschen gestorben. Er hat für alle das Lösegeld bezahlt. Deshalb nimm dieses Angebot der Liebe Gottes an! Bekenne Ihm, worin du dich schuldig gemacht hast, und glaube an den Herrn Jesus!

Wenn du deine Sünde vor Gott bekannt und zu Ihm umgekehrt bist, erfährst du die Liebe Gottes von einer ganz neuen Seite: Er liebt dich nun, wie ein Vater sein Kind liebt! Du kannst mit Ihm sprechen, Ihm zuhören, indem du in seinem Wort liest, und auf Ihn vertrauen. Er wird keins seiner Kinder jemals fallen lassen. Und du brauchst nie mehr zu sagen: „Niemand liebt mich", sondern im Gegenteil: Du weißt, dass du „mit ewiger Liebe" geliebt bist (siehe Tagesvers).

„Seht, welch eine Liebe uns der Vater gegeben hat, dass wir Kinder Gottes heißen sollen!" (1. Johannes 3,1).

Tägliche Bibellese 2. Könige 20,1-11 · 2. Johannes 1-13

29 Dienstag
Oktober

SA 07:09 · SU 17:00
MA 03:44 · MU 15:57

*Sogleich am Sabbat ging Jesus in die
Synagoge und lehrte.*

Markus 1,21

Wer ist ein Lehrer wie Er?

Der Evangelist Markus stellt uns Jesus Christus
als Lehrer vor, der das Wort Gottes verkündete.
Die Art und Weise, wie der Herr die Menschen
belehrte, ist sehr beeindruckend:

- „Er lehrte sie wie einer, der Vollmacht hat, und
  nicht wie die Schriftgelehrten" (Markus 1,22). Jesus predigte das Wort mit göttlicher Autorität.
  Deshalb waren die Zuhörer auch dafür verantwortlich, seine Botschaft aufzunehmen.
- „Er lehrte sie vieles in Gleichnissen" (Markus 4,2).
  Damit die Menschen das Wort besser verstehen konnten, benutzte Jesus Begebenheiten
  aus dem alltäglichen Leben. Anhand solcher
  Vergleiche wollte Er ihnen die göttliche Wahrheit verständlich machen.

- „Er redete zu ihnen das Wort, wie sie es zu hören vermochten" (Markus 4,33). Wenn Jesus Christus lehrte, berücksichtigte Er, dass Er so zu seinen Zuhörern sprach, dass sie seine Worte auch wirklich verstanden. Er sprach weder zu lang noch zu schwierig noch redete Er über ihre Köpfe hinweg.
- „Als es Sabbat geworden war, fing er an, in der Synagoge zu lehren" (Markus 6,2). Jesus predigte nicht im Verborgenen, sondern öffentlich, damit jeder seine Lehre hören konnte.
- „Als er von der Volksmenge weg in ein Haus eintrat, befragten ihn seine Jünger über das Gleichnis. Und er spricht zu ihnen ..." (Markus 7,17.18). Jesus nahm sich Zeit, um im privaten Rahmen die Fragen seiner Jünger zu beantworten. Weil sie sich für die Wahrheit interessierten, legte Er sie ihnen genauer aus.
- „Niemals hat ein Mensch so geredet wie dieser Mensch", sagten damals die Diener der jüdischen Führer – und hatten recht!

Sie zwingen einen Vorübergehenden, einen gewissen Simon von Kyrene, der vom Feld kam, den Vater von Alexander und Rufus, sein (Jesu) Kreuz zu tragen.

Markus 15,21

Die Vorübergehenden

Es ist am Morgen, als sich ein Zug von Menschen durch die Straßen Jerusalems bewegt. Römische Soldaten führen einen zum Tode Verurteilten zum Richtplatz außerhalb der Stadt.

Ein erschütterndes Bild: Man hat den Verurteilten bereits grausam misshandelt. Durch die brutalen Geißelhiebe ist sein Rücken aufgerissen und blutig geschlagen. Dennoch hat man Ihm erbarmungslos das Kreuz aufgeladen, an dem man Ihn hinrichten will, und ist jetzt auf dem Weg zur Richtstätte. Doch der Verurteilte ist unschuldig! Es ist Jesus Christus, der Sohn Gottes.

Sie sind wahrscheinlich gerade zum Stadttor hinausgetreten, als ihnen ein Mann entgegenkommt, der in die Stadt hineingehen möchte. Er will „vorübergehen". Doch es kommt anders: Die Schergen zwingen ihn, das Kreuz für Jesus zur Richtstätte zu tragen. Wir können uns gut vorstellen, dass dieser unvorhergesehene Zwischenfall das Leben dieses Simon von Kyrene total verändert ...

Wie viele Menschen gehen heute an Jesus Christus, dem Gekreuzigten, vorüber, so wie viele Menschen damals vorübergingen! Vielleicht wissen sie viel mehr über den Sohn Gottes als Simon von Kyrene damals. Aber sie zeigen kein Interesse. Sie schenken demjenigen, der selbst schuldlos war, sich aber für schuldige Sünder von Gott strafen ließ, keine Beachtung.

Doch wer heute gleichgültig am Sohn Gottes und seinem Kreuzestod vorübergeht, zeigt damit, dass er Gottes Liebe missachtet.

Gott hat seinen Sohn gesandt, um uns zu erretten. Kann das unsere Herzen unberührt lassen?

31 Donnerstag
Oktober

Jesus sprach zu Martha: Ich bin die Auferstehung und das Leben; wer an mich glaubt, wird leben, auch wenn er stirbt; und jeder, der lebt und an mich glaubt, wird nicht sterben in Ewigkeit. Glaubst du dies? Sie spricht zu ihm: Ja, Herr, ich glaube, dass du der Christus bist, der Sohn Gottes, der in die Welt kommen soll. Johannes 11,25-27

Ein Hausspruch

An einem verfallenen Bauernhaus, das die Jahreszahl 1828 trägt, steht der Vers:

Ich leb und weiß nit, wie lang.
Ich sterb und weiß nit, wann.
Ich fahr und weiß nit, wohin.
Mich wundert, dass ich fröhlich bin.

Der Hausspruch selbst ist viel älter; schon im 15. Jahrhundert ist er bezeugt. Seitdem ist er viele

Male kommentiert, ergänzt, abgewandelt oder umgedichtet worden. So hat der Dichter Detlev von Liliencron (1844–1909) über ihn geschrieben: „Welch heidnisch-herrlicher, unsäglich rührender Spruch!"

Martin Luther (1483–1546) entgegnete auf diesen „Reim der Gottlosen", dass der Christ sehr wohl wisse, dass er von Gott komme und zu Gott gehe und dass sein Leben ganz in Gottes Hand sei. Er stellte einen eigenen Vers dagegen, wobei er in der letzten Zeile erkennen lässt, dass auch der Christ in der Welt und angesichts des Todes nicht immer ohne Anfechtung ist:

Ich lebe, solang Gott will.
Ich sterbe, wann und wie Gott will.
Ich fahr und weiß gewiss, wohin.
Mich wundert, dass ich traurig bin!

Beide Verse bieten Stoff zum Nachdenken – über Inhalt, Ziel und Ende des Lebens. Und über die Worte dessen, der uns als Einziger Gewissheit über das „Wozu" und das „Wohin" unseres Lebens geben kann.

Tägliche Bibellese 2. Könige 21,19–22,7 · Psalm 107,1-22

1 Freitag
November

SA 07:14 · SU 16:54
MA 07:14 · MU 16:32

Als Jesus sich dem Tor der Stadt näherte, siehe, da wurde ein Toter herausgetragen, der einzige Sohn seiner Mutter, und sie war eine Witwe.

Lukas 7,12

Der Herr des Lebens

In einem Haus der Stadt Nain war Trauer eingekehrt. Ein junger Mann, der einzige Sohn einer Witwe, war gestorben und wurde nun zu Grabe getragen. Ein großer Trauerzug lässt vermuten, dass den Leuten die besondere Tragik dieses Falls wohl bewusst war. Und doch sind solche Ereignisse leider etwas Alltägliches in jeder Stadt. Wir müssen uns damit abfinden.

Viele Menschen verdrängen den Gedanken an den Tod mit aller Kraft. Andere versuchen das Gegenteil, nämlich den Tod als etwas ganz Natürliches zu erklären, das man nicht zu scheuen brauche. Doch der Tod bleibt letztlich ein Feind (vgl. 1. Korinther 15,26).

In Nain geschieht vor fast 2000 Jahren etwas Außergewöhnliches. Der Herr über Leben und Tod tritt hinzu. Jesus Christus, der Sohn Gottes, begegnet dem Trauerzug. Und Er geht nicht einfach vorbei. Er bringt den jungen Mann ins Leben zurück. Das ist in der Tat ein Wunder, wie nur Er es vollbringen konnte.

Heute hält sich Jesus Christus, der gestorbene und auferstandene Herr, im Himmel auf. Und doch vollzieht sich dieses Wunder, dass Menschen lebendig werden, immer noch auf der Erde, allerdings in einem ganz anderen und viel höheren Sinn, denn Jesus Christus spricht: „Wahrlich, wahrlich, ich sage euch: Wer an mich glaubt, hat ewiges Leben." (Johannes 6,47).

Für Gott ist der Mensch im Allgemeinen geistlich tot. Wer aber dem Evangelium Gottes Gehör schenkt, zu Gott umkehrt und den Sühnungstod Christi im Glauben für sich in Anspruch nimmt, empfängt ewiges Leben. Er braucht den eigenen Tod nicht mehr zu fürchten. Für ihn hat der Tod seinen „Stachel" verloren; für ihn ist das Sterben der Schritt, der hin zur ewigen Herrlichkeit führt.

Tägliche Bibellese 2. Könige 22,8-20 · Psalm 107,23-43

2 Samstag
November

SA 07:16 · SU 16:53
MA 08:27 · MU 16:49

Meine Schafe hören meine Stimme, und ich kenne sie, und sie folgen mir; und ich gebe ihnen ewiges Leben, und sie gehen nicht verloren in Ewigkeit, und niemand wird sie aus meiner Hand rauben. Mein Vater, der sie mir gegeben hat, ist größer als alles, und niemand kann sie aus der Hand meines Vaters rauben.

Johannes 10,27-29

Die Schafe des guten Hirten

In Johannes 10 stellt sich der Herr Jesus als der gute Hirte vor, der sein Leben für die Schafe einsetzt. Für sie hat Er sein Leben gelassen. Doch wer sind seine Schafe? Das sind die Menschen, die Ihn im Glauben als Retter und Herrn angenommen haben. Der Hirte selbst beschreibt sie und ihre Beziehung zum Ihm anhand von sieben Merkmalen. Diese gleichen einem Fundament, das auf sieben Pfeilern steht:

1. Seine Schafe hören seine Stimme. Sie kennen die Stimme des guten Hirten aus der Bibel und tun das, was der Hirte ihnen sagt.
2. Der Herr kennt seine Schafe. Er kennt sie alle und Er kennt sie durch und durch. Vor Ihm ist nichts verborgen.
3. Seine Schafe folgen Ihm. Der Hirte ist in jeder Hinsicht das große Vorbild für seine Schafe, dem sie gern folgen. In seiner Nachfolge haben sie alles, was sie brauchen.
4. Der Hirte gibt ihnen ewiges Leben. Durch dieses göttliche Leben haben sie dieselben Interessen und Empfindungen wie Er. So sind sie befähigt, eine innige Beziehung zum Hirten zu pflegen.
5. Seine Schafe gehen nicht verloren in Ewigkeit. Das ewige Leben, das sie besitzen, ist unverlierbar.
6. Niemand wird seine Schafe aus seiner Hand rauben. In seiner Hand sind sie für immer geborgen. Er selbst ist der Garant dafür.
7. Niemand kann seine Schafe aus der Hand des Vaters rauben. Sie sind doppelt sicher: sicher in der Hand Jesu und sicher in der Hand Gottes, des Vaters.

3 **Sonntag**
November

SA 07:18 · SU 16:51
MA 09:42 · MU 17:14

Und die Jünger vergaßen, Brote mitzunehmen, und hatten nichts bei sich auf dem Schiff als nur ein Brot. Und Jesus gebot ihnen und sprach: Gebt acht, hütet euch vor dem Sauerteig der Pharisäer und dem Sauerteig des Herodes.

Markus 8,14.15

Gedanken zum Markus-Evangelium

Zwei Ereignisse haben die Jünger gerade miterlebt:

- Jesus, der Sohn Gottes, hat 4000 Menschen mit sieben Broten und einigen kleinen Fischen versorgt. Keiner ist hungrig nach Hause gegangen, denn am Schluss sind sieben volle Körbe mit Essensresten aufgesammelt worden.

- Einige von der Sekte der Pharisäer sind zu Jesus gekommen und haben „ein Zeichen vom Himmel" gefordert. Was für eine Bosheit angesichts der vielen Wunder, die Jesus getan hat und die Ihn als den angekündigten Messias-König bestätigen! Deshalb hat der Herr sich ihnen verweigert, ist mit seinen Jüngern in ein Boot gestiegen und weggefahren.

Während der Fahrt machen die Jünger sich Sorgen, weil sie nicht genug zu essen mitgenommen haben: Es gibt nur ein einziges Brot für 13 Leute. Der Herr nimmt die Situation zum Anlass, seine Jünger geistlich zu unterweisen und sie vor dem Bösen zu warnen. Dafür benutzt Er eine bildliche Sprache, indem Er von Sauerteig spricht. Sauerteig ist hier ein Bild von bösen Lehren oder Grundsätzen, die dort, wo sie geduldet werden, alles durchdringen.

Der Sauerteig der Pharisäer ist die Heuchelei (vgl. Lukas 12,1). Nach außen hin zeigt man sich fromm, innerlich aber ist man kalt und leer. Außerdem misst man den menschlichen Überlieferungen einen höheren Stellenwert bei als dem Wort Gottes.

Beim Sauerteig des Herodes geht es darum, jüdische Bräuche und politische Machenschaften zu vermischen. Ziel ist, die eigene Ehre zu wahren.

Jünger Jesu sollen sich „von jeder Art des Bösen fernhalten" und ihr Leben nach der Wahrheit der Bibel ausrichten. Ihnen ist es wichtiger, von Gott anerkannt zu werden als von Menschen (vgl. 1. Thessalonicher 5,22; 1. Korinther 10,31).

Tägliche Bibellese 2. Könige 23,12-23 · Psalm 109,1-20

4 Montag
November

*Es ist den Menschen gesetzt, einmal zu
sterben, danach aber das Gericht.*

Hebräer 9,27

Sterben für Anfänger

In Anlehnung an einen gleichnamigen Film wurde in
einer hessischen Kleinstadt ein Seminar angeboten
mit dem Titel „Sterben für Anfänger". Das machte
mich stutzig. Angebote wie „Digitale Fotografie für
Anfänger", „Tabellenkalkulation für Anfänger" oder
Ähnliches waren mir durchaus geläufig, aber „Sterben für Anfänger"? Man stirbt doch nur *einmal* und
dann endgültig! In dem besagten Seminar ging es
darum, sich mit dem Sterben auseinanderzusetzen.
Die Teilnehmer sollten z. B. einen gemeinsamen
Rundgang über den Friedhof machen, Grabinschrif-
ten lesen und sich anschließend in der Friedhofska-
pelle bei Kerzenschein zu Gespräch und Austausch
treffen. Es ist wahr: In unserer Kultur wird das Thema
„Sterben" allzu gern verdrängt. Warum eigentlich?

Es gehört doch zum Leben dazu. Vielleicht wird es deshalb verdrängt, weil da eine gewisse Angst vor dem Ungewissen ist, vor dem Danach. Die Bibel sagt, dass Gott die Ewigkeit in das Herz der Menschen gelegt hat (Prediger 3,11). Deshalb ahnen wir in unserem tiefsten Innern, dass mit dem Tod nicht alles aus sein kann. Gott lässt uns nicht im Unklaren: „Es ist den Menschen gesetzt, einmal zu sterben, danach aber das Gericht." Der Gedanke an ein Gericht, d. h. daran, dass man Rechenschaft ablegen muss für sein Tun, ist letztlich der tiefe Grund, warum der Gedanke ans Sterben als so unangenehm empfunden wird. Ja, Gottes Gericht wird unbestechlich und gerecht sein. Da wird keiner bestehen können; auch die guten Taten werden die schlechten nicht aufwiegen können.

Aber es gibt eine wunderbare Botschaft: „Wahrlich, wahrlich, ich sage euch: Wer mein Wort hört und dem glaubt, der mich gesandt hat, hat ewiges Leben und kommt nicht ins Gericht" (Johannes 5,24). Wer Jesus als seinen Retter annimmt, bleibt vor dem Gericht verschont und braucht sich deshalb nicht vor dem Tod zu fürchten! Denn es heißt weiter in dem Bibelvers: „sondern ist aus dem Tod in das Leben übergegangen".

5 Dienstag
November

*Im Anfang schuf Gott die Himmel
und die Erde.*

1. Mose 1,1

Die Schöpfung

Der erste Satz der Bibel bringt uns direkt mit dem
ewigen Gott in Verbindung. Er ist der Schöpfer
von Himmel und Erde.

- Gott hat die Sonne, den Mond und die Sterne
  gemacht. Er hat allen Himmelskörpern einen
  Platz und eine Bahn zugewiesen. In Jesaja
  40,25.26 heißt es über den Schöpfer: „Wem
  denn wollt ihr mich vergleichen? ... Hebt zur
  Höhe eure Augen empor und seht: Wer hat
  diese da geschaffen? Er, der ihr Heer heraus-
  führt nach der Zahl, ruft sie alle mit Namen:
  Wegen der Größe seiner Macht und der Stärke
  seiner Kraft bleibt keines aus."
- Der Schöpfer hat alle Pflanzen und Tiere auf der
  Erde geschaffen. Auch die Gesetzmäßigkeiten

der Natur entspringen seinem weisen Plan. Gott selbst bezeugt: „Ich habe die Erde gemacht, die Menschen und das Vieh, die auf der Fläche der Erde sind, durch meine große Kraft und durch meinen ausgestreckten Arm" (Jeremia 27,5).

- Die Krönung der Schöpfung ist der Mensch. Gott bildete ihn aus Staub vom Erdboden und hauchte in seine Nase den Odem des Lebens. So wurde der Mensch „eine lebendige Seele" (1. Mose 2,7).

Der biblische Schöpfungsbericht in 1. Mose 1 ist so einfach geschrieben, dass jeder die göttliche Wahrheit über die Erschaffung von Himmel und Erde erfassen kann. Wer dieser schlichten Darstellung in der Bibel Glauben schenkt, anerkennt Gott als seinen Schöpfer.

Du großer Gott, wenn ich die Welt betrachte,
die Du geschaffen durch Dein Allmachtswort,
wenn ich auf alle jene Wesen achte,
die Du regierst und nährest fort und fort,
dann jauchzt mein Herz Dir, großer Herrscher, zu
Wie groß bist Du! Wie groß bist Du!

C. Boberg (1859–1940)

Tägliche Bibellese 2. Könige 24,1-20 · Psalm 110,1-7

Alle meine Sünden hast du hinter deinen
Rücken geworfen.

Jesaja 38,17

Das Blut Jesu Christi, des Sohnes Gottes,
reinigt uns von aller Sünde.

1. Johannes 1,7

Thomas

Thomas ist entmutigt. Er ist seit Jahren Christ, im Moment aber geht er in seinem Glaubensleben durch eine schwierige Phase. Er lebt in sich gekehrt und fühlt sich schwach gegenüber den Versuchungen. Zudem grübelt er viel über die Verfehlungen seines früheren Lebens nach. „Ich bin Christ", erklärt er einem gläubigen Freund, „aber im tiefsten Innern fühle ich mich vor allem als Sünder vor Gott!"

Darauf liest der Freund ihm ein Bibelwort vor: „Wenn wir unsere Sünden bekennen, so ist er treu und gerecht, dass er uns die Sünden vergibt und uns reinigt von aller Ungerechtigkeit" (1. Johannes 1,9). Und er fragt Thomas: „Glaubst du, dass diese Aussage wahr ist?"

„Ja, ganz sicher glaube ich daran. Es steht doch in der Bibel!"

„Aber trifft es auch für dich zu?"

„Was meinst du damit?"

„Ich meine, ob dieser Vers für dich gültig ist?"

Thomas überlegt. Natürlich kann er nicht mit Nein antworten. Aber wenn er Ja sagt, hieße das doch, dass Gott ihm schon vergeben hat. Plötzlich wird es hell in seinem Innern, und er antwortet leise, fast scheu, aber mit neuer Freude: „Ja, dieser Vers gilt für mich, und ich brauche mich nicht mehr wegen meiner früheren Sünden zu sorgen."

„Siehst du, Thomas, du darfst nie denken, dass Gott dich deine Sünden fühlen ließe, obwohl du sie Ihm aufrichtig bekannt hast. Gott vergibt in vollkommener Gerechtigkeit. Weil Jesus deine Sünden am Kreuz getragen hat, bist du kein Angeklagter mehr, sondern ein Gerechter."

7 Donnerstag November

Zu dem HERRN rief ich in meiner Bedrängnis, und er erhörte mich. Psalm 120,1

Die Hand des HERRN ist nicht zu kurz, um zu retten, und sein Ohr nicht zu schwer, um zu hören. Jesaja 59,1

Den Fachmann fragen!

Ich war geschäftlich mit dem Auto unterwegs. Auf der Autobahn fing der Motor plötzlich an, zu stottern. Schließlich ging er aus. Langsam ließ ich den Wagen auf dem Pannenstreifen ausrollen. Ich stieg aus, öffnete die Motorhaube und versuchte, den Schaden zu lokalisieren. Ich arbeitete schwitzend und versuchte immer wieder, den Motor neu zu starten. Vergeblich.

Mir blieb nichts anderes übrig, als die Pannenhilfe zu rufen. Ein Mechaniker kam. In kürzester Zeit hatte er das Problem erkannt und behoben.

Ich dankte dem freundlichen Helfer, reinigte meine öligen Hände und fuhr weiter. Der Spaß hatte mich eine ganze Stunde gekostet. Wenn ich gleich den Fachmann gerufen hätte, wäre es deutlich schneller gegangen. Aber ich hatte den Ehrgeiz, das Problem selbst zu lösen, und war gescheitert.

So geht es mir oft, das gestehe ich mir in diesem Moment ein. Auf den großen und kleinen Baustellen und Pannenabschnitten meines Lebens werkle ich allein, statt mir fachmännische Hilfe zu holen. So oft haben mich Freunde auf Gott hingewiesen. Mir gesagt, dass Er mein Lebensschiff wieder auf Kurs bringen kann. Vielleicht sollte ich es versuchen. Gott ist weise und allmächtig. Er kann jedes Problem lösen. Außerdem ist Er barmherzig und will mein Bestes, so sagen meine Freunde. Wenn Gott wirklich der Schöpfer allen Lebens ist und Ihm an mir liegt, dann weiß Er auch einen Weg für mich.

„Früh wirst du, HERR, meine Stimme hören, früh werde ich dir mein Anliegen vorstellen und harren" (Psalm 5,4).

8

Freitag
November

SA 07:26 · SU 16:43
MA 13:58 · MU 22:18

*Kann sich jemand in Schlupfwinkeln
verbergen, und ich sähe ihn nicht?,
spricht der HERR.*

Jeremia 23,24

*Die Augen des HERRN durchlaufen die ganze
Erde, um sich mächtig zu erweisen an denen,
deren Herz ungeteilt auf ihn gerichtet ist.*

2. Chronika 16,9

Gott sieht alles!

Obwohl die Mutter es verboten hat, nimmt Lena, ohne zu fragen, die gute Schere aus der Schublade. Sie möchte aus einem Blatt Papier einen Scherenschnitt machen. Plötzlich merkt sie, dass sie ins Tischtuch geschnitten hat. Schnell räumt sie die Schere fort, wirft das Papier weg, zieht sich in ihr Zimmer zurück und verkriecht sich unter die Bettdecke. Als die Mutter den Schaden entdeckt, sucht sie ihre Tochter. Sie kommt ins Zimmer, zieht die Decke weg und fragt: „Lena, was hast du getan?"

Die Bibel berichtet, wie Adam und Eva, die ersten beiden Menschen, das Gebot Gottes übertraten: Sie aßen von der Frucht des Baumes der Erkenntnis des Guten und Bösen. Sofort wussten sie, dass sie sich vor Gott schuldig gemacht hatten. Weil sie sich vor Ihm fürchteten, versteckten sie sich. Aber Gott fand sie und stellte zuerst Adam zur Rede. Dann sprach Er zur Frau: „Was hast du da getan!" (1. Mose 3,1-13).

Auch heute verstecken sich viele Menschen vor Gott. Die einen versuchen, Ihm aus dem Weg zu gehen, indem sie seine Existenz leugnen. Die anderen verbergen sich hinter der menschlichen Toleranz gegenüber dem Bösen und meinen, damit seiner Strafe entgehen zu können.

Aber Gott sieht uns immer. Ihm entgeht nichts. Er weiß um alles Böse, das die Menschen tun, und wird sie einmal dafür zur Rechenschaft ziehen. Verstecken ist also zwecklos. Was viele auch nicht wissen: Gott ist „ein Gott der Vergebung, gnädig und barmherzig, langsam zum Zorn und groß an Güte" (Nehemia 9,17). Er wartet darauf, dass wir mit unserem Eingeständnis der Schuld zu Ihm kommen. Nehmen wir doch seine Gnade in Anspruch!

Tägliche Bibellese Hesekiel 1,1-21 · Psalm 113 u. 114

9 Samstag November

SA 07:28 · SU 16:41
MA 14:18 · MU 23:44

*Was ist meine Kraft, dass ich ausharren, und
was mein Ende, dass ich mich gedulden sollte?*

Hiob 6,11

Geduldig warten?

Baustelle. Die Ampel steht auf Rot. Schon wieder muss ich stehen bleiben und warten. Warum
muss es auch so viele Baustellen geben? Endlich
wird's grün. Es geht weiter.

Kennen Sie auch solche roten Ampeln in ihrem
Leben? Krankheit, Trauer, Enttäuschung, Arbeitslosigkeit ... Manche Ampeln scheinen unendlich
lange auf Rot zu stehen. Auch einige alttesta-
mentliche Personen erlebten „rote Ampeln", bis
sich für sie alles zum Guten wendete:

Der Patriarch Joseph saß zwei Jahre unschuldig
im Gefängnis. Er wurde erst befreit, als jemand
sich an seine guten Taten erinnerte und für ihn
eintrat. Mose besuchte die besten Hochschulen
des Landes und genoss das Leben am Hof des

Pharaos. Doch bevor er die große Aufgabe übernehmen konnte, zu der er berufen war, musste er 40 Jahre Schafe hüten. Hanna wurde jahrelang von Verwandten gekränkt und verspottet, konnte später aber Gott von Herzen preisen. Der gottesfürchtige Hiob verlor durch ein schreckliches Unglück sein Familienunternehmen und dazu seine zehn Kinder. Er selbst wurde schwer krank, hielt aber standhaft aus – bis der barmherzige Herr ihm ein gesegnetes Lebensende schenkte.

Gibt es in Ihrem Leben auch „rote Ampeln"? Vielleicht warten Sie schon lange darauf, dass sich bei Ihnen beruflich etwas ändert, dass Sie von Krankheit geheilt und von Schmerzen befreit werden oder dass sich eine Lösung für Ihre Probleme auftut. Wie gehen Sie mit diesen Wartezeiten um? Manchmal geschieht es durch solche Situationen erstmals, dass wir über Gott und seine Ziele und Absichten nachdenken.

Gott hat nur Gutes mit uns im Sinn: „Nicht von Herzen plagt und betrübt er die Menschenkinder" (Klagelieder 3,33). Er will, dass wir uns Ihm öffnen und wir so an sein liebendes Herz gezogen werden.

10

Und die Jünger überlegten miteinander und sprachen: Weil wir keine Brote haben. Und als Jesus es erkannte, spricht er zu ihnen: Was überlegt ihr, weil ihr keine Brote habt? Begreift ihr noch nicht und versteht auch nicht? Habt ihr euer Herz verhärtet? Augen habt ihr und seht nicht, und Ohren habt ihr und hört nicht? Und erinnert ihr euch nicht? Als ich die fünf Brote für die fünftausend brach, wie viele Handkörbe voll Brocken habt ihr aufgehoben? Sie sagen zu ihm: Zwölf. – Als aber die sieben für die viertausend, wie viele Körbe, mit Brocken gefüllt, habt ihr aufgehoben? Und sie sagen zu ihm: Sieben. Und er sprach zu ihnen: Versteht ihr noch nicht?

Markus 8,16-21

Gedanken zum Markus-Evangelium

Die Jünger fahren mit ihrem Meister auf die andere Seite des Sees Genezareth. Da sie nur ein

Brot dabeihaben, sind sie besorgt. Der Herr nutzt die Gelegenheit, um sie vor dem bösen Einfluss der Pharisäer und Herodianer zu warnen, und spricht in diesem Zusammenhang bildlich vom Sauerteig. Doch die Jünger fassen das buchstäblich auf. Sie denken hier nur an ihre natürlichen Bedürfnisse, deshalb verstehen sie den Herrn und seine Warnungen nicht.

Jesus stellt seinen Jüngern Fragen, die einen gewissen Tadel beinhalten. Warum verstehen sie die Worte ihres Meisters nicht? Liegt es an fehlender Bildung? Nein, ihre Einstellung und ihre Erwartung sind verkehrt. Allein das zweimalige Speisungswunder hätte ihr Vertrauen zu ihrem Herrn und Meister stärken müssen. Dann wären sie innerlich frei gewesen, auch die wichtigen Unterweisungen des Herrn zu beherzigen. Dann hätten sie den geistlichen Dingen den richtigen Stellenwert beigemessen.

Niemand sollte denken, er sei verständiger als die Jünger. Auch wir müssen immer wieder an für uns lebenswichtige Bibelworte erinnert und manchmal sogar durch Predigten aufgerüttelt werden.

Tägliche Bibellese Hesekiel 3,1-27 · Psalm 115,9-18

Ich habe deine Übertretungen getilgt wie einen Nebel, und wie eine Wolke deine Sünden. Kehre um zu mir, denn ich habe dich erlöst.

Jesaja 44,22

Revierlack

Im Jahr 1883 versichert ein staatlicher Fabrikinspektor, dass Schwefeldioxid, diese schwefelig riechende Substanz in den Abgasen der Zinkhütten, keineswegs gefährlich sei beim Einatmen. Sie sei sogar „durch ihre desinfizierende Wirkung wohltätig". 1915 wird die Luftverschmutzung im Ruhrgebiet zwar anerkannt, aber als ortsüblich und zumutbar eingestuft. Die Behörden nehmen die verpestete Luft als notwendiges Übel hin.

Doch die Belastung durch Abgase wird immer größer. 1961 sinken allein 4 Millionen Tonnen Schwefeldioxid auf das Ruhrgebiet nieder. Noch dazu 1,5 Millionen Tonnen Flugasche, Kohlenstaub und Ruß, die sich auf Fensterbänke und Karosserien legen. „Revierlack" nennen es die Autofahrer, „ein tägliches Pompeji" ein Nachrichtenmagazin. In jenem Jahr stellt der SPD-Politiker Willy Brandt sein Wahlprogramm vor. Zur Luftverschmutzung im Revier fordert er: „Der Himmel über dem Ruhrgebiet muss wieder blau werden!"

Jeder von uns produziert viele kleine und große Sünden, Tag für Tag, Monat für Monat, Jahr für Jahr. Sünden im Miteinander und vor allem Sünden gegen Gott. Sie werden zu einer regelrechten „Sündenverschmutzung". Auch hier wünscht sich mancher eine Änderung, wünscht, dass „der Himmel wieder blau wird" und seine Beziehung zu Gott in Ordnung kommt. Er ahnt, dass das „tägliche Pompeji" aufhören muss, sonst ... Doch wie soll das geschehen?

Allein Jesus Christus kann unsere Übertretungen tilgen, indem er den Sündenschmutz von unseren Herzen wäscht. Er allein kann die Wolke unserer Sünden vertreiben. Gott verspricht: „Wenn eure Sünden wie Scharlach sind, wie Schnee sollen sie weiß werden; wenn sie rot sind wie Karmesin, wie Wolle sollen sie werden" (Jesaja 1,18).

12 Dienstag November

SA 07:33 · SU 16:37
MA 15:02 · MU 02:35

Ihr sollt nicht alles Verschwörung nennen, was dieses Volk Verschwörung nennt; und fürchtet nicht ihre Furcht und erschreckt nicht davor. Den HERRN der Heerscharen, den sollt ihr heiligen; und er sei eure Furcht, und er sei euer Schrecken. Jesaja 8,12.13

Verschwörungstheorien

Verschwörung bedeutet, dass Menschen sich im Geheimen zusammentun, um ein gemeinsames Ziel zu erreichen. Dabei schaden sie aber oft anderen Menschen. Beispiele dafür gibt es in der Bibel genug. So machte Absalom, der Sohn von König David, eine Verschwörung gegen den eigenen Vater, um das Königtum an sich zu reißen.

Abgesehen von diesen nachweislichen Verschwörungen gibt es aber auch zahlreiche Verschwörungstheorien. Über die sozialen Netzwerke erreichen sie heute innerhalb kürzester

Zeit sehr viele Menschen. Besonders in Zeiten der Verunsicherung, nach Unglücken, in Kriegszeiten oder während Pandemien sind solche Theorien erfolgreich. Verschwörungsgläubige sind überzeugt, dass jemand hinter den Ereignissen steht und sie zu seinem eigenen Nutzen herbeiführt oder beeinflusst. Wenn Informationen und Tatsachen nicht die eigenen Annahmen bestätigen, werden sie ignoriert. Auf diese Weise entstehen die merkwürdigsten Behauptungen, die viele Menschen verunsichern.

Ist da der obige Bibelvers nicht total zutreffend? Der Prophet Jesaja ermahnt das Volk, nicht jeder Verschwörung zu glauben und sich dadurch nicht erschrecken zu lassen. Sie kannten doch den Gott im Himmel, der über allem steht. Ihn sollten sie fürchten. Das heißt nicht, vor Ihm Angst zu haben, sondern in Ehrfurcht vor Ihm zu leben und sein Wort zu respektieren. Wer Ihm glaubensvoll vertraut, braucht sich nicht von menschlichen Ideen und Bedrohungen einschüchtern zu lassen. Das letzte Wort hat Gott, denn Er ist die oberste Instanz.

13 Mittwoch
November

Jesus sprach zu ihnen: Ich bin das Brot des Lebens; wer zu mir kommt, wird nicht hungern, und wer an mich glaubt, wird niemals dürsten.

Johannes 6,35

„Ich bin das Brot des Lebens"

Diesen Ausspruch tat Jesus, nachdem Er mit nur fünf Broten und zwei Fischen mehr als 5000 Menschen gespeist hatte. Dieses Wunder, die sogenannte „Brotvermehrung", deutet darauf hin, dass Jesus derjenige ist, der allein unseren Hunger nach Leben, nach ewigem Leben, stillen kann.

Als Jesus den Hunger vieler Menschen mit Brot stillte, freuten sie sich. Aber wie stand es mit dem Hunger ihrer Seele? Verspürten sie ihn nicht? Jedenfalls waren sie nicht bereit, auch diesen Hunger von Jesus stillen zu lassen. Denn als Er ihnen sagte, dass Er „das lebendige Brot" sei, „das aus dem Himmel herabgekommen" war, wollten sie davon nichts wissen. Sie sahen in Ihm nur einen gewöhnlichen Menschen. In Wirklichkeit war Er der Ewige, der Mensch geworden ist: vom Heiligen Geist gezeugt und von der Jungfrau Maria geboren worden (V. 33).

Jesus wurde deutlicher: „Das Brot, das ich geben werde, ist mein Fleisch, das ich geben werde für das Leben der Welt." Und dann ergänzte Er: „Wer mein Fleisch isst und mein Blut trinkt, hat ewiges Leben" (Verse 51.54).

Wie ist das zu verstehen? Mit „Fleisch" meinte Jesus nicht die Substanz seines Körpers, sondern sich selbst als Mensch. Wenn Er nun davon sprach, sein „Fleisch zu geben", bezog Er sich auf seinen Tod – dass Er „sein Leben hingeben" würde (1. Johannes 3,16). „Sein Fleisch essen und sein Blut trinken" bedeutet demnach: Ich glaube daran, dass Jesus Mensch geworden und für mich gestorben ist; ich glaube, dass Er stellvertretend für mich gestorben ist. Wenn ich daran glaube, dass Er sein Leben für mich hingegeben und sein Blut für mich vergossen hat, dann hat Er alle meine Sünden ausgelöscht und mir das ewige Leben geschenkt. Er ist „das Brot des Lebens"! Der Hunger meiner Seele ist gestillt.

14 Donnerstag
November

SA 07:36 · SU 16:34
MA 15:33 · MU 05:33

Große Volksmengen kamen zu ihm, die Lahme, Blinde, Krüppel, Stumme und viele andere bei sich hatten, und sie legten sie zu den Füßen Jesu nieder; und er heilte sie.

Matthäus 15,30

Ein Gott der Barmherzigkeit

In der Antike begegnete man Menschen, die nicht sehen konnten, mit Gleichgültigkeit und Verachtung. Bei den Griechen wurden blinde Jungen als Galeerensklaven eingesetzt, während blinde Mädchen als Prostituierte arbeiten mussten.

Als Jesus kam, machte Er Blinde sehend und öffnete die Ohren der Gehörlosen und den Mund der Stummen. Das sprach sich herum, so dass man die Kranken zu Ihm brachte, damit Er sie heilte.

Die Jünger Jesu sind aufgefordert, genauso barmherzig gegenüber Kranken und Menschen mit Handicap zu sein wie ihr Meister. So wurden bereits im 4. Jahrhundert Blindenasyle errichtet. Im 16. Jahrhundert brachte man Blinden erstmals das Lesen bei; dafür wurden dreidimensionale Buchstaben aus Wachs oder Holz benutzt. 1834 erfand dann Louis Braille (1809–1852), ein blinder Organist, ein Buchstabensystem mit bis zu sechs gestochenen Punkten. Seine Erfindung fand durch christliche Missionare weltweite Verbreitung.

Charles-Michel de l'Épée (1712–1789), ein Priester in Paris, entwickelte die Gebärdensprache für Gehörlose und gründete und finanzierte eine Schule für sie. Er wollte, dass auch die Gehörlosen das Evangelium Jesu Christi kennenlernen.

Gott überlässt keinen Menschen seinem Schicksal. Er „ist reich an Barmherzigkeit, wegen seiner vielen Liebe, womit er uns geliebt hat" (Epheser 2,4). Dabei geht es Ihm vor allem um das Heil unserer Seele. Bis heute ruft Er Menschen zu sich, damit sie die Ewigkeit bei Ihm im Himmel verbringen – dann ohne irgendeine körperliche Beeinträchtigung.

15 Freitag November

SA 07:38 · SU 16:33
MA 15:54 · MU 07:07

Offenbarung Jesu Christi, die Gott ihm gab, um seinen Knechten zu zeigen, was bald geschehen muss; und durch seinen Engel sendend, hat er es seinem Knecht Johannes gezeigt. Offenbarung 1,1

Das Buch der Offenbarung

Das letzte Buch der Bibel beschreibt, wie Gott seinem Apostel Johannes zukünftige Personen und Ereignisse offenbart. Das, was Johannes sieht und hört, soll er aufschreiben und an sieben Gemeinden im asiatischen Teil der heutigen Türkei senden (Vers 11).

Nach einer kurzen Einleitung gibt sich das Buch der Offenbarung selbst eine Gliederung (Vers 19): „Schreibe nun das, was du gesehen hast", d. h. Jesus Christus als Richter (Kap. 1,12-20), „und was ist", d. h. die geistliche Situation der Empfängergemeinden (Kap. 2 und 3), „und was nach diesem geschehen wird", d. h. die Zukunft, in der Gott seine Wege vollenden wird und die bis in die Ewigkeit reicht (Kap. 4,1–22,5).

Fälschlicherweise wird die Offenbarung oft „als Buch mit sieben Siegeln" bezeichnet, als unverständlich und geheimnisvoll. Dabei werden sowohl im Vor- als auch im Nachwort diejenigen „glückselig" gepriesen, die sie lesen und hören und die Worte der Weissagung dieses Buches bewahren (Kap. 1,3; 22,7). Die Offenbarung macht deutlich: Gott ist der Herr der Geschichte und Ihm allein steht alle Anbetung zu – heute und in alle Ewigkeit. Wer Ihm diese Ehrerweisung vorenthält, den werden die schrecklichen Gerichte treffen, die in der Offenbarung detailliert beschrieben sind.

Zum Schluss des Buches heißt es (noch einmal): „Diese Worte sind gewiss und wahrhaftig, und der Herr, der Gott der Geister der Propheten, hat seinen Engel gesandt, um seinen Knechten zu zeigen, was bald geschehen muss." Die Zeit eilt auf die kommenden Ereignisse zu. Damit niemand davon überrascht wird, lädt Gott noch ein: „Wen dürstet, der komme; wer will, nehme das Wasser des Lebens umsonst" (Kap. 22,6.17).

Lesen Sie das letzte Buch der Bibel!
www.csv-bibel.de

Tägliche Bibellese Hesekiel 9,1-11 · Psalm 118,15-29

16 Samstag November

*Wirf dein Brot hin auf die Fläche der Wasser,
denn nach vielen Tagen wirst du es finden.*

Prediger 11,1

Die Kraft des Gebets

Die 23-jährige Faith (engl. = „Glauben") arbeitet als Lehrerin in Westafrika. In den Schulferien unterstützt sie Maddie, eine ältere Missionarin. Sie besuchen gemeinsam abgelegene Dörfer, um das Evangelium zu verbreiten und medizinische Versorgung anzubieten. Eines Tages fällt Faith eine Frau auf, die ihr krankes Baby auf dem Rücken trägt. Es stellt sich heraus, dass sie eine muslimische Nomadin ist, die 40 Kilometer zu Fuß hierher gelaufen ist, um Hilfe für ihr Kind zu finden. Nachdem Maddie das Baby mit Medizin versorgt hat, legt sie es in Faiths Arme.

Diese ruft hilflos: „Und was soll ich jetzt machen?"

„Zuallererst", antwortet Maddie, „betest du laut und deutlich. Dann versuchst du, dem Baby etwas Milch einzuflößen."

Faith betet mit einfachen, aber aus dem Herzen kommenden Worten, und – das Baby trinkt! Die Mutter schaut zu und hat ein wunderschönes Lächeln auf dem Gesicht – ein Lächeln, das Faith nicht vergessen kann. In den nächsten Jahren muss sie immer wieder an dieses Baby und seine Mutter denken und betet für sie.

Jahre später kommt Faith wieder in diese Gegend. Sie trifft auf eine Gruppe von Jugendlichen, die sich für die Bibel interessieren. Ein Junge hört besonders aufmerksam zu und nimmt sie mit in seine Familie. Als Faith die Mutter sieht, zuckt sie zusammen: dieses wunderschöne Lächeln! Vor ihr steht tatsächlich die muslimische Frau von damals. Ihr Sohn ist mittlerweile 13 Jahre alt. Er ist das Kind, für das Faith jahrelang gebetet hat!

Bald gehört dieser Junge zu den ersten Menschen dieses Nomadenvolkes, die getauft werden. Später kommt auch die Mutter zum Glauben an Jesus Christus, und mittlerweile gibt es viele gläubige Christen unter diesem Volk.

Tägliche Bibellese Hesekiel 10,1-22 · Psalm 119,1-16

17

Sonntag
November

SA 07:41 · SU 16:30
MA 17:07 · MU 10:07

Und sie kommen nach Bethsaida; und sie bringen ihm einen Blinden und bitten ihn, dass er ihn anrühre. Und er fasste den Blinden bei der Hand und führte ihn aus dem Dorf hinaus; und er tat Speichel in seine Augen, legte ihm die Hände auf und fragte ihn, ob er etwas sehe. Und aufblickend sprach er: Ich erblicke die Menschen, denn ich sehe sie wie umhergehende Bäume. Dann legte er wieder die Hände auf seine Augen, und er sah deutlich, und er war wiederhergestellt und sah alles klar. Und er schickte ihn in sein Haus und sprach: Geh nicht in das Dorf. Markus 8,22-26

Gedanken zum Markus-Evangelium

Wenn wir die Evangelien lesen, staunen wir immer wieder, wie Gott die verschiedenen Ereignisse berichten lässt. Zum einen sind sie mit weiser Absicht angeordnet, zum anderen werden verschiedene Wunder Jesu sehr detailliert beschrieben.

So auch hier. Wir erinnern uns daran, dass Jesus kurz vorher seine Jünger gefragt hat: „Augen habt ihr und seht nicht, und Ohren habt ihr und hört nicht?" (Vers 18). Ihnen stand nicht immer deutlich vor Augen, dass Jesus der allmächtige Sohn Gottes ist. Da überrascht es uns nicht, dass der Herr das Thema „Sehbehinderung" anhand der Heilung eines Blinden vertieft. Gott will uns hier nämlich nicht nur ein beeindruckendes Heilungswunder schildern, sondern uns geistlich unterweisen. Das wird nicht zuletzt an dem ungewöhnlichen zweistufigen Heilungsprozess deutlich. Denn der Sohn Gottes hätte den Blinden genauso mit *einem* Wort oder *einer* Handbewegung heilen können.

In der ersten Heilungsstufe kann der Blinde zwar sehen, aber die Formen nicht klar unterscheiden: Er sieht die Menschen wie Bäume. – Wer zum Glauben an den Herrn Jesus gekommen ist, hat ein *Sehvermögen* erhalten, das er vorher nicht besaß. Und doch hat er in vielen Fragen noch keine große Klarheit. Dieses *Unterscheidungsvermögen* erhält ein Christ, wenn er die Bibel liest und der Heilige Geist ihm Verständnis gibt, damit er „alles klar sieht".

18 Montag
November

SA 07:43 · SU 16:29
MA 18:05 · MU 11:20

... und werden umsonst gerechtfertigt durch seine Gnade, durch die Erlösung, die in Christus Jesus ist, ... durch den Glauben an sein Blut. Römer 3,24.25

Ihr wisst, dass ihr nicht ... mit Silber oder Gold erlöst worden seid ..., sondern mit dem kostbaren Blut Christi. 1. Petrus 1,18.19

Das Geschenk

Gratis-Angebote! Immer wieder finden wir Prospekte in unserem Briefkasten, Flugblätter an der Windschutzscheibe unseres Autos oder Spam-Mails auf dem Bildschirm, die uns etwas umsonst anbieten! Aber bei genauem Hinsehen ist nichts umsonst. Da wird sich herausstellen – wir wissen es schon aus Erfahrung –, dass letztlich doch wirtschaftliche Interessen dahinterstecken. Ganz umsonst erhalten wir nichts.

Und doch möchten wir auf das eine Gratis-Angebot zu sprechen kommen, hinter dem sich wirklich keine egoistischen oder kommerziellen Interessen verbergen. Es geht dabei um unsere „Rechtfertigung" vor Gott, um unser ewiges Seelenheil. Gott bietet uns die Rechtfertigung völlig gratis als wunderbares Geschenk an, weil Jesus Christus durch seinen Sühnungstod am Kreuz dafür bezahlt hat. Nun will Er jedem, der zu Ihm umkehrt, die Lebensschuld vergeben und ihn gerecht sprechen. Wir müssen diese Gabe nur annehmen – sie durch den Glauben an den Sohn Gottes persönlich für uns in Anspruch nehmen.

Der Prophet Jesaja sagt es in einer bildlichen Sprache: „Ihr Durstigen alle, kommt zu den Wassern! Und die ihr kein Geld habt, kommt, kauft ein und esst! Ja, kommt, kauft ohne Geld und ohne Kaufpreis Wein und Milch!" (Jesaja 55,1). Dieses Bibelwort stellt heraus, dass wir kein Geld haben, dass wir gar nicht in der Lage wären, Gottes Geschenk zu bezahlen. Deshalb sei Gott ewig Dank dafür, dass Er uns „seine unaussprechliche Gabe" umsonst anbietet! (2. Korinther 9,15).

19 Dienstag
November

SA 07:45 · SU 16:28
MA 19:18 · MU 12:12

Nationen werden erachtet wie ein Tropfen am Eimer und wie ein Sandkorn auf der Waagschale. Jesaja 40,15

Du bist teuer, wertvoll in meinen Augen und ich habe dich lieb.

Jesaja 43,4

Einsam und unbedeutend

Über 2000 km entlang der westafrikanischen Küste von Namibia und Angola erstreckt sich die Namib-Wüste, die bis zu 150 km ins Landesinnere reicht. Sie gehört zu den trockensten Gebieten der Erde. Dennoch handelt es sich um eine faszinierende Landschaft, die ständig ihr Aussehen verändert. Dabei schichtet der Wind die riesigen Sanddünen zu immer neuen Gebilden um, die je nach Sonnenstand in beeindruckenden Farben und Formen erscheinen.

Immer mehr Touristen suchen die Einsamkeit und Ruhe der Wüste auf, um zu sich selbst zu finden. Da wird das Rieseln der Sandkörner beim Wandern der gewaltigen Dünen manchen daran denken lassen, wie winzig und unbedeutend er selbst ist im Getriebe des täglichen Lebens.

Einsam und unbedeutend – so fühlen sich viele in einer Zeit, die den Einzelnen und sein Schicksal immer mehr in den Hintergrund treten lässt. Und dann sagt unser Tagesvers, dass Gott sogar ganze Völker nur als „Sandkörner" sieht! Ja, Gott wünscht, dass wir einen tiefen Eindruck von seiner Größe und Macht gewinnen, dass wir seine Rechte als Schöpfer und Herr anerkennen und Ihm Ehrfurcht entgegenbringen.

Andererseits ist keiner von uns für Gott wertlos oder unbedeutend. Er hat jeden als unverwechselbares Original planvoll geschaffen. Und Er wendet jedem seine Liebe zu. Paulus war von der Zuwendung Gottes in Jesus Christus zutiefst überwältigt, als er schrieb: „Der Sohn Gottes hat mich geliebt und sich selbst für mich hingegeben" (Galater 2,20).

20 Mittwoch November

SA 07:46 · SU 16:27
MA 20:36 · MU 12:48

Nicht von Brot allein soll der Mensch leben, sondern von jedem Wort, das durch den Mund Gottes ausgeht.

Matthäus 4,4

Gute Kommunikation – mit Gott

Im umfangreichen Postkartensortiment eines Schreibwarengeschäftes konnte ich auch zahlreiche Spruchkarten mit Bibelworten entdecken. Daher sprach ich die Verkäuferin an: „Sie verkaufen hier viele Postkarten mit Bibelversen. Da darf ich sicher die Frage stellen, ob Sie selbst auch in der Bibel lesen." Die Antwort kam etwas zögernd: „Ich lese sie nur dann und wann – eher selten eigentlich –, aber ich bete viel."

Es ist natürlich sehr gut und hilfreich, wenn ein Mensch regelmäßig betet. Ohne Zweifel ist es das größte Vorrecht eines Geschöpfes, dass der Schöpfer selbst mit uns eine Beziehung haben und pflegen will. Er lädt uns ein, durch Jesus Christus vor Ihn hinzutreten und Ihm das zu sagen, was uns auf dem Herzen liegt.

Wirkliche und gute Kommunikation gibt es allerdings nicht ohne gegenseitiges Zuhören. Und in der Gemeinschaft eines Menschen mit dem allmächtigen Gott ist es sehr angebracht, dass wir sorgfältig „hören", was Er uns in seinem Wort sagen will. Nur dadurch lernen wir dann auch, angemessen zu beten, d. h. so, wie es seinem Willen entspricht.

Die Verkäuferin hatte etwas von Zeitmangel gemurmelt. – Zeitmangel? Stellen Sie sich zwei Verliebte vor, die keine Zeit haben, einander zuzuhören. Ist das vorstellbar? Wenn ja, lässt es Schlimmes für diese Beziehung erwarten. Wer einen Menschen liebt, möchte alles über ihn erfahren. Wie viel mehr gilt das für Gott! Gottes Gedanken kennenlernen – das ist das wunderbarste Abenteuer eines Lebens!

Sind manche Christen vielleicht deshalb unzufrieden und unglücklich, weil das Hören auf Gottes Wort in ihrem Leben zu kurz kommt?

Jesus spricht zu ihm: Ich bin der Weg und die Wahrheit und das Leben. Niemand kommt zum Vater als nur durch mich.

Johannes 14,6

Dein Jesus muss Wirklichkeit sein

Ich bin als muslimisches Mädchen aufgewachsen. Schon in meiner Schulzeit sehnte ich mich nach einer echten Verbindung mit Gott. Doch je mehr ich versuchte, Ihm zu gefallen, umso deutlicher spürte ich, dass es mir nicht gelang. Eines Tages kam ich aus der Schule und hörte, wie einige junge Christen sich gegenseitig zuriefen: „Jesus ist der Weg – und die Wahrheit – und das Leben! Niemand kommt zu Gott – als nur durch Ihn!" Diese Worte ließen mich nicht los. Nach und nach wurde mir klar: Du musst an Jesus Christus glauben, wenn du zu Gott kommen willst! Um mehr zu erfahren, suchte ich eine christliche Gemeinde auf – wie überrascht war ich, als der Prediger über exakt denselben Bibelvers sprach! Noch am selben Tag glaubte ich an Jesus als meinen Retter.

Aber was würden meine Eltern sagen? Ich hatte Angst vor ihrer Reaktion. Schließlich überwand ich mich und erzählte ihnen von meinem Glauben an Jesus. Mein Vater wurde wütend und warf mich aus dem Haus. Jetzt stand ich auf der Straße. Wie sollte ich überleben? Ein christliches Ehepaar nahm mich auf und versorgte mich wie ihre eigene Tochter.

Jahre später ermutigte mich ein Freund, wieder Kontakt zu meiner Familie aufzunehmen. Das schien mir zwar unmöglich, doch ich versuchte es mit einem Brief an meinen Vater. Und er willigte ein, mich wiederzusehen! Als ich ankam, empfing er mich freundlich und sagte vor der ganzen Familie: „Ich bitte dich um Verzeihung. Trotz der Probleme, in die ich dich gebracht habe, hast du in all den Jahren deinen Glauben nicht aufgegeben. *Dein Jesus muss Wirklichkeit sein!*" Seitdem glauben mehrere aus meiner Familie an Jesus Christus.

Fati

22 **Freitag**
November

SA 07:49 · SU 16:25
MA 23:11 · MU 13:30

Wenn er dir aber irgendein Unrecht getan hat oder dir etwas schuldig ist, so rechne dies mir an. ... Ich will bezahlen.

Philemon 18.19

Bezahlte Schuld(en)

Unbezahlte Rechnungen können einem den Schlaf rauben. Manche Menschen wissen nicht, wie sie sie bezahlen sollen. Andere quälen sich Monat für Monat mit ihnen herum. Und wieder andere öffnen Mahnbriefe oder Kontoauszüge schon gar nicht mehr ...

Doch es gibt auch Rechnungen, die Freude machen – nämlich die, die schon bezahlt sind. Einige wenige tragen den Stempel „Bezahlt!", bei anderen beweist der Kontoauszug, dass sie bezahlt sind. Da hat man vielleicht eine Wohnung oder ein Haus gekauft und es gibt einen dick gefüllten Ordner mit Rechnungen. Und doch beunruhigen sie nicht – denn sie sind bezahlt.

Sowohl im menschlichen Miteinander wie auch in unserer Beziehung zu Gott gibt es „unbezahlte Rechnungen". Es gibt unvergebene Schuld, nicht eingelöste Versprechungen, harte Worte, unberechtigte Verdächtigungen, Diebstahl, Lüge, Unmoral und anderes. Und das aufgehäuft über viele Jahre. Man möchte das alles vergessen, denn es belastet. Wenn man es doch nur bezahlen, löschen oder ungeschehen machen könnte!

Wie gut, dass auch diese unbezahlte Schuld getilgt werden kann. Die Bibel sagt: „Wenn wir unsere Sünden bekennen, so ist Gott treu und gerecht, dass er uns die Sünden vergibt und uns reinigt von aller Ungerechtigkeit" (1. Johannes 1,9).

Denn Jesus litt und starb – nicht für eigene, sondern für fremde Schuld. Wenn ich nun zu Ihm komme, Ihm mein Versagen und meine Schuld bekenne und anerkenne, dass Er für mich gestraft worden ist, also für mich „bezahlt" hat, dann darf ich wissen, dass alle meine Schuld vergeben ist. Worin ich Gott schuldig geworden bin, das wurde Ihm angerechnet. Er hat bezahlt und ich bin schuldenfrei!

23 Samstag November

SA 07:51 · SU 16:24
MA —:— · MU 13:44

*Wie eine Zermalmung in meinen Gebeinen
verhöhnen mich meine Bedränger,
indem sie den ganzen Tag zu mir sagen:
Wo ist dein Gott?*

Psalm 42,11

Mein Gott, zeige dich!

Bei Erdbeben, Vulkanausbrüchen, Überschwemmungen wie auch bei persönlichen Unglücken oder Katastrophen hört man oft die Frage: „Und wo ist Gott?" Manchmal als Ausdruck des Spottes oder der Wut über die eigene Hilflosigkeit, manchmal aber auch als echter Notschrei.

Die Frage „Wo ist Gott?" ist nicht neu. Wenn im Mittelalter die Pest drohte, wurden sogenannte Pestglocken geläutet. Auf einer dieser speziellen Glocken steht eindrucksvoll die Inschrift: *Mein Gott, zeige dich!* Es ist einerseits der Schrei aus einer Not, der man macht- und hilflos gegenübersteht, andererseits schwingt Gottvertrauen mit: Allein Gott kann noch helfen.

In Psalm 42 höhnen Menschen den Dichter, quälen ihn und schleudern ihm ins Gesicht: „Wo ist dein Gott?" Wie reagiert der Angesprochene darauf? Er ruft sich seine Erfahrungen mit seinem Gott ins Gedächtnis und ermahnt sich: „Harre auf Gott" (Vers 12). Er ist sich sicher, dass sein Gott alles in der Hand hat, dass Ihm nichts entgleitet. Obwohl er noch darauf wartet, dass Gott in seine notvolle Situation eingreift und einen Ausweg zeigt, so ist er sich trotzdem sicher, dass er Gott noch loben und preisen wird.

Doch so auf Gott vertrauen kann er nur, weil Gott wirklich *sein* Gott ist, weil er eine persönliche und vertrauensvolle Verbindung zu Ihm hat. Deshalb überlässt er Ihm die Rettung, denn sein Gott weiß es einfach besser. Er weiß sich geborgen bei dem „Gott seines Lebens" (Vers 9).

Wer also eine echte Beziehung zu dem Gott der Bibel hat, der kennt Ihn, erfährt Ihn, sehnt sich nach Ihm, redet mit Ihm, vertraut Ihm – und das ein ganzes Leben lang. Auch wenn er Gott und seine Wege nicht immer oder nicht immer sofort versteht.

Und Jesus ging hinaus mit seinen Jüngern in die Dörfer von Cäsarea Philippi. Und auf dem Weg fragte er seine Jünger und sprach zu ihnen: Wer sagen die Menschen, dass ich sei? Sie aber antworteten ihm und sagten: Johannes der Täufer; und andere: Elia; andere aber: Einer der Propheten. Und er fragte sie: Ihr aber, wer sagt ihr, dass ich sei? Petrus antwortet und sagt zu ihm: Du bist der Christus. Und Jesus gebot ihnen ernstlich, dass sie niemand von ihm sagen sollten.

Markus 8,27-30

Gedanken zum Markus-Evangelium

Jesus ist mit seinen Jüngern auf dem Weg Richtung Norden zu einer Stadt außerhalb von Israel. Er stellt ihnen eine Frage, die Er selbst beantworten könnte; denn Er schaut in die Herzen der Menschen und weiß, was sie von Ihm halten. Doch offenbar ist es wichtig für seine Jünger, dass sie darüber nachdenken, wer Jesus für ihre Landsleute ist. Dass Jesus kein gewöhnlicher Mensch ist, kann niemand leugnen. Doch weil man Ihn ablehnt, dringt man nicht bis zur Wahrheit vor.

Wie ist es heute? Vorstellungen und Meinungen über Jesus gibt es reichlich, meist sind es heute allerdings nur Meinungen ohne biblisches Fundament. Doch nur wer so an Ihn glaubt, wie die Bibel Ihn glaubwürdig bezeugt, wird erkennen, wer Er wirklich ist: „Jesus der Christus, der Sohn Gottes"; der Schöpfer, der Mensch geworden und zugleich Gott geblieben ist; der tot war und lebendig ist von Ewigkeit zu Ewigkeit; der jetzt im Himmel ist und dazu bestimmt ist, bald den Erdkreis zu richten (Johannes 20,31; Kolosser 1,16; Offenbarung 1,18; Apostelgeschichte 17,31).

Diese Tatsachen und noch viele mehr treffen auf Jesus Christus zu – und nur auf Ihn. Christen haben den Auftrag, Ihn überall bekannt zu machen. Doch warum durften die Jünger damals nicht weitersagen, was sie erkannt hatten? Bevor Christus sein Königreich aufrichtet, musste Er als „Sohn des Menschen" am Kreuz den Sühnetod sterben, wie wir im Folgenden sehen werden.

Tägliche Bibellese Hesekiel 17,1-24 · Psalm 119,129-144

25 Montag
November

Wie ein Vater sich über die Kinder erbarmt, so erbarmt sich der HERR über die, die ihn fürchten.

Psalm 103,13

Nach Hause kommen

Ihren Vater brachten die Nationalsozialisten um, weil er Kontakt zum Widerstand hatte; ihr Mann tauchte in Italien unter; sie selbst brachte man in ein KZ bei Danzig – ihre beiden Jungen, 3 und 2 Jahre alt, nahm man ihr weg und gab ihnen andere Namen. Ein Jahr später, im September 1945, macht sie sich auf die Suche nach ihnen. Leben sie noch? Wo sind sie? Werden die beiden sie wiedererkennen?

Schließlich erfährt sie von zwei Brüdern in einem Kinderheim in Österreich. Sie und ihr Mann fahren dorthin. Man bringt die beiden Jungen zu ihnen, die sie anstarren, aber kein Wort sagen.

Dann läuft der Ältere los und stellt sich mit seinen Füßen auf die Schuhe ihres Mannes, wobei er sich an seiner Hose festhält – so, wie er es früher immer gemacht hat. Der Kleinere aber läuft zu ihr, steigt auf ihren Schoß und sitzt dort lange, ohne ein Wort zu sagen. Die Familie ist wieder vereint.

Auch heute wachsen Kinder ohne Vater oder Mutter auf: in Kriegsgebieten, in Ländern, wo Menschen verfolgt werden, in Deutschland. Welche Erinnerung haben sie an ein Zuhause? Was stellen sie sich unter einem Vater oder einer Mutter vor? Und welches Bild haben sie dann von Gott, der ihnen Vater sein möchte?

Gerade solche Kinder lädt Gott ein, seine Liebe kennenzulernen. Die Bibel sagt: „Wie ein Vater sich über die Kinder erbarmt, so erbarmt sich der HERR über die, die ihn fürchten", und: „Wenn nun ihr, die ihr böse seid, euren Kindern gute Gaben zu geben wisst, wie viel mehr wird euer Vater, der in den Himmeln ist, denen Gutes geben, die ihn bitten!" Wer an Jesus Christus glaubt, der erfährt: „Der Vater selbst hat euch lieb" (Matthäus 7,11; Johannes 16,27).

26 Dienstag November

Aus seiner Fülle haben wir alle empfangen, und zwar Gnade um Gnade. Johannes 1,16

(Der Herr sagt:) Meine Gnade genügt dir, denn meine Kraft wird in Schwachheit vollbracht.

2. Korinther 12,9

Durch Gottes Gnade bin ich, was ich bin.

1. Korinther 15,10

Die Gnade übertrifft alles

Herr, wenn die Probleme meines Lebens überhandnehmen und mein Vertrauen in Dich auf die Probe gestellt wird; wenn ich den Eindruck habe, dass Du meine Gebete nicht erhörst, dann erinnerst Du mich daran, dass mir Deine Gnade genügt.

Wenn ich hochmütig bin und vor lauter Selbstvertrauen vergesse, dass ich ohne Dich nichts kann, dann erinnerst Du mich daran, dass ich Deine Gnade nötig habe.

Wenn ich mich überfordert fühle und den Mut verliere; wenn ich an meine Grenzen komme – auch dann erinnerst Du mich an Deine Gnade.

Wenn ich Erfolg habe und mich stark fühle; wenn ich stolz bin auf das, was ich erreicht habe, dann erinnerst Du mich daran, dass dies nur zu meinem Schaden ist, weil es der Entfaltung Deiner Kraft entgegensteht.

Wenn mich Krankheit, Trauer oder Leiden treffen; wenn ich depressiv oder voller Ängste bin, dann erinnerst Du mich erneut daran, dass Du mich mit Deiner Gnade umgibst.

Wenn es mir gut geht und ich das als selbstverständlich betrachte; wenn ich vergesse, dass jede gute Gabe nur von Dir kommt, dann erinnerst Du mich daran, dass ich alles der Fürsorge Deiner Gnade zu verdanken habe.

Wenn ich mich von Dir entferne und meine Sünden mich belasten, dann ist Deine Gnade da, um mir zu vergeben, mich aufzurichten und mich zu Dir zurückzubringen.

Danke, Herr, denn um mir diese unermessliche Gnade schenken zu können, hast Du Dein Leben am Kreuz von Golgatha hingegeben!

Daniel

Tägliche Bibellese Hesekiel 18,19-32 · Psalm 119,161-176

27

Mittwoch
November

SA 07:57 · SU 16:20
MA 03:50 · MU 14:25

Und nun, so spricht der HERR: Fürchte dich nicht, ... ich habe dich bei deinem Namen gerufen.

Jesaja 43,1

Einander wahrnehmen

Mit hängenden Schultern kommt sie zur Tür heraus. Schwer trägt sie an den beiden Müllsäcken, in denen sie den Abfall aus den Büroräumen gesammelt hat. Müde schlurft sie zum Container, um sie zu entsorgen. Auf dem Weg zu meinem Arbeitsplatz kann ich die Frau gut beobachten. Als ich an ihr vorbeigehe, grüße ich sie freundlich und sage: „Guten Morgen!" Da geschieht etwas Sonderbares. Die gerade noch gebeugt vorwärtsschlurfende Frau richtet sich auf und ihre Augen leuchten, als sie zurückgrüßt.

Einige Tage später begegnen wir uns erneut. Wieder grüße ich freundlich und füge hinzu: „Ich wünsche Ihnen einen schönen Tag!" Dankbar lächelt sie mich an und antwortet in gebrochenem Deutsch: „Gute Morgen, eine schöne Tag." Dieses kleine Ritual wiederholt sich von nun an immer, wenn wir uns begegnen. Inzwischen habe ich auch ihren Namen erfahren und sie freut sich, wenn ich sie damit anspreche. Nun begegnet mir nicht mehr eine Frau mit hängenden Schultern. Statt auf meinen Gruß zu warten, grüßt sie mich schon von weitem fröhlich. Manchmal meine ich sogar, sie singen zu hören.

Ob ihre Veränderung nur an meinem Gruß liegt, weiß ich nicht. Aber es erinnert mich daran, dass Kleinigkeiten, die selbstverständlich erscheinen, viel ausrichten können. „Guten Morgen" – zwei Worte, vier Silben und ein Name. Es kostet keine Mühe, aber es zeigt dem andern, dass ich ihn wahrnehme und er mir wichtig ist. Freundlich zu sein im Umgang miteinander bewirkt oft viel! Für diese Frau ist es wie ein Lichtstrahl in ihre niederdrückenden Umstände, dass jemand sie beachtet, ihren Namen kennt und sich freut, sie zu sehen.

Wie viel wunderbarer ist es, dass der ewige Gott Sie und mich beim Namen kennt! Es geht kein Mensch über die Erde, den Gott nicht beachtet und für den Er sich nicht freundlich interessiert.

Tägliche Bibellese Hesekiel 19,1-14 · Psalm 120,1-7

28

Donnerstag
November

Das Reich der Himmel ist einem König gleich geworden, der seinem Sohn die Hochzeit ausrichtete. Und er sandte seine Knechte aus, die Geladenen zur Hochzeit zu rufen; und sie wollten nicht kommen.

Matthäus 22,2.3

Die Einladung zur Hochzeit

Jesus Christus hat oft in Gleichnissen zu den Menschen gesprochen, um ihnen die göttliche Wahrheit anhand eines Beispiels aus dem täglichen Leben deutlich zu machen. Dadurch können wir bis heute seine Botschaft besser verstehen.

Der König, der die Hochzeit für seinen Sohn ausrichtete, stellt Gott dar. Er möchte, dass Menschen an der Freude seines Sohnes teilhaben. Sie sollen Ihn umgeben und Ihn ehren.

Die eingeladenen „Hochzeitsgäste" sind die Menschen aus dem Volk Israel. Zu ihnen sandte

Gott die Jünger des Herrn. Sie predigten in den Dörfern und Städten Israels das Evangelium. Sie riefen die Leute zur Buße und zum Glauben an Jesus Christus auf. Doch die „Geladenen" wollten nicht zum „Hochzeitsfest" kommen.

Nachdem Jesus gestorben, auferstanden und in den Himmel aufgefahren war, bekamen die Menschen aus Israel nochmals eine Einladung. Jetzt hieß es sogar: „Alles ist bereit!" Die Apostel verkündeten zuerst in Jerusalem das Evangelium. Zwar kamen manche zum Glauben an Jesus Christus, aber das Volk als Ganzes interessierte sich nicht für die Einladung: Einige gingen ihrer Arbeit nach, andere wurden gewalttätig und töteten die Missionare.

Da gab Gott seinen Knechten den Auftrag: „Geht nun hin auf die Kreuzwege der Landstraßen, und so viele irgend ihr findet, ladet zur Hochzeit" (Vers 9). Wer hätte gedacht, dass Gott seitdem die Menschen aus *allen Völkern* einlädt, damit sie an seinem Segen und seiner Freude teilhaben? Dabei denkt Er nicht nur an die „Guten", sondern auch an die „Bösen". *Jeder* ist eingeladen, an Jesus Christus zu glauben und die göttliche Gnade anzunehmen. Sind Sie dabei?

29 Freitag
November

Ich will ... deinen Namen preisen um deiner Güte und deiner Wahrheit willen; denn du hast dein Wort groß gemacht über all deinen Namen. An dem Tag, als ich rief, antwortetest du mir; du hast mich ermutigt: In meiner Seele war Kraft.

Psalm 138,2.3

Die ungeschriebene Bibel

Sabina Wurmbrand (1913-2000), die Frau des Predigers Richard Wurmbrand, musste während der kommunistischen Herrschaft in Rumänien um ihres Glaubens willen eine lange Gefängnisstrafe verbüßen.

Die Haftbedingungen waren auch für die Frauen äußerst hart. Sie hatten schwerste Arbeit zu leisten. Verzweiflung breitete sich aus. Nur wenige besaßen einen inneren Halt, der ihnen über die erlittenen Verluste hinweghalf und aus dem sie in dem unerbittlichen täglichen Los neue Kraft und Hoffnung schöpfen konnten.

Nach der Arbeit kamen die Mitgefangenen oft zu den Christinnen und baten sie, ihnen eine Geschichte aus der Bibel zu erzählen oder ihnen einzelne ermunternde Verse zu sagen. Sie hatten Hunger nach Worten der Hoffnung, des Trostes und des Lebens. Sabina erzählt: „Wir besaßen aber dort keine Bibel. Wir selbst hungerten danach mehr als nach Brot. Hätte ich doch früher mehr Bibelverse auswendig gelernt!"

Täglich wiederholten die Gläubigen die Passagen, die sie sich früher einmal eingeprägt hatten. Dabei ergänzten sie sich gegenseitig. Immer wieder kamen auch Christinnen hinzu, die längere Abschnitte auswendig gelernt hatten, als sie noch in Freiheit waren. Sie hatten ihre Festnahme vorausgesehen und gute Vorsorge getroffen. So brachten sie einen großen Schatz mit ins Gefängnis.

Auf diese Weise machte hier und auch in anderen Gefängnissen eine ungeschriebene Bibel die Runde und brachte zahlreichen Gefangenen Frieden und Trost.

30 Samstag November

SA 08:01 · SU 16:18
MA 07:29 · MU 15:17

In der Bruderliebe seid herzlich zueinander; in Ehrerbietung geht einer dem anderen voran.

Römer 12,10

Das Experiment

Eines Morgens verteilt der Lehrer an jeden seiner Schüler einen weißen Luftballon und sagt: „Den dürft ihr jetzt aufblasen und euren Namen draufschreiben!" Dann führt er die Klasse in die Turnhalle und fordert sie auf, die Ballons fliegen zu lassen.

Nach kurzer Zeit landen sie überall in der Halle verteilt. Die Kinder haben nun drei Minuten Zeit, um ihren eigenen Luftballon zu finden. Sie rennen in alle Richtungen los und suchen hektisch nach ihrem Namen. Doch nach Ablauf der Zeit haben nur wenige ihren Ballon gefunden. Daraufhin erklärt der Lehrer: „Wir wiederholen das Experiment! Aber jetzt nimmt jeder schnell den

Ballon, der ihm am nächsten liegt, und bringt ihn zu dem Mitschüler, dessen Name draufsteht!" Und siehe da: Schon nach einer Minute hat jeder seinen eigenen Luftballon!

Dieses Spiel sollte den Kindern zeigen, dass es oft besser ist, wenn wir bei unseren Aktivitäten an den anderen denken, als wenn jeder nur an sich selbst denkt.

Dieses Prinzip findet sich schon in der Bibel. Hier eine kleine Kostprobe:

- „Durch die Liebe dient einander" (Galater 5,13).
- „Lasst uns dem nachstreben, was zur gegenseitigen Erbauung dient" (Römer 14,19).
- „Ermuntert einander und erbaut einer den anderen" (1. Thessalonicher 5,11).
- „Zwei sind besser daran als einer …, denn wenn sie fallen, so richtet der eine seinen Genossen auf" (Prediger 4,9.10).
- „Einer trage des anderen Lasten" (Galater 6,2).
- „Alles nun, was irgend ihr wollt, dass euch die Menschen tun, das tut auch ihr ihnen ebenso!" (Matthäus 7,12).

1

Sonntag
Dezember

Und Jesus begann sie zu lehren, dass der Sohn des Menschen vieles leiden und verworfen werden müsse von den Ältesten und den Hohenpriestern und den Schriftgelehrten und dass er getötet werden und nach drei Tagen auferstehen müsse. Und er redete das Wort mit Offenheit. Und Petrus nahm ihn beiseite und fing an, ihn zu tadeln. Er aber wandte sich um, und als er seine Jünger sah, tadelte er Petrus, und er sagt: Geh hinter mich, Satan! Denn du sinnst nicht auf das, was Gottes, sondern auf das, was der Menschen ist. Markus 8,31-33

Gedanken zum Markus-Evangelium

Gerade hat Jesus seinen Jüngern geboten, niemand zu sagen, dass Er der *Christus* sei. Doch warum? Weil sein Volk Ihn als Messias verworfen hat. Es hat keinen Zweck mehr, davon zu sprechen. Deshalb nennt sich der Herr jetzt *Sohn des Menschen* – ein Titel, der einerseits tiefe Erniedrigung als Mensch ausdrückt und andererseits seine zukünftige Herrschaft über das ganze Universum beinhaltet. Immer wenn der Herr von seinem Leiden, Sterben und Auferstehen spricht, stößt Er bei seinen Jüngern auf taube Ohren. Obwohl die Propheten des Alten Testaments das Leiden und Sterben Jesu genauso angekündigt haben wie seine Herrschaft, tun die Jünger sich schwer, das zu verstehen. Sie leben ja in der Erwartung, dass sie bald mit Christus herrschen werden (vgl. Jesaja 52,13–53,12; Lukas 24,25-27).

Das erklärt den Einwand von Petrus hier. Gewiss meint er es gut, als er Jesus beiseitenimmt. Wir können darin auch seine Liebe zum Herrn erkennen. Doch er ist sich in diesem Augenblick nicht bewusst, dass Jesus als göttliche Person genau weiß, was Er sagt, und niemals ein Wort zurücknehmen muss. Vielleicht denkt Petrus auch mit Sorge daran, das Los des Herrn teilen zu müssen.

Die anderen elf Jünger stehen in derselben Gefahr, Jesus zu widersprechen, um Ihn von diesem Weg abzubringen. Deshalb weist der Herr den Petrus vor allen scharf zurecht und nennt ihn sogar *Satan* (Widersacher). Nein, Jesus *muss* sterben und auferstehen, damit Gott sein Heil allen Menschen anbieten kann.

2 Montag
Dezember

Als aber die Fülle der Zeit gekommen war, sandte Gott seinen Sohn, geboren von einer Frau.

Galater 4,4

Dem Ursprung nachspüren

Unabhängig davon, ob es nur für ein Teelicht reicht oder ob wir uns auf einer weichen Polsterlandschaft nach dem Festessen erholen – wir sehnen uns nach Geborgenheit und einem echten Zuhause. An den Weihnachtsfeiertagen halten wir beinahe zwangsläufig inne, weil unser gewohnter Alltag unterbrochen wird. Nutzen wir diese Zeit doch einmal, um uns mit der Botschaft der Bibel zu beschäftigen und darüber nachzudenken.

Die Berichte von der Geburt Jesu, an die zu Weihnachten gedacht werden soll, sind in zwei biblischen Büchern nachzulesen: Dem Evangelium nach Matthäus und dem Evangelium nach Lukas.

Matthäus (auch Levi genannt) war der Sohn des Alphäus und einer der zwölf Apostel. Er war ein bei den Römern angestellter Zöllner. Als Jesus Christus ihn zu sich rief, verließ Matthäus sofort das Zollhaus, lud den Herrn Jesus zu sich zum Essen ein und gab seinen äußerst lukrativen Beruf auf, um fortan Jesus nachzufolgen.

Lukas war ein Mitarbeiter des Apostels und Missionars Paulus. Von Beruf war Lukas Arzt und trug die Berichte von Augenzeugen, die mit Jesus gelebt hatten, sorgfältig zusammen. Er schrieb neben dem Evangelium unter Gottes Leitung auch einen Bericht über die Anfangszeit des Christentums (die „Apostelgeschichte").

Leseprobe aus „Der helle Stern", S. 41

Tägliche Bibellese Hesekiel 23,1-35 · Psalm 125,1-5

3 Dienstag
Dezember

Ich werde euch ein neues Herz geben und einen neuen Geist in euer Inneres geben.

Hesekiel 36,26

Herzverpflanzung

Man schreibt das Jahr 1967. Zum ersten Mal in der Geschichte der Medizin wird ein neues Herz verpflanzt. Noch nie zuvor hat sich ein Chirurg an diesen Eingriff gewagt. Doch der Patient, der 55-jährige Louis Washkansky hat sonst keine Überlebenschance. Im Groote-Schuur-Hospital in Kapstadt (Südafrika) verpflanzt ein Operationsteam am 3. Dezember in einer 5-stündigen Operation ein Spenderherz. Der Eingriff gelingt und verläuft zunächst ohne Komplikationen. Dann aber zieht der Patient sich eine Lungenentzündung zu – und stirbt 18 Tage nach der Operation.

Washkanskys neues Herz stammte von einer jungen Frau, die von einem Auto überfahren worden war. Sie starb durch den Unfall – doch ihm ermöglichte ihr Herz ein Weiterleben, wenn auch leider nur kurz. Eine Herzverpflanzung setzt den Tod eines Menschen mit einem entsprechend gesunden Herzen voraus.

Auch Gott will uns ein neues Herz geben, allerdings nicht, um unser natürliches Leben zu verlängern, sondern um uns ewiges Leben zu schenken. Denn die Willenszentrale jedes Menschen ist verdorben, ist durch die Sünde unheilbar „erkrankt": „Alles Gebilde der Gedanken seines Herzens ist nur böse den ganzen Tag"; „das ganze Herz ist siech" und „arglistig ist das Herz, mehr als alles, und verdorben ist es" (1. Mose 6,5; Jesaja 1,5; Jeremia 17,9).

Wer geheilt werden will, muss sich dem „Eingriff" Gottes unterziehen. Nur Gott selbst kann ihn vornehmen, nur Er kann dem Menschen ein neues Herz, einen erneuerten Sinn, geben. Doch dieses neue Herz können wir ebenso nur erhalten, weil ein anderer gestorben ist: Jesus Christus, Gottes geliebter Sohn. Er starb – und zwar freiwillig –, damit wir durch Ihn neues, ewiges Leben empfangen können.

4 Mittwoch Dezember

SA 08:06 · SU 16:16
MA 11:31 · MU 18:46

Vertraue auf den HERRN mit deinem ganzen Herzen, und stütze dich nicht auf deinen Verstand. Erkenne ihn auf allen deinen Wegen, und er wird gerade machen deine Pfade.

Sprüche 3,5.6

Gibt es einen Gott? (1)

Seit meiner Grundschulzeit war ich von der menschlichen Intelligenz fasziniert. Als ich älter wurde, bezeichnete ich mich als Atheistin. Ich verachtete Leute, die an Gott glaubten, denn intelligente Menschen brauchen doch keinen Gott, oder? Als Studentin verdiente ich mein Geld als Babysitterin bei einem jungen Ärztepaar, das sehr intelligent und gebildet war. Umso verblüffter war ich, als sie mir eröffneten, dass sie an Gott glaubten. Sie empfahlen mir, die Bibel zu lesen. Zuerst zögerte ich, aber dann dachte ich mir, dass es nicht schaden könne, das meistverkaufte Buch der Welt zu lesen.

Auf ihren Rat hin begann ich mit dem Buch der Sprüche. Ich war nicht wenig überrascht, als ich eine Fülle von Weisheiten entdeckte. Obwohl ich skeptisch war, fühlte ich mich angesprochen. Die Lektüre war beunruhigend und gleichzeitig auf geheimnisvolle Weise anziehend. Ich begann mich zu fragen, ob es vielleicht doch einen Gott geben könnte. Aber ich sagte mir, dass ich vermutlich nur durch meine abendländische Kultur dahingehend beeinflusst wurde, das Christentum attraktiv zu finden.

Also studierte ich den Buddhismus, den Hinduismus und weitere Religionen. Ich besuchte Tempel, Synagogen, Moscheen und andere heilige Stätten, um das Thema Gott so schnell wie möglich hinter mich zu bringen. Doch in mir tobte ein Kampf. Einerseits verlangte mich danach, den Gott der Bibel besser kennenzulernen, andererseits wollte ich nicht mehr darüber nachdenken. Ich weigerte mich, an Gott zu glauben. Trotzdem spürte ich irgendwie seine Liebe und Gegenwart.

(Schluss morgen)

Jesus sprach: Ich bin das Licht der Welt;
wer mir nachfolgt, wird nicht in der
Finsternis wandeln, sondern wird
das Licht des Lebens haben.

Johannes 8,12

Gibt es einen Gott? (2)

Obwohl ich mich als Atheistin bezeichnete, las ich die Bibel. In meinem ersten Jahr an der Universität lud mich ein Kommilitone zu einer christlichen Veranstaltung ein. Dort stellte der Redner zwei Fragen: „Wissen Sie, dass ein großer Unterschied besteht, ob man an die Existenz Gottes glaubt oder ob man auf die Stimme Gottes hört?" Und dann fragte er weiter: „Wer oder was leitet Sie in Ihrem Leben?"

Ich hörte wie gebannt zu und überlegte: Ist es möglich, dass es einen Gott gibt, der mich führen will? An diesem Abend betete ich zum ersten Mal in meinem Leben. Ich bat Jesus, mein Leben zu leiten. Dennoch verließen mich meine Zweifel noch nicht vollständig.

In den folgenden Tagen aber fand eine grundlegende Veränderung in mir statt. Ich spürte das Wirken Gottes. Und ich bekannte Ihm meine ganze Schuld. Als ich mein Leben in die Hände Gottes legte, fühlte ich mich, als hätte man in einer Maschine ein fehlendes Teil ersetzt. Ohne dieses Teil funktioniert die Maschine nicht richtig. Fügt man aber das fehlende Teil hinzu, läuft alles wunderbar. Bisher hatte ich gedacht, dass alles sehr gut funktionieren würde, aber nachdem mein Inneres „repariert" worden war, merkte ich, dass mir vorher etwas Wesentliches gefehlt hatte. Nicht, dass seitdem alles in meinem Leben glattgelaufen wäre – weit gefehlt! Aber bei allen Problemen kann ich auf Gottes Führung, Unterstützung und Schutz zählen.

Ich hatte gedacht, ich wäre zu klug, um an Gott zu glauben. Jetzt weiß ich, dass ich damals arrogant und dumm gewesen bin, weil ich Jesus, den Schöpfer des Universums, ignoriert habe. Jetzt wünsche ich mir, mit Ihm durchs Leben zu gehen und mich Ihm in allen Fragen unterzuordnen.

Rosalind Picard

Tägliche Bibellese Hesekiel 26,1-21 · Psalm 128,1-6

6 Freitag
Dezember

SA 08:09 · SU 16:16
MA 12:24 · MU 21:31

Dieser ist wahrhaftig der Heiland der Welt.

Johannes 4,42

Wir haben gesehen und bezeugen, dass der Vater den Sohn gesandt hat als Heiland der Welt.

1. Johannes 4,14

Heiland der Welt

Jesus Christus kam vor ungefähr 2000 Jahren in Bethlehem zur Welt. Er lebte im Land Israel und zeigte den Menschen durch seine Worte und Taten, dass Gott sie liebt. Aber sie lehnten Ihn ab und nagelten Ihn an ein Kreuz. Dort starb Er, um für alle Menschen die Möglichkeit zu schaffen, zu Gott zurückzukehren. Er gab sein Leben, damit jeder, der an Ihn glaubt, nicht für seine Sünden bestraft wird, sondern mit Gott ins Reine kommt.

Damit ist mit kurzen Worten gesagt, was „Heiland der Welt" bedeutet.

„Heiland" kann auch mit „Erretter" wiedergegeben werden. Als Retter gibt Jesus Christus eine Antwort auf die hoffnungslose Lage aller Menschen. Weil sie sich gegen ihren Schöpfer aufgelehnt und Ihm nicht gehorcht haben, muss Gott sie bestrafen. Wegen ihrer Sünden haben sie die ewige Qual in der Hölle verdient. Doch der Heiland kann die Menschen vor diesem schrecklichen Los retten.

Mit „Welt" ist die ganze Menschheit gemeint. Jesus Christus möchte für alle der Retter sein. Er bevorzugt keine Nationalität, keine Gesellschaftsschicht, kein Geschlecht. Er ist für alle gestorben und lädt jeden ein, seine Schuld vor Gott einzusehen und an Ihn zu glauben. Aus diesem Grund lässt Er das Evangelium auf der ganzen Erde verkünden.

Es ist eine Botschaft, die von jedem eine persönliche Antwort erwartet: Bist du bereit, Jesus Christus als *deinen* Heiland anzunehmen und Ihm dein Leben zu übergeben?

7 Samstag
Dezember

Ihr selbst wisst genau, dass der Tag des Herrn so kommt wie ein Dieb in der Nacht. Wenn sie sagen: Frieden und Sicherheit!, dann kommt ein plötzliches Verderben über sie.

1. Thessalonicher 5,2.3

Pearl Harbor

Der 17-jährige Fred Kamaka trat vor das Schulhaus auf Hawaii. Es war der Morgen des 7. Dezember 1941, kurz nach halb acht, „ein stiller wunderschöner Morgen", erinnerte er sich später, „mit einer Luft wie Samt und Blütenduft." Nur über den Bergen schwebten ein paar weiße Wattewölkchen. Der Blick reichte bis nach Pearl Harbor, wo die acht großen Schlachtschiffe wie auf dem Präsentierteller am Kai lagen, daneben acht Kreuzer, 29 Zerstörer, außerdem U-Boote, Minenleger und Versorgungsschiffe der amerikanischen Pazifikflotte.

„Als ich die ersten Flugzeuge über den Bergkamm kommen sah, habe ich mir zunächst nichts dabei gedacht", berichtet der Augenzeuge. „Doch es kamen immer mehr, und nach kurzem Flügelwippen gingen sie zum Sturzflug über. Ich sah Feuerball und Rauchwolken, bevor ich die Treffer hören konnte." Niemand war auf den japanischen Angriff vorbereitet. Doch schlagartig war klar, dass nun auch für die USA und den ganzen pazifischen Raum der Krieg ausgebrochen war. Schreckliche Folgen hatte das alles, denken wir nur an die späteren Atombombenabwürfe über Japan.

Noch Schrecklicheres wird der Gerichtstag des Herrn bringen. Sowohl die Propheten des Alten Testaments als auch Jesus Christus und seine Apostel sprechen davon. Ja, auch dieser Tag wird plötzlich kommen, aber eben nicht ohne rechtzeitige Vorwarnung. Gott will nicht, dass Menschen verloren gehen, sondern dass sich alle retten lassen. Deshalb warnen die Christen in seinem Auftrag: Lasst euch versöhnen mit Gott! (1. Timotheus 2,3-7; 2. Korinther 5,11.20).

8 Sonntag
Dezember

SA 08:11 · SU 16:15
MA 12:55 · MU –:–

Und als Jesus die Volksmenge samt seinen Jüngern herzugerufen hatte, sprach er zu ihnen: Wenn jemand mir nachfolgen will, verleugne er sich selbst und nehme sein Kreuz auf und folge mir nach.

Markus 8,34

Gedanken zum Markus-Evangelium

Als Jesus seinen Jüngern mitgeteilt hat, dass Er „vieles leiden und verworfen werden müsse von den Ältesten und den Hohenpriestern und den Schriftgelehrten und dass er getötet werden und nach drei Tagen auferstehen müsse" (Vers 31), hat Petrus Einspruch erhoben. Der Gedanke an Ablehnung, Erniedrigung und Tod ist für ihn unerträglich. Davor will er seinen Herrn, den er schätzt und liebt, unbedingt bewahren. Aber denkt er dabei nicht auch an sich selbst? Als Nachfolger Jesu könnte es ihn genauso hart treffen wie seinen Meister.

Streben wir nicht alle danach, bequem zu leben und von der Welt anerkannt zu werden? Doch der Herr macht hier deutlich, dass wir drei Bedingungen erfüllen müssen, wenn wir Ihm nachfolgen wollen:

1. *Wir müssen uns selbst verleugnen* – das ist das Gegenteil von Selbstverwirklichung. Es bedeutet, Nein zu sagen zu sich selbst, d. h. sich selbst und die eigenen Interessen ganz zurückzunehmen und Wünsche und Ansprüche hintanzustellen. Der Jünger Jesu stellt sich ganz seinem Herrn zur Verfügung.

2. *Wir müssen unser Kreuz aufnehmen* – bereit sein, um Christi willen Schmach zu ertragen. Wenn damals jemand auf der Straße gesehen wurde, der sein Kreuz trug, war für alle klar, dass er zum Tod verurteilt war. Einem Jünger wird es nicht viel anders ergehen, als Jesus es erlebt hat: Für die Welt ist er gestorben.

3. *Wir müssen Ihm nachfolgen* – wer Jesus Christus nachfolgen will, darf es nicht beim Vorsatz belassen, sondern muss es auch tun.

Erscheint uns der Einsatz zu groß? Die Belohnung ist ungleich größer!

Tägliche Bibellese Hesekiel 29,1-21 · Psalm 131,1-3

9 Montag
Dezember

Naaman, der Heeroberste des Königs von Syrien, war ein großer Mann vor seinem Herrn und angesehen; denn durch ihn hatte der HERR den Syrern Sieg gegeben; und der Mann war ein Kriegsheld, aber aussätzig.

2. Könige 5,1

Naaman (1) ... und das große ABER

Der Mann Naaman ist bekannt: Die eigenen Leute bewundern ihn – und die Feinde erschrecken vor ihm. Er ist der Oberbefehlshaber des syrischen Heeres, ein Kriegsheld und angesehen bei seinem Chef und seinen Untergebenen. Ein Vorzeigesoldat und Elitekämpfer, ein Erfolgsmensch. Heute wäre er vielleicht in Talkshows anzutreffen, wäre Kandidat für den „Mann des Jahres", wäre gefragt, und das nicht nur bei militärischen Themen.

Doch er hat ein Handicap: Er leidet an einer chronischen Infektionskrankheit, dem Aussatz.

Damit aber ist er disqualifiziert für die Zukunft. Vielleicht sieht man seine Krankheit noch nicht, doch sie ist da. Jetzt kann er sie noch ignorieren, aussitzen, übersehen – doch schon bald wird sie ihn ausgrenzen ... isolieren ... schließlich töten. Noch schwimmt er auf der Welle des Erfolgs – und ist doch schon vom Tod gezeichnet.

Ich habe keine Position wie Naaman – aber ich bin ein Naaman! Dieser Mann hatte als Handicap den Aussatz – mein Handicap ist die Sünde. Deshalb steht auch über meinem Leben ein großes ABER. Vielleicht haben meine Mitmenschen eine hohe Meinung von mir. Doch ich kenne die vielen Handicaps meines Lebens: die Notlügen vor Kunden oder Freunden, die falsche Steuererklärung oder Spesenabrechnung, sodann Hass, Jähzorn und Stolz, zerstörte Beziehungen, eine Affäre oder eine verheimlichte Sucht. Durch die Sünde ist der Tod „zu allen Menschen durchgedrungen", weil „alle gesündigt haben" (Römer 5,12). Bei jedem Menschen steht ein großes ABER über dem Leben!

(Fortsetzung morgen)

10

Die Syrer waren in Streifscharen ausgezogen und hatten aus dem Land Israel ein junges Mädchen gefangen weggeführt, und sie diente der Frau Naamans. Und sie sprach zu ihrer Herrin: Ach, wäre doch mein Herr vor dem Propheten, der in Samaria wohnt! Dann würde er ihn von seinem Aussatz befreien.

2. Könige 5,2.3

Naaman (2) ... und die lebensrettende Perspektive

Was war zuerst da? Der Aussatz Naamans, das deportierte junge Mädchen oder Gott, der die Geschichte in Händen hält?

Die Syrer sind mit Guerillataktik in Israel eingefallen, haben gemordet und geplündert – und dabei auch ein junges Mädchen versklavt, das nun im Haus Naamans arbeiten muss. Sie lebt in einem fremden Volk, muss eine fremde Sprache sprechen, ist getrennt von Eltern und Geschwistern, die tot oder weit weg sind. Doch statt Rachegefühlen oder Verbitterung entdeckt man bei ihr ehrliches Mitgefühl. Sie sagt ihrer Herrin: „Ach, wäre doch mein Herr vor dem Propheten ... Dann würde er ihn von seinem Aussatz befreien." Wie kommt sie auf diese Idee? Von Jesus Christus, dem Sohn Gottes, wissen wir, dass „viele Aussätzige zur Zeit des Propheten Elisa in Israel waren und keiner von ihnen gereinigt wurde ..." (Lukas 4,27). Das Mädchen hat also nie davon gehört, dass jemals jemand vom Aussatz geheilt worden ist. Und doch ist sie davon überzeugt, dass Elisa Naaman heilen würde – so groß ist ihr Glaube an den lebendigen Gott! Ihre Worte sind schlicht, aber überzeugend, so dass Naaman sie annimmt.

Auch heute weisen einzelne Menschen auf eine lebensrettende Perspektive hin. Man hört sie auf Hochzeits- oder Trauerfeiern und natürlich auch bei Gottesdiensten. Diese gute Botschaft gilt nicht in erster Linie solchen, die an einer schweren Krankheit leiden, sondern allen, die spüren, dass ihre Herzen gereinigt werden müssen, damit Gott sie annehmen kann. Man kann es nicht oft genug wiederholen: Es gibt eine Hoffnung auf Reinigung und Wiederherstellung – bei Jesus Christus!

(Fortsetzung morgen)

Tägliche Bibellese Hesekiel 32,1-32 · Psalm 133 u. 134

Naaman ging hin und nahm mit sich zehn Talente Silber und 6000 Sekel Gold und zehn Wechselkleider. Und er brachte den Brief zum König von Israel, und er lautete so: Und nun, wenn dieser Brief zu dir kommt, siehe, ich habe meinen Knecht Naaman zu dir gesandt, damit du ihn von seinem Aussatz befreist.

2. Könige 5,5.6

Naaman (3) ... und das Missverständnis

Der Heerführer Naaman ist aussätzig. Seine junge Haussklavin hat ihn auf den Propheten Gottes hingewiesen, der ihn gesund machen kann.

Naaman schöpft Hoffnung und berichtet es seinem Herrn, dem König von Syrien. Dieser unterstützt das Vorhaben Naamans, sich in Israel heilen zu lassen, und gibt ihm einen Brief für den König von Israel mit. Hat Naaman nicht richtig zugehört oder meint er, es besser zu wissen? Statt sich an den *Propheten* Elisa zu wenden, tritt er vor den *König von Israel*, und statt demütig zu *vertrauen*, will er die Heilung *bezahlen*.

Verständlich, dass der König von Israel erschrickt, sich Böses dabei denkt und einen Vorwand für eine Kriegserklärung vermutet. Doch noch während der König in Panik und Naaman ohne Orientierung ist, lässt Elisa ausrichten: „Lass ihn doch zu mir kommen, und er soll erkennen, dass ein Prophet in Israel ist" (Vers 8).

Auch heute suchen Menschen oft die *falsche Adresse* auf, um zu Gott zu kommen, wenden sich an Religionsgründer, Lifecoaches oder Influencer; sie kommen mit *falschen Vorstellungen*, wie sie selig werden können. Dabei stützen sie sich auf Spendenbescheinigungen, Taufscheine, Konfirmationszeugnisse oder auf ihre Leistung und meinen, allen Menschen gegenüber korrekt gehandelt zu haben – nach dem Motto: Tue recht und scheue niemand. Alle diese Menschen lädt Jesus ein und lässt ihnen ausrichten: „Kommt her zu mir ... Ich bin der Weg und die Wahrheit und das Leben" (Matthäus 11,28; Johannes 14,6).

(Fortsetzung morgen)

12

Naaman kam mit seinen Pferden und mit seinen Wagen und hielt am Eingang des Hauses Elisas. Und Elisa sandte einen Boten zu ihm und ließ ihm sagen: Geh hin und bade dich siebenmal im Jordan, so wird dir dein Fleisch wieder werden, und du wirst rein sein.

2. Könige 5,9.10

Naaman (4) ... und die zu einfache Lösung

Der Heerführer Naaman ist aussätzig. Seine junge Haussklavin hat ihn an den Propheten Elisa verwiesen. Als Naaman zuerst den König von Israel aufsucht, lässt Elisa ihm ausrichten: „Komm und erkenne, dass ein Prophet Gottes in Israel ist." Ohne diese Aufforderung wäre Naaman wohl nie zu Elisa gegangen, denn auch der König von Israel denkt nicht an ihn.

Naaman hält mit seinem Gefolge vor dem Haus Elisas. Da lässt Elisa ihm durch einen Diener ausrichten: „Geh hin und bade dich siebenmal im

Jordan." Verständlich und konkret. Vor allem aber einfach.

Doch Naaman tobt. Hat Elisa, der Prophet Gottes, es nicht nötig, sich blicken zu lassen? Naaman erwartet, dass Elisa die Kraft Gottes herabbetet. Er will etwas sehen, einer feierlichen Zeremonie beiwohnen. Und nun das: Baden im Jordan, wo doch die Flüsse in seiner Heimat eine viel bessere Wasserqualität haben. Noch dazu der Aufwand, von Samaria in das mehrere hundert Meter tiefere Jordantal hinabzufahren. Er sagt: „Ich hatte gedacht" (Vers 11), und man erkennt, dass er nicht nur äußerlich krank, nämlich aussätzig, ist, sondern auch innerlich krank an Stolz und Eigensinn.

Auch heute ist die Botschaft der Bibel einfach und gut verständlich: „Glaube an den Herrn Jesus, und du wirst errettet werden." Doch manchen Menschen ist diese Lösung zu *einfach*. Das Wort vom gekreuzigten Christus ist ihnen eine „Torheit". Aber gerade darin zeigt sich die Weisheit Gottes: Ihm gefällt es, „durch die Torheit der Predigt die Glaubenden zu erretten" (Apostelgeschichte 16,31; 1. Korinther 1,18.21).

(Fortsetzung morgen)

Tägliche Bibellese Hesekiel 34,1-31 · Psalm 135,13-21

13 Freitag
Dezember

Naaman wandte sich und zog weg im Grimm. Da traten seine Knechte herzu und redeten zu ihm und sprachen: Mein Vater, hätte der Prophet etwas Großes zu dir geredet, würdest du es nicht tun? Wie viel mehr denn, da er zu dir gesagt hat: Bade dich, und du wirst rein sein! Da stieg er hinab und tauchte sich im Jordan siebenmal unter, nach dem Wort des Mannes Gottes.

2. Könige 5,12-14

Naaman (5) ... und eine mutige Bitte

Der aussätzige Heerführer Naaman hat die Anweisung erhalten: „Bade dich, und du wirst rein sein." Aber das Rezept ist ihm zu einfach, zu unwürdig, fast schon eine Beleidigung. Er wendet sich ab und zieht wütend weg.

Doch jetzt werden seine Männer aktiv: Sie reden mit Respekt und Gefühl, aber auch mit Mut und erinnern Naaman an den Gehorsam, den er von ihnen immer einfordert und der nun von ihm selbst gefordert ist. Es ist sicher nicht ungefährlich, was sie versuchen, aber sie schaffen es, dass ihr Chef sich beruhigt, ihnen zuhört, einlenkt, zum Jordan fährt, ins Wasser steigt und sich badet.

Was hat der Prophet gefordert? Naaman soll sich *baden,* d. h. ganz und vollständig untertauchen; er soll es *siebenmal* tun – die Sieben ist in der Bibel die Zahl der Vollkommenheit –; und er soll es *im Jordan* tun.

Das Evangelium, die Botschaft Gottes, empfinden auch heute manche rechtschaffenen und sich aufopfernden Menschen als Beleidigung, weil es das, worauf sie stolz sind, als null und nichtig beiseiteschiebt. Doch auch heute gibt es mutige Menschen, die andere bitten und auffordern, sich auf Gott einzulassen und Ihn und seine Botschaft ernst zu nehmen. Sie bitten als Gesandte für Christus: „Lasst euch versöhnen mit Gott!" Sie möchten, dass die Menschen akzeptieren, was Naaman so schwerfiel: dass Gott nicht nach unseren Vorstellungen oder unseren gerechten Werken rettet, „sondern nach seiner Barmherzigkeit durch die Waschung der Wiedergeburt" (2. Korinther 5,20; Titus 3,5).

(Schluss morgen)

14 Samstag
Dezember

SA 08:17 · SU 16:15
MA 14:55 · MU 07:37

Da stieg Naaman hinab und tauchte sich im Jordan siebenmal unter, nach dem Wort des Mannes Gottes. Da wurde sein Fleisch wieder wie das Fleisch eines jungen Knaben, und er war rein. Und er kehrte zu dem Mann Gottes zurück, er und sein ganzes Gefolge, und er kam und trat vor ihn und sprach: Sieh doch, ich erkenne, dass es auf der ganzen Erde keinen Gott gibt als nur in Israel!

2. Könige 5,14.15

Naaman (6) ... und die unglaubliche Heilung

Der Oberbefehlshaber Naaman soll sich siebenmal im Jordan untertauchen; auf die Bitten seiner Männer tut er es. Mit wie viel Skepsis, Hoffnung und Sehnsucht wird er seine Füße in den Fluss gesetzt haben. Aber ganz sicher ist auch Glauben dabei: Glauben an den Gott seiner jungen Haussklavin, Glauben an den HERRN, den Gott Elisas.

Siebenmal taucht er sich unter „nach dem Wort des Mannes Gottes". Und das Wunder geschieht: Sein Aussatz verschwindet. Aber er wird nicht nur geheilt, sondern sein Fleisch wird wieder wie neu.

Noch einmal sucht Naaman nun Elisa auf. Er tritt vor ihn, dankt ihm und bekennt, dass es keinen anderen Gott gibt als den wahren Gott. Als er das erste Mal bei Elisa war, wollte er geben, um Heilung zu bekommen. Jetzt will er dankbar geben, weil er Heilung erfahren hat.

Vorher philosophierte Naaman über die Heilung, dann erlebte er sie ganz persönlich. Auch heute kann man über Bekehrung und Neugeburt diskutieren und sie doch nicht verstehen. Man muss sie selbst erlebt haben, um ihre Auswirkungen festzustellen: „Wenn jemand in Christus ist, da ist eine neue Schöpfung; das Alte ist vergangen, siehe, Neues ist geworden" (2. Korinther 5,17).

„Weder Hurer noch Götzendiener noch Ehebrecher ... noch Diebe noch Habsüchtige ... noch Schmäher noch Räuber werden das Reich Gottes erben. Und solches sind einige von euch gewesen; aber ihr seid abgewaschen, aber ihr seid geheiligt, aber ihr seid gerechtfertigt worden in dem Namen des Herrn Jesus" (1. Korinther 6,9-11).   (Schluss)

15

Sonntag
Dezember

*Denn wer irgend sein Leben erretten will,
wird es verlieren; wer aber irgend sein
Leben verlieren wird um meinet- und des
Evangeliums willen, wird es erretten.*

Markus 8,35

Gedanken zum Markus-Evangelium

Manche Aphorismen oder Sinnsprüche sind gegensätzlich formuliert, um zum Nachdenken anzuregen. So ist es auch hier. Die Worte Jesu enthalten keinen Widerspruch in sich; allerdings haben die Wörter „erretten" und „verlieren" in beiden Satzteilen unterschiedliche Bedeutungen. Geben wir uns also ein wenig Mühe, um zu verstehen, was der Herr hier sagen will.

Jesus spricht zu den Volksmengen. Darunter sind einige, die Jesus folgen, um von Ihm in irgendeiner Weise zu profitieren. Denn außer Ihm kann niemand Blinde und Gehörlose heilen. Und wer hat je erlebt, dass 4000 Menschen mit sieben Broten und einigen Fischen gesättigt worden sind? Doch sobald es um die Nachfolge des *gekreuzigten* Jesus geht, hört die Begeisterung auf. Nachfolge ist mit Schmach verbunden; das krempelt die bisherige Lebensweise um, dann kann das irdische Leben sogar ganz auf dem Spiel stehen – und das möchten viele „erretten", möchten es nicht hergeben. Aber so jemand wird das Leben (oder: seine Seele) „verlieren", d. h.: Er wird das ewige Leben nicht erreichen.

Auf der anderen Seite stehen die Jünger Jesu: alle, die an Ihn glauben und Ihm nachfolgen – damals und heute. Sie sind bereit, ihr Leben für Christus und für die gute Botschaft *einzusetzen* – vielleicht bis zu dem Punkt, dass sie das irdische Leben „verlieren". Dennoch werden sie ihr Leben (ihre Seele) „erretten", weil ihnen das ewige Leben in der Herrlichkeit bei Christus sicher zugesagt ist.

Der Apostel Paulus ist ein außergewöhnliches Beispiel: Um Jesu willen verzichtete er auf alles und nahm alle Unannehmlichkeiten im irdischen Leben freudig in Kauf, bevor er schließlich mehr oder weniger einsam als Märtyrer starb und ins ewige Leben einging (vgl. Philipper 1,23; 3,8).

Tägliche Bibellese Hesekiel 37,1-14 · Psalm 137,1-9

16 Montag Dezember

SA 08:19 · SU 16:15
MA 16:52 · MU 09:59

Ich will dich unterweisen und dich den Weg lehren, den du wandeln sollst; mein Auge auf dich richtend, will ich dir raten.

Psalm 32,8

Gottes Rat

Die ganze Nacht über suchen mehrere Dutzend Menschen nach dem 8-jährigen Jan, der sich in den verschneiten Bergen verirrt hat. Im Morgengrauen werden zwei Hubschrauber zur Unterstützung eingesetzt. Bald entdecken die Piloten einsame Skispuren. Ein Bodenteam folgt diesen Spuren, die nach einiger Zeit in kleine Fußabdrücke übergehen. Diese führen zu einem immergrünen Baum – aber von dem Kind ist nichts zu sehen. Erst als einer der Männer in die dichten Zweige hochklettert, entdeckt er den kleinen Buben, der fröhlich und unversehrt dort sitzt. Über Funk meldet der verantwortliche Leiter des Rettungsdienstes: „Jan ist in guter Verfassung.

Eigentlich ist er im Moment sogar besser in Form als wir!" Anschließend berichtet er, warum der Junge trotz der Kälte so gut davongekommen war. Sein Papa hatte ihm erklärt, was er tun solle, wenn er sich bei kaltem Wetter mal verlaufen würde: „Klettere auf einen Baum und kuschle dich in seine Äste!" Jan hat genau das getan, was sein Vater ihm gesagt hat. Er hat einfach den Rat seines Vaters befolgt.

Diese Geschichte zeigt uns, was jeder Mensch tun sollte: einfach den Worten Gottes gehorchen. Er liebt uns und will nur das Beste für den Menschen, auch wenn wir das manchmal nicht so empfinden. Wenn Er den Menschen gebietet, „dass sie alle überall Buße zu tun sollen", dann sagt Er das, weil Er uns vor dem kommenden Gericht verschonen will. Und wenn Er uns auffordert: „Glaube an den Herrn Jesus, und du wirst errettet werden", dann will Er damit sagen, dass Jesus Christus der einzige Weg ist, um selig zu werden und für ewig bei Ihm zu sein. Vertraue Gott und folge seinem guten „Rat"! (4. Mose 5,7; Apostelgeschichte 16,31; 17,30.31).

17 Dienstag Dezember

SA 08:19 · SU 16:16
MA 18:10 · MU 10:42

Deine Worte waren mir zur Wonne und zur Freude meines Herzens.

Jeremia 15,16

Ein Leben mit Gott

Ein 95-jähriger Mann aus meinem Bekannten-kreis war gestorben. Ich wurde gerufen, um in dem Seniorenheim, in dem er gelebt hatte, eine Ansprache zu halten. Für den Tag seiner Beerdigung hatte er drei Texte aus der Bibel zum Vorlesen ausgewählt. Das gesamte Personal und viele Bewohner des Hauses waren zugegen. Alle waren sehr traurig und gerührt.

Der erste Text lautete: „Dies ist mein Trost in meinem Elend, dass deine Zusage mich belebt hat" (Psalm 119,50). Über 20 Jahre lang hatte der Mann in einer Spezialklinik für Behinderte gelebt, bevor er in dieses Pflegeheim gekommen war. Der von ihm ausgewählte Text aus der Heiligen

Schrift war eine Zusammenfassung dieses Lebensabschnitts. Sein Glaube an Jesus Christus hatte ihn tatsächlich belebt! – Ja, die Bibel ist für denjenigen, der sie als Gottes Wort aufnimmt, ein Same des Lebens, der aufgeht, seine Blüte entfaltet und Früchte trägt.

Der zweite Text hieß: „Ich habe geglaubt, darum habe ich geredet" (2. Korinther 4,13). Als er in dieses Seniorenheim gebracht wurde, war er zunächst so verstört, dass er ein ganzes Jahr lang auf seinem Zimmer blieb, ohne den geringsten Außenkontakt zu haben. Dann ging er eines Tages hinaus und erzählte jedem, den er traf, von seinem Glück, an den Herrn Jesus zu glauben. Er hatte verstanden, dass Gott den gläubigen Christen dazu beruft, von seinem Erlöser Zeugnis abzulegen.

Der dritte Text stellte einen gewissen Höhepunkt dar: „Die Liebe vergeht niemals" (1. Korinther 13,8). Diesen Hinweis auf die Liebe Gottes wollte unser betagter Freund ein letztes Mal all denen mitgeben, die ihn gekannt hatten. Er selbst hatte diese Liebe in seinem Leben genossen und ausgestrahlt.

18 Mittwoch Dezember

SA 08:20 · SU 16:16
MA 19:32 · MU 11:12

Wer verachtet den Tag kleiner Dinge?

Sacharja 4,10

Es fing mit Schokoladenpudding an

Als Jesus sich einmal müde und durstig an einen Brunnen setzte, kam eine Frau mit einem Wasserkrug. Er bat sie: „Gib mir zu trinken!", und redete mit ihr. Am Ende des Gesprächs ließ die Frau ihren Wasserkrug stehen und lief in die Stadt zurück. Sie erzählte von Jesus, dem Christus, und die Menschen stellten fest, dass Er „wahrhaftig der Heiland der Welt ist" (Johannes 4,7.28.29.42).

Helmut Matthies (geb. 1950), ehemals Chefredakteur des Nachrichtenmagazins IDEA, berichtet, dass er durch einen Schokoladenpudding Gott kennengelernt hat: In seinem Elternhaus hörte er nie etwas von Gott. Dann fragte ihn die Frau des Pfarrers, ob er Hunger hätte – es war 1958 – und was er denn gerne einmal essen würde. Seine Antwort bestand nur aus einem einzigen Wort: Schokoladenpudding. Sie lud ihn ein, zu kommen, und er bekam Pudding mit Vanillesoße. Später fragte sie ihn, ob er schon ein Buch besäße. Außer den von der Schule gestellten Büchern hatte er keine – und so bekam er eine Kinderbibel geschenkt. Da der Pudding gut war, war auch die Frau gut – und damit auch das Buch. Er las es immer und immer wieder – und bekehrte sich schließlich.

Bei der Frau am Brunnen fing die Begegnung mit Jesus mit einem Wasserkrug an, bei Helmut Matthies mit einem Schokoladenpudding. Auch heute mag manches unscheinbar wirken – und ist doch der Startpunkt für ein Leben mit Gott: Bei dem einen ist es ein Gespräch in der Fußgängerzone, bei anderen ein Flyer mit Botschaft, eine Bibel im Hotelzimmer, ein Bibelvers auf einem Plakat oder bei einer Beerdigung, ein Andachtstext in einem Kalender, ein kurzer Clip oder ein Podcast.

Es mag nur etwas Kleines, Unbeachtliches sein – doch es könnte Großes für Gott daraus hervorkommen!

Tägliche Bibellese Hesekiel 39,1-29 · Psalm 139,13-24

19 Donnerstag
Dezember

So wird mein Wort sein, das aus meinem Mund hervorgeht: Es wird nicht leer zu mir zurückkehren, sondern es wird ausrichten, was mir gefällt, und durchführen, wozu ich es gesandt habe.

Jesaja 55,11

Eine Bibel fliegt aus dem Fenster

In einem Zug, der durch Georgien fährt – zur Zeit der Begebenheit noch russische Republik –, unterhalten sich zwei Passagiere angeregt. Der Ton wird hart, als der eine bemerkt, dass der andere ein Prediger ist. Dieser holt seine Bibel aus dem Koffer, um seine Aussagen zu begründen. Doch vergeblich – der andere weist alles ab und hüllt sich anschließend in Schweigen.

Der Christ verlässt das Abteil und sucht das WC auf. Als er zurückkommt, sieht er, wie der andere eben das Fenster schließt – die Bibel ist weg! Die beiden Männer sehen sich wortlos an.

Monate später bekommt der Prediger Besuch von einem Unbekannten. „Ich würde mich gern taufen lassen", sagt der Mann.

„Wie sind Sie denn zu diesem Entschluss gekommen?"

„Ich habe die Bibel gelesen und sie hat mir gezeigt, dass ich ein Sünder bin. Aus diesem Buch habe ich auch erfahren, dass der Herr Jesus mein Erlöser ist."

Der erfahrene Christ wird misstrauisch, da es in diesem Land verboten ist, das Wort Gottes zu verbreiten: „Woher haben Sie denn eine Bibel?"

„Ich musste direkt neben einer Bahnlinie einen Auftrag erledigen. Als ein Zug vorbeifuhr, landete dieses Buch direkt vor meinen Füßen."

Das Gesicht des Predigers beginnt zu strahlen: „Haben Sie es mitgebracht?" Der Besucher reicht ihm die Bibel, die er sofort als seine eigene wiedererkennt.

Als wenige Jahre später Glaubensfreiheit eingeführt wird, entsteht im Dorf des Neubekehrten eine christliche Gemeinde ...

Tägliche Bibellese Hesekiel 40,1-27 · Psalm 140,1-14

20

*Kommt her zu mir, alle ihr Mühseligen und
Beladenen, und ich werde euch Ruhe geben.*

Matthäus 11,28

Wahre Ruhe gibt es nur bei Gott

Das digitale Zeitalter ist aus unserem Alltag nicht
mehr wegzudenken. Immer online, immer erreich-
bar, mit nur einem Klick News und verlockende Angebote. Die Marketingwelt lockt uns mit einer Flut
von attraktiven Produkten. Jeden Tag erreichen
uns zahlreiche E-Mails, die unsere Aufmerksamkeit
fordern. Immer up to date sein lautet die Devise.

Unser Gehirn wird dabei von Informationen
überflutet. Die Digitalisierung soll uns Erleichte-
rung bringen, doch in gewisser Hinsicht ist das
Gegenteil der Fall. Schauen wir uns um, sehen wir
gestresste Menschen, die von einem Termin zum
nächsten hetzen. Auch wir selbst kommen kaum
oder gar nicht zur Ruhe. Die Nachrichten mit täglich neuen Schreckensmeldungen versetzen uns in

Angst und Schrecken. Depressionen und Burn-out haben in der Gesellschaft rapide zugenommen, bei den Psychologen herrschen lange Wartezeiten.

Hinter der Fassade der digitalen Welt verbirgt sich ein dunkler Schleier aus Stress, Verzweiflung, Angst und lähmenden Gedanken. Yoga und Meditationstechniken feiern Hochkonjunktur. Doch die Menschen finden keine wahre Ruhe.

Diese Ruhe kann nur einer geben: Jesus Christus. Wer zu Ihm kommt, wird zwar nicht immun gegen den Alltagsstress, aber er kommt innerlich zur Ruhe. Denn die größte innere Unruhe verursacht die Sünde: Sie raubt Frieden und Hoffnung – das, was wir unbedingt brauchen.

Jesus kam auf die Erde und starb am Kreuz auf Golgatha, um Frieden zu machen, damit Menschen mit Gott versöhnt werden und Frieden finden können. „Frieden lasse ich euch, meinen Frieden gebe ich euch", hat Jesus seinen Jüngern versichert. Wer diesen Frieden kennt, der ist mit Gott im Reinen und dem schenkt Er in den Lebensstürmen und im hektischen Alltag einen „Frieden, der allen Verstand übersteigt" (Kolosser 1,20; Johannes 14,27; Philipper 4,6.7).

21

Samstag
Dezember

SA 08:22 · SU 16:17
MA 23:17 · MU 12:01

Siehe, jetzt ist die wohlangenehme Zeit, siehe, jetzt ist der Tag des Heils.

2. Korinther 6,2

Wettlauf zum Südpol

Roald Amundsen (1872–1928) ist ein norwegischer Polarforscher, der 1909 als Erster den Nordpol erreichen will. Mitten in seinen Vorbereitungen erfährt er, dass er zu spät ist: Andere haben die Arktis bereits ausgekundschaftet. Hastig fasst er ein neues Ziel ins Auge, hält seine Pläne jedoch geheim. Erst als das Schiff 1910 in See gesetzt wird, informiert Amundsen seine Mannschaft und den König über die Kursänderung: Sie brechen zum Südpol auf!

Warum hat Amundsen es so eilig? Weil auch der britische Polarforscher Robert Scott (1868–1912) sich aufgemacht hat, als Erster den Südpol zu erreichen. Ein spannender Wettlauf beginnt! Die beiden wählen unterschiedliche Routen.

Scott setzt auf Motorschlitten und Ponys, während Amundsen sich auf Schlittenhunde verlässt. Scott hat auf das falsche Pferd gesetzt: Die Motorschlitten versagen ihren Dienst und die Ponys sinken im Schnee ein. Und so erreichen Amundsen und seine Begleiter den Südpol vier Wochen früher. Am 14. Dezember 1911 hisst Amundsen dort die norwegische Flagge.

Als Scott sich dem Südpol etliche Tage später nähert, gefriert ihm das Blut in den Adern: Er ist zu spät! Die ungeheuren Strapazen, die er sich auferlegt hat – umsonst! Niedergeschlagen und in seiner Ehre verletzt, tritt er mit seinen Begleitern die Rückkehr an, die jedoch keiner von ihnen erlebt.

So wie Scott sind auch wir manchmal zu spät. Wir verpassen den Bus oder Zug. Wir schaffen es nicht, Abgabefristen einzuhalten. Oder wir planen einen Besuch im Seniorenheim und machen die bittere Erfahrung, dass wir uns nicht mehr verabschieden konnten. – Wer kann sich das Entsetzen vorstellen, wenn Menschen sich in der Ewigkeit bewusst werden: Es ist zu spät. Zu spät, um sich zu bekehren; zu spät, um mit Gott versöhnt zu werden; zu spät für den Himmel!

Tägliche Bibellese Hesekiel 41,1-26 · Psalm 142,1-8

22 Sonntag
Dezember

Denn was nützt es einem Menschen, wenn er die ganze Welt gewinnt und seine Seele einbüßt? Denn was könnte ein Mensch als Lösegeld geben für seine Seele?

Markus 8,36.37

Gedanken zum Markus-Evangelium

Jesus spricht mit der Volksmenge und seinen Jüngern über die Bedingungen der Nachfolge. Wer seinen Fußstapfen folgen, d. h. sich offen zu Ihm bekennen und sich Ihn zum Vorbild nehmen will, muss bereit sein, Schmach vonseiten der Welt zu ertragen. Das mag in unseren Ländern kein hoher Preis sein, aber in anderen Teilen der Welt riskiert man mit dieser Entscheidung seinen Hals. Deshalb ist schon mancher davor zurückgeschreckt und hat seinen Hals gerettet, dafür aber „seine Seele eingebüßt".

Wer sein Leben ganz auf das Diesseits ausrichtet, kalkuliert falsch, weil er den Wert seiner Seele nicht berücksichtigt. Der Herr macht das in unserem Vers ganz deutlich: Eine einzige gerettete Seele ist ungleich mehr wert als die ganze Welt mit ihren vielen Reichtümern. Denn die Seele eines Menschen ist unvergänglich, die Welt samt ihren Werken wird dagegen im Brand vergehen (2. Petrus 3,10).

Wie töricht also, wenn wir in diesem kurzen Leben vielleicht alles erreicht haben, die Ewigkeit aber fern von Gott in Pein und Finsternis zubringen müssen, weil uns die Erlösung unserer Seele nicht wichtig (genug) war.

Doch was können wir tun, um sicherzustellen, dass unsere Seele eines Tages den Himmel erreicht? Selbsterlösung funktioniert nicht; und kein Mensch kann einen anderen erlösen, wie der Psalmdichter ernüchternd feststellt (Psalm 49,8).

Das Lösegeld ist bereits bezahlt, weil Jesus Christus starb und auferstand. Nehmen wir es für uns in Anspruch, damit wir nicht verloren gehen, sondern ewiges Leben haben! (Vgl. 1. Timotheus 2,4-6.)

23 Montag
Dezember

Maria gebar ihren erstgeborenen Sohn und wickelte ihn in Windeln und legte ihn in eine Krippe, weil in der Herberge kein Raum für sie war.

Lukas 2,7

Frohe Weihnachten! (1)

Frohe Weihnachten! – Merry Christmas! – Joyeux Noël! – Kala Christougenna! – Feliz Navidad! – Boas Festas! – Wesolych Świąt! – Buon Natale! – Selamat Natal!

In den verschiedensten Sprachen auf der ganzen Welt gesungen oder gesprochen – den Wunsch „Frohe Weihnachten!" hört man sehr oft. Aber warum eigentlich? Warum gerade *frohe* Weihnachten? Klar, man ist mit der Familie und lieben Freunden zusammen, man beschenkt sich gegenseitig und genießt ein gutes Essen. Aber wenn das der Grund dafür wäre, frohe Tage zu verleben, wäre die Fröhlichkeit nicht von langer Dauer.

Was macht die Feiertage zu frohen Tagen und wie kommt eine nachhaltige Freude zustande? Wer Weihnachten mit der sogenannten Weihnachtsgeschichte verbindet, wird nach der Antwort nicht lange suchen müssen. Es geht um die Geburt von Jesus Christus. In der Bibel heißt es: „Der Engel sprach zu den Hirten: Fürchtet euch nicht, denn siehe, ich verkündige euch große Freude ...; denn euch ist heute in der Stadt Davids ein Erretter geboren, welcher ist Christus, der Herr" (Lukas 2,10.11).

Der Sohn Gottes wird Mensch und kommt auf die Erde, von einer Jungfrau in einem Stall in Bethlehem geboren – ein Grund großer Freude!

Aber was hat das mit uns heute zu tun? Die Engel sagen den Hirten, dass der Erretter geboren ist. Das macht uns möglicherweise zuerst einmal stutzig. Wenn ein *Erretter* kommt, muss jemand in Not sein. Und so ist es auch: Damals steht das Volk Israel unter römischer Herrschaft und wartet auf Rettung. Aber darüber hinaus ist Jesus der Heiland oder Retter der Welt. Die ganze Menschheit ist offensichtlich in Not und braucht Rettung.

(Schluss morgen)

Fürchtet euch nicht, denn siehe,
ich verkündige euch große Freude ...
denn euch ist heute in der Stadt Davids ein
Erretter geboren, welcher ist Christus, der Herr.

Lukas 2,10.11

Frohe Weihnachten! (2)

Die Frage: Warum wünschen wir einander „Frohe Weihnachten"?, lässt sich offensichtlich nicht mit dem gegenseitigen Beschenken beantworten, sondern mit der Freude, die der Engel anlässlich der Geburt Jesu verkündete. Damit ist nicht die „normale" Freude gemeint, die sich bei jeder Geburt eines Kindes einstellt; sonst hätte kein Engel erscheinen müssen. Nein, die Geburt Jesu hebt sich von allen anderen Geburten der Menschheit ab:

- Das Neugeborene wird „das Heilige", „Sohn Gottes" und „Jesus" genannt, was „Der Herr ist Rettung" bedeutet (Lukas 1,35; Matthäus 1,21).

- Nie ist anlässlich einer Geburt so viel Freude und Segen ausgedrückt worden wie bei der Geburt Jesu: Der Engel spricht von „großer Freude" und ein himmlisches Heer von „Herrlichkeit Gott in der Höhe und Friede auf der Erde" (Lukas 2,14).

Gott hat über Jahrtausende die Menschen auf der Erde genauestens beobachtet und musste feststellen: „Da ist kein Gerechter, auch nicht einer ... Alle haben gesündigt und erreichen nicht die Herrlichkeit Gottes" (Römer 3,10.23). Da Er aber will, „dass alle Menschen errettet werden", hat Er seinen Sohn Jesus Christus auf die Erde gesandt. Dessen Geburt ist nur der Anfang der „Rettungsgeschichte". Sein Sohn musste den Sühnetod sterben und so das Lösegeld für verlorene Menschen zahlen. Anders hätten Menschen nicht errettet werden können. Denn Gott ist gerecht und kann Sünde nicht tolerieren.

Was für eine Freudenbotschaft, dass Jesus durch seinen Tod und seine leibliche Auferstehung der ersehnte „Heiland der Welt" geworden ist. Uns bleibt, an Ihn zu glauben und Gott von Herzen für diese Gabe zu danken. In diesem Sinn: „Frohe Weihnachten!"

Tägliche Bibellese Hesekiel 43,13-27 · Psalm 145,1-9

25

Mittwoch
Dezember
1. Weihnachtstag

Und du, Bethlehem-Ephrata, zu klein, um unter den Tausenden von Juda zu sein, aus dir wird mir hervorkommen, der Herrscher über Israel sein soll; und seine Ursprünge sind von der Urzeit, von den Tagen der Ewigkeit her.

Micha 5,1

Das Wunder von Bethlehem

*Dunkelheit liegt über Bethlehem,
die Hirten im Feld halten Wacht.
Sie haben im Blick ihre Herde
in dieser so sternklaren Nacht.*

*Doch plötzlich – ein Licht hell und strahlend,
die Angst steht auf ihrem Gesicht.
Ein Engel des HERRN kommt vom Himmel,
spricht zu ihnen: „Fürchtet euch nicht!*

Ich bringe euch sehr große Freude
für euch selbst und noch viele mehr:
Der Retter ist heute geboren.
Er ist es – der Christus, der Herr!

Ihr seht Ihn in Windeln gewickelt
und in einer Krippe als Kind!" –
Die Botschaft noch tief in den Herzen
geh'n sie in die Stadt ganz geschwind.

Sie eilen und finden und staunen
dies Wunder von Gott selbst erdacht:
In Jesus kommt Er zu den Menschen
in Armut und ganz ohne Pracht.

Es ist erst der Anfang von allem,
was Gott hat an Gutem im Sinn:
Der Christus muss leiden und sterben –
nur das bringt uns ewig Gewinn.

G.W. / H.M.

Tägliche Bibellese Hesekiel 44,1-14 · Psalm 145,10-21

26

Donnerstag
Dezember
2. Weihnachtstag

SA 08:24 · SU 16:20
MA 03:57 · MU 12:59

Als aber Jesus in Bethlehem in Judäa geboren war, in den Tagen des Königs Herodes, siehe, da kamen Magier (Sternkundige) vom Morgenland nach Jerusalem und sprachen: Wo ist der König der Juden, der geboren worden ist? Denn wir haben seinen Stern im Morgenland gesehen und sind gekommen, um ihm zu huldigen. Matthäus 2,1.2

Shoemaker-Levy-9

Vor 30 Jahren, im Sommer 1994 beobachteten Astronomen gebannt ein überaus seltenes Himmelsschauspiel. Die Fragmente des Kometen Shoemaker-Levy-9 – so benannt nach seinen Entdeckern, dem Ehepaar Shoemaker und ihrem Wissenschaftskollegen David Levy - schlugen auf dem Jupiter ein und setzten angeblich eine Energie von 50 Millionen Hiroshima-Bomben frei. Eine beeindruckende Lightshow, wie sie nie zuvor im Weltraum dokumentiert worden war.

Der Weltraum übt von jeher eine große Faszination auf die Menschen aus. Von sehr vielen alten Kulturen ist belegt, dass sie den Himmel beobachteten, den Lauf der Sterne untersuchten und auf dieser Basis Kalender erfanden.

Zu diesen frühen Astronomen gehörten wohl auch die „Weisen" aus dem Morgenland, von denen der Evangelist Matthäus berichtet. Geheimnisvoll bleibt, wie diese klugen Männer aus der Sichtung eines ungewöhnlichen Sterns die richtigen Schlüsse zogen und einen neugeborenen Königssohn in Israel suchten. Vielleicht hatten sie von der alten Prophezeiung des Wahrsagers Bileam gehört: *„Ich sehe ihn, aber nicht jetzt, ich schaue ihn, aber nicht nahe; ein Stern tritt hervor aus Jakob, und ein Zepter erhebt sich aus Israel"* (4. Mose 24,17). Wir wissen es nicht.

Eins jedoch steht fest: Wo immer sich Menschen für Gott interessieren, nach Ihm suchen und forschen, wird Gott sich persönlich darum kümmern, dass sie Ihn finden! Darum, wenn Sie noch keine Beziehung zu dem lebendigen Gott haben, sich aber danach sehnen, kommen Sie noch heute! Gott wird sich von Ihnen finden lassen!

27 **Freitag**
Dezember

Durch Glauben weigerte sich Mose, als er groß geworden war, ein Sohn der Tochter des Pharaos zu heißen, und wählte lieber, mit dem Volk Gottes Ungemach zu leiden, als den zeitlichen Genuss der Sünde zu haben.

Hebräer 11,24.25

Genuss, doch um welchen Preis?

Uns ist bekannt, dass böse Dinge uns oftmals kitzeln. Und wenn wir der Verlockung nachgeben, kann sie eine Zeit lang Genuss verschaffen. Johann Wolfgang von Goethe (1749–1832) schrieb: „Kein Genuss ist vorübergehend; denn der Eindruck, den er zurücklässt, ist bleibend." In gewisser Hinsicht hat er recht, denn auch wenn der Genuss vergeht, bleibt ein belastetes Gewissen zurück. Da mag der „Seitensprung" in der Ehe für den Moment prickelnd sein – doch die Folgen sind bitter: Abgesehen von der Untreue gegenüber dem

Ehepartner bleibt noch der Richtstuhl Gottes, vor dem sich jeder Ehebrecher verantworten muss.

Der Tagesvers berichtet davon, dass Mose eine Wahl treffen musste: zwischen seiner Beziehung zum Pharao oder seiner Beziehung zum Sklavenvolk Israel; zwischen einem zeitlichen, vorübergehenden Genuss am Königshof oder einem Verzicht mit dem verachteten Volk Israel. Mose entschied sich für Gottes Volk – und gegen den Pharao. Warum? Weil ihm der „Preis" für den vorübergehenden Genuss am Königshof zu hoch war. Bei dem Volk Gottes war er auf der sicheren Seite – dessen Zukunft war gesichert.

Für manche Menschen ist Gott ein Spaßverderber. Ist Er aber in Wirklichkeit nicht! Denn Er sieht die Sache vom Ende her und will uns vor dem hohen Preis der Sünde schützen. Deshalb hat Er uns Gebote gegeben. Wir wissen genau, dass der „Genuss der Sünde" sich nicht lohnt. Denn letztlich trennt er uns von Gott.

Es gibt keinen größeren Genuss für uns Menschen, als Frieden mit Gott zu haben. Für diesen Frieden hat Jesus Christus teuer bezahlt, indem Er den Kreuzestod erlitt (vgl. Kolosser 1,20). An uns liegt es nun, daran teilzuhaben.

Tägliche Bibellese Hesekiel 45,1-25 · Psalm 147,1-10

28

Samstag
Dezember

SA 08:24 · SU 16:22
MA 06:26 · MU 13:46

Der Herr kennt, die sein sind.

2. Timotheus 2,19

Euer himmlischer Vater weiß, dass ihr dies alles nötig habt.

Matthäus 6,32

HERR, du hast mich erforscht und erkannt!

Psalm 139,1

Gott kennt mich!

Lummen sind arktische Seevögel, die sich in den felsigen Klippen der nördlichen Küstenregionen aufhalten. Sie leben dort auf vergleichsweise kleinen Flächen zu Tausenden in Kolonien zusammen.

Wegen der beengten Verhältnisse legen die Weibchen ihre birnenförmigen Eier in einer langen Reihe nebeneinander auf einen schmalen Felsvorsprung. Da fast alle Eier gleich aussehen, scheint es unmöglich zu sein, dass eine Vogelmutter ihr Ei identifizieren kann. Doch Studien zeigen, dass sie jederzeit das eigene Ei findet – auch wenn man es an eine andere Stelle platziert. Die Vogelmutter nimmt dann ihr Ei auf die Schwimmhäute und bringt es an den ursprünglichen Platz zurück.

In der Bibel lesen wir, dass Gott alle Glaubenden kennt. Mehr noch: Er weiß um ihre Gedanken und ihre Gefühle: „Du kennst mein Sitzen und mein Aufstehen, du verstehst meine Gedanken von fern. Du sichtest mein Wandeln und mein Liegen und bist vertraut mit allen meinen Wegen" (Psalm 139,2.3).

Das ist für mich unfassbar! Mein Gott und Vater weiß alles, was ich denke und tue. Er kennt auch die Worte, die ich gerade sagen will.

Diese wunderbare Allwissenheit Gottes ist keineswegs beängstigend. Im Gegenteil – sie veranlasst mich, Ihn von Herzen zu loben und anzubeten. Sie gibt mir ein unbeschreibliches Gefühl von Sicherheit und Vertrauen. Wenn Gott alles in meinem Leben weiß, brauche ich mich weder zu fürchten noch zu sorgen.

29

Sonntag
Dezember

SA 08:24 · SU 16:23
MA 07:38 · MU 14:25

*Denn wer irgend sich meiner und meiner
Worte schämt unter diesem ehebrecherischen
und sündigen Geschlecht, dessen wird sich
auch der Sohn des Menschen schämen, wenn
er kommt in der Herrlichkeit seines Vaters mit
den heiligen Engeln.*

Markus 8,38

Gedanken zum Markus-Evangelium

Damals folgten viele Menschen Jesus, weil sie
von seinen Wunderwerken beeindruckt waren
und davon profitierten. Doch die Tatsache, dass
Er von der Welt verworfen und gekreuzigt wurde,
macht es heute zu einer großen Herausforderung, Jesus nachzufolgen.

Wenn Jesus der angekündigte Messias sein
sollte, erwartete man damals von Ihm, dass Er Israel von der römischen Herrschaft befreite. Dass
die Propheten im Alten Testament allerdings
auch den leidenden Messias angekündigt hatten,

der „weggetan werden und nichts haben" würde, wollte man nicht wahrhaben (vgl. Jesaja 53; Daniel 9,26).

Das Volk der Juden und vor allem ihre Führer konnten keine größere Untreue und Sünde gegenüber Gott begehen, als den Sohn Gottes zu verwerfen. Er selbst sagte einmal: „Wenn ich nicht die Werke unter ihnen getan hätte, die kein anderer getan hat, so hätten sie keine Sünde; jetzt aber haben sie gesehen und doch gehasst sowohl mich als auch meinen Vater" (Johannes 15,24).

Wer sich von Jesus und damit auch von Gott distanziert, weil er seine Anerkennung bei den Menschen nicht aufs Spiel setzen will, muss sich die verheerenden Folgen bewusst machen: Er wird den „Sohn des Menschen" gegen sich haben, wenn dieser wiederkommt, um die Welt zu richten.

Die kurze Zeit unseres Erdenlebens das Missfallen der Welt auf sich ziehen oder für ewig verdammt werden – das ist die Frage, die sich jedem Menschen bis heute stellt. Wer an der zukünftigen Herrlichkeit Christi teilhaben will, muss sich heute zu Ihm bekennen. Daran führt kein Weg vorbei.

30 Montag
Dezember

Der König Agrippa sprach zu Paulus:
In kurzem überredest du mich, ein Christ zu
werden.

Apostelgeschichte 26,28

Warum es sich lohnt, Christ zu werden

1. *Der Glaube verändert Menschen:* Wer Jesus in sein Leben lässt, wird „eine neue Schöpfung"; Altes vergeht, Neues bricht hervor (2. Korinther 5,17).
2. *Der Glaube lässt Geist, Seele und Beziehungen gesunden:* Viele gläubige Christen bezeugen, dass Gott sie von Süchten frei gemacht, ihre Beziehungen verändert und ihrem Leben neuen Sinn gegeben hat.
3. *Ein Christ ist nie allein, auch wenn er allein ist:* Denn Jesus Christus verheißt: „Ich bin bei euch alle Tage", und: „Ich will dich nicht versäumen und dich nicht verlassen" (Matthäus 28,20; Hebräer 13,5).

4. *Der gläubige Christ hat Antworten auf die entscheidenden Fragen der Menschheit:* Er hat die Bibel, die ihm die Gedanken Gottes zeigt, und den Heiligen Geist, der „ihn in die ganze Wahrheit leiten" will (Johannes 16,13). Er weiß, woher er kommt und wohin er geht und dass Gott alles in der Hand hält.

5. *Der Christ kann immer wieder neu anfangen:* Auch der gläubige Christ sündigt; er fällt – aber er steht wieder auf. Er kann seine Sünde bekennen und dann weiter glücklich an der Hand Gottes leben.

6. *Der gläubige Christ hat Beistand im Leid:* Jesus war Mensch, hatte Hunger und Durst, weinte am Grab eines Freundes. Er wurde ausgegrenzt, verfolgt, geschlagen und verspottet, ist „versucht worden wie wir", und deshalb kann Er mit uns mitempfinden, mitleiden (Hebräer 4,15).

7. *Der gläubige Christ braucht keine Angst vor dem Tod zu haben:* Christus ist in den Himmel zurückgekehrt, um dort „eine Stätte zu bereiten" (Johannes 14,2). Christen wissen, dass ihr Herr auch im Todestal bei ihnen ist und dass sie zu Ihm gehen, wenn sie sterben.

Tägliche Bibellese Hesekiel 48,1-19 · Psalm 149,1-9

31

Jesus antwortete: Mein Reich ist nicht von dieser Welt; wenn mein Reich von dieser Welt wäre, hätten meine Diener gekämpft, damit ich den Juden nicht überliefert würde; jetzt aber ist mein Reich nicht von hier.

Johannes 18,36

Ein Reich der Liebe

Kaum ein Soldat hat je eine Karriere gemacht wie Napoleon Bonaparte (1769–1821). Ihm gelang der Aufstieg vom einfachen Offizier zum Kaiser und Diktator. Seine Truppen eroberten nahezu ganz Europa. Schließlich wurde er geschlagen und gefangen gesetzt.

Gedemütigt verglich er sich am Ende seines Lebens mit anderen Größen der Weltgeschichte: „Alexander, Caesar, Karl der Große und ich haben große Reiche gegründet und die Schöpfungen unseres Genius auf Gewalt aufgebaut. Jesus hat sein Reich auf die Liebe gegründet ... Welch ein

Abstand zwischen meinem tiefen Elend und dem ewigen Reich Christi, der gepredigt, geliebt, angebetet wird und seine Herrschaft über die ganze Erde ausbreitet."

Napoleon erlebte den Untergang seines Imperiums – Jesus Christus hingegen errichtete ein Reich, das nicht von dieser Erde ist und das bis heute besteht. Auch im kommenden Jahr 2025 wird sich die Zeitrechnung nach Ihm richten, werden uns Weihnachten an seine Menschwerdung und Ostern an Kreuz und Auferstehung erinnern, werden seine Worte auf allen Erdteilen Sonntag für Sonntag verkündet werden. Und Jesus Christus hat auch heute noch den ersten Platz in den Herzen von unzähligen Menschen weltweit.

Voller Dank und Bewunderung für das, was Jesus Christus ist und was Er getan hat, fallen Menschen auf ihre Knie. Sie beten den an, der das Kind in der Krippe war und der gleichzeitig der ewige Sohn Gottes ist, der Gewalt hatte, sein Leben am Kreuz hinzulegen und es nach drei Tagen wiederzunehmen, dessen Reich „ein ewiges Reich" ist und dessen Herrschaft nie vergehen wird (Daniel 7,27).

Tägliche Bibellese Hesekiel 48,20-35 · Psalm 150,1-6

ANHANG

Abkürzungen der Bibelbücher

Themenverzeichnis

Tagesverse

Abkürzungen der Bibelbücher

Altes Testament
Das erste Buch Mose (1. Mo)
Das zweite Buch Mose (2. Mo)
Das dritte Buch Mose (3. Mo)
Das vierte Buch Mose (4. Mo)
Das fünfte Buch Mose (5. Mo)
Das Buch Josua (Jos)
Das Buch der Richter (Ri)
Das Buch Ruth (Rt)
Das erste Buch Samuel (1. Sam)
Das zweite Buch Samuel (2. Sam)
Das erste Buch der Könige (1. Kön)
Das zweite Buch der Könige (2. Kön)
Das erste Buch der Chronika (1. Chr)
Das zweite Buch der Chronika (2. Chr)
Das Buch Esra
Das Buch Nehemia (Neh)
Das Buch Esther (Est)
Das Buch Hiob (Hiob)
Die Psalmen (Ps)
Die Sprüche (Spr)
Der Prediger (Pred)
Das Lied der Lieder / Das Hohelied (Hld)
Der Prophet Jesaja (Jes)
Der Prophet Jeremia (Jer)
Der Prophet Hesekiel (Hes)
Der Prophet Daniel (Dan)
Der Prophet Hosea (Hos)
Der Prophet Joel (Joel)
Der Prophet Amos (Amos
Der Prophet Obadja (Obad)
Der Prophet Jona (Jona)
Der Prophet Micha (Mich)
Der Prophet Nahum (Nah)

Der Prophet Habakuk (Hab)
Der Prophet Zephanja (Zeph)
Der Prophet Haggai (Hag)
Der Prophet Sacharja (Sach)
Der Prophet Maleachi (Mal)

Neues Testament

Das Evangelium nach Matthäus (Mt)
Das Evangelium nach Markus (Mk)
Das Evangelium nach Lukas (Lk)
Das Evangelium nach Johannes (Joh)
Die Apostelgeschichte (Apg)
Der Brief an die Römer (Röm)
Der erste Brief an die Korinther (1. Kor)
Der zweite Brief an die Korinther (2. Kor)
Der Brief an die Galater (Gal)
Der Brief an die Epheser (Eph)
Der Brief an die Philipper (Phil)
Der Brief an die Kolosser (Kol)
Der erste Brief an die Thessalonicher (1. Thess)
Der zweite Brief an die Thessalonicher (2. Thess)
Der erste Brief an Timotheus (1. Tim)
Der zweite Brief an Timotheus (2. Tim)
Der Brief an Titus (Tit)
Der Brief an Philemon (Phlm)
Der Brief an die Hebräer (Heb)
Der Brief des Jakobus (Jak)
Der erste Brief des Petrus (1. Pet)
Der zweite Brief des Petrus (2. Pet)
Der erste Brief des Johannes (1. Joh)
Der zweite Brief des Johannes (2. Joh)
Der dritte Brief des Johannes (3. Joh)
Der Brief des Judas (Jud)
Die Offenbarung (Off)

THEMENVERZEICHNIS

(Fortlaufende) Erläuterungen von Bibeltexten

Erläuterungen einzelner Bibeltexte

Bibel-Info

Bildhafte Vergleiche und Geschichten

Erlebt mit Gott

Biographisches & Historisches

Mutmacher

> 5. Januar (Die guten Wünsche Gottes)
> 10. Januar (Einsamkeit (nicht nur) im Alter)
> 1. Februar (Sag Ihm, was du hast!)
> 5. Februar (Der christliche Glaube)
> 29. Februar (Ich fürchte mich!)
> 2. März (Der Gott Elias)
> 13. März (Warum nicht ich?)
> 21. März (Wie Kinder vertrauen)
> 2. April (Gott ist allmächtig)
> 5. April (Er trägt alle Dinge)
> 26. April (Der Retter in der Not)
> 1. Mai (Tag der Arbeit)
> 17. Mai (Der Blick aus der Tiefe)
> 21. Juni (Jesus schläft im Schiff)
> 13. Juli (Wozu lebe ich?)
> 28. August (Kopf hoch!)
> 4. September (Unter dir sind ewige Arme)
> 23. September (Die Ermunterung der Schriften)
> 27. September (Burn-out – die Jahrhundertkrankheit)
> 30. September (Unser Gott ist groß!)
> 10. Oktober (Glückliche Christen)
> 21. Oktober (Ermutigung aus den Psalmen – keinen Mangel)
> 23. Oktober (Gegen die Angst)
> 28. Oktober (Niemand liebt mich!)
> 28. November (Die Schafe des guten Hirten)
> 9. November (Geduldig warten?)
> 11. November (Verschwörungstheorien)
> 19. November (Einsam und unbedeutend)
> 26. November (Die Gnade übertrifft alles)
> 27. November (Einander wahrnehmen)
> 20. Dezember (Wahre Ruhe gibt es nur bei Gott)

Schöpfung

> - 10. Februar (Was ist unser Leben wert?)
> - 18.-19. März (Sidereus Nuncius)
> - 16. April (Die Krone der Schöpfung)
> - 4. Mai (Naturbeobachtungen – die Libelle)
> - 22. Mai (Naturbeobachtungen – Ameisen und Blattläuse)
> - 7. Juni (Naturbeobachtungen – die Rolle des Vaters)
> - 9. Juli (Naturbeobachtungen – das Rehkitz)
> - 26. Juli (Naturbeobachtungen – Henne und Küken)
> - 10. September (Die Küstenseeschwalbe)
> - 1. Oktober (Wunderwerk Insektenhirn)
> - 5. November (Die Schöpfung)
> - 26. Dezember (Shoemaker-Levy-9)
> - 28. Dezember (Gott kennt mich!)

Wege zum Glauben

> - 16. Januar (Die Angst vor dem Tod)
> - 31. Januar (Bitte nicht bewegen!)
> - 16. Februar (Leben im Überfluss)
> - 11.–13. März („Ich wollte selbstbestimmt leben")
> - 28. März (Es war keine Brieftasche!)
> - 12. April (Ich dachte, es gibt keinen Gott)
> - 29. April (Nur die Wahrheit)
> - 6. Mai (Nicht Fußschemel, sondern Kind Gottes!)
> - 13.–15. Mai (Martin Boos – ein Priester findet die Gnade)
> - 23. Mai (Religiös sein genügt nicht)
> - 3. Juni (Wer ist dieser Mann?)
> - 14. Juni (Das ist alles, was ich will!)
> - 18. Juni (Was mich in den Himmel bringt)
> - 2. Juli („Ich bin ein anderer Mensch geworden!")
> - 8. Juli (Die Buddhistin)
> - 10. Juli (Überzeugendes, echtes Christentum)
> - 1. August (Gesucht und gefunden)
> - 3. August (Brief aus einem mexikanischen Gefängnis)
> - 8.–9. August („Der Christ" aus Bangladesch)

Worterklärungen

TAGESVERSE

(sortiert nach Bibelbüchern)

Altes Testament

1. Mo 1,1 › 5. November
1. Mo 1,27 › 16. April
1. Mo 2,7 › 10. Februar
1. Mo 2,9 › 14. September
1. Mo 2,15 › 1. Mai
1. Mo 3,9 › 3. Mai
1. Mo 3,14.15 › 9. September
1. Mo 11,4 › 18. Januar
1. Mo 12,2 › 18. Januar
1. Mo 18,1 › 26. Oktober
1. Mo 24,27 › 24. Februar
1. Mo 32,25 › 17. Juli
2. Mo 12,13 › 27. Juli
2. Mo 33,20 › 11. September
4. Mo 32,23 › 15. März u. 5. August
5. Mo 20,19 › 7. September
5. Mo 32,11.12 › 7. Juni
5. Mo 33,27 › 4. September
Rt 1,15 › 29. August
2. Kön 4,1.2 › 27. Februar
2. Kön 5,1 › 9. Dezember
2. Kön 5,12-14 › 13. Dezember
2. Kön 5,14.15 › 14. Dezember
2. Kön 5,2.3 › 10. Dezember
2. Kön 5,5.6 › 11. Dezember
2. Kön 5,9-10 › 12. Dezember
2. Chr 16,9 › 8. November
2. Chr 34,27 › 15. April
Est 7,2 › 22. Juli
Hiob 3,25 › 29. Februar
Hiob 6,11 › 9. November
Hiob 9,27.28 › 27. April
Hiob 22,21 › 31. August
Hiob 33,14 › 12. Februar u.
  30. August

Hiob 36,15.22.23 › 2. Februar
Hiob 37,14.16 › 4. Mai
Ps 1,1 › 3. Juni
Ps 4,2 › 3. Januar
Ps 4,8 › 7. Februar
Ps 8,4-7 › 13. Juni
Ps 18,29.30 › 27. August
Ps 19,2 › 19. März
Ps 23,1 › 21. Oktober
Ps 25,11 › 3. August
Ps 27,14 › 13. April
Ps 31,4 › 2. Oktober
Ps 31,15.16 › 1. Januar
Ps 32,1 › 11. Januar u.
  24. August
Ps 32,2.5 › 10. Mai
Ps 32,8 › 16. Dezember
Ps 33,5 › 14. Oktober
Ps 34,7 › 13. März
Ps 42,11 › 23. November
Ps 52,10 › 19. Oktober
Ps 62,10 › 20. Februar
Ps 77,14 › 30. September
Ps 84,4 › 10. September
Ps 84,6 › 11. Januar
Ps 90,12 › 20. September
Ps 92,13.15 › 5. Oktober
Ps 95,3 › 30. September
Ps 96,12.13 › 7. September
Ps 103,2 › 13. März
Ps 103,13 › 25. November
Ps 107,13 › 26. April
Ps 119,107 › 6. Januar
Ps 119,162 › 4. Oktober
Ps 120,1 › 7. November
Ps 130,1 › 17. Mai
Ps 138,2.3 › 29. November
Ps 139,1 › 28. Dezember
Ps 139,14 › 4. Mai
Ps 144,3 › 12. Juni

Spr 3,5.6 › 4. Dezember
Spr 3,25 › 27. August
Spr 6,6-8 › 22. Mai
Spr 8,35 › 23. Mai
Spr 22,6 › 9. Juli
Pred 1,14 › 8. Juni
Pred 11,1 › 16. November
Pred 12,8 › 8. Juni
Jes 8,12.13 › 12. November
Jes 9,5 › 12. August
Jes 38,17 › 15. Juli u. 6. November
Jes 40,8 › 2. Mai
Jes 40,15 › 19. November
Jes 40,31 › 10. September
Jes 43,1 › 27. November
Jes 43,4 › 19. November
Jes 44,22 › 4. Juni u.
    11. November
Jes 45,21.22 › 9. Oktober
Jes 45,22 › 12. April
Jes 46,4 › 10. Januar
Jes 49,15 › 25. März
Jes 52,7 › 9. Januar
Jes 53,6 › 11. März
Jes 55,11 › 28. März und
    19. Dezember
Jes 59,1 › 7. November
Jes 65,2 › 17. August
Jes 65,24 › 20. Juni
Jer 1,11.12 › 28. September
Jer 14,22 › 26. Februar
Jer 15,16 › 25. Mai und
    17. Dezember
Jer 23,24 › 8. November
Jer 25,4 › 23. März
Jer 31,3 › 28. Oktober
Jer 33,22 › 18. März
Klgl 3,39 › 15. August
Hes 22,12 › 25. März

Hes 33,5 › 15. Februar u.
    16. September
Hes 36,26 › 12. März u.
    3. Dezember
Dan 5,27 › 20. Februar
Hos 10,12 › 23. August
Amos 4,12 › 7. März u. 24. März
Mich 5,1 › 25. Dezember
Sach 4,10 › 18. Dezember

Neues Testament
Mt 2,1.2 › 3. Mai u. 26. Dezember
Mt 3,8 › 14. Februar
Mt 4,4 › 20. November
Mt 5,8 › 25. Oktober
Mt 6,19-21 › 21. August
Mt 6,32 › 28. Dezember
Mt 6,33 › 9. April
Mt 7,21 › 8. April
Mt 7,24.25 › 22. Juni
Mt 8,16.17 › 4. Januar
Mt 8,20 › 27. März
Mt 8,24 › 23. Oktober
Mt 9,9 › 6. September
Mt 9,28.29 › 31. Januar
Mt 11,15 › 22. August
Mt 11,28 › 20. Januar,
    27. September u.
    20. Dezember
Mt 14,30.31 › 18. September
Mt 15,1-6 › 7. Mai
Mt 15,30 › 14. November
Mt 16,3 › 6. Juni
Mt 16,18 › 16. Juli
Mt 16,26 › 2. September
Mt 18,3 › 21. März
Mt 18,20 › 6. August
Mt 22,2.3 › 28. November
Mt 22,12 › 19. August
Mt 23,37 › 26. Juli

Mt 25,11.12 › 2. August	Mk 7,21-23 › 1. September
Mt 27,17 › 7. August	Mk 7,24-26 › 8. September
Mt 27,24 › 30. April	Mk 7,27-30 › 15. September
Mk 1,15 › 3. September	Mk 7,31.32 › 22. September
Mk 1,21 › 29. Oktober	Mk 7,33.34 › 29. September
Mk 4,20 › 20. März	Mk 7,33-37 › 6. Oktober
Mk 4,38.39 › 21. Juni	Mk 8,1-5 › 13. Oktober
Mk 5,1-5 › 7. Januar	Mk 8,6-9 › 20. Oktober
Mk 5,6-9 › 14. Januar	Mk 8,10-13 › 27. Oktober
Mk 5,10-13 › 21. Januar	Mk 8,14-15 › 3. November
Mk 5,14-17 › 28. Januar	Mk 8,16-21 › 10. November
Mk 5,18-20 › 4. Februar	Mk 8,22-26 › 17. November
Mk 5,19 › 9. August	Mk 8,27-30 › 24. November
Mk 5,21-24 › 11. Februar	Mk 8,31-33 › 1. Dezember
Mk 5,25-29 › 18. Februar	Mk 8,34 › 8. Dezember
Mk 5,30-34 › 25. Februar	Mk 8,35 › 15. Dezember
Mk 5,35-37 › 3. März	Mk 8,36.37 › 22. Dezember
Mk 5,38-41 › 10. März	Mk 8,38 › 29. Dezember
Mk 5,40-43 › 17. März	Mk 10,17.19-22 › 22. Februar
Mk 6,1-3 › 24. März	Mk 10,21.22 › 31. Juli
Mk 6,4-6 › 7. April	Mk 10,47.48 › 27. Juni
Mk 6,7-9 › 14. April	Mk 10,51 › 28. Juni
Mk 6,10-13 › 21. April	Mk 11,24 › 21. März
Mk 6,14-16 › 28. April	Mk 12,41.42 › 12. Juli
Mk 6,17-20 › 5. Mai	Mk 15,21 › 30. Oktober
Mk 6,21-25 › 12. Mai	Lk 2,7 › 23. Dezember
Mk 6,26-29 › 26. Mai	Lk 2,10.11 › 24. Dezember
Mk 6,30.31 › 2. Juni	Lk 5,12.13 › 6. März
Mk 6,32-34 › 9. Juni	Lk 7,12 › 1. November
Mk 6,35-38 › 16. Juni	Lk 7,41.42 › 4. April
Mk 6,39-44 › 23. Juni	Lk 10,21 › 17. Oktober
Mk 6,45-47 › 30. Juni	Lk 11,9.10 › 1. August
Mk 6,48 › 7. Juli	Lk 11,28 › 5. Juni
Mk 6,49-52 › 14. Juli	Lk 12,5 › 9. März u. 15. Juni
Mk 6,53-58 › 21. Juli	Lk 13,11-13 › 28. August
Mk 7,1-4 › 28. Juli	Lk 15,6 › 12. Januar
Mk 7,5-8 › 4. August	Lk 15,20.22-24 › 25. April
Mk 7,9-13 › 11. August	Lk 15,11-13 › 23. April
Mk 7,14-16 › 18. August	Lk 15,14-18 › 24. April
Mk 7,17-20 › 25. August	Lk 15,18 › 16. Oktober

Lk 15,20-24 › 28. Februar
Lk 17,3.4 › 17. September
Lk 19,3 › 12. Oktober
Lk 23,34 › 22. Oktober
Lk 23,42 › 24. Juli
Lk 23,43 › 8. Oktober
Lk 24,50-52 › 9. Mai
Joh 1,12 › 6. Mai
Joh 1,12.13 › 18. Mai
Joh 1,16 › 26. November
Joh 1,18 › 2. Januar
Joh 1,29 › 27. Mai
Joh 1,48.49 › 21. September
Joh 1,50 › 28. Mai
Joh 2,1.11 › 1. März
Joh 3,3 › 29. Mai u. 18. Oktober
Joh 3,5 › 20. Juli
Joh 3,14.15 › 14. Juni
Joh 3,16 › 19. Februar
Joh 3,35 › 8. März
Joh 4,13.14 › 19. April
Joh 4,14 › 30. Mai u. 14. August
Joh 4,42 › 6. Dezember
Joh 5,5-7 › 1. Februar
Joh 5,24 › 8. Juli
Joh 5,39 › 4. Juli
Joh 6,35 › 13. November
Joh 6,68 › 20. August
Joh 8,12 › 5. Dezember
Joh 8,36 › 11. Juni
Joh 9,25 › 29. April
Joh 10,10 › 16. Februar
Joh 10,27-29 › 2. November
Joh 10,27.28 › 19. September
Joh 11,25-27 › 31. Oktober
Joh 11,35 › 15. Oktober
Joh 11,51.52 › 6. August
Joh 13,17 › 7. Oktober
Joh 13,34 › 8. März
Joh 14,2.3 › 3. Oktober

Joh 14,6 › 21. Februar u.
   21. November
Joh 14,7 › 12. September
Joh 14,9 › 11. September
Joh 14,14 › 31. Mai
Joh 14,16.17 › 20. Mai
Joh 14,31 › 8. März
Joh 15,9 › 8. März
Joh 15,11 › 7. Februar
Joh 16,27 › 8. März und
   14. Oktober
Joh 16,33 › 5. Februar u.
   27. September
Joh 18,36 › 31. Dezember
Joh 18,37.38 › 11. Oktober
Joh 19,30 › 29. Juni
Joh 20,17 › 1. April
Joh 20,31 › 5. Juli
Joh 21,6 › 2. April
Joh 21,22 › 6. September
Joh 21,25 › 1. Juni
Apg 2,21 › 14. März
Apg 2,22 › 16. Mai
Apg 6,5.8 › 17. April
Apg 10,38 › 22. Januar u.
   12. September
Apg 10,38.39 › 23. Januar
Apg 10,39 › 24. Januar
Apg 10,40.41 › 25. Januar
Apg 10,42 › 26. Januar
Apg 10,43 › 27. Januar
Apg 11,18 › 3. September
Apg 11,26 › 10. Juli
Apg 13,27 › 9. Februar
Apg 17,21 › 15. Januar
Apg 20,13 › 17. Februar
Apg 22,20 › 17. April
Apg 26,22 › 20. April
Apg 26,28 › 30. Dezember
Röm 1,18 › 1. Juli

Röm 1,20 › 1. Oktober
Röm 2,4 › 3. September
Röm 3,22-24 › 19. Juni
Röm 3,23.24 › 16. März
Röm 3,24.25 › 18. November
Röm 3,28 › 14. Mai
Röm 5,1 › 30. März
Röm 5,6 › 6. Juli
Röm 5,8 › 24. Oktober
Röm 6,23 › 10. August
Röm 7,24 › 13. Mai
Röm 8,28 › 29. Januar
Röm 8,31.33-34 › 10. April
Röm 8,32 › 12. April u. 17. Juni
Röm 10,9 › 6. April
Röm 10,13 › 22. April
Röm 12,10 › 30. November
Röm 14,10.12 › 11. Juli
Röm 15,4 › 23. September
Röm 16,13 › 11. Mai
1. Kor 12,12.18 › 30. Juli
1. Kor 12,13 › 19. Mai
1. Kor 12,27 › 16. Juli
1. Kor 15,3.4 › 31. März
1. Kor 15,10 › 26. November
2. Kor 3,3 › 10. Juli
2. Kor 5,17 › 16. Januar
2. Kor 5,17 › 2. Juli
2. Kor 6,2 › 18. April u.
   21. Dezember
2. Kor 8,9 › 8. Februar
2. Kor 9,6.7 › 11. April
2. Kor 12,9 › 26. November
Gal 2,21 › 16. August
Gal 4,4 › 2. Dezember
Gal 4,6 › 1. April
Gal 5,22 › 31. August
Eph 1,7 › 30. Januar
Eph 1,13 › 19. Mai
Eph 2,4.5 › 26. August

Eph 2,8.9 › 15. Mai
Eph 2,14 › 30. März
Eph 4,21 › 8. August
Eph 6,2 › 11. Mai
Kol 1,16.17 › 12. August
Kol 1,18 › 13. August
Kol 1,20 › 30. März
Kol 3,16 › 10. Oktober
Kol 3,23 › 1. Mai
1. Thes 2,13 › 3. Juli u.
   25. September
1. Thes 5,2.3 › 7. Dezember
1. Thes 5,24 › 3. April
2. Thes 2,10 › 26. Juni
2. Thes 2,16.17 › 13. Januar
1. Tim 1,15 › 18. Juni u.
   5. September
1. Tim 2,5 › 19. Januar
1. Tim 2,5.6 › 22. März u. 21. Mai
1. Tim 3,15 › 23. Juli
1. Tim 4,9.10 › 18. Juli
2. Tim 2,19 › 28. Dezember
2. Tim 3,16 › 8. Mai u. 3. Juli
2. Tim 4,16.17 › 20. April
Tit 2,11.12 › 29. Juli
Phlm 18.19 › 22. November
Heb 1,1.2 › 4. März u. 25. Juli
Heb 1,3 › 5. April
Heb 2,15 › 16. Januar
Heb 4,7 › 18. April
Heb 4,13 › 15. Juli
Heb 5,13.14 › 6. Februar
Heb 9,14 › 3. Februar
Heb 9,27 › 10. August u.
   4. November
Heb 11,24.25 › 27. Dezember
Jak 4,14 › 13. Juli
Jak 5,17 › 2. März
1. Pet 1,18.19 › 4. Juni u.
   18. November

1. Pet 1,2 ＞ 5. Januar
1. Pet 2,21-23 ＞ 24. Juni u.
   25. Juni
1. Pet 3,18 ＞ 29. März
2. Pet 1,21 ＞ 13. Februar
2. Pet 3,9 ＞ 7. März
1. Joh 1,7 ＞ 6. November
1. Joh 2,17 ＞ 2. Mai
1. Joh 3,1 ＞ 18. Mai
1. Joh 3,20 ＞ 26. September
1. Joh 4,8 ＞ 17. Juni
1. Joh 4,8-10 ＞ 13. September
1. Joh 4,8.9 ＞ 24. Mai
1. Joh 4,10 ＞ 28. Oktober
1. Joh 4,14 ＞ 6. Dezember
1. Joh 5,11.12 ＞ 17. Januar
1. Joh 5,13 ＞ 24. September
3. Joh 2 ＞ 8. Januar
Jud 2 ＞ 5. Januar
Off 1,1 ＞ 15. November
Off 2,4 ＞ 5. März
Off 8,10.11 ＞ 23. Februar
Off 21,27 ＞ 10. Juni u. 19. Juli

Kennen
Sie unsere
Zeitschriften?

**Fordern Sie kostenlose
Probehefte an!**

FOLGE MIR NACH – *Die Zeitschrift für junge Christen* soll motivieren, dem Herrn Jesus treu nachzufolgen. In zeitgemäßer Sprache werden Probleme, die Jüngeren auf den Nägeln brennen, beleuchtet. Dabei kommt die Behandlung biblischer Themen und Bücher nicht zu kurz. Die Zeitschrift ist deshalb auch für die gemeinsame Bibelarbeit gut geeignet.

www.folgemirnach.de

Farbig • 20 x 26,8 cm • 28 Seiten

Jahresabo (für 12 Hefte): **24,00 €** (plus Versandkosten)

Preisänderungen vorbehalten. Die aktuell gültigen Preise finden Sie jeweils auf unserer Homepage.

IM GLAUBEN LEBEN – *Die Zeitschrift für Bibelleser* möchte dazu beitragen, das Glaubensleben auf ein gutes Fundament zu stützen. Dieses Fundament ist die Bibel, das Wort Gottes. Deshalb sollen alle Artikel dieser Zeitschrift zur Bibel und zu einem Leben mit dem Herrn Jesus hinführen.

Farbig • DIN-A5 • 32 Seiten

www.imglaubenleben.de

Jahresabo (für 12 Hefte): **24,00 €**
(plus Versandkosten)

DER BESTE FREUND – *Das clevere Kinderheft mit der Bibel* hat viel zu bieten: Interessante Geschichten, vieles aus der Bibel, Rätsel, Ausmalbilder, Bibelkurs von April bis Dezember. Weil die gute Nachricht von Jesus Christus immer wieder ins Blickfeld rückt, ist das Heft auch zum Verteilen geeignet.

Farbig • 20 x 26,8 cm • 24 S.

Jahresabo (für 12 Hefte):
18,00 € (plus Versandkosten)

www.derbestefreund.de

www.csv-verlag.de

Weitere CSV-Kalender für jeden Tag

Gottes Wort für jeden Tag
Abreißkalender mit ausgewählten Bibelversen

Best.-Nr. 257905
Preis: 6,90 €

Der Kompass
für Kinder und junge Leute

Abreißkalender:
Best.-Nr. 257910
Preis: 6,90 €

Buchkalender:
Best.-Nr. 257911
Preis: 6,50 €

Preisänderungen vorbehalten. Die aktuell gültigen Preise finden Sie jeweils auf unserer Homepage.

Der Herr ist nahe
Gute Nahrung für Christen aus dem Wort Gottes

Abreißkalender:
Best.-Nr. 257903
Preis: 7,90 €

Buchkalender:
Best.-Nr. 257904
Preis: 7,50 €

Blickpunkt Bibel Ermutigung
Dauerkalender mit mutmachenden Bibeltexten und Impulsen

Best.-Nr. 257972 • Preis: 12,90 €

Textbeispiel „Blickpunkt Bibel"

Stöbern Sie auf → www.csv-verlag.de

Die CSV-Kalender-App

Lesen Sie unsere Kalender digital!

Die App verfügt über eine nützliche Share- und eine bequeme Wischfunktion. Sie ist als „Android App" und „iOS App" erhältlich.

DIE GUTE SAAT 2024 kostet 3,49 €.

DER HERR IST NAHE 2024 kostet 4,49 €.

DER KOMPASS 2024 kostet 4,49 €.

Android App:

iOS App:

freepik.com

Die Bibel lesen & hören: **www.csv-bibel.de**

Elberfelder
ÜBERSETZUNG EDITION CSV

Bibel ▾

Johannes ▾ 1 ▾ ‹ ›

Johannes 1

1 Im Anfang war das Wort, und das Wort war bei Gott, und das Wort war Gott. **2** Dieses[a] war im Anfang bei Gott. **3** Alles wurde durch dasselbe[b], und ohne dasselbe[b] wurde auch nicht eins, das geworden ist.

übersichtliche Navigation

Vorlesefunktion

Volltext

viele Suchfunktionen

Strong-Nummern

Fließtext oder Vers-Ansicht

freepik.com